F Frohschammer

Ueber die religiösen und kirchenpolitischen Fragen der Gegenwart

Gesammelte Abhandlungen

F Frohschammer

Ueber die religiösen und kirchenpolitischen Fragen der Gegenwart
Gesammelte Abhandlungen

ISBN/EAN: 9783744698375

Hergestellt in Europa, USA, Kanada, Australien, Japan

Cover: Foto ©Lupo / pixelio.de

Weitere Bücher finden Sie auf **www.hansebooks.com**

Ueber die
religiösen und kirchenpolitischen Fragen
der
Gegenwart.

Gesammelte Abhandlungen
von
J. Frohschammer,
Professor an der Universität München.

Elberfeld.

Eduard Loß, Verlagsbuchhandlung.

1875.

Inhalts=Verzeichniß.

		Seite.
	Vorwort.	
I.	Zur Würdigung der Beschlüsse des Vatikanischen Concils. (1870)	1
II.	Papstthum und Staat. (1870—71)	25
III.	Das Unfehlbarkeits=Dogma und die Staats=Regierungen (1870)	48
IV.	Die Opposition gegen das Unfehlbarkeits=Dogma. (1871)	73
V.	Die deutsche Nation und die römische Papstherrschaft. (1871)	87
VI.	Der deutsche Protestantismus und das Unfehlbarkeits=Dogma. (1871)	98
VII.	Die bayerische Staatsregierung und die Kirchenfrage. (1871)	108
VIII.	Das Programm des Altkatholiken=Congresses in München. (1871)	117
IX.	Die Oberherrschaft der katholischen Kirche über den Staat. (1871)	125
X.	Der Bischof von Mainz als Kirchen=Orakel in Deutschland. (1874)	138
XI.	Zur Beleuchtung der geistigen Krisis in der Gegenwart. (1874)	156
XII.	F. Laurent: Der Katholicismus und die Religion der Zukunft. (1870)	211
XIII.	Kleinere Aufsätze:	
	1. Excommunicationen. (1871)	227
	2. Gebet und Ablaß als kirchenpolitisches Agitationsmittel. (1873)	233
	3. Placet und Dogma. (1872)	237
	4. Die neueste Collectiv=Erklärung des deutschen Episkopats. (1875)	240
	5. Die päpstliche Encyklika an den Episkopat in Preußen (1875)	245
	6. Das „göttliche" Recht der Bischöfe. (1875)	250
	7. Die neueste Adresse aus Deutschland an den „heiligsten Vater." (1875)	255
	8. Neue Kundgebungen aus der päpstlichen Kirche. (1875)	260
	9. Die Antwort der preußischen Bischöfe an das preußische Staatsministerium. (1875)	266
	10. Italien und das Papstthum. (1875)	272
	11. Die Aufgabe der liberalen Presse im kirchenpolitischen Kampfe der Gegenwart. (1873)	278

Vorwort.

Die Abhandlungen, welche hier gesammelt erscheinen, begleiten von den Hauptbeschlüssen des vatikanischen Concils 1870 an alle wichtigen Schritte, welche die päpstliche Kirche that, um diese Beschlüsse zur Ausführung zu bringen, die Hindernisse zu beseitigen und die Gegner derselben zu bekämpfen. Sie geben also über den Verlauf der Dinge seit jenen verhängnißvollen vatikanischen Beschlußfassungen Kunde, indem sie denselben theils begleiten, theils ihm nachfolgen, öfters auch ihm vorgreifen. Sie bieten indeß nicht blos einen historischen Rück= blick, sondern geben auch eine Beurtheilung der Thatsachen und Lehren, um welche es sich handelt, geben Rathschläge, und zeigen die Ziele, durch welche Wissenschaft und Staat bei der Bekämpfung der päpst= lichen Ansprüche sich sollen leiten lassen. Und da der Kampf noch fern von seinem Ende zu sein scheint, so sind sie so weit entfernt, veraltet zu sein, daß sie noch immer zum Behufe der endgültigen Lösung der schwebenden Fragen Berücksichtigung verdienen möchten — sowohl was die kritischen Beleuchtungen, als auch was die positiven Vorschläge betrifft, die sie enthalten. Die Dinge haben sich so gestaltet, daß dasjenige, was man sonst als blos theoretisch oder als theologisch meistens unbeachtet ließ, nun eine große praktische und selbst hoch= politische Bedeutung erhalten hat.

Selbstverständlich gehen diese verschiedenen Erörterungen, wie sie dieselben Grundprobleme behandeln, auch von einer Grundanschauung aus und sind nur die Anwendung derselben auf die Zeitereignisse und Verhältnisse in religiöser und kirchenpolitischer Hinsicht. Diese Grundanschauung selbst in den genannten Beziehungen hat ihre ein= gehende Darstellung und Begründung gefunden in den größeren Werken des Verfassers, insbesondere in den Schriften: „Das Christenthum und die moderne Naturwissenschaft" (1868), dann: „Das Recht der eigenen Ueberzeugung" (1869) und: „Das neue Wissen und der neue Glaube" (1873); weiterhin auch in der Schrift: „Ueber die Freiheit der Wissenschaft" (1861) und in den mannichfachen Erörterungen, die sich an dieselbe anknüpften. Doch sind die einzelnen Abhandlungen so gehalten, daß sie auch ohne das Studium jener größeren Werke der Hauptsache nach verständlich sind, und sie eignen sich daher hauptsächlich für jene Gebildeten, die nicht die Muße haben, größere Werke zu studiren und gleichwohl die bewegenden Gedanken der Zeit und die Probleme der Wissenschaft kennen lernen, sowie in den geistigen Kämpfen der Gegenwart sich orientiren und sich ein begründetes Urtheil darüber bilden wollen. Für solch' einen größeren gebildeten Leserkreis mußten die Abhandlungen schon deßhalb verstehbar gestaltet werden, weil sie insgesammt in größeren Zeitblättern erschienen sind.*) Wenn die meisten der Abhandlungen vorherrschend kritisch sind, so ist doch allenthalben auch die positive Grundlage theils klar dargestellt, theils wenigstens angedeutet. Dies geschieht besonders in den Abhandlungen II, III, IX, XI und XII. Es ließ sich dabei nicht vermeiden, daß in den verschiedenen Abhandlungen dieselben Grundgedanken mehr oder minder eingehend zur Darstellung kommen, um sie in ihrer Bedeutung und Geltung in verschiedenen Richtungen zu zeigen. In dieser Beziehung mußte immer wieder dasselbe gesagt werden, nämlich das Wahre, als welches sich nicht einmal Dies, dann wieder etwas Anderes behaupten läßt, — wie selbstverständlich ist. Wer dies tadeln wollte, müßte wohl die Ansicht vertreten, daß man zur Abwechslung oder nach dem jeweiligen Interesse Verschiedenes oder gar Entgegengesetztes als Wahrheit behaupten dürfe oder müsse! Im Uebrigen aber ist es bei den Menschen, wie sie einmal sind, durchaus nothwendig, ihnen das Wahre, Richtige, Nothwendige, immer wieder zu sagen und Wiederholungen nicht zu scheuen, da bei der Flüchtigkeit und Vergeßlichkeit der meisten Menschen auch das für das geistige Leben Wichtigste und Entscheidende, wenn es nur Einmal vernommen wird, leicht spurlos vorübergeht und von dem täglich sich Andrängenden

---

*) I, II und VIII erschienen in der „Neuen Freien Presse" (Wien); VI in der „National-Zeitung" (Berlin); die übrigen insgesammt in der „Augsb. Allgemeinen Zeitung".

und oft Wiederholten verdrängt oder wirkungslos gemacht wird. Die Gegner, die Vertreter der päpstlichen Herrschaft und so vieler Irrthümer und Wahngebilde wissen dies recht wohl und handeln demgemäß, indem bei ihnen jahraus, jahrein in Haus, Schule und Kirche unablässig dasselbe verkündet, von frühester Jugend an eingeprägt, und dadurch zur festen Ueberzeugung und gleichsam zur zweiten Natur gemacht wird, die nur durch ein ähnliches Verfahren bei der Mehrzahl der Menschen überwunden und durch eine bessere Ueberzeugung ersetzt werden kann.

Es sei noch bemerkt, daß die Abhandlungen ihrem wissenschaftlichen, insbesondere kritischen Theile nach, vom philosophischen Standpunkte aus geschrieben sind, d. h. vom Standpunkte der allgemeinen und idealen Wahrheit aus, nicht einer speziellen, sogenannten positiv-religiösen oder confessionellen Glaubenslehre. Es gibt Manche auch unter den Philosophen, die solches mißbilligen, als der Philosophie nicht geziemend, und die mit einem gewissen Zunft-Hochmuth auf jene herabsehen, welche die Philosophie nicht als bloße Zunft-Sache betrachten und behandeln. Vertreter der Philosophie, die sich nur in ihren abstracten Systemen und Formeln bewegen, unbekümmert um die Welt und ihre Verhältnisse, ja noch meinen, um so größere oder ächtere Philosophen zu sein, je weniger sie von allen wirklichen Dingen etwas verstehen oder sich mit denselben befassen — als wäre des Philosophen Aufgabe, nur die verschiedenen philosophischen Systeme kennen zu lernen, nicht aber die Welt zu erforschen und zu verstehen! Mir erschien von jeher diese Ansicht als falsch und selbst als abgeschmackt. Die Vertreter der Philosophie haben meines Bedünkens nicht die Aufgabe, sich mit ihren respectiven Systemen von der Welt abzuschließen oder sich ein apartes Schneckenhaus in abstracten Formeln zu construiren, welche die wirkliche Welt kaum berühren und die außerdem nur wieder von Zunft-Gelehrten zu verstehen sind und weiter kaum eine Bedeutung haben; sondern sie haben auch die Aufgabe, zu wirken für die geistige, politische und religiöse Bildung und Befreiung ihres Volkes; dürfen insbesondere da sich nicht gleichgültig oder feige zurückziehen, wo es gilt, gegen geistigen oder geistlichen Despotismus zu kämpfen, das Volk von der Knechtschaft desselben zu befreien und zu geistiger Freiheit und Bildung zu führen. Aus dieser Auffassung der Aufgabe der philosophischen Forschung und aus diesem

Streben, auch dem Volke und damit der Menschheit überhaupt in ihrer lebendigen Entwickelung einen Dienst zu leisten, gingen die vorliegenden Abhandlungen insgesammt hervor. Dabei handelt es sich ja im Grunde zugleich um das Recht, ja um die Existenz der Philosophie selbst, die bald gefährdet wäre, wenn bei Gleichgültigkeit der wissenschaftlichen Forschung in diesem Kampfe die kirchlichen Gewalthaber durch das ungebildete, in Verblendung gehaltene Volk den Sieg errängen.

Was den bekämpften Gegner, die päpstliche Hierarchie, selbst betrifft, so ist es unnöthig, hier Weiteres darüber zu sagen, da er in den verschiedenen Aufsätzen hinlänglich, wie ich glaube, charakterisirt ist, in seinen Zielen und seinen Mitteln, sowie seinen Gründen allenthalben bekämpft und widerlegt, die Falschheit seiner Behauptungen aufgedeckt und seine Ansprüche in ihrer Grundlosigkeit und in ihrer Abjurdität gezeigt sind. Es ist eine verhältnißmäßig geringe Zahl von Menschen, welche die Verblendung und Anmaßung besitzen, der ganzen übrigen Menschheit gegenüber und der Vernunft und Wissenschaft zum Trotz zu behaupten, daß sie allein im Besitze übernatürlicher Erleuchtung und göttlicher Gnade seien und kein Mensch dergleichen von Gott erhalten könne, außer nur durch sie, und welche diese eingebildete übernatürliche Wahrheit und Gnade ihren Mitmenschen nur wollen zu Theil werden lassen, um den Preis der Verzichtleistung auf die Vernunft und das Gewissen, auf Freiheit, Recht und Civilisation. Diese abenteuerliche Anmaßung, diese entwürdigende Forderung an die Menschheit muß mit aller Entschiedenheit zurückgewiesen und bekämpft werden. Zum Unglück für die Wissenschaft, für die Cultur und den modernen Staat steht dieser geringen Zahl von Menschen, die sich allen Andern gegenüber allein für göttlich begnadet, privilegirt und bevollmächtigt erklären, eine große, durch Jahrhunderte hindurch ausgebildete Organisation und kirchliche Maschinerie zu Gebote, durch welche sie die Menschen von Jugend an in ihrem Sinne bilden, geistig gefangen nehmen und in Dienstbarkeit erhalten, so daß ganze Völker für bessere Bildung und Befreiung unnahbar, unempfänglich, unfähig werden. Gleichwohl darf nicht abgelassen werden, diese ungeheuerliche Organisation, diese hierarchische, päpstliche Kirchen-Maschinerie zu bekämpfen, zu widerlegen, um die Menschheit und zugleich das wahre Christenthum und Christus selbst von der Gefangenschaft, in welcher sie von denselben gehalten werden, zu befreien. Sind die Kämpfer für die Wahrheit und Freiheit, für die Befreiung des Christenthums und Christi selbst auch nur klein in Vergleich mit dem großen, ungeschlachten Riesen, sie werden doch schließlich siegen, wie in den Sagen die Ritter, welche ungeschlachte Riesen besiegten, um Kleinode zu gewinnen oder geraubte und gefangen gehaltene Prinzessinnen zu befreien, oder wie der kleine David den Riesen Goliath besiegte. *) Die große kirchliche Organisation ist für die moderne gebildetere Zeit unpassend und schädlich geworden, nachdem die Individuen zu höherer geistiger Gestaltung und damit zu größerer geistiger Selbständigkeit zu gelangen die Möglichkeit und damit das Recht und die Pflicht haben. Solch' große historische Maschinerien, wie die päpstliche Kirche, können nur einem überwundenen Bildungsstadium der Menschheit angehören und haben nun ihre Befähigung und Berechtigung zur Führung und Beherrschung des geistigen Lebens verloren. Es verhält sich mit ihnen ähnlich, wie bei der Entwicklung der Erde und ihrer organischen Bildungen: die großen riesigen Gestaltungen haben ihre Bedeutung, damit ihre Existenzberechtigung und Befähigung verloren, nachdem höhere vollkommenere Organismen, wenn auch weniger groß, weniger massenhaft und roh-gewaltthätig auf der Erde aufgetreten waren. Die Sagen preisen jene als Wohlthäter der Menschheit, die in kühnem Wagniß den Kampf gegen solche Riesengebilde der Natur unternahmen und die von denselben geschädigten und in Angst gehal-

---

*) Prinz Edmund Radziwill, dem gegenüber ich brieflich diese Auffassung zum Ausdruck gebracht, hat in seinem Buche gegen die moderne Cultur und Wissenschaft vor ein paar Jahren in höhnender Wendung hervorgehoben, daß ich in dem Briefe an ihn von „kleinen" Rittern (vom Geiste) gesprochen. Jedermann sieht leicht, daß es so gemeint sei, wie David in Vergleich mit Goliath „klein" gewesen, oder Odysseus in Vergleich mit dem Polyphem. Prinz Radziwill erblickt natürlich in Allem nichts als Hochmuth, aus dem allein nach ihm der ganze Kampf gegen die päpstliche Hierarchie, die sich selbst vergöttert, hervorgeht. Speziell meine Opposition gegen die Hierarchie, weiß der fromme Prinz nur aus schlechter Gesinnung, nicht aus Wahrheitsliebe, aus Hochmuth, nicht aus Pflichtgefühl der wissenschaftlichen Forschung zu erklären. Dabei kommt ihm eine sehr eigenthümliche Verwechslung sehr zu statten. In einem Briefe an ihn (1869) kommt die Wendung vor: „Meine eigene schwer errungene Ueberzeugung"; statt dessen läßt der Prinz drucken: „Meine eigene schwer wiegende Ueberzeugung." Natürlich schaut da der Hochmuth hervor! Man sollte aber, besonders wenn man so fromm und rechtgläubig ist, auch sehr sorgfältig und gewissenhaft sein, auch dem Gegner gegenüber in redlicher Kampfesweise!

tenen Menschen von ihnen befreiten. Vielleicht wird die Nachwelt auch denen gerecht werden, die den Kampf gegen die historischen, das individuelle höhere Geistesleben hemmenden und dadurch schädlich gewordenen Riesengebilde aufnehmen und die Menschheit davon zu befreien streben. Wunderbar, seltsam sind in der That auch diese historischen Riesen-Organismen. Sie sind die in Eins zusammengefaßten Zauberkräfte in der Meinung, im Wahne der Menschen. Man erblickte ursprünglich überall Wunder, Zauberkräfte, geheimnißvolle nützliche und schädliche Mächte, die man zu gewinnen, zu beschwichtigen hatte, da von ihnen Heil und Verderben abhing. Mit erweiterter Kenntniß der Natur wurde dieser Wahn bei den Culturvölkern immer mehr überwunden, wenigstens zurückgedrängt, und ward zuletzt hauptsächlich in die Geschichte verlegt, in welcher sich nun eine Art Zauber= oder Wunder=Macht befinden, forterhalten und wirksam sein sollte — von der das Heil und Verderben der Menschen abhängig gedacht wurde und wird. Die großen positiven Religionen, insbesondere die mit großen Priesterschaften, bilden dergleichen wunderbare Organismen.

Aber eben um dieser Eigenthümlichkeit der religiösen, kirchlichen Organismen willen, die auf Wunder= oder Zaubermacht gegründet sind, und mit solcher das Heil und Verderben der Menschen wirken zu können vorgeben, ist der Kampf ein schwieriger und lange dauernder, weil dabei nicht blos diese gewaltige Priestermacht, sondern auch die Schwäche und Selbstsucht der Menschen zu überwinden ist. Wer auf menschliche Schwachheit, Selbstsucht und Unwissenheit baut, hat ein breites, schwer zu erschütterndes Fundament bei seinem Unternehmen. So hat sich die Hierarchie mit ihrer Kirchen=Organisation aufgebaut. Wer menschliche Geistesträgheit begünstigt dadurch, daß er alles weitere Denken überflüssig macht und nur blindes Vertrauen verlangt, ja den Vernunftgebrauch geradezu verbietet und Vernunft wie Freiheit als Opfer fordert, erwirbt sich bei der Masse vielmehr Gunst und Beifall, als er Empörung hervorruft, die nur bei einer Minderheit entsteht. Wer auf die Selbstsucht der Menschen speculirt, ihre Affecte und Leidenschaften erregt und sie zu beruhigen und zu befriedigen verspricht, Furcht, Hoffnung, Haß u. s. w. der Masse in seinen Dienst bringt, der gewinnt und beherrscht sie. Dies ist der Fall bei der Hierarchie. Und außerdem ist die Menge stets nach

Wunder und Zauberei begierig. Wer ihr Unerhörtes verspricht, ver=
blüfft sie, gewinnt sie; wer durch Zauberei redliche Arbeit und Wissen=
schaft ersetzen zu können scheint, dem fällt sie zu; daher läuft sie Schatz=
gräbern und Wunderdoctoren nach, und Wunderbanken sogar machen
bei ihr gute Geschäfte, wenn sie auch greifbar Unmögliches versprechen,
— Jahreszinsen, die dem Kapital fast gleich kommen. Und sehen sich
die Menschen auch noch so oft belogen, betrogen oder geradezu zu
Grunde gerichtet, ihre Selbstsucht, Habgier, Trägheit und Unwissenheit
läßt sich immer wieder bethören. Kein Wunder, daß auch geistige
Wunderdoctoren, hierarchische Schatzgräber und Wunder = Bankhalter
immer wieder die Menge gewinnen und die Zauber=Geschäfte auf's
Beste stehen, die im sittlichen und religiösen Gebiete die eigene Mühe
und Anstrengung ersparen und alles Beste wunderbar und zauberhaft
verschaffen — nur gegen das Opfer der gänzlichen Hingabe und
Unterwerfung. Und auch die Eitelkeit des ungebildeten Volkes wird
auf's Höchste befriedigt, da ihm unaufhörlich verkündet wird, daß es
die vollste Wahrheit besitze durch seinen allein wahren, rechten Glauben;
und zwar allein — und deßhalb allein auch unter allen Menschen
selig werde, während alle andern Menschen und Völker des Teufels
sind, und insbesondere die armen Gelehrten in ihrem Dünkel zwar
immer nach Wahrheit streben, aber sie nie erreichen, sondern elendig=
lich von Irrthum zu Irrthum kommen und zuletzt auch noch trotz
ihres beständigen Forschens, wegen ihres Hochmuths und wegen ihres
Ungehorsams gegen den Papst auf ewig verdammt werden! — So
stehen die Dinge und so ist der Gegner, den wir zu bekämpfen haben.
Die organisirte Unwissenheit, Wundersucht und Selbstsucht ist eine
furchtbare Macht, man gebe sich nur keiner Täuschung hin. Daher
ist nicht blos das hierarchische System zu bekämpfen, sondern, wie aus
dem Bemerkten hervorgeht, vor Allem das Volk ist zu bilden zur Ver=
nünftigkeit und sittlichen Thatkraft, um es aus den Banden des blinden
Glaubens= und Zauberwahns zu befreien.

Um übrigens hier auch noch die wissenschaftliche Methode und den
principiellen Grundsatz anzudeuten, wonach verfahren werden muß
(worüber die oben angeführten Schriften die nähere Ausführung ent=
halten), so ist zu sagen, daß die Methode dabei dieselbe sein muß
dieser großen geschichtlichen (Wunder=) Macht gegenüber, die man auch
angewendet hat gegenüber der einst vergötterten, als Zaubermacht ver=

ehrten Natur, um sie für das Erkennen in eine rein natürliche, regel= mäßige, gesetzmäßige Ordnung zu verwandeln. Es ist also die inductive Methode anzuwenden. Der Hauptgrundsatz aber, der dabei leitet, ist: Was unwahr, unvernünftig ist, kann nicht göttlich sein; was als unwahr, unvernünftig oder unsittlich klar erkannt wird, kann und darf nicht als göttliche Wahrheit, nicht als göttliche Offenbarung oder göttliches Gebot angenommen werden; und endlich: eine Person oder eine Institution, welche Unwahres, Unvernünftiges, Ungerechtes für göttliche Wahrheit oder Verpflichtung ausgibt, kann nicht von Gott geleitet sein, kann nicht als göttliche Autorität gelten, sondern muß als ungöttlich, usurpatorisch zurückgewiesen werden. Es kann also der von der päpstlichen Hierarchie aufgestellte Grundsatz: Die göttliche (kirchlich = päpstliche) Autorität hat gesprochen, hat entschieden, also muß sich menschliche Vernunft und Wille unterwerfen — nimmermehr gelten, und es kann in der Geschichte nicht irgend eine Macht à 'priori und unbedingt als göttliche geltend gemacht werden, die über alle Prüfung von vornherein erhaben wäre. Vielmehr ist das Festgestellte selbst zu prüfen, und wenn es sich als unwahr, unvernünftig, unbe= rechtigt zeigt, so ist zu schließen: Die kirchliche Autorität hat Unwahres, Unvernünftiges, Unrechtes behauptet und festgestellt, also kann sie nicht als göttliche, unbedingte oder absolute Autorität, nicht als göttlich geleitet anerkannt werden, und sind ihre Anforderungen zurückzuweisen. Wollte man diese Grundsätze nicht gelten lassen, dann müßten die Menschen überhaupt auf ihre vernünftige und sittliche Natur und deren Gebrauch verzichten und gleich unvernünftigen Thieren sich nur noch äußerlich leiten lassen. Sie könnten nur noch steuerlos im Meere der menschlichen Meinungen umhertreiben, jedem Betrug und jeder Gewaltthätigkeit und Arroganz, sowie jedem Wahngebilde preisgegeben. Die Religionen und Confessionen insgesammt lassen übrigens die ge= nannten Grundsätze wohl gelten allen anderen gegenüber, nur jede nicht für sich selbst der Wissenschaft gegenüber. Aber Hauptgrundsatz und Methode haben allgemeine Geltung; denn ein Privilegium für eine einzelne Religion kann selbst nicht blindlings angenommen werden, sondern müßte erst die Prüfung nach diesen Grundsätzen bestehen.

Marienbad in Böhmen, im Juli 1875.

Der Verfasser.

Ueber die

religiösen und kirchenpolitischen Fragen

der

Gegenwart.

———

I.

Zur Würdigung der Beschlüsse des Vatikanischen Concils.

(Geschrieben im Mai und August 1870.)

1.

Das vatikanische Concil hat uns endlich durch Beschluß vom 24. April 1870 mit einer ersten Reihe von kirchlichen Feststellungen — Canones — beschenkt, die nun für die katholische Welt unumstößliche Geltung haben, die alle Katholiken mit Herz und Mund bekennen, welchen sie sich unbedingt theoretisch und praktisch fügen müssen, wenn sie nicht von der Kirche ausgeschlossen und damit zugleich von der Hierarchie der ewigen Verdammniß überantwortet werden wollen. Bei solcher Bedeutung der Concilsbeschlüsse wird es an der Zeit sein, diese formulirten und von der Kirchenversammlung sanctionirten Sätze einer näheren Betrachtung zu unterziehen, um auch dem größeren Publikum deutlich zu machen, was mit denselben eigentlich gefordert sei, welchen Sinn diese etwas abstracten und oft dunkeln Formeln mit beigefügter Verfluchung in Wirklichkeit haben und welche Zumuthung an die Glaubenskraft der Katholiken sie in sich schließen. Nicht alle diese Canones sollen hier erörtert werden, sondern wir wollen nur einige herausheben, um an ihnen beispielsweise zu zeigen, an welche Gesetze die geistige Thätigkeit der Katholiken jetzt gebunden und von welchen neuen Bedingungen die ewige Seligkeit derselben von nun an abhängig gemacht sei.

Zuvor seien einige Bemerkungen über „Canones" gestattet. Der Ausdruck „Canones," kirchlich gegebene und geltende Feststellungen und Vorschriften, ist bezeichnend für die Auffassung des Wesens der Religion von Seite der römischen Hierarchie. Es ist damit angedeutet, daß das Wesen auch der christlichen Religion nicht als ein Herzensverhältniß des Menschen zu Gott, sondern als ein äußerliches Unterwerfungsund Gehorsams-Verhältniß gegen eine äußere, historisch erscheinende Autorität aufgefaßt wird. Anerkennung dieser Autorität, Unterwerfung unter sie, ist die Hauptsache, denn ohne sie hilft alles Andere, was der religiöse Mensch thun mag, nichts. Andere Menschen also und eine viele Jahrhunderte ausfüllende Geschichte, demnach Raum und Zeit und fremdes Belieben sind da zwischen Gott und die Menschenseele gestellt und müssen erst die Vermittlung zwischen beiden bewerkstelligen. Und das gibt man für die Religion Christi aus, der gerade dies als seine Aufgabe betrachtete, Gott als den Vater der Menschen, diese als Kinder Gottes kennen zu lehren und die Religion als ein unmittel bares Verhältniß des Menschen zu Gott zu vertiefen, zu veredeln! Durch die kirchliche Verfassung und Herrschaft ist seit Jahrhunderten genau das Gegentheil aus dem Werke Christi gemacht und das eingeführt worden, was er so oft und strenge verboten hat: das Herrschen der Einen über die Anderen. Aus dieser äußerlichen Gesetzlichkeit und Herrschaft der Kirche, aus dieser Formulirung des Religions-Inhaltes durch geistliche Obrigkeit in Canones, in kirchliche Gesetzbestimmungen, wird denn fortwährend die Berechtigung abgeleitet, auch im Gebiete der Religion Gewalt und Zwang, wo es nur immer möglich ist, thatsächlich anzuwenden. Natürlich! Der Gesetzes-Uebertreter muß gestraft werden, muß büßen, wie der Uebertreter staatlicher Gesetze — und viel schwerer, da der Uebertreter kirchlicher Canones gegen die unmittelbar göttliche Autorität der absoluten Kirchengewalt, damit, wie die Sache bescheiden gedeutet wird, gegen Gott selbst sich vergeht, die göttliche Majestät verletzt und daher verdient, daß er schon auf Erden so sehr als möglich Höllenstrafen koste. Die Prinzipien der wüsten, grausamen Ketzerverfolgungen durchdringen und beherrschen auch die ganze hierarchische Kirche, und sie werden sich zur Anerkennung und praktischen Ausführung zu bringen suchen, wo und soweit es nur immer möglich ist. Hiermit seien nur einige Andeutungen gegeben über das, was „Canones" bedeutet, woraus sie hervorgehen und was sich in ihnen verbirgt.

Im Allgemeinen ist noch zu sagen, daß die Grundanschauung und die Tendenz, aus welchen diese achtzehn Canones, das erste Produkt des allgemeinen Concils, hervorgingen, keine andere ist als die, die kirchliche Autorität als unbedingte Herrin der Wissenschaft geltend zu machen und dies als Glaubenssatz für die katholische Welt hinzustellen, um die moderne Wissenschaft zu besiegen und zu beherrschen. Die Aufgabe, die Befugniß, die Grenzen und selbst die Resultate der Wissenschaft zu bestimmen, soll nur der kirchlichen, also der Glaubensautorität zukommen und somit der Glaube herrschende Norm für das Wissen sein. Damit in Verbindung steht als zweites allgemeines Resultat dieses ersten Concilsbeschlusses, daß eine Form wissenschaftlicher Thätigkeit mit ihren Resultaten, und zwar jene, die sich in der That unter der Oberherrschaft der Kirche entwickelt hat, nämlich die Scholastik, sowohl mit ihren wissenschaftlichen Grundsätzen, als mit ihren Resultaten zur Würde und unbedingten Geltung einer Glaubensregel erhoben wurde. Man hat eine todte Wissenschaft zum Dogma erhoben, und meint dadurch den Glauben wieder lebendig zu machen und zu schützen, zugleich aber die ganze moderne lebendige Wissenschaft besiegen, unter die Füße treten und tödten zu können! Wird immerhin ein schweres Werk sein! Die Jesuiten aber können sich freuen, daß sie nun gleich durch den ersten Beschluß des Concils das erreicht haben, was sie schon seit Jahren anstrebten. Schon längst haben sie in ihrer Civiltà Cattolica angekündigt, daß sie mit ihrer scholastischen Wissenschaft „in

Verbindung mit dem Vatikan", mit dem „höchsten Orakel" — wie sie mit Vorliebe den Papst nennen — gegen die moderne Wissenschaft, insbesondere die Philosophie, zu Felde ziehen und sie besiegen wollen. Wir wollen sehen! Immerhin aber mögen sie bedenken, daß die Zeit der „Orakel" vorüber sei und daß durch Orakel noch nie für die Wissenschaft ein Gewinn erzielt ward, so wenig als durch Träume, und diese, die wahre Wissenschaft, sich nach Orakeln so wenig richten könne, als nach Träumen.

Auffallend ist, daß dieser sachlich so wichtige, ja für das moderne Geistesleben wichtigste Beschluß, wie verlautet, einstimmig gefaßt wurde und selbst die Bischöfe der Opposition ohne Ausnahme beigestimmt haben. Natürlich, es handelt sich ja um die Herrschaft der „Kirche" über die Wissenschaft, um die Unterwerfung der hochmüthigen Gelehrten, die Alles besser wissen wollen als Papst und Bischöfe, denen die Weisheit ohne Anstrengung wie im Traume kommt! Nachdem aber die Bischöfe der Opposition diesem Beschlusse beigestimmt haben, mögen sie sich doch ja gegen die Unfehlbarkeit des Papstes nicht mehr zu sehr ereifern. Denn, wie bemerkt, sachlich ist diese Dogmatisirung der Herrschaft der kirchlichen Autorität über die Wissenschaft und diese Dogmatisirung der Scholastik wichtiger als die Dogmatisirung der Unfehlbarkeit des Papstes; denn mehr noch kommt ja darauf an, welche Ansprüche kirchlich erhoben werden, als wer sie erhebt und durchführt, und die Wissenschaft ist kaum viel besser daran, wenn sie dem Gesammt-Episcopate, als wenn sie dem Papste unterworfen sein soll. Doch wenden wir uns zur Betrachtung der Canones.

Das erste Capitel, „Von Gott dem Schöpfer aller Dinge," mit seinen fünf Canones verflucht zuerst die Atheisten und Materialisten, bereitet hierauf den verschiedenen Arten der Pantheisten dasselbe Loos und nöthigt endlich unter Androhung des gleichen Fluches zur richtigen Auffassung des Schöpfungsbegriffes. Schon hierüber wäre Manches zu bemerken, indeß nehmen wir davon Umgang, ausführlicher auf diese Sätze einzugehen, theils weil sie ihrem allgemeinen Sinne nach ohnehin verständlich sind, theils weil wir uns dabei tiefer in philosophische Erörterungen einlassen müßten, als hier gestattet sein kann. Was die Verdammung der Atheisten und Materialisten betrifft, so erkennt ja Jedermann leicht, daß sie ebenso überflüssig als erfolglos ist — überflüssig, weil sicher noch Niemand den Atheismus oder Materialismus für christliche Religion oder die echte Auffassung des Christenthums ausgegeben hat; erfolglos, weil die Anhänger von beiden sicher über diese Concilsbeschlüsse hinaus sind und ihnen nichts Anderes als Hohn und Verachtung entgegenbringen werden — und Verfluchungen jedenfalls nicht geeignet sind, zu ihrer Bekehrung und Besserung etwas beizutragen. Die wirklichen Pantheisten aber sind der Natur der Sache gemäß gebildete, ernste und selbstständig denkende Männer, die sich in ihrer wissenschaftlichen Ueberzeugung von den Aussprüchen eines Concils, einer Glaubens-Autorität nicht bestimmen lassen. Wenn das Concil befiehlt, anzunehmen, daß die Welt von Gott „aus nichts" hervorgebracht sei, so hat es zwar den Katechismus und die populäre Vorstellungsweise für sich, für die Wissenschaft aber ist der Ausdruck „aus nichts" ein nichtssagender. Für sie gilt: Aus nichts wird nichts. Wer in's Nichts greift, der greift eben nichts und kann nichts hervorziehen, um etwas, z. B. die Welt, daraus zu machen. Soll also dennoch etwas entstehen, soll die Welt durch Erschaffung beginnen, so muß sie aus der wirkenden Ursache, also hier aus der schaffenden Gotteskraft entstehen. Dies näher zu bestimmen, hat seine Schwierigkeiten und führt in philosophische Untersuchungen, als deren Gesetz und Richtschnur zuverlässig auch in Zukunft nicht der Kinder-Katechismus anerkannt werden kann, so sehr es auch das Concil vorschreibt.

Noch schwieriger ist die hiermit in Verbindung stehende Frage über die Nothwendigkeit und Freiheit der Schöpfung, und sicher der weitaus größte Theil der beschließenden Väter hat nicht entfernt ein klares Verständniß dieses Problems. Aber den Philosophen müssen einmal Machtgebote entgegengeschleudert und Gesetze dictirt werden! Gewiß sehr nothwendig, und die Philosophen werden sich außerordentlich viel darum bekümmern!

Das zweite Capitel, „Von der Offenbarung", enthält gleich an der Spitze einen Satz, der eine nähere Beleuchtung verdient. Derselbe lautet: „Wenn Jemand sagt, der Eine und wahre Gott, unser Schöpfer und Herr, könne nicht durch das, was gemacht ist, vom natürlichen Lichte der menschlichen Vernunft mit Gewißheit erkannt werden — der sei verflucht." Auf den ersten Blick scheint dieser Satz unverfänglich zu sein und sogar Bedeutung und Berechtigung der menschlichen Vernunft und Wissenschaft sichern zu wollen. In der That aber ist es ein herrschsüchtiger und hemmender Eingriff der Glaubens-Autorität in das Gebiet der Wissenschaft und der Versuch, auch dieses durch kirchliche Verfluchungen zu terrorisiren. Man sollte meinen, es wäre übergenug, wenn der Glaube an Gott unter Androhung der kirchlichen Verfluchung vorgeschrieben würde; jetzt aber ist auch noch der Glaube an das (scholastische) Wissen von Gott bei Vermeidung der Verdammniß befohlen! Wenn Jemand sagt: Ich glaube an Gott und will mein Leben demgemäß bestimmen; aber ich glaube nicht, daß man für das Dasein Gottes einen strengen wissenschaftlichen Beweis führen könne, und halte die scholastischen Beweise für nicht beweiskräftig und wissenschaftlich sicher — so ist er kirchlich verdammt, ist seine Seele dem Teufel überantwortet. Sein Glaube an Gott hilft ihm nichts, weil er nicht auch an das (scholastische) Wissen von Gott glaubt! Dies ist die Bedeutung des in Frage stehenden Canons.

Woher schöpft denn aber das Concil seine Berechtigung, über die
Kraft der Vernunft und Wissenschaft diese dogmatische Bestimmung
zu geben? Hat vielleicht der Papst und haben die Bischöfe durch eigene
Erfahrung, durch eigene Vernunftforschung dies erkannt, und zwar mit
solcher Sicherheit, daß die Sache für immer und ewig über alle Zweifel
erhaben erscheint? Mit nichten. Zuverlässig kennen die wenigsten der
versammelten Väter die Gründe für und wider, und wären nicht im
Stande, gegebenenfalls darüber gehörigen Bescheid zu geben. Einen
Glaubenssatz über etwas festzustellen — auch wenn man nichts davon
versteht — ist eben leichter, als ein klares Wissen darüber zu erlangen.
Der Grund dieses Dogma's, das den Glauben an das Wissen fordert,
ist folgender: Die Scholastiker des Mittelalters, insbesondere Thomas
von Aquin, in deren Fesseln die ganze Versammlung der Bischöfe in
Rom, mit verschwindend geringer Ausnahme, liegt, haben festgestellt,
daß gewisse religiöse Wahrheiten, z. B. daß Gott sei, daß er Einer
sei u. s. w., auch mit der natürlichen Vernunft des Menschen erkannt
werden können, im Unterschied von den specifisch christlichen Lehren,
bei denen dies nicht der Fall sein soll. Weil dies nun die Scholastik
so festgestellt und die Jesuiten, die insbesondere auf Thomas von Aquin
schwören, es angenommen und zu dessen Vertheidigung sich verpflichtet
haben, so hat jetzt das Concil einen Glaubenssatz daraus machen
müssen. Die Sache führt aber noch weiter in's Absurde hinein: der
genannte scholastische Grundsatz, der jetzt Glaubenslehre für die
Katholiken ist, konnte nicht aufgestellt werden ohne bestimmte
Gründe, ohne thatsächliche Belege. Diese konnten in nichts Anderem
bestehen, als in wirklichen Beweisen für Gottes Dasein, Einheit u. s. w.,
welche diese Scholastiker führten oder zu führen glaubten. Diese einzelnen Beweise bilden also die Grundlage für den genannten allgemeinen Grundsatz; wanken sie und werden hinfällig, dann auch der
zum Glaubenssatz erhobene scholastische Grundsatz selbst. Daraus
folgt, daß diese scholastischen Beweise selbst von nun an nicht mehr
kritisirt, angezweifelt oder gar aus wissenschaftlichen Gründen verworfen werden dürfen. Sie, die wissenschaftlichen Beweise, müssen
jetzt selbst geglaubt werden, erhalten die Bedeutung von Glaubenssätzen, das heißt, es muß geglaubt werden, daß sie sichere wissenschaftliche Beweise seien, und wer deren Beweiskraft bezweifelt oder
gar leugnet, der ist kein Katholik mehr, ist von der Kirche ausgeschlossen. Dies ist zwar barer Widersinn, aber es ist nun erklärtes
Dogma oder folgt unmittelbar und nothwendig aus diesem neuen
Dogma. Die Jesuiten aber können sich jetzt Glück wünschen bei dieser
Erleichterung ihrer Lehrthätigkeit, nachdem ihre scholastischen Beweisführungen zur Würde von Glaubenssätzen erhoben sind! Kein nase-
weiser Schüler darf ferner an deren Beweiskraft zweifeln oder Be-
denklichkeiten erheben; widrigenfalls wird ihm sozusagen die kirchliche

Pistole auf die Brust gesetzt und ihm mit Tod und Verdammniß seiner Seele gedroht, wenn er nicht festiglich glaube, daß die jesuitischen Beweise wahre, echte unumstößliche Wissenschaft seien! Arme Wissenschaft!

Die übrigen drei Canones dieses Capitels wollen wir unerörtert lassen und nur bemerken, daß sie dem eben gewürdigten ersten ebenbürtig zur Seite stehen.

Von den sechs Canones „über den Glauben" wollen wir nur den vierten und fünften ins Auge fassen. Der vierte lautet: „Wenn Jemand behauptet, daß keine Wunder geschehen können und daher alle Erzählungen über dieselben, auch die in der Heiligen Schrift enthaltenen, unter die Fabeln oder Mythen zu verweisen seien, oder daß Wunder niemals mit Sicherheit erkannt werden können und durch sie der göttliche Ursprung der christlichen Religion nicht in gehöriger Weise bewiesen werde — der sei verflucht."

Auf die Frage, ob Wunder möglich, und wenn dies, ob wirklich jemals solche geschehen seien, können wir hier selbstverständlich nicht näher eingehen. Es handelt sich nur darum, die wahre Bedeutung dieses neuen Glaubenssatzes zu verstehen, und diese liegt darin, daß hiemit zu glauben befohlen wird, daß die Wunder sowohl Beweiskraft haben, als auch selbst ihrerseits als Thatsachen bewiesen werden können. Dies ist nichts Anderes als ein neuer Eingriff der Glaubens-Autorität in das Gebiet der Wissenschaft und eine neue Erhebung scholastisch-jesuitischer Schulansichten zu Glaubenssätzen, von deren Annahme das ewige Heil abhängig sein soll. Die Jesuiten sind vorsichtige Männer, sie lassen sich der unbescheidenen Kritik der modernen Wissenschaft gegenüber durch das allgemeine Concil ihre scholastischen Collegienhefte dogmatisiren und sanctioniren, so daß Niemand mehr an deren Wahrheit und Wissenschaftlichkeit zweifeln darf, wenn er nicht von der „Kirche" verflucht sein will. Die scholastische Wundertheorie nun bedarf in besonderem Maße dieses dogmatischen Schutzes gegen die unbequeme kritische Schärfe der modernen Wissenschaft. Durch diesen Canon soll sie nun dagegen gefeit sein. Die Sache verhält sich folgendermaßen: Der Glaube an die göttliche Wahrheit und Gewißheit des Christenthums wird begründet und „wissenschaftlich" befestigt durch die Wunder; diese aber müssen ihrerseits selbst wieder geglaubt werden, so daß hierbei ein Glaube begründet werden soll durch einen anderen Glauben, der selbst der Begründung bedarf. Das ist eine bedenkliche Kreisbewegung des Beweisens, deren Schwäche sich heutzutage nicht mehr verbergen läßt. Dem soll nun abgeholfen werden dadurch, daß vorgeschrieben wird, nicht blos der christlichen Lehre Glauben zu zollen und wiederum die Wunder als Begründungsmittel dieses Glaubens zu glauben, sondern auch noch zu glauben, daß diese Wunder wirklich als solche erkannt und dadurch wirkliche Beweismittel seien. Das ist nicht sehr einfach, aber es ist der wirkliche Sinn des Canons. Eben damit wird wiederum der Glaube an eine scholastische Theorie und an scholastische Schulansichten gefordert; denn nicht blos der abstracte Satz, daß die Wunder erkennbar seien, muß geglaubt werden, sondern die wirklichen scholastischen Beweise dafür sind zu Glaubensartikeln gemacht, da jener allgemeine Satz aus diesen bestimmten Beweisführungen hervorging.

Die Sache (die fragliche Beweisbarkeit der Wunder) hat ihre großen Schwierigkeiten, und das Bequemste war allerdings, sie durch einen Machtspruch abzuthun. Gesetzt nämlich, daß Wunder wirklich geschehen seien, so konnten sie eigentlich volle Bedeutung doch nur für Augenzeugen selbst haben. Schon die Nächsten, denen sie blos erzählt wurden, mußten sie selbst schon glauben, d. h. für wahr und wirklich halten, weil Andere sie behaupteten, wodurch demnach ihr übernatürlicher Charakter, in dem die Beweiskraft liegen sollte, schon durch natürliche, menschliche Dazwischenkunft getrübt, geschwächt wurde. Wenn dies nun so durch viele Jahrhunderte hindurch von Geschlecht zu Geschlecht sich wiederholt, so kommen unendlich viele, blos natürliche menschliche Vermittlungen hinzu, und der ursprüngliche übernatürliche Charakter muß vollständig überwuchert und illusorisch gemacht werden. Da ist freilich Nachhülfe dringend geboten, wenn die ganze Theorie aufrecht erhalten werden soll, und diese wurde nun dadurch gewährt, daß man alle Bedenken durch Auferlegung dieser neuen Glaubenspflicht niederschlug. Wenn nun aber Jemand sich erhebt und sagt: „Ich will lieber einfach an die Wahrheit der Lehre Christi glauben, die direct zu meinem Herzen spricht und für Vernunft und Willen mir annehmbar und heilsam erscheint, statt daß ich erst an diese ganze Maschinerie von Wundern und von Beweisführungen, zuerst für die Wunder, dann durch die Wunder u. s. f. glaube — ist es gerecht, ist es billig, einen Solchen als unchristlich zu bezeichnen und zu verfluchen, blos weil er die Wunder ablehnt und all die scholastischen Künsteleien verschmäht? Eine kirchliche Verfluchung ist in diesem Falle so wenig gerechtfertigt, daß ein Solcher sogar den Charakter tieferer, reinerer Christlichkeit in Anspruch nehmen darf. Hat denn nicht Christus selbst zu dem wundersüchtigen Geschlechte einmal tadelnd gesprochen: Wenn ihr nicht Zeichen und Wunder sehet, so glaubet ihr nicht! und ist nicht hierdurch klar angedeutet, daß es besser, christlicher sei, ohne Wunder zu glauben, als erst Wunder zu verlangen? Wie kann man sich also von Seite des Concils für berechtigt halten, Jene zu verfluchen, welche die Wunder nicht gelten lassen, und ohne sie der Lehre Christi ihre Zustimmung und Befolgung gewähren wollen? Doch freilich seit Jahrhunderten schon sagen Papst und Bischöfe: Nicht was Christus gesagt und gelehrt hat, ist christlich, sondern was wir sagen und lehren! Aber wäre es nicht endlich an der Zeit für die Katholiken, denselben entgegenzurufen: Hebt euch von hinnen mit euren gemachten Dogmen, mit all diesen unnützen Lasten und gehäuften

Versuchungen für die Seelen; wir wollen Christen sein und nicht Papisten, wollen leben als freie Bekenner der Lehre Jesu und nicht als die Geistessklaven der Jesuiten!

Vom fünften Canon wollen wir nur den ersten Theil in kurze Erwägung ziehen, der Jene verdammt, welche behaupten, „daß die Zustimmung zum christlichen Glauben nicht eine freie sei," sondern nothwendig durch Beweisgründe der menschlichen Vernunft hervorgebracht werde. Man sieht, der Glaube will der Vernunft nichts zu verdanken haben, sondern ganz unabhängig von ihr sein und sie höchstens hier und da zu untergeordneten Diensten verwenden. Welch ein „freier" Act des Geistes dies aber sei, der ohne Vernunftthätigkeit dem Glauben beistimmt, ist freilich schwer zu sagen. Ein Wollen ohne Vernunft kann eben doch nichts sein, als ein blindes Gebahren ohne wahrhaft menschliche, ohne vernünftige und sittliche Bedeutung. Uebrigens hat es seinen guten Grund, daß vom Concil die Freiheit des Glaubens (ohne Vernunftgründe) mit solcher Schärfe betont wird. Damit ist nicht blos ein rein theoretischer, sondern ein Lehrsatz von großer praktischer Bedeutung festgestellt. Es wird nämlich dadurch dogmatisch die Berechtigung gesichert, die Menschen für ihren religiösen Glauben verantwortlich zu machen, ihre Vernunftgründe unbeachtet zu lassen und sie daher auch gegebenenfalls für ihren abweichenden Glauben oder für ihre Glaubensverweigerung peinlich zu behandeln, mit Strafen aller Art bis zum Tode zu belegen. Denn es ist ja nur Bosheit des Willens, schuldvolle Hartnäckigkeit, wenn sie dem katholischen Glauben nicht beistimmen und etwa auf Vernunftgründe sich berufen. Daß der Glaube ein ganz freier Act des Willens sei, ist seit Jahrhunderten eine Lieblingslehre der Theologen und der kirchlichen Autorität, und auf Grund dieser fable convenue als theoretischer Rechtfertigung hat sich bei den europäischen Völkern im Mittelalter und bis zur neueren Zeit heran das furchtbare Drama der Verfolgungen und Kriege um des Glaubens willen abgespielt. Und doch, wie unschwer wäre einzusehen, daß der Glaube des Menschen nichts weniger als ein freier Act seines Willens sei, den er nach Belieben ändern kann, — wenn die Theologen nur, statt die scholastischen Spintisirereien für maßgebend dabei zu halten, lieber die Sache selbst, den psychischen Vorgang und die geschichtlichen Verhältnisse dabei ins Auge fassen wollten. Sie würden dann erkennen, daß es keineswegs vom Willen des Menschen abhängt, eine religiöse Ueberzeugung anzunehmen oder zu verwerfen, die eben noch festgehaltene nun abzulegen, weil es so beliebt, und eine andere wirklich ernsthaft dafür anzunehmen; daß es auf Erziehung, Unterweisung, Lebensverhältnisse und Schicksale ankomme, ja daß selbst derjenige, der speciell die Erforschung der Wahrheit sich zur Aufgabe stellt, nicht nach seiner freien Bestimmung, seinem Willen seine wirkliche Ueberzeugung richten kann, sondern daß intellectuelle Einsicht, innere Nöthigung durch Gründe entscheiden und der freie Wille zwar allerdings auch einen Antheil dabei hat, aber nur einen sehr vermittelten. Doch dies sind Dinge, die heutzutage so allgemein bekannt sind, daß es überflüssig ist, Weiteres darüber zu sagen. Hat ja gerade die Erkenntniß und billige Würdigung hiervon so mildernd auf die religiösen Gegensätze eingewirkt, daß allmälig der alte Haß und Verfolgungsgeist hat weichen müssen und Duldung und Friede an deren Stelle treten konnten. Aber die scholastische Theorie und die kirchliche Herrschaft verlangen es anders; daher muß das Concil entscheiden: Verflucht sei, wer nicht so lehrt und glaubt, wie Jene es vorschreiben!

Die drei letzten Canones handeln „Vom Glauben und von der Vernunft" und beziehen sich demgemäß ganz speciell auf die Wissenschaft in ihrem Verhältnisse zu den Glaubenssätzen und zur kirchlichen Autorität. Der erste dieser Canones besagt Folgendes: Wenn Jemand behauptet, in der göttlichen Offenbarung seien keine wahren und im eigentlichen Sinne so bezeichnete Mysterien, sondern alle Dogmen des Glaubens können durch die richtig ausgebildete Vernunft aus natürlichen Principien erkannt und bewiesen werden — der sei verflucht." Es ist dies die Quintessenz des Schreibens des Papstes Pius IX. vom 11. December 1862 an den Erzbischof von München und — wie nicht verhehlt werden soll — gegen den Verfasser dieser „Würdigung der Beschlüsse des Concils" selbst gerichtet. Es wurde nämlich von demselben in mehreren Schriften, zuerst in der „Einleitung in die Philosophie" (1858), dann eingehender in der Schrift: „Ueber die Freiheit der Wissenschaft" (1861) und in dessen philosophischer Zeitschrift „Athenäum" (Jahrgang 1862) behauptet und begründet, daß für die Philosophie keine Dogmen als solche existiren, das heißt, daß diese für dieselbe nicht als fertige und unumstößliche Principien des Erkennens gelten dürfen, sondern nur als Gegenstände der Erforschung, als Probleme zu betrachten seien. Damit in Verbindung, wird dann behauptet, daß auch die sogenannten Mysterien Gegenstand wissenschaftlicher Untersuchung sein müßten und also nicht durch eine äußerliche unwissenschaftliche Macht, durch die kirchliche Autorität derselben beliebig entzogen werden dürften. Es sei eine Verletzung des Rechtes der Wissenschaft, derselben eine Summe von historisch vorhandenen und das geistige Leben bestimmenden Lehrsätzen unter der Behauptung, daß es unerforschliche Mysterien seien, zu entziehen; denn die freie Wissenschaft habe die Natur und die Geschichte mit ihrem ganzen Inhalt zu erforschen, und wenn irgendwo Grenzen der Erkenntniß seien, so könnten diese nur von der Wissenschaft selbst erkannt und bestimmt werden, nicht durch Machtspruch von einer außerwissenschaftlichen Macht. Was immer die menschliche Vernunft nach ihren eigenen Gesetzen zu erkennen vermöge, das dürfe sie auch erkennen; ihre Schranke bilde in dieser Beziehung nur die Grenze ihrer Kraft, die übrigens selbst im

Laufe der menschlichen Entwicklung sich mehrt, so daß die richtig
gebildete Vernunft späterer Zeiten naturgemäß mehr vermöge, als die
der früheren, und daher auch die Grenzen ihres Erkenntnißgebietes
sich weiter hinausrücken, und daher schon deßwegen auch die in früheren
Zeiten formulirten Dogmen nicht als absolut geltend, aller Prüfung
unnahbar und unverbesserlich betrachtet werden könnten. Diese Lehren
wurden in Rom höchst mißliebig aufgenommen, theils weil der scholastische
Leisten auf sie nicht mehr paßte, theils weil sie der kirchlichen Macht=
vollkommenheit und Autorität gefährlich erschienen und, wie der Papst
sich ausdrückt, eine „zügellose Freiheit" der Wissenschaft in Anspruch
nehmen. Das ist begreiflich bei einer historischen Macht, die das
geistige Leben der Menschen beherrschen will. Wie kann dies leichter,
bequemer und sicherer geschehen, als dadurch, daß eine Summe von
Lehren formulirt wird, die als Mysterien bezeichnet und aller wissen=
schaftlichen Prüfung unzugänglich gemacht werden? Dadurch ist es
unmöglich gemacht, daß der menschliche Geist sie anders als durch Glauben,
und zwar durch bloßen Autoritäts=Glauben, durch blinde Unterwerfung
unter die Aussage und den Befehl der kirchlichen Machthaber sich an=
eigne, weil sie eben niemals durch freie Prüfung untersucht und nie
ihr Wahrheitsgehalt durch eigene innere Aneignung zum Geisteseigen=
thum gemacht werden darf. Eine kirchliche Autorität aber, welche solche
Mysterien zu glauben befiehlt und prüfungslose Unterwerfung unter
sie fordert, muß nothwendig, um ihre Aufgabe zu erfüllen, auch eine
äußere Macht und Zwangsgewalt besitzen, — da geistige Mittel, Gründe,
Förderung der Einsicht nicht Anwendung finden können und dürfen, —
wenn Jemand an der Wahrheit dieser Mysterien zweifelt oder ihnen
Glauben versagt. Ein solcher kann, muß nur durch äußere Gewalt=
mittel zur Unterwerfung zurückgeführt oder bestraft werden. Aus diesem
Umstande geht daher auch hervor, daß selbst diese Mysterien nicht, wie
man wohl meinen könnte, eine rein theoretische, sondern auch eine
praktische Bedeutung haben; daß sie wesentlich die äußere Form und
das politisch=kirchliche Gebahren der Kirchen=Autorität bedingen und
all die Gewaltthaten und Verfolgungen um des religiösen Glaubens
willen bedingt haben, von welchen die Geschichte berichtet. Bei dieser
Bedeutung der Mysterien ist es begreiflich, daß die oben angeführten
philosophischen Grundsätze in Rom höchst anstößig erfunden wurden
und das erwähnte päpstliche Schreiben erfolgte. Es half nichts, da=
gegen zu bemerken, daß ja diese mysteriösen Dogmen selbst erst nach
vielen wissenschaftlichen Erörterungen und unter heftigen Streitigkeiten
der Theologen und Bischöfe festgestellt wurden — wie schon die vielen
Folianten in den Bibliotheken bezeugen; nichts, daß darauf hingewiesen
wurde, daß es ja ein Widerspruch sei, eine göttliche „Offenbarung"
anzunehmen und den Inhalt derselben wesentlich in „Verhüllung", den
Mysterien nämlich, bestehen zu lassen; da eine Offenbarung doch ihrem

Begriffe nach darin bestehen müsse, daß durch sie dasjenige offenbar oder verständlich werde, was zuvor verborgen oder dunkel war. Es nützte ebenso wenig, daß eingewendet wurde: bei solcher Abschließung der specifisch christlichen Dogmen vor aller wissenschaftlichen Prüfung sei eine Religions = Philosophie und eine Philosophie der Geschichte schlechterdings unmöglich, da jene alle Religionen in gleicher Weise von einem allgemeinen, rationalen, nicht confessionellen Standpunkte aus zu erforschen und zu beurtheilen habe in all ihren Grundzügen und Eigenthümlichkeiten, diese aber die Religionen mit ihren Grund= principien als historische Mächte aufzufassen und zu würdigen und über ihre Bedeutung und Berechtigung zu urtheilen habe. Die Katholiken brauchen eben keine Religions = Philosophie und keine Philosophie der Geschichte, da sie die unfehlbar entscheidende „Kirche" haben und die Metaphysik ihnen schon längst von der Scholastik fix und fertig geliefert worden ist! Die katholischen Philosophen mögen nun lieber ihr Gedächtniß stärken, damit sie den Katechismus und den Thomas von Aquin sich gut einprägen und festhalten können, das Uebrige mögen sie den verdammten Ketzern überlassen!

Der Inhalt des genannten päpstlichen Schreibens ist also jetzt unfehlbar festgestellter Glaubenssatz geworden. Es ist jetzt kirchlich befohlen, nicht mehr blos jene christlichen Glaubenssätze oder Mysterien zu glauben, d. h. sie mit Unterwürfigkeit, ohne Prüfung, ob wahr, anzunehmen, mit „Gefangennahme der Vernunft," sondern auch zu glauben, daß sie gar nicht erforscht und erkannt werden dürfen und können. Dieser Zaun, den die Scholastiker und Jesuiten um jene mysteriösen Glaubenssätze gezogen, ist nun selbst Glaubenssatz geworden. Somit werden Jene wol vor jedem Einbruche der Vernunftforschung in ihr Gebiet gesichert sein immer und ewiglich.

Wir wenden uns zum zweiten Canon dieses vierten Capitels: „Wenn Jemand behauptet, die menschlichen Wissenschaften seien mit solcher Freiheit zu behandeln, daß deren Behauptungen, auch wenn sie der geoffenbarten Lehre widersprechen, doch als wahr festgehalten werden und von der Kirche nicht proscribirt werden können — der sei ver= flucht." Wo ist der Index der verbotenen Bücher? Reicht ihn her, wir müssen eine Verbesserung an ihm vornehmen. Es war ein Mißgriff, daß im Jahre 1835 die Werke von Copernicus, Galilei und Anderen aus dem Index entfernt wurden, sie müssen nunmehr wieder hinein versetzt werden, nachdem die Kirche anders entschieden. Von jetzt an ist bei Vermeidung kirchlicher Verdammung wieder zu glauben, daß die Sonne sich um die Erde drehe und gelegentlich über Gibeon und dem Thale Ajalon Halt mache, während die Erde stillsteht. Das Wort: „Und doch bewegt sie sich" gilt jetzt von der Sonne, nicht mehr von der Erde, und die „Kirche" hat es gesprochen, nicht Galilei! Daß dies Alles in unserem Canon verborgen sei, kann durch eine nähere Betrachtung ohne Schwierigkeit erkannt werden. Er spricht die Verfluchung über den aus, der die Resultate der menschlichen Wissenschaft festhalten will, auch wenn sie der geoffenbarten Lehre widersprechen; — damit sind alle Jene verflucht, welche das Copernicanische Weltsystem behaupten und festhalten, da dasselbe nach dem Urtheile der Kirchen-Autorität wirklich der geoffenbarten Lehre widerspricht. Daß dies nach der Erklärung der „Kirche" der Fall sei, ist auf das bestimmteste zu erkennen, sowol aus dem Decret, durch welches das Werk des Copernicus auf den Index gesetzt wurde, als auch aus Actenstücken, die über die Procedur der Inquisition gegen Galilei vorhanden sind.*) In jenem ist gesagt, daß die Lehre des Copernicus vollständig der Heiligen Schrift widerspreche und daß ihre Verbreitung zu hindern sei, da sie der „katholischen Wahrheit zum Verderben" gereiche. In den genannten Actenstücken aber ist behauptet, von Galilei's zwei Sätzen über den Stillstand der Sonne und die Bewegung der Erde sei der eine, daß die Sonne im Mittelpunkte der Welt und unbeweglich sei, eine absurde und falsche Behauptung in der Philosophie und formell ketzerisch, weil ausdrücklich der Heiligen Schrift entgegengesetzt. Galilei wird daher aufgefordert, dieser der katholischen Wahrheit verderblichen Lehre unbedingt zu entsagen, und wird verurtheilt, in Gegenwart der Cardinäle die genannten Irrthümer und Ketzereien abzuschwören, zu verfluchen und zu verabscheuen. Dies that denn auch der siebzigjährige Galilei am 22. Juni 1633 in der Kirche des Klosters Della Minerva vor seinen Richtern und einer großen Versammlung von Prälaten als armer Sünder im Hemde und auf den Knieen liegend.

Gleichwol hat man in Rom die Ausbreitung und Befestigung der Copernicanischen Lehre nicht hindern können, ließ sie gewähren, gestattete sogar, daß im dritten Jahrzehnt des neunzehnten Jahrhunderts dieselbe in die römischen Schulbücher eingeführt wurde und ließ auch in der Index-Ausgabe von 1835 die Werke von Copernicus, Galilei und Anderen aus demselben hinweg. Nun aber hat die „Kirche" durch unseren in Frage stehenden Canon anders entschieden, hat damit ihre eigene, mildere, bisherige Praxis verurtheilt und Alle verflucht, welche diese und ähnliche Lehren der Wissenschaft behaupten, obwohl dieselben nach dem Urtheile der Kirchen-Autorität der Heiligen Schrift und katholischen Wahrheit widersprechen. Und damit nicht etwa jene Sorte von katholischen Schriftstellern, die aus Vermittlung und Vertuschung in solchen Fällen bisher ein Geschäft zu machen pflegten, komme und dieses ihr charakterloses Handwerk fortsetze, hat unser Concil durch den Schlußzusatz Vorsorge getroffen. In diesem nämlich ver-

---

*) Dieselben sind in wörtlicher Uebersetzung mitgetheilt in des Verfassers Werk: „Das Christenthum und die moderne Naturwissenschaft." S. 43—53.

langt dasselbe ausdrücklich, daß auch alle Constitutionen und Decrete beobachtet werden sollen, durch welche von dem Heiligen Stuhle schlechte Ansichten (pravae opiniones) proscribirt und verboten seien. Als eine solche verwerfliche Meinung (prava opinio) wurde das Copernicanische System von dem Papste durch seine Congregationen des Index und der Inquisition behandelt, und das Verfahren ist niemals widerrufen worden. Die Entscheidung des Papstes und der Bischöfe oder der „Kirche" trifft also dieses System ebenso, wie manche andere sichere Resultate der neueren Wissenschaft.

Daß von Seite der römischen Curie dieser verhängnißvolle Canon, der nothwendig an der modernen Wissenschaft und Bildung scheitern muß, aufgestellt und mit allen Kräften durchzuführen gesucht wurde, ist kaum zu verwundern, da man in Rom gegenwärtig ganz blindlings nur darauf bedacht ist, sich wenigstens principiell alle Macht im Himmel und auf Erden zudecretiren zu lassen, um wenigstens in imaginärer Machtvollkommenheit zu thronen. Man wird dabei dann in der Praxis, ich will nicht sagen gegen ein gutes Trinkgeld, aber doch als Ausfluß und zum Erweis freier, beliebiger Gnade und Nachsicht zu gestatten geneigt sein, daß die wissenschaftlichen Forscher die Wahrheit festhalten und lehren und nicht den dogmatisch festgestellten oder geschützten Irrthum. Wie aber kommen die Bischöfe, selbst die der Opposition, dazu, einem Canon ihre einstimmige Zustimmung zu ertheilen, der so Absurdes in sich schließt, der einen so unversöhnlichen Gegensatz gegen die Wissenschaft, selbst gegen die exacte (denn es ist ganz allgemein gesprochen), zum Glaubenssatze erhebt, der gar nicht angenommen werden kann, wenn nicht alle Errungenschaften der wissenschaftlichen Forschung wieder aufgehoben werden sollen und daher nothwendig zurückgewiesen werden muß? Sind denn die Bischöfe solche Fremdlinge im geistigen Leben der Gegenwart, daß sie dies nicht klar einsehen und demgemäß, wenn auch nicht aus Liebe und Achtung für Wissenschaft und Wahrheit, doch aus Sorge um die Kirche selbst mit aller Entschiedenheit sich dagegen erklärten? Oder welch einen Dienst glaubten sie denn durch einen solchen Beschluß der Kirche selbst zu leisten?

Vielleicht dachten und hofften sie in ihrem Herzen, daß bei entstehenden Conflicten zwischen Wissenschaft und Kirchen-Autorität trotz dieses Canons dennoch stets eine Ausgleichung sich werde erzielen lassen, dadurch, daß man die Texte der Heiligen Schrift und die Entscheidungen der kirchlichen Autoritäten nach den sichern Resultaten der Wissenschaft ändere oder wenigstens den schroffen Widerspruch derselben umdeute, so daß der Wissenschaft nachgegeben und doch das kirchliche Princip gerettet werde. In der That wurde diese Kunst von den Theologen schon seit geraumer Zeit fleißig geübt, in Fällen, wo kein anderer Ausweg übrig blieb, und die oben gerühmten Vermittler und

Vertuscher sind in der Gegenwart mit allem Eifer damit beschäftigt. Zum Unglücke aber ist auch diesem Geschäfte, das den zweiten Canon noch einigermaßen erträglich machen und die Kirche gegen vernichtende Angriffe der Wissenschaft schützen und nothdürftig retten konnte, in der öffentlichen Meinung ein Ende gemacht, und zwar durch den nächstfolgenden letzten Canon, welcher lautet: „Wenn Jemand sagt, es könne geschehen, daß den von der Kirche aufgestellten Glaubenssätzen irgend einmal gemäß dem Fortschritte der Wissenschaft ein anderer Sinn untergelegt werde, als der, in welchem die Kirche sie verstanden hat und versteht — der sei verflucht." Dem braucht nichts mehr hinzugefügt zu werden. Der Kampf zwischen Wissenschaft und „Kirche" ist dadurch zum unversöhnlichen gemacht oder kann im Nothfalle nur durch einen Act der souveränen Willkür von Seite des Papstes vermieden oder beigelegt werden.

Des Schlußzusatzes, der den Canones beigefügten Ermahnung, haben wir zwar schon im Vorigen gedacht, diese ist aber so charakteristisch und wichtig durch ihre Folgen, daß wir ihr noch eine besondere Betrachtung widmen müssen. Während die Canones feste Bande sind, durch welche die Gläubigen von der Kirchengewalt gefesselt werden, sind durch diese „Ermahnung" rings um das eigentliche Glaubensgebiet in weitem Umkreise herum Fußangeln und Fallstricke für die katholischen Schriftsteller gelegt, um sie einzuschüchtern und gegebenenfalls zu fangen und zu züchtigen. Dieselbe lautet vollständig wie folgt: „Weil es aber nicht genügt, die ketzerische Schlechtigkeit (haereticam pravitatem) zu vermeiden, wenn nicht auch diejenigen Irrthümer sorgfältig geflohen werden, die sich an jene mehr oder minder annähern, so mahnen wir Alle an ihre Pflicht, auch jene Constitutionen und Decrete zu beobachten, durch welche dergleichen verkehrte Meinungen, welche hier nicht ausdrücklich aufgezählt werden, von diesem Heiligen Stuhle geächtet und verboten sind." Vergegenwärtigen wir uns ein wenig, welches denn die fraglichen Irrthümer sind, auf welche Weise die berührten Decrete des römischen Stuhles zu Stande kommen und was sie ächten und verbieten. Da sind es zunächst alle jene Ansichten überhaupt, die neu und noch niemals gehört worden sind (sententiae novae et inauditae). Man kann sich denken, welchen Fortschritt die Wissenschaft machen muß, wenn sie nie etwas behaupten darf, was neu und noch niemals gehört worden ist! Dann kommen jene Behauptungen, die zwar nicht mit der Lehre der Kirche selbst, wohl aber den strengen Folgerungen aus derselben entgegen sind (sententiae erroneae), d. h. die den Folgerungen entgegen sind, welche die Scholastiker und Jesuiten daraus ziehen zu müssen glauben; die logischen Operationen derselben haben also dogmatischen oder kirchlichen Charakter! Ferner Behauptungen, die an das Gebiet der Häresie so nahe anstreifen, daß sie zwar nicht allen, aber doch sehr vielen bewährten Theologen mit der Ketzerei Eines und dasselbe zu sein scheinen (sententiae haeresi proximae). Diese bewährten Theologen sind natürlich die Autoritäten der Jesuiten. Weiterhin lehrt ein katholischer Schriftsteller Irrthümer und ist kirchlicher Censur oder Verurtheilung unterworfen, wenn er Dinge vorbringt, welche mit der Ketzerei in mehr oder weniger enger Verbindung stehen und deßhalb gegründete Furcht erwecken, daß er derselben ergeben sei (sententiae de haeresi suspectae, haeresin sapientes); ebenso, wenn er vom kirchlichen Sprachgebrauche abweichend, der Ausdrucksweise der Sectirer sich nähert (sententiae male sonantes); dann wenn er über Glaubenslehren oder auch über Gebräuche und Einrichtungen der Kirche auf eine Weise redet, welche leicht die Frömmigkeit und die Ehrfurcht der Gläubigen vermindert (sententiae piarum aurium offensivae), oder wenn er lehrt, was eine Verirrung Anderer vom wahren Glauben zu veranlassen geeignet ist (sententiae scandalosae), wenn er Ansichten vertheidigt, welche die Gläubigen in ihrer Unterwürfigkeit gegen die lehrende Kirche wankend machen würden (sententiae seditiosae), endlich wenn er zwar nicht in Glaubensfragen, aber doch in solchen, die mit jenen auf irgend eine Weise zusammenhängen, der einstimmigen Lehre der bewährtesten Schriftsteller der Kirche widerspricht (sententiae temerariae).*)

Dies wird genügen, um zu zeigen, was unter den „Irrthümern, die sich der Ketzerei mehr oder minder annähern" und welche unser Schlußsatz zu vermeiden befiehlt, zu verstehen sei, was Alles die Gläubigen und insbesondere die Lehrer und Schriftsteller zu vermeiden haben, endlich an welchem Maßstabe sie kirchlich geprüft, beurtheilt und verurtheilt werden. All diese Sentenzen, welche die scholastische Weisheit ausgeklügelt hat und nach welchen allerdings schon bisher die katholischen Schriftsteller gewöhnlich beurtheilt wurden, sind nun vom Concil gutgeheißen und zum gesetzlichen kirchlichen Maßstabe bei Beurtheilung und Verurtheilung erhoben. Und wie wird nach diesen Grundsätzen gegen die katholischen Gelehrten verfahren! Eine Schaar von zelotischen Denuncianten, größtentheils in Rom selbst gebildet, ist über die Länder verbreitet, ausgerüstet mit frommen Ohren, mit rechtgläubigen, jede Ketzerei verspürenden Riech- und Schmeckorganen, das Aergernißnehmen an nichtscholastischen Schriftstellern als Geschäft treibend, überall herumwitternd, um Verwegenes, Aergernißgebendes, der Ketzerei sich Näherndes, nach dieser Schmeckendes bei katholischen Schriftstellern auszuspüren. Mit dieser Ausrüstung machen sie Jagd auf dieselben! Haben sie Verdächtiges entdeckt — und da dieses rechtgläubige Riechen, Schmecken und Fühlen des Glaubensgefährlichen

---

*) Der angegebene Sinn der Sentenzen ist wörtlich dem Werke eines Jesuiten entnommen. Näheres in des Verfassers philosophischen Zeitschrift „Athenäum" I. 288 ff.

ein ziemlich subjectives Treiben ist, so hält dies nicht schwer, besonders bei mißliebigen Schriftstellern — so erfolgt eine geheime Denunciation in Rom. Daselbst werden dann einige Stellen aus dem betreffenden Werke ausgezogen, ins scholastische Latein übersetzt und für den scholastischen Leisten unpassend gefunden. So kommt denn das Buch auf den Index der verbotenen Bücher, und der Verfasser desselben, von all dem nichts wissend und nichts ahnend, erhält eines Tages durch eine Zeitung Kunde, daß das Werk seines Fleißes und Strebens nach Wahrheit auf den Index gesetzt und kirchlich geächtet sei. Nachderhand wird er auch wohl zur Unterwerfung aufgefordert, damit man sie öffentlich kundmachen und seiner unterwürfigen kirchlichen Gesinnung ein gnädiges Zeugniß ausstellen könne. Leistet er diese Unterwerfung nicht — und kirchenrechtlich ist er nicht dazu verpflichtet, sogar nach ausdrücklicher päpstlicher Constitution — dann wird er kirchlich für vogelfrei erklärt und moralisch, soweit nur möglich, von der Meute ultramontaner Zeloten in Stücke zerrissen, wenigstens nichts Gutes, nichts von Einsicht, Redlichkeit u. dgl. ferner ihm zugestanden. Dazu kommen dann noch Maßregeln der „Kirchenfürsten", die sich dabei möglichst sehr als gehorsame Diener der römischen Curie und der Jesuiten erweisen wollen. So kommen päpstliche Decrete gegen die Wissenschaft zu Stande, deren Befolgung der genannte Schlußsatz einschärft; sie sind scheinbar nur gegen die Bücher gerichtet, die bei Strafe der Excommunication nicht mehr gelesen werden dürfen, treffen aber zugleich den Schriftsteller, der nicht benachrichtigt, nicht gehört, nicht zur Vertheidigung zugelassen wurde. Ein solches Verfahren wäre in jedem mittelmäßig civilisirten Staate ein Aergerniß und eine Schmach; wie soll man es nennen, wenn es im Namen der Religion geübt wird? Es hat nicht den mindesten Anschein, daß gegen diesen Unfug, der von den Jesuiten sehr in Aufschwung gebracht wurde, vom Concil irgend Vorkehrungen getroffen werden, nachdem einmal das Fundament davon zum feierlichen Beschlusse erhoben und als unumstößlich giltig verkündet ward. Und hierbei waren alle Bischöfe einstimmig, auch die der Opposition gaben ihre Zustimmung — zum Schmerze aller denkenden Katholiken und unter dem Hohngelächter der übrigen Welt!

Es gibt Einige, welche es sehr bemerken und sich dessen getrösten, daß dieser Schlußzusatz nicht in die Form eines Canons gebracht und damit zum eigentlichen Glaubensgebot mit beigefügter obligater Verfluchung erhoben sei, sondern nur als „Ermahnung" die Bestätigung des Concils erhalten habe. Sie meinen, es fehle dadurch demselben der eigentliche dogmatische Charakter, und das sei ein großer Gewinn für das Recht der Wissenschaft. Illusion! Durch diese „Ermahnung" ist ja offenbar nicht eine Milderung im Verfahren gegen die Wissenschaft den oben gerühmten Sentenzen gemäß beabsichtigt, sondern sie schärft die Pflicht ein, denselben gemäß zu handeln. Die Pflicht dazu wird als bestehend angenommen, und sie wird durch die Ermahnung wahrlich nicht gemildert! Abgesehen aber davon und angenommen, daß dieser Schluß keinen eigentlich dogmatischen Charakter haben solle, ist denn damit für die Wissenschaft und ihre Pfleger irgend etwas gewonnen, wenn doch jedenfalls das bisherige Verfahren gegen dieselben fortgesetzt wird? Und dies wahrlich ließ auch für den extremsten Zeloten kaum etwas zu wünschen übrig. Ein Fremd= ling in Israel müßte sein, der nicht wüßte, daß seit Jahrzehnten kein freier vernünftiger Gedanke irgendwo in der katholischen Welt auf= tauchen konnte, ohne daß von den Denuncianten alsbald auf ihn Jagd gemacht und derselbe durch den Index gerichtet worden ist, und ohne daß man den Schriftsteller wenigstens so viel geschädigt hat, als eben möglich war. Welcher Bischof hat dabei je sich eines katholischen Autors angenommen? Welcher nicht vielmehr das übliche, in der That nicht einmal kirchengesetzliche Verfahren noch mit seinen eigenen Maßregeln unterstützt und verschärft, wenn derselbe sich weigerte, durch seine Unterwerfung „dem Heiligen Vater eine Freude zu machen" — wie ein „Kirchenfürst" sich ausdrückte? Unter solchen Umständen ist doch wahrlich nicht zu erwarten, daß es hierin in Zukunft besser werde, nachdem das Concil zu den Grundsätzen, auf denen das ganze Ver= fahren beruht, seine Beistimmung gegeben, wenn auch in der Form einer Ermahnung.

So verhält es sich mit diesen Canones und diesem Schlußsatze, welche in der feierlichen Sitzung des Concils vom 24. April ange= nommen, sanctionirt, als unfehlbare Wahrheit und Pflicht, als Aus= spruch des heiligen Geistes verkündet wurden. Der Erfolg wird überall da, wo diese Beschlüsse angenommen und durchgeführt werden, der sein, daß Wissenschaft und geistiger Fortschritt bei den Katholiken absterben und aufhören, daß das geistige Leben verkümmern und ver= schrumpfen wird, sowie die Völker, die sich fügen, die Concurrenz mit freien, gebildeten Völkern nicht lange bestehen werden. Sollten dies die Bischöfe nicht einsehen und nicht erkennen, daß dieser Gegenstand noch wichtiger sei, als die Unfehlbarkeit des Papstes, und daß sie es daher ihren Völkern schuldig seien, hierin in keiner Weise den römi= schen Anforderungen nachzugeben? Wahrlich bei solcher Verfassung des Concils möchte man versucht sein, zu wünschen, daß nur in aller Bälde die Unfehlbarkeit des Papstes selbst decretirt werde. Denn besser erscheint es noch, daß ein geistlicher Autokrat herrsche als Herr der starren Dogmen und Gesetze selbst; er kann diese wenigstens eini= germaßen beleben und mildern in ihrer Starrheit und Thyrannei. Ja, man könnte sich die entfernte Möglichkeit, freilich ohne Wahrscheinlich= keit denken, daß einmal ein vernünftiger, klar denkender und christlicher Papst komme, der mit seiner absoluten Machtvollkommenheit all dies

Decretenwerk beseitige und die Kirche wahrhaft reformire. Doch lassen wir eitle Hoffnungen. Das Einzige, was jetzt noch den Völkern übrig bleibt, ist dies, daß sie sich in ihrem geistigen Leben selbst helfen und schützen und vor Allem diese Beschlüsse des Concils mit Entschiedenheit zurückweisen. So viel hierüber; wir sind nun der weiteren Beschlüsse gegenwärtig.

2.

(Erschienen zu Anfang August 1870.)

Die heiße Julisonne hat endlich die Frucht des neuen Sündenfalles zur Reife gebracht; das Dogma von der Unfehlbarkeit des Papstes ward am 18. Juli beschlossen und wurde vom Papste selbst proclamirt. Die Jesuiten mit ihren Anhängern haben die Rolle des satanischen Versuchers meisterhaft gespielt und ihr Ziel erreicht. Du sollst sein wie Gott, wissend das Gute und das Böse (Eris sicut Deus sciens bonum et malum), hatten sie dem Papste gesagt: brich die Unfehlbarkeits-Erklärung vom Baume des Concils! Und der Papst trug alsbald großes Verlangen darnach und griff mit mehr Begierde nach ihr, als einstens unsere gute Stamm-Mutter Eva danach gegriffen haben soll. Und dies Alles ist thatsächliche Wahrheit und keine Mythe — wie selbst D. F. Strauß wird zugeben müssen. Die ganze katholische Kirche mit all ihrem Besitze und Recht und damit, nach katholischer Auffassung, das ganze Christenthum ist in Einer Person vereinigt und muß daher mit dieser stehen und fallen, da alle übrigen für sich nicht zählen, ihre Bedeutung nur durch den Papst erhalten, Wahrheit und Recht nur durch ihn besitzen. Mit dem Falle des Einen, des Papstes, muß also die Gesammtheit der Uebrigen und muß das Ganze fallen. Wenn der Kaiser Caligula wünschte, daß das ganze römische Volk nur Ein Haupt haben möchte, um dasselbe mit Einem Streich abschlagen zu können, ohne daß der wahnsinnige Thor beachtete, daß er selbst dieses Eine Haupt sei, das in Bälde abgeschlagen werden sollte, so können die Gegner der katholischen Kirche jetzt wirklich zufrieden sein über die große Erleichterung ihres Kampfes; sie brauchen nur den Papst und das Papstthum zu bekämpfen und zu schlagen und haben damit die ganze katholische Kirche geschlagen und überwunden.

Wir gedenken hier nicht unsere Zeit damit zu verschwenden, daß wir eine neue Beweisführung gegen diesen ungeheuerlichen neuen Glaubenssatz antreten. Genug schon ist hierin geschehen, so daß Jedermann, der gesunden Geistes ist und der sich nicht absichtlich auch den klarsten Gründen verschließt, weil er nun einmal an diese Unfehlbarkeit glauben will — leicht volle Ueberzeugung von der geschichtlichen und rationellen Unwahrheit, von der Unthatsächlichkeit und Unmöglichkeit

derselben gewinnen kann. Die gegenwärtigen kriegerischen Zeitverhält=
nisse gestatten überdies nicht, dergleichen theoretische Untersuchungen
vor das größere Publicum zu bringen. Wir wollen nur, von eingehen=
derer kritischer Beleuchtung dieses Concilbeschlusses vorläufig Umgang
nehmend, in Kürze darauf hinweisen, was von den Katholiken mit
diesem Dogma gefordert wird und wollen andeuten, was dagegen geschehen
muß, um insbesondere die größten geistigen Güter der modernen Zeit
zu schützen vor diesem päpstlichen Attentat gegen die historische Wahrheit,
gegen die gesunde Vernunft, gegen die freie Wissenschaft, gegen den
Culturstaat und die modere Civilisation. Zuvor aber können wir
uns nicht versagen, einen Blick zu werfen auf die Vorgänge bei dem
Concil selbst, bei der Verhandlung und endlichen Beschlußfassung in
dieser Sache, und finden uns insbesondere gedrungen, das Verhalten
der Bischöfe der Opposition nach Verdienst zu charakterisiren.

Es schien eine zeitlang, als ob wirklich eine bedeutende Anzahl von
Bischöfen fest entschlossen sei, dieses Dogma, das Wahrheitswidrigste
und Crasseste, was je, ich sage nicht gebildeten Völkern, sondern der
Menschheit überhaupt geboten wurde, in aller Weise zu verhindern
und es lieber auf das Aeußerste ankommen zu lassen, als sich der
Entscheidung der Majorität und dem Willen des Papstes zu fügen.
Um so größere Ueberraschung mußte der letzte Schritt derselben, der
Rückzug mit sogenanntem Protest bereiten, da er einer Flucht so sehr
ähnlich sieht und so sehr das Streben verräth, nach zwei Seiten hin
sich möglichst gut und sicher zu stellen. Wer indeß den Standpunkt
dieser Opponenten näher kennt, die Halbheit, Unentschiedenheit derselben
in Betracht zieht und erwägt, was das Concil durch den Beschluß vom
24. April durch die 18 Canones und den Schlußzusatz bereits einstimmig
festgestellt und dem Papste eingeräumt hat, der wird diesen kläg=
lichen Ausgang dieser so geräuschvollen Opposition wohl erklärlich finden.
Man kann mit Recht sagen, die fortgesetzte Opposition gegen die Dog=
matisirung der Unfehlbarkeit und Absolutheit des Papstes war nach
jenem Beschlusse inconsequent dem Wesen nach und der endliche Rückzug
folgerichtig. Die Denkenden mußten bei aller Anerkennung, die sie
dem Streben einzelner Bischöfe gerne zollten, doch fragen: Wozu dieser
hartnäckige Widerspruch gegen das neue Dogma, da es sich doch im
Grunde nicht eigentlich um das Wesen der Sache, die kirchliche Unfehl=
barkeit selbst, handelt, sondern nur um den Träger derselben, zu dem
im Grunde der Papst allein wunderbarerweise ebenso gut gemacht sein
kann, als eine Anzahl von Bischöfen durch einen übernatürlichen gött=
lichen Beistand oder durch ein Wunder dazu bestimmt sein soll. In
der Glaubwürdigkeit oder in der Schwierigkeit, es zu glauben, ist
wahrhaftig kein wesentlicher Unterschied, und die geschichtliche und
rationelle Prüfung widerlegt die eine wie die andere Art von Unfehl=
barkeit. Und verwundert mußte man wahrnehmen, daß diese Bischöfe

2*

jetzt so lange, so hartnäckig dem Plane der Jesuiten und des Papstes Widerstand leisteten, wo es sich doch nur um das Mehr oder Minder der früher selbst den Gemeinden und Clerikern genommenen bischöf=lichen Rechte handelte, nachdem sie doch zuvor vollkommen beistimmten, daß Vernunft und Wissenschaft unter das römische Joch gebracht wurden! Lohnte es sich noch der Mühe, so viel um bischöfliche Rechte zu streiten, nachdem die ewigen, unveräußerlichen Rechte der Vernunft, der Wahrheit, der Wissenschaft der römischen Unbildung und Willkür und der Herrsch=sucht der Curie preisgegeben waren durch jenen ersten einstimmigen Beschluß? Es konnte sich ja nach diesem doch, wenn man die Sache etwas drastisch ausdrücken will, nur noch darum handeln, wer eigentlich Vernunft und Wissenschaft im Interesse der Glaubens = Autorität zu unterjochen oder todtzuschlagen habe; ob nur dem Papste allein dies zustehe oder ob auch die Bischöfe in selbstständiger Weise daran theil=zunehmen haben! Für die Executive zwar ein bedeutender Unterschied, keiner aber im Wesen der Sache selbst.

Doch betrachten wir uns den sogenannten Protest der Oppositions=Bischöfe etwas näher. Dieselben geben in einem Schreiben an den Papst (Rom, 17. Juli) die Erklärung ab, daß sie bei ihrer oppo=sitionellen Ansicht in Betreff der Unfehlbarkeit des Papstes beharren und bei der Endabstimmung Non placet sagen müßten; daß sie aber beschlossen, sich der letzten Abstimmung zu enthalten, weil „die kindliche Pietät und Verehrung ihnen nicht gestatten, in einer Sache, welche die Person Sr. Heiligkeit so nahe angeht, öffentlich und im Angesichte des Vaters Non placet zu sagen". Sie geloben schließlich Sr. Heiligkeit unveränderte Treue und Gehorsam. So diese Bischöfe. Es ist ein Actenstück einzig in seiner Art und wird dazu dienen, dieses Concil und die Väter auf demselben für alle Zukunft unvergleichlich zu charakterisiren. Wie tief beschämt muß wohl der Apostel Paulus sein ob seiner unkirchlichen Gesinnung, da er dem Apostel Petrus im Inter=esse der Wahrheit offen ins Angesicht widerstand und sich dessen sogar rühmte! Unsere Opponenten, die hochwürdigsten „Kirchenfürsten", finden es vielmehr in der Ordnung, die Wahrheit im entscheidenden Augen=blicke im Stiche zu lassen und dieselbe „dem Ansehen der Person" zum Opfer zu bringen. Sie versichern in einem und demselben Athem, bei ihrer dem Heiligen Vater entgegengesetzten, das neue Dogma als unwahr verwerfenden Ueberzeugung zu bleiben, und geloben demselben zugleich unverbrüchliche Treue und Gehorsam. Welche Wahrhaftigkeit der Gesinnung, welche Männlichkeit des Handelns! Sie haben, wie sie versichern, aus Gewissensdrang gegen die Unfehlbarkeit des Papstes gestimmt (non placet), und doch finden sie es mit ihrem Gewissen vereinbar, dem unfehlbaren Papste, dieser nach ihrer Ueberzeugung lebendig gewordenen Unwahrheit, „Treue und Gehorsam" zu geloben! Ist dies möglich oder zulässig in der Kirche, die doch ihrem Wesen nach ein Reich der Wahrheit, Wahrhaftigkeit und des Gewissens sein will, und nichts mehr ist, wenn sie aufhört, dies zu sein? Darf die Ehrfurcht vor der Autorität das Gewissen vernichten?

Man hat davon gesprochen, daß von den Bischöfen der Opposition ein Schisma herbeigeführt werden könnte, wenn man ihrer Ueberzeugung und ihrem Willen gar keine Rechnung trage. Aber die römische Curie kannte ihre Leute, wußte, daß all diese Bischöfe zuletzt doch nichts Anderes zu sein wagen würden, als unterwürfige Diener. Sie ging daher entschieden und unbeirrt vorwärts und erreichte denn auch vollständig ihr Ziel. Und sie wird das Erreichte festhalten und durchsetzen trotz der Bischöfe der Opposition. Denn was sollte von den Männern nach ihrer Zerstreuung in die Welt Ernsthaftes dagegen zu erwarten sein, nachdem sie, zusammengerufen, um Zeugniß für Wahrheit und Recht zu geben, schließlich vor dem Stirnrunzeln des Papstes den Muth verloren und ohne öffentlichen Widerstand das als göttliche Wahrheit erklären ließen, was sie eingestandenermaßen für Unwahrheit und für ein Unrecht halten? Und welches Recht hätten sie, nach ihrer Rückkehr in ihre Diöcesen störrig zu sein gegen den Concilsbeschluß und gegen den für unfehlbar erklärten Papst, nachdem sie ihm öffentlich, trotz ihres inneren und äußeren Widerspruchs, „Treue und Gehorsam" gelobt und ihm da nicht widersprechen wollten, wo es ihre Pflicht und Aufgabe war, da, wo doch nach ihrer ausgesprochenen Ueberzeugung dieser ihr „Vater" der Wahrheit Gewalt angethan und Rechte, die ihm nicht zustehen, durch eine gefügige, unselbstständige, ungebildete Majorität usurpirt hat! Das bisher selbst im Glaubensgebiete Unerhörte ist geleistet. Man forderte und gelobte bisher Gefangennahme des Verstandes und Unterwerfung, blinden Gehorsam gegenüber dem Unverstandenen, Unerforschlichen. Jetzt aber bekennt man offen, daß man die Unwahrheit des zum Glauben Vorgestellten klar einsehe, und gelobt durch Annahme des Gegentheils „Treue und Gehorsam". Doch wenden wir unseren Blick hinweg von diesem so kläglichen Ausgange einer Opposition, die zuerst so manche Hoffnungen erweckte. Ueber die Majorität des Concils wollen wir kein Wort verlieren. Wir wissen, was Unbildung und Jahrhunderte hindurch fortgesetzte künstliche Verbildung in allen Religionen und bei allen Völkern zu leisten vermögen!

Was das neugeschaffene Dogma selbst betrifft, so ist dasselbe mit aller Klarheit und Entschiedenheit formulirt, wie es nur die extremste Partei und der Papst selber wünschen konnten. Der Papst ist die Kirche und ist der Gott auf Erden. Seine Stimme ist Gottes Stimme, seine Befehle sind Gottes Befehle; er ist eine Art Orakel, ist in Besitz genommen vom göttlichen Geiste, der durch ihn sich offenbart. Was er also behauptet und befiehlt, muß von den Katholiken als göttliche Wahrheit und göttliches Gebot hingenommen, geglaubt werden, weil er behauptet, daß es von Gott komme. Die

Befugnisse dieses unfehlbaren menschlichen Wesens müssen ungeheuer=
lich, der Gehorsam gegen ihn als den erscheinenden, sich offenbarenden
Gott muß sachgemäß der unbedingteste, blindeste sein. Die päpstlichen
Theologen zwar werden diese Befugnisse im Gefolge der Unfehlbarkeit
möglichst abgeschwächt erscheinen lassen, werden sie möglichst gemäßigt
darstellen, um deren Absurdität vor den Augen der Welt zu verhüllen
und die allgemeine Entrüstung zu mildern, und sie werden Mißver=
verständniß oder Böswilligkeit denen zum Vorwurfe machen, welche
die Sache nach ihrer wirklichen Bedeutung darstellen. Aber wehe dem,
der sich erkühnen wollte, in einem gegebenen Falle sich auf solche
gemilderte Darstellungen zu berufen und dem Papste das Recht abzu=
sprechen, eine Entscheidung zu treffen oder eine Forderung zu stellen,
die demselben nun einmal beliebt! Nicht blos als ein schlechter
Katholik, als ein unsittlicher Mensch, sondern als ein wirklicher Gottes=
verächter, als schwärzester Verbrecher wird er gebrandmarkt und mit
allen Mitteln verfolgt werden bis zum Tode und noch über den Tod
hinaus. Beispiele dieser Art aus der Vergangenheit bürgen dafür,
daß es mit Sicherheit in Zukunft ebenso, wo nicht noch schlimmer
sein werde. Und welche Aufgabe ist nun dem Erzieher der Jugend
und dem Verkünder des „Wortes Gottes" gestellt? Zu welchen Ver=
heimlichungen, Vertuschungen und selbst Fälschungen in Bezug auf
die geschichtlichen Thatsachen wird er seine Zuflucht nehmen müssen,
um die Personen und Thaten der unfehlbaren Päpste, dieser Götter
auf Erden, in nicht allzu ungünstigem Lichte erscheinen zu lassen und
das reine, unbefangene Gemüth der Jugend und den geraden Sinn
des Volkes nicht allzusehr zu verletzen und zu empören! Er wird
nicht blos all die Thatsachen verheimlichen oder verfälschen müssen,
welche klar zeigen, wie sehr die Päpste oftmals geirrt haben, sondern
auch zu verhehlen, zu vertuschen haben, daß es Päpste gegeben hat,
die kaum einem Laster und Verbrechen fremd geblieben, ja als Scheusale
in der Geschichte der Menschheit fortleben. Er wird es verschweigen
müssen, daß es Zeiten gab, wo man schon froh war, wenn nur wenig=
stens ein ehrlicher Mann auf dem päpstlichen Stuhle saß, und man
denselben schon pries um Eigenschaften willen, die bei gewöhnlichen
Menschen sich von selbst verstehen; Zeiten, wo man es schon für Ge=
winn hielt, wenn der Spender aller „übernatürlichen, göttlichen Gna=
den" auf Erden in seiner Person selbst wenigstens nicht unter alle
Natürlichkeit in Bezug auf Einsicht und Sittlichkeit herabgesunken war.
Und wenn es nicht gelingt, all die empörenden Thatsachen der Papst=
geschichte zu verheimlichen, so muß unser Verkünder des „Wortes
Gottes" zu dem schmählichen Grundsatze seine Zuflucht nehmen, daß
bei den Verwaltern des höchsten kirchlichen Lehramtes und bei den
Spendern der „übernatürlichen Gnaden" auf die Sittlichkeit gar nichts
ankomme, wie dies ja die Theologen zum Hohne der ausdrücklich

gegentheiligen Lehre Christi selbst schon lange ausgeflügelt haben! Wahr=
lich, ein griechischer Erzieher konnte leichter seinen Zeus von allen
Gebrechen reinigen und in göttlicher Würde erscheinen lassen, als es
einem christlichen gelingen wird, die Päpste so darzustellen, daß sie
nicht um ihres Anspruches willen, die unmittelbaren Stellvertreter
Gottes zu sein, als eine Herabwürdigung Gottes und als ein Hohn
gegen die ewigen Gesetze der Sittlichkeit erscheinen. Jedenfalls brauchte
Jener nur die unedlen Züge aus dem Phantasie=Gebilde zu entfernen,
ohne genöthigt zu sein, die geschichtliche Wahrheit zu fälschen; aus
den Päpsten aber können Ideale, wie sie ihrer Würde und dem Ge=
müthe der Gläubigen entsprechend sind, nur dann geschaffen werden,
wenn die Wahrheit der Geschichte verletzt, wenn zu Fälschungen ge=
griffen, die Thatsächlichkeit zur Unwahrheit umgeändert wird.

Die Wissenschaft wird sich von diesem unfehlbaren Papste und
seinen Orakelsprüchen nicht imponiren und nicht beirren lassen, sondern
ihren strengen Weg fortwandeln, wenn auch unter Klagen und Ver=
fluchungen des römischen Pontifex. Auch die Gläubigen selbst werden
es wohl endlich empörend finden, daß ihnen ihr Glaube von der Willkür,
den Machtsprüchen eines einzigen, doch auch nur gebrechlichen Menschen
bestimmt werde, daß sie in Erreichung ihres ewigen Daseinszweckes von
demselben abhängig sein, daß es von gutem oder schlechtem Willen,
von der vernünftigen Sorge oder dem gewissenlosen Mißbrauche, von dessen
absoluter Machtvollkommenheit abhängig sein soll, ob sie dasselbe
leichter oder schwerer erreichen, ob sie ohne ihre Bemühung, von dem=
selben in den Himmel hineingezaubert oder durch dessen Mißgunst in
die Hölle gestoßen werden. Was endlich den Staat betrifft, so ist
ihm jetzt der entscheidende Kampf geboten, und es handelt sich um Sein
oder Nichtsein seiner Souveränetät und um die Möglichkeit, seine Cultur=
mission zu erfüllen. Thöricht ist es, zu glauben, durch irgend
welche Concessionen mit der kirchlichen Hierarchie, respective mit dem
Papst=Gott oder =Abgott irgend eine ernstgemeinte Vereinbarung zu
erzielen. Die göttliche Machtvollkommenheit desselben wird sich selbst=
verständlich um elende, blos menschliche Bestimmungen wenig kümmern,
wenn „höhere" Zwecke, „übernatürliche" Aufgaben oder Rechte in's
Spiel kommen. Unverantwortlich wäre es auch, wenn mit dem Volke
das gefährliche Spiel getrieben würde, daß einerseits gestattet wäre,
ihm in der Schule und Kirche die Grundsätze von der absoluten Gött=
lichkeit und Oberhoheit der Kirche über den Staat einzuprägen und
andererseits doch auch wieder Anerkennung des souveränen Staates
gegenüber der Kirche von ihm gefordert und unter Umständen er=
zwungen würde. Es ist unbedingt nothwendig, daß in dieser Be=
ziehung Einheit, Harmonie in die Erziehung komme, wenn nicht die ge=
fährlichsten Krisen entstehen und die absolute Kirchengewalt mit Hilfe
der verleiteten Volksmassen thatsächlich die weltliche Souveränetät an

sich reißen soll.*) Die politischen Grundsätze und Gesetze des Staates müssen unbedingt maßgebend sein, auch der Thätigkeit der kirchlichen Organe gegenüber. Dabei aber ist vor Allem wichtig, stets im Auge zu behalten, daß gegebene oder bestehende Gesetze noch wenig wirken, da sie für sich die Einsicht des Volkes nicht fördern, dessen Gesinnung nicht ändern können, leicht an der Durchführung scheitern und von den clericalen, durch die ungebildete Volksmasse erzielten Majoritäten wieder aufgehoben werden können. Wenn gestattet wird, daß dem Volk das Verhältniß von Kirche und Staat dadurch klargemacht wird, daß man stets den Spruch anwendet: „Man muß Gott mehr gehorchen als den Menschen", und dabei unter Gott den Papst und unter Mensch den Kaiser oder die weltliche Staatsgewalt versteht — dann ist eine wirkliche, gesicherte Souveränetät des Staates nicht möglich. Das einzig wahre und sichere Mittel aber für den Staat, sich der Vergewaltigung durch die Kirchen-Autorität zu erwehren und wahrhaft selbstständig zu werden, ist nicht die äußere physische Gewalt, sondern die wirkliche geistige Bildung und Aufklärung der Völker. Gegen diesen neuen Sündenfall, in welchem durch den Papst in der That die ganze Kirche mitgefallen ist, hilft nur die wahre Geistestaufe der intellectuellen Entwicklung, der ethischen Vereblung und energischen Befreiung der Menschen von vernunftmörderischen Wahngebilden.

---

*) Vergleiche des Verfassers Broschüre: „Die politische Bedeutung der Unfehlbarkeit des Papstes und der Kirche". München. Ackermann, 1869. Zweite Auflage, Seite 52.

II.

Papstthum und Staat.

(Erschienen 1870–71.)

Als eine besonders hervorragende und bedeutungsvolle Eigenthüm=
lichkeit der gebildeten Völker der modernen Zeit pflegt man das
Bestreben zu bezeichnen, sich von kirchlichen Bestimmungen und Fesseln
möglichst zu befreien und insbesondere das politische Leben wie die
wissenschaftliche Forschung von dogmatischer und kirchenrechtlicher Herr=
schaft zu emancipiren, von der Religion vollständig unabhängig zu
machen, gleichsam zu säcularisiren. In der That ist dieses Bestreben
auch seit der Mitte des vorigen Jahrhunderts besonders energisch und
erfolgreich aufgetreten; aber es würde ein Irrthum sein, wenn man
behaupten wollte, dasselbe gehöre nur der neueren Zeit an, und sei
etwas ganz Neues und früher Unerhörtes. Vielmehr begann diese
Befreiung und Säcularisation der Wissenschaft und des Staates schon
im Alterthume. Von dem Augenblicke an, wo die Wissenschaft die
Natur als Gebiet natürlichen, gesetzmäßigen Geschehens, nicht mehr als
Gebiet beständigen Wunderwirkens und überall eingreifenden directen
Erscheinens und Wirkens der Gottheit erkante und betrachtete, und
von der Zeit an, wo man menschliche Handlungen und insbesondere
politische Entschlüsse und Unternehmungen nicht mehr ausschließlich
oder wenigstens vorherrschend durch göttliche Wunderbethätigungen in
Orakeln, durch Vogelflug, Eingeweide der Opferthiere und dergleichen
bestimmen ließ, sondern durch verständige Erwägungen und Beschluß=
fassung der tüchtigsten, erfahrensten Männer — von da an begann
die Befreiung des menschlichen Denkens und des politischen Lebens
von der Herrschaft der Religion, und insofern gewissermaßen die Säcu=
larisation von beiden. Es war allerdings ein schwerer, langwieriger
Proceß mit manchem Stillstande und selbst Rückgange; in gegenwär=
tiger Zeit aber ist die Sache acut geworden und in eine entscheidende
Krisis eingetreten. Dies gilt wie von der Wissenschaft, so besonders
von dem Verhältnisse von Kirche (Religion) und Staat, und es mag
daher an der Zeit sein, demselben eine nähere Untersuchung zu widmen,
und zwar gerade in seiner schärfsten Form, wie sie gegeben erscheint
in dem Verhalten des Papstthums dem mittelalterlichen und jetzt dem
modernen Staate gegenüber. Die Verallgemeinerung und Anwendung
auf die anderen Religionsformen wird sich von selbst ergeben.

Die katholische Kirche oder vielmehr die im römischen Papstthum concentrirte Hierarchie hatte besonders in der zweiten Hälfte des vorigen Jahrhunderts große Niederlagen erlitten, war tief gesunken an Macht und Einfluß, und die eben erwähnte Emancipation und Säcularisation von Wissenschaft und Staat hatten mächtige Fortschritte gemacht. In unserem Jahrhunderte dagegen trat wieder, wie bekannt, eine Reaction ein. Die Staaten näherten sich wieder der Kirche und dem Papstthume. Dieses schöpfte daraus neue Kraft, benutzte die politischen Verhältnisse und Stimmungen und dachte bald daran, auch die Wissenschaft wieder unter ihre Herrschaft zu bringen. Der wieder hergestellte Jesuiten-Orden wirkte besonders in dieser Richtung; katholische Schriftsteller von freierem Geiste wurden in aller Weise durch kirchliche Censuren und Verfolgungen zu hemmen, zu unterdrücken gesucht und die alte, der Kirchen-Autorität unterwürfige Wissenschaft, die Scholastik, als die einzig kirchlich zulässige gepriesen und so weit als möglich aufgedrungen. Endlich aber, nachdem auch das Volk wieder im Sinne der alten Kirchlichkeit seit lange schon bearbeitet war

da glaubte man von Seite der römischen Curie die Zeit gekommen, auch gegen den modernen Staat kirchlich aggressiv vorgehen und die alten mittelalterlichen Ansprüche sammt und sonders wieder erheben, erneuern zu können. In der Encyklica vom 8. December 1864 und dem Syllabus der achtzig sogenannten Irrthümer der neueren Zeit ist dies in ebenso entschiedener als umfassender Weise geschehen. Diese päpstliche Kundgebung erscheint zugleich als das Programm für das endlich auf den 8. December 1869 nach Rom berufene allgemeine Concil, das wesentlich die Aufgabe hat, nach der Vernichtung aller Rechte der Wissenschaft und nach vollbrachter Apotheosirung des Papstes aggressiv gegen den modernen Staat vorzugehen, den Glauben und das Gewissen der Völker vollständig an den Papst und sein Belieben zu fesseln und sie ihm in seinem Kampfe gegen die weltlichen Regierungen mit all ihren politischen Rechten und Freiheiten zur Verfügung zu stellen.

Die formulirten Ansprüche des Papstes dem Staate gegenüber sind im Grunde genommen dieselben, die im Mittelalter erhoben wurden, vermehrt mit noch einigen, welche aus eigenthümlichen Verhältnissen der neueren Zeit hervorgegangen sind. In der That ist so wenig irgend ein mittelalterlicher Anspruch der Päpste aufgegeben, daß sogar ausdrücklich als irrig und unkirchlich die Behauptung verworfen wird, daß die Päpste jemals mit ihren Ansprüchen die Grenzen ihrer Befugniß überschritten haben — wodurch also alle politischen Anmaßungen und Eingriffe in die weltliche Regierung, deren sich die Päpste schuldig gemacht, ausdrücklich noch jetzt als berechtigt anerkannt und behauptet werden. Und alle Handlungen der Päpste, welche auf Ein- oder Absetzung der Fürsten abzielten, welche die Völker gegen ihre Fürsten zur Empörung ermächtigten, oder die hinwiederum Länder und Völker an Fürsten verhandelten oder verschenkten, ohne oder sogar gegen deren Willen, und endlich alle Versuche, die Fürsten als solche, also wegen ihres weltlichen Regimentes vor ihren Richterstuhl zu ziehen — gelten noch jetzt dem Papste nur als Ausübung des legitimen päpstlichen Rechtes, das jeden Augenblick wieder in Anspruch genommen und ausgeübt werden darf. Und als ein schlechter Katholik wird der bezeichnet, der dies nicht zugeben oder annehmen will. Umgekehrt dagegen spricht die erwähnte Encyklica dem Staate jedes Recht ab, die päpstliche Kirchenregierung irgendwie zu beeinflussen, und der Papst bezeichnet es mit großer Energie sogar als eine „ausgezeichnete Unverschämtheit" (insignis impudentia), die schlechte" und „oft verdammte" Behauptung aufzustellen, daß die oberste Gewalt der Kirche und des apostolischen Stuhles dem Urtheile (arbitrio) der staatlichen Gewalt unterworfen sei bei Ausübung von Rechten, die sich auf die äußere Ordnung beziehen. Es sind dabei diejenigen gemeint, die so schamlos seien (non pudet) zu behaupten: „Die Gesetze der Kirche binden im Gewissen nur, wenn sie von der Staatsgewalt veröffentlicht werden; die Erlasse und Decrete der römischen Päpste, die sich auf Religion und Kirche beziehen, bedürfen der Sanction und Genehmigung oder wenigstens der Beistimmung der Staatsgewalt." Welche Bedeutung die Verurtheilung dieser Grundsätze hat, ist unschwer einzusehen. Sind die Gesetze der Kirche, die Erlässe der Päpste für die Gläubigen im Gewissen verbindlich auch ohne Beistimmungen der Staatsregierungen, also auch allenfalls gegen den Willen derselben, so ist der Papst unbedingt der Oberherr über die Völker und die Regierungen, nicht blos Mitregent in jedem Staate; denn durch seine, die Gläubigen in allen Fällen im Gewissen verbindenden Willensäußerungen und Erlässe kann er allenfalls auch die geltenden Staatsgesetze aufheben oder verbieten, von der Pflicht des Gehorsams dagegen entbinden und für seine Anordnungen oder Gesetze statt für die des Staates Gehorsam fordern. Es steht in seinem Belieben, die katholischen Unterthanen jedes Staates bei jedem Conflicte mit diesem aufzufordern: „Gott mehr zu gehorchen als den Menschen," indem er dabei, wie allgemein üblich und dem Volke von Jugend an eingepflanzt ist, unter „Gott" sich selbst und unter „Mensch" den Fürsten oder die weltliche Regierung, den Staat, versteht. Es muß demnach in der Vollmacht des Papstes liegen, eine Regierung oder Verfassung nach seinem Ermessen anzuerkennen oder zu verbieten, je nachdem den kirchlichen Gesetzen oder der päpstlichen Oberherrschaft ihm genugsam Rechnung getragen scheint oder nicht. Von der Ausübung dieser in Anspruch genommenen päpstlichen Vollmacht bietet nicht blos das Mittelalter Beispiele, sondern auch die neue und neuste Zeit. Ganz entsprechend diesem Anspruche auf Oberhoheit des Papstes wird von ihm auch äußere Strafgewalt in kirchlichen Angelegenheiten gefordert und dabei natürlich der Staatsgewalt zugemuthet, zur Vollziehung dieser Strafen der Kirche zur Verfügung zu stehen und Polizei- und Henkersdienste zu thun. Es wird nämlich ausdrücklich in der genannten Encyflica die Behauptung verworfen: „der beste Zustand der Gesellschaft sei der, in welchem der Regierungsgewalt nur so weit die Pflicht zuerkannt wird, mit gesetzlich bestimmten Strafen die Verletzer der katholischen Religion im Zaume zu halten, als es die öffentliche Sicherheit verlangt." sowie die Behauptung verdammt wird, „daß der Kirche das Recht nicht zu= stehe, die Uebertreter ihrer Gesetze mit zeitlichen Strafen im Zaume zu halten."

Aus beiden Verdammungen zusammen geht klar genug die frag= liche Zumuthung an den Staat hervor. In Rücksicht hierauf werden dann die Bischöfe vom Papste dringend ermahnt, ohne Unterlaß zu lehren: „daß die königliche Gewalt nicht allein zur Regierung der Welt, sondern vorzüglich zum Schutze der Kirche verliehen sei, und daß nichts den Fürsten und Königen zu größerem Vortheile und Ruhm gereiche, als wenn sie die katholische Kirche nach ihren Gesetzen lehren lassen, und nicht erlauben, daß Jemand ihrer Freiheit wider= stehe;" denn „es sei gewiß, daß dies ihren Angelegenheiten förderlich ist, sich zu befleißen, wenn es sich um die Sache Gottes handelt, nach seiner Anordnung ihren königlichen Willen den Priestern Christi unter= zuordnen, statt demselben den Vorrang zu geben." Diese Stelle ist deut= lich und bedarf kaum einer weiteren Erklärung; Gott, Papst und Priester werden stets — das ist der große hierarchische Kunstgriff — stellvertretend für einander gesetzt und Alles, was Gott gebührt, auf den Papst übertragen, also auch der Gehorsam der Fürsten und damit die Unterordnung der Staaten unter die Kirche, das heißt den Papst. Um aber allen Staaten gegenüber als feste geschlossene Einheit der Gesammtkirche, als einheitliches kirchliches Herrscherreich zu erscheinen und ganz unabhängig von jedem derselben zu bleiben, wird vom Papste noch besonders dieser ihr Charakter hervorgehoben und wird als ver= kehrt und irrthümlich der Satz verworfen: „die kirchliche Gewalt sei nicht durch göttliches Recht geschieden und unabhängig von der staat= lichen Gewalt, noch lasse sich eine solche Geschiedenheit und Unab= hängigkeit festhalten, ohne daß die Kirche sich wesentliche Rechte der Staatsgewalt widerrechtlich anmaße." Gleichwol aber wird auch wiederum eine Trennung von Kirche und Staat mit Entschiedenheit zurückgewiesen, denn es ist natürlich, daß man die Verbindung mit demselben sehr vortheilhaft findet für die kirchliche Herrschaft und den alten gehorsamen Diener nicht gern vermissen möchte, dem sie im Grunde Alles und der dagegen ihr nichts einzureden hat. Und dies Verhältniß, diese Uebereinstimmung von Priesterthum und Königthum sei, versichert der Papst, allzeit dem staatlichen ebensosehr wie dem religiösen Gemeinwesen segensreich und heilbringend gewesen; eine Ver=

ficherung, die freilich der geschichtlichen Wahrheit Hohn spricht, da
gerade aus der so engen Verbindung und Wechselwirkung von Religion
und Staat so oft beiden die größte Schädigung erwuchs, das reine,
echte Wesen von beiden getrübt wurde und so viel Haß, Streit und
Verfolgung unter den Menschen entstand.

Dies sind die Grundzüge des Verhältnisses von Kirche und Staat,
wie die katholische Hierarchie oder das Papstthum es fordert; dies die
Hauptpunkte, gleichsam das Inventarium der päpstlichen Ansprüche,
das Programm, das der Jesuiten-Orden im Namen der Kirche, im
Auftrage und unter dem Schutze des Papstes zur Realisirung zu
bringen sucht. Es soll wieder erreicht werden, daß, kurz gesagt, der
Papst (Kirche) befiehlt und der Staat (Fürst) gehorcht; und um diese
Herrschaft vollständig und entschieden zu behaupten und auszuüben,
sollen die Organe des Papstes, die Mitglieder der Hierarchie, der
gesammte Clerus von den Staatsgesetzen unabhängig sein, Immunität
genießen, in aller Weise Güter erwerben und dieselben frei für hierarchische Zwecke gebrauchen dürfen, wie der Syllabus ausdrücklich verlangt; endlich soll die Schule, die Jugend vollständig der Kirche überlassen sein, um sie in kirchlichem Sinne, den kirchlichen Zwecken gemäß
zu bilden und den Glauben an die Oberhoheit der Kirche (des Papstes)
über den Staat in das Gemüth des Volkes zu pflanzen und darin zu
befestigen. Zu diesem Behufe soll zwar die „Kirche“ dem Staate
gegenüber in Bezug auf Lehrgegenstände und Geist des Unterrichts
ein Veto haben, nicht aber umgekehrt der Staat gegenüber der Kirche
— natürlich, da zwar Gott den Menschen einzureden und Gebote und
Verbote zu geben hat, nicht aber die Menschen „Gott“ gegenüber dies
beanspruchen können!

Es hat sich allgemeine und große Verwunderung und Entrüstung
kundgegeben, daß die katholische Hierarchie oder vielmehr das Papstthum je solche Forderungen erhoben und sich in solch ein herrschsüch-
tiges Verhältniß zu Wissenschaft und Staat zu versetzen versucht und
zum Theile wirklich versetzt hat; mehr noch war man verwundert und
entrüstet, daß diese Ansprüche in der Gegenwart der modernen Wissenschaft und dem Rechts- und Culturstaate gegenüber erhoben, in aggres-
siver Weise verkündet werden und durch alle Mittel zur Geltung
gebracht werden wollen. Die Verwunderung wird geringer werden,
und selbst die Entrüstung wird sich mildern, wenn in Erwägung
gezogen wird, welchem historischen Ursprunge im Allgemeinen diese
kirchliche Herrschaft entstammt und auf welchen besonderen kirchlich-
christlichen Ansichten und Voraussetzungen oder Prämissen — die von
den Katholiken allgemein und theilweise selbst noch von den Protestanten als richtig angenommen sind — sie aufgebaut und immer
weiter ausgebildet worden ist — eine Untersuchung, die wesentlich
nothwendig ist, sowohl um diese Sache richtig zu würdigen, als auch

zu bestimmen, in welcher Weise in unserer Zeit diesen päpstlichen Prätentionen und Angriffen gegen die geistigen Errungenschaften der Völker angemessen begegnet werden könne.

Wir haben schon bemerkt, daß das Streben der Wissenschaft und des Staates nach Unabhängigkeit von Religion und Priesterschaft eine allgemeine und schon im Alterthum der sogenannten heidnischen Religion gegenüber vorkommende Thatsache sei und also nicht blos der christlichen oder katholischen Glaubens=Autorität gegenüber stattfinde. Hinwiederum aber ist auch das Streben des Papstthums, diese Emancipation zu verhindern, nicht ein isolirtes, nur dem katholischen Priesterthum eigenthümliches, sondern in diesem und in höchster Steigerung im Papste tritt nur das in concentrirter Erscheinung und Macht hervor, was in der Culturgeschichte und im weltgeschichtlichen Processe allgemein in allen Religionen und bei jeder religiösen Autorität oder Priesterschaft mehr oder minder, mit größerem oder geringerem Erfolge stattgefunden hat oder stattfindet. Die Wissenschaft, die Philosophie im classischen Alterthume mußte ebenso ihren Gegenstand der natürlichen Erkenntniß und ihre Entwicklung und Erweiterung der Herrschaft der Religion oder des Aberglaubens abringen, wie es z. B. das copernikanische Weltsystem der christlichen Glaubens= Autorität gegenüber thun mußte. Und die alten Eiferer für die Herrschaft der vaterländischen Religion und deren Gebräuche in politischen Dingen wollten den Staat und seine Leitung ebenso unter dem Aberglauben und dem Zauberwesen derselben gebannt halten gegenüber dem Gebrauche der natürlichen Geisteskräfte und Erkenntnisse, wie dies die Päpste früher gethan und das Papstthum jetzt wieder anstrebt. Im Verlaufe der Entwicklung des Christenthums zur äußeren Organisation und Erscheinung einer Kirche kamen aber Momente hinzu, welche die Ausbildung einer gesteigerten, sehr intensiven Priesterherrschaft und deren Concentration zum römischen Papstthum außerordentlich begünstigten. Einer dieser günstigen Umstände war vor Allem, daß in Rom, dem damaligen Mittelpunkte der römischen Weltherrschaft, schon sehr früh eine christliche Gemeinde entstand, als deren Begründer und Haupt die Sage bald den Apostel Petrus bezeichnete. Da auch sonst die Umstände günstig waren, besonders durch Verlegung des politischen Herrschersitzes nach Konstantinopel, so gelang es dem Bischof dieser römischen Christengemeinde bald, ein größeres Ansehen im Abendlande zu erringen, als alle übrigen Bischöfe, und die Achtung, und den Gehorsam der Völker gegen das weltbeherrschende Rom auch für das geistliche Oberhaupt dieser Stadt, den Bischof der römischen Kirche, zu gewinnen und auszunützen. Rom eroberte so gewissermaßen auch noch das Christenthum mit seinen neuen weltbewegenden Ideen, mußte sie im Interesse seiner Herrschaft auszubeuten und seinen Zwecken gemäß zuzurichten, sowie hinwiederum das Christen=

thum einen schon mächtigen, einflußreichen, entscheidenden Mittelpunkt gewann für Ausgestaltung einer festen Kirchen-Organisation. Diese erhielt damit zugleich das unverkennbare Gepräge des römischen, auf das Praktische und die Beherrschung gerichteten Geistes, sowie der religiöse Cultus bald den reichen äußerlichen Ceremoniendienst der altrömischen Religion theils mit einiger Umgestaltung annahm, theils nachahmte.

Andererseits aber war die Bedeutung und das Ansehen des römischen Bischofes als Oberhaupt der christlichen Kirche hauptsächlich dadurch bedingt, daß es gelang, die erwähnte Sage von dem Aufenthalte des Apostels Petrus in Rom und dessen langer Oberleitung der dortigen Christengemeinde zur Annahme zu bringen und allgemein in den Glauben einzuführen — so wenig Begründung auch dafür beizubringen war. Dadurch gelang es allmälig, den römischen Bischof als den Nachfolger des Petrus auch als Oberhaupt der übrigen Bischöfe und als den eigentlichen Stellvertreter Christi selbst geltend zu machen, dadurch aber all jene Bedeutung, all jene Vollmachten und Rechte, welche die dogmatische Entwicklung der christlichen Tradition Christus zuerkannte, auf sich selbst überzuleiten. Die Gewalt und Herrschaft des christlichen Priesterthums, der Hierarchie und vorzüglich des abso-lutistischen römischen Papstthums hat sich in Verbindung mit den eben erwähnten Umständen wesentlich ausgebildet auf Grundlage der christologischen Dogmenbildung, auf Grundlage des Glaubens, daß Christus wie Mensch so auch Gott sei und demnach nicht blos absolute Wahrheit verkündet, sondern auch absolute göttliche Vollmacht und Macht besessen und dieselbe seinen Nachfolgern und Stellvertretern hinterlassen habe; so daß auch diesen zusteht, ihre Lehre für absolute Wahrheit auszugeben und unbedingten Glauben dafür in Anspruch zu nehmen und ebenso absolut zu herrschen und unbedingten Gehorsam zu fordern. Diese Forderung stellten bald die Bischöfe, wenn nicht vereinzelt, so doch in ihrer Gesammtheit für ihre Beschlüsse in Synoden, und allmälig concentrirte der Papst all diese Vollmachten und Ansprüche, die aus der Stellvertretung Christi flossen, gleichsam als Universal-Erbe in sich. Hatte der römische Bischof nun einmal überwiegend das An-sehen in der Kirche, konnte er also seine Deutung von Tradition und Schrift überwiegend geltend machen, galt er einmal als Nachfolger Petri und als Hauptstellvertreter Christi, so gelang es ihm auch, ohne zu große Schwierigkeit alle Vollmachten des dogmatischen Christus für sich in An-spruch zu nehmen, sowohl jene, die Christus sich selber zuschrieb, als auch jene, die er seinen Aposteln und Jüngern mittheilte. Und welche Ansprüche ließen sich da im Vollgefühle göttlicher Stellvertretung von einem energischen, herrschsüchtigen Manne erheben! Was konnte aus solcher Grundvoraussetzung, aus solchen Prämissen durch eine spitz-findige Logik und Dialektik nicht Alles abgeleitet und gerechtfertigt werden! Christus spricht dem Evangelium zufolge: „Mir ist alle

Gewalt gegeben im Himmel und auf Erden," un
sich einen Menschen, der sich als Stellvertreter d
dieses gesprochen und der den Sinn dieser Wort
ethisch vom rein religiösen Leben versteht, sondern
auffaßt und meint, es sei ihm damit eine juridisch
gewissermaßen physische Herrschaft übertragen nebe
wird seiner Ansprüche kein Ende finden, wird dah
Gott oder Abgott auf Erden anzusehen und gelter
„Ich übergebe dir die Schlüssel des Himmelreiche
auf Erden binden wirst, soll auch im Himmel gebu
du immer auf Erden lösen wirst, soll auch im H
Gelang es einmal, die Deutung einzuführen, daß
auf den Bischof von Rom als Nachfolger des Pet
sprochen wurden, beziehen, so war es kaum anderi
daß man in Rom, wo man an die irdische Weltb
war, auch dieses in ganz juridischem, nicht in re
faßte und für Erringung der geistigen oder vielme
herrschaft ausbeutete, den Menschen einredend, da
und Wehe von den Entschlüssen des Papstes abhä
nach auch in diesem zeitlichen Leben in allen Bezie
Gehorsam geleistet werden müsse. Man erwäge r
Glauben vorschrieb und verbreitete, daß dieses hie
Kirche identisch sei mit dem Reiche Gottes, von d
spricht und das er in so strengen Gegensatz stellt
Welt, das man alsbald mit dem Staate, mit der
Fürsten identificirte, — und man wird sich erkläre
bald dazu kam, die Kirche und die kirchliche Her
und den weltlichen Regierungen gegenüber als be
mundung und Oberherrschaft geltend zu machen.
einmal den kirchlichen Standpunkt einnahm oder
fundamentalen Voraussetzungen gelten ließ, konnte
hierarchischen Ansprüche mit Recht und Erfolg zurü
eben die Hierarchie die Herrin der Heiligen Schrift
deren Sinn bestimmte, deren Deutung natürlich
vorschrieb und vorzuschreiben das Recht hatte; dann
gegebenen und angenommenen Voraussetzungen i
hobenen Ansprüche mit logischer Consequenz sich er
    Gehen wir nun nach diesen Erwägungen an
geschichtlichen Entwicklung des Papstthums und be
Kirche (Hierarchie) zum Staate, dann werden wir
das Verhalten der Hierarchie und insbesondere
theilen vermögen. Wir werden in den maßlosen Ar
sowohl der Wissenschaft als dem Staate gegenüber
Ausschreitungen oder blos anmaßende Herrschsucht

mehr die consequente Ausführung dessen, was der ganzen kirchlichen Organisation und deren absoluter Glaubens=Autorität zu Grunde lag und liegt, und wir werden milder über die Personen, aber um so strenger über das System zu urtheilen haben. Auch wird man daraus zu erkennen vermögen, daß mit bloßer Opposition gegen die persön= lichen Bestrebungen dieses oder jenes Papstes, mit Zurückweisung einzelner, für übertrieben oder unberechtigt gehaltener Ansprüche noch wenig geleistet sei, daß vielmehr die Aufgabe für Wissenschaft und Staat darin bestehe, dieses römisch=hierarchische System selbst zu be= siegen, aus dem Bewußtsein und Glauben der Völker durch Bildung und Aufklärung zu entwurzeln, für die zwangsweise Durchführung desselben wenigstens unbedingt jede Unterstützung zu versagen und unter Gewährung voller Glaubensfreiheit der geistigen Vergewaltigung möglichst vorzubeugen. Werden nur einzelne Forderungen des absoluten Papstthums zurückgewiesen, nicht aber das System selbst, so werden dieselben immer wiederkehren, wenn sich Gelegenheit dazu findet, ab= gesehen davon, daß einem solchen Verfahren gegen das Papstthum die Consequenz fehlt, da, wenn einmal die directe göttliche Autorität desselben zugestanden wird, kaum noch irgend eine Forderung oder That als unberechtigte Ueberschreitung der zugehörigen Befugnisse be= zeichnet werden kann. Es dürfte dringend geboten sein, in dieser Be= ziehung die Wurzel selbst auszureißen, da sonst die allenfalls einmal abgeschnittenen wuchernden Schößlinge immer wieder nachwachsen werden.

Wenn also z. B. Gregor VII. mit so großer Entschiedenheit die Oberherrschaft des Papstes über alle Fürsten beanspruchte und Ge= horsam derselben in Allem forderte, was die Päpste für kirchliche An= gelegenheiten zu erklären beliebten, so that er dies, weil er sich für den wirklichen Stellvertreter und bevollmächtigten Statthalter Gottes auf Erden hielt, von den Gläubigen der ganzen Kirche auch als solcher anerkannt war, und zugleich, weil er die Welt und die Reiche der Welt mit ihren Fürsten für ein Gebiet der Sünde und des Teufels hielt, das nur durch den Papst geheiligt und gerettet werden könne. Er betrachtete auch wirklich, wie bekannt, die weltlichen Fürsten nur wie ein nothwendiges, durch Gewaltthätigkeit begründetes Uebel, her= vorgegangen aus der Versuchung des Satans und aus der Sünde, so daß sie in dem Maße als überflüssig erscheinen müssen, als die direct göttliche, geistliche Herrschaft des Papstes zur allgemeinen Geltung komme. In der That ist dies vom Standpunkte der Hierarchie und der katholisch=kirchlichen Grundsätze nicht ohne Consequenz und Berechtigung und wer das Bestreben dieses Papstes als unberechtigt tadelt und verwirft, der muß, wenn er für seine Verurtheilung eine wirkliche Be= gründung haben und folgerichtig denken will, das ganze kirchliche System und vor Allem die Grundlage oder die Prämissen verwerfen, auf denen dasselbe mit allen Folgerungen daraus beruht. Dies setzt aber dann eine ganz andere Auffassung des gesammten Christenthums voraus, als jene ist, aus welcher die christliche Kirchengestaltung hervorging; eine ganz andere Deutung der Stellen der Schrift, aus welchen man all' die Machtfülle und Berechtigung der Hierarchie ableitet; ja im Grunde genommen eine durchgreifende Modifikation in der Auffassung der christlichen Grunddogmen selbst. Es darf nicht mehr zugegeben werden, daß die Welt an sich ein Reich der Sünde und des Teufels sei, dem die Kirche als directes juridisch und äußerlich organisirtes Gottesreich gegenüberstehe. Ebenso wenig kann angenommen werden, daß Christus als ein irdischer Gott=König betrachtet werde, dessen Stelle die Apostel und ihre Nachfolger zu vertreten haben. — Selbst die Gotteslehre wird eine Reinigung erfahren müssen; denn so lange der Papst betrachtet wird als directer Stellvertreter eines Gottes, der sich in alle weltlichen, staatlichen Angelegenheiten einmischt, weltliche Gesetze gibt, furchtbare physische Strafen über die Menschen verhängt, ganze Völker durch das Schwert auszurotten befiehlt, kurz, so lange der Papst mit der Hierarchie sich als Stellvertreter des alttestamentlichen Gottes betrachtet und als solcher Anerkennung von den Gläubigen findet, wird man seine Ansprüche und Eingriffe in das weltliche und politische Gebiet, selbst wenn sie mit physischen Gewaltthätigkeiten verbunden werden, kaum als unberechtigt zurückweisen können. Es liegt dies Alles ja nur in der Consequenz der theokratischen Idee und deren Realisirung. Wer — wie es im Mittelalter allgemein der Fall war und auch noch in der neueren Zeit der Fall sein muß bei allen Katholiken, die an der absoluten Göttlichkeit der Kirche und der directen Stellvertretung Christi und Gottes durch den Papst gläubig oder aus unterwürfigem Pflichtgefühl und Gehorsam festhalten — wer, sage ich, die genannten Grundanschauungen gelten läßt und die theokratischen Prämissen annimmt, der begeht einen logischen und von seinem Standpunkte aus sachlich auch einen moralischen Fehler, wenn er die Consequenzen, die erhobenen, wenn auch maßlosen und an sich durchaus unberechtigten Ansprüche der Päpste, wie sie vom frühen Mittelalter an gehegt wurden, zurückweist. Consequent und rationell denkt und handelt nur der, welcher jene Folgerungen und Ansprüche sammt ihrer Grundlage und ihren Prämissen zugleich zurückweist. Dies sollten die sogenannten liberalen Theologen bei den Katholiken und die Staatsmänner wohl erwägen, um aus der Halbheit und Unsicherheit des Denkens und Handelns herauszukommen, in welcher sie befangen sind, und die sie so sehr hindern, irgend etwas für die religiöse Reform und die geistige Entwicklung der Völker wirklich Förderliches zu leisten.

Dieselben Erwägungen müssen uns leiten, wenn wir die Ansichten und Ansprüche anderer Päpste richtig und billig würdigen wollen. Papst Innocenz III. sagt: „Der römische Oberpriester nimmt auf

Erden nicht die Stelle eines bloßen Menschen, sondern die des wahren Gottes ein." Dies war in der That allgemeiner Glaube in dieser Zeit und ist es bei den streng römisch-katholischen Gläubigen noch heute und muß es sein, da, wo man den Papst als den Stellvertreter Christi und Christus als Gott bekennt.

Innocenz III. war bekanntlich vollständig von theokratischen Ideen geleitet; nur sollte statt der jüdischen nationalen Theokratie eine universale aufgerichtet, der Papst der universale Herrscher über alle Reiche, Fürsten und Völker der Erde werden. Uns ist dies ein abenteuerlicher Gedanke und ein chimärisches Streben, aber wohl begründet und berechtigt für den, der sich für den unmittelbaren, bevollmächtigten Stellvertreter und Statthalter Gottes auf Erden hält, dem alle Gewalt im Himmel und auf Erden übertragen ist. Und wer an einen Gott glauben kann, der so menschlich beschaffen ist, daß ein Mensch sein Stellvertreter sein kann für alle anderen Menschen, und dessen Weltregierung wenigstens in Bezug auf das geistige Leben der Menschheit von der Art ist, daß sie einem Menschen als Statthalter übertragen werden kann, dem wird auch das theokratische Streben dieser Statthalter Gottes oder Vice-Götter auf Erden nach der genannten Weltherrschaft nicht als unberechtigt oder maßlos erscheinen. Denn welche Schranken können solch einem Statthalter Gottes auf Erden gezogen werden, welche Forderungen unbedingter Unterwerfung und Dienstleistung der Menschen noch für zu groß oder unberechtigt gehalten werden von denen, die einmal wirklich an seine Würde und Vollmacht als unmittelbaren, gleichsam übernatürlichen, gleichsam mit Zaubermacht ausgestatteten und jetzt auch noch für unfehlbar erklärten Stellvertreter Gottes glauben! Papst Bonifacius VIII. behauptet, daß ihn Gott über die Könige und Reiche gesetzt und ihm die Pflicht auferlegt habe, zu zerstören und zu bauen, auszurotten und zu pflanzen. Die Könige seien ihm in Rücksicht der Sünde unterworfen und er könne dieselben absetzen. Die Bulle „Unam Sanctam" behauptet, das weltliche Schwert sei unter das geistliche gestellt und müsse nach dem Gutdünken und auf den Wink des Priesters vom Könige für die Kirche geführt werden; die geistliche Macht habe die weltliche zu prüfen und abzuurtheilen, wenn sie nicht gut sei, während sie selbst, wenn sie sich auch verirrt, von keinem Menschen, sondern nur von Gott selbst zur Rechenschaft gezogen werden könne, und derjenige, der diese Ordnung der Gewalten leugne, sei ein Manichäer; und endlich für jede Creatur sei es eine nothwendige Bedingung des Heiles, dem Papste untergeordnet zu sein. So dieser Papst, der wohl am entschiedensten sich aussprach. Und wer könnte mit Recht leugnen, daß er nur die äußersten Consequenzen von anerkannten, im Glauben noch jetzt festgehaltenen Annahmen oder Prämissen zog, die, wenn sie wirklich aufrichtig geglaubt und ernsthaft geltend gemacht werden, noth-

wendig zu den angeführten ungeheuerlichen Ansprüchen des Papstthums führen!

In ähnlicher Weise die folgenden Päpste: Leo X. bestätigte die
genannte Bulle „Unam Sanctam" 1517 auf dem Lateran-Concil. In
der Bulle gegen Luther sprach es dieser Papst geradezu aus, daß es
ein Werk des heiligen Geistes sei, Ketzer zu verbrennen. Natürlich!
Da es der Papst für gut hielt, so mußte es auch der heilige Geist
wollen, dessen Organ er ist! Paul III. erließ im Gefühle seiner göttlichen Statthalterwürde und seiner in Folge hiervon selbstverständlichen
Obergewalt über Fürsten und Völker eine Bannbulle gegen König
Heinrich VIII. von England, welche dessen Unterthanen vom Eide der
Treue entband und zu offenem Kriege gegen ihn aufforderte, England
Jedem, der es erobern wollte, anbot und alle beweglichen wie unbe-
weglichen Güter der ketzerischen Engländer den Eroberern zusprach.
Papst Paul IV. beruft sich auf das Decret des Concils von Florenz,
daß alle Gewalt in der Christenheit ihm gehöre, alle kaiserliche und
weltliche Gewalt von ihm abhängig sei. Der Papst, erklärt er, hält
beide Schwerter in der Hand, er schuf und schafft alle Tage Könige
und überträgt die Reiche nach Belieben. Wenn Gott will, daß die
Apostel und ihre Nachfolger die Engel aburtheilen, um wie viel mehr
werden sie dies mit den Menschen thun können! Dies ist deutlich und
entschieden gesprochen. Aber wie sollte man auf der einmal betretenen
Bahn, nachdem einmal die Voraussetzungen angenommen, geglaubt
waren, nicht so weit gekommen sein, zumal in einer Zeit, deren geistige,
wissenschaftliche Thätigkeit nur darin bestand, mit scholastischer Spitzfindigkeit die Consequenzen aus gegebenen Prämissen zu ziehen? Kommt
doch noch heutzutage der fromme Wahnwitz in Schriften und Er-
bauungsreden über Würde und Bedeutung des katholischen Priesterthums bis zu der Behauptung, daß der Priester selbst über Gott eine
gewisse Macht habe, ihm gleichsam gebieten, ihn zwingen könne durch
seine Vollmacht und sein Wort bei der Sacramentsspendung, insbesondere bei der Eucharistie, wo auf das Wort des Priesters Gott
im transsubstantiirten Brot mit seiner Wesenheit zugegen sein müsse 2c.
Wie sollte da dem Papste, dem Priester aller Priester, noch eine
Schranke der Macht, eine Grenze der Befugnisse gesetzt sein! Dieser
nämliche Papst Paul IV. erklärte in Gegenwart der fürstlichen Ge-
sandten, im vollen Consistorium, daß er der Nachfolger der obersten
Priester sei, welche Könige und Kaiser abgesetzt hätten, daß er eher
Feuer an die Ecken der Welt legen würde, als dieses Recht in Verfall gerathen lassen.

Im Jahre 1558 erließ er die Bulle: „Ex Apostolatus officio",
worin er als Stellvertreter Gottes und Christi auf Erden alle
extremsten Lehren über die Universal-Herrschaft des Papstes in feier-

licher Weise aus der Fülle seiner apostolischen Gewalt sanctionirt und alle Gegner verflucht.

Papst Pius V. war von demselben Bewußtsein seiner absoluten Machtfülle durchdrungen. Er erklärte in der Bulle: „Regnans in ecclesiis" gegen die Königin Elisabeth von England, daß ihn Gott über alle Völker und ihre Reiche gesetzt habe, damit er ausreiße, zerstöre, zerstreue und verwüste, oder auch baue und pflanze, und verfügte kraft dieser Machtvollkommenheit Bann und Absetzung. Er steht sogar in starkem Verdacht, Meuchelmörder gegen die Königin gedungen zu haben.

Von gleichem Geiste waren alle Päpste bis auf die Gegenwart beseelt. Sie gaben niemals ihre Ansprüche und ihre Principien auf, wenn sie dieselben auch nicht immer zur Geltung bringen konnten; und Pius IX. hielt nun die Zeit für gekommen, hielt in Folge des wiedergeweckten und verstärkten positiven Glaubensbewußtseins der Völker und des mächtig gehobenen Einflusses des Jesuiten-Ordens die Umstände für günstig, mit all diesen Ansprüchen wieder hervorzutreten und sie auch noch durch ein allgemeines Concil bestätigen zu lassen. Daß er das Recht habe, Könige ein- und abzusetzen, sagt er in der erwähnten Encyklika und dem Syllabus nicht ausdrücklich, aber den Theologen würde es, wenn die Umstände günstig würden, ein Leichtes sein, auch diese Befugniß wieder aus dem göttlichen Statthalteramt des Papstes abzuleiten und selbst in den beiden genannten päpstlichen Kundgebungen enthalten zu finden. Klar ist indeß darin ausgesprochen, daß bei entstehenden Conflicten zwischen Staatsgewalt und Kirchen-Autorität stets der letzteren der Vorrang und der Gehorsam von Seiten der katholischen Völker gebühre. Die päpstlichen Befugnisse scheinen sich übrigens bis auf die Verfassungsform der Staaten zu erstrecken; wenigstens tadelt der Papst in der Encyklika strenge diejenigen, welche „mit gänzlicher Verkennung und Hintansetzung der gewissesten Grundsätze der gesunden Vernunft laut zu behaupten wagen: der Wille des Volkes, der sich durch die sogenannte öffentliche Meinung oder auf andere Weise kundgibt, bilde das oberste, von allem göttlichen und menschlichen Rechte unabhängige Gesetz." Ebenso verwirft der Papst jene Verfassungen, welche Religionsfreiheit gewähren, oder die keinen Unterschied machen zwischen der wahren und falschen Religion, wobei sie natürlich nur von ihm erfahren können, welches die wahre Religion sei. Er tadelt, daß man auf die staatliche Gemeinschaft das gottlose und widersinnige Princip des sogenannten Naturalismus anwende und zu lehren sich erdreiste: „Die beste Art von Staatswesen und der bürgerliche Fortschritt verlangen durchaus, daß die menschliche Gesellschaft eingerichtet und regiert werde ohne alle Rücksichtnahme auf die Religion, als ob diese nicht vorhanden wäre, oder wenigstens ohne irgend welchen Unterschied zwischen den wahren und den falschen Religionen zu machen." — Es ist also nichts aufgegeben von all den Ansprüchen auf die oberste Weltherrschaft, die je erhoben wurden, und es wird auch nichts davon jemals principiell aufgegeben werden und nicht einmal consequenterweise aufgegeben werden können, so lange die obenerwähnten Annahmen über Aufgabe, Würde und Vollmacht der Hierarchie und insbesondere des Papstes aufrechterhalten und in der katholischen Welt gläubig angenommen werden.

Die katholischen Theologen haben nicht versäumt, die Rechte und Ansprüche, welche die Päpste aus ihrer Würde und gestellten Aufgabe ableiteten und mit aller Energie praktisch geltend machten, — mit allem Eifer, mit scholastischer Spitzfindigkeit, wie mit frommer Salbung zu lehren und zu begründen, und zugleich dann diese ihre Lehren, Beweisgründe und dialektischen Spitzfindigkeiten als echte „kirchliche Wissenschaft", der kein guter Katholik widersprechen dürfe, bei jeder Gelegenheit von der kirchlichen Lehr-Autorität, vor Allem vom Papste selbst erklären zu lassen. Es waren insbesondere die Jesuiten, die hierin mit der größten Dreistigkeit, man möchte sagen, als die logischen Enfants terribles, vorgingen. Der Jesuit Molina erklärt: „Die geistliche Gewalt des Papstes besitzt wegen ihres übernatürlichen Zweckes auch die höchste, ausgedehnteste Macht zeitlicher Jurisdiction über alle Fürsten und der Kirche Angehörigen; so weit es dieser Zweck erfordert, kann der Papst Könige absetzen und sie ihrer Reiche berauben, kann zwischen ihnen über zeitliche Dinge aburtheilen, ihre Gesetze annulliren und alles Uebrige unter den Christen ausführen, was er des übernatürlichen Zweckes und gemeinsamen geistigen Heiles wegen nach weisem Willen für geeignet erklärt. Und zwar kann er dies erzwingen nicht blos durch Censuren, d. h. durch geistliche Strafen, sondern auch durch Gewalt und Waffen, ebenso wie jeder andere weltliche Fürst, obwohl es am passendsten ist, daß der Papst nicht selbst solches ausführt, sondern es durch weltliche Fürsten ausführen läßt. Deßhalb heiße es, daß der Papst beide Schwerter habe und die höchste geistige und zeitliche Macht." So dieser Jesuit; und in der That, wenn einmal anerkannt oder geglaubt wird, daß dem Papste die höchste geistliche Herrschaft (ein wirkliches geistliches Imperium) zukomme, daß derselbe Aufgabe und Vollmacht habe, durch eine juridische Organisation und canonische Gesetze zu herrschen, um dadurch die Wahrheit und Sittlichkeit in der Welt zu fördern, zu verbreiten und ein äußerliches theokratisches Reich Gottes zu bilden — so kann es kaum mehr anders sein, als daß er auch die zeitliche Herrschaft in Anspruch nimmt, da sie die Mittel bietet, die geistliche Herrschaft zu verbreiten und in Ausführung zu bringen. Und selbst die physischen Waffen, wie könnten sie besser angewendet werden, als zur Vertheidigung des äußerlichen Reichs Gottes, zum Schutze wie zur Verbreitung der Wahrheit und zur Vertilgung der Aetzer, der Widersacher und Feinde Gottes, die als Verwüster der Kirche oder des Reiches Gottes und als Beleidiger der göttlichen Majestät Strafe und Tod noch mehr verdienen, als andere Verbrecher, und ausgerottet werden müssen, wie einst die Bewohner Kanaans von den Israeliten! Nicht zu verwundern ist daher, wenn ein anderer Jesuit, Salmeron, behauptet, der Papst könne die Hinrichtung eines keterischen Fürsten befehlen; denn wenn, der Heiligen Schrift zufolge, ganze Völker mit ihren Fürsten um des auserwählten Volkes willen und zu Gunsten der Aufrichtung einer vollständigen Theokratie ausgerottet werden durften oder mußten, um wie viel mehr kann und muß Aehnliches zu Gunsten und zum Schutze der christlichen Kirche, die ja eine weit höhere Theokratie ist, geschehen! Die Logik ist unerbittlich und furchtbar, wenn einmal die Prämissen zugegeben sind. Die meisten scholastischen Theologen späterer Zeit, insbesondere die meisten aus dem Jesuiten=Orden, behaupteten geradezu eine directe Gewalt des Papstes über die Staaten, über Fürsten und Völker auch in weltlicher Beziehung. Das Volk galt als Quelle der fürstlichen Gewalt, das dieselbe durch Uebertragung verliehen habe; aber die Errichtung einer fürstlichen Gewalt durch einen solchen Act der Volkssouveränetät sollte erst rechtsgiltig sein durch Bestätigung des Papstes. Der Papst also wäre demgemäß der letzte oder wahre Grund aller Legitimität, und derselbe würde daher die Fürsten erst eigentlich einzusetzen haben und könnte sie daher auch wieder absetzen. Der Jesuit Bellarmin ermäßigte diese Lehre bekanntlich so, daß er dem Papste nicht eine directe, sondern nur eine indirecte Gewalt über die weltlichen Fürsten zuerkannte, jedoch mit solchen Wendungen, daß die päpstlichen Befugnisse im Grunde dieselben blieben, wie bei der directen Gewalt. Aber so entschieden hielt man in Rom an der directen Gewalt über die Fürsten fest, daß Bellarmin's Werk auf Befehl des damaligen Papstes, des grimmen Sixtus V., auf den Index der verbotenen Bücher gesetzt wurde und erst unter dem folgenden Papste es dem Jesuiten=Orden gelang, dessen Tilgung aus demselben zu erwirken. Noch im 17. Jahrhundert wurde mit aller Bestimmtheit die Lehre von der absoluten, directen geistlich=weltlichen Universal=Herrschaft des Papstes wiederholt, wonach derselbe die Fürsten um der Sünde oder des Glaubens willen oder auch wegen ihrer Unfähigkeit absetzen, die Unterthanen vom Eide der Treue lossprechen und die Länder derselben an Andere verleihen, ja sogar die Fürsten mit Kerker und Tod bestrafen könne. Dies war die römisch=theologische Lehre von der päpstlichen Gewalt, eine Lehre, die nur den Thatsachen, der praktischen Ausübung derselben angepaßt war. Und sie muß noch die Theorie der katholischen Theologen sein nach dem Willen des Papstes, da dem Syllabus zufolge, wie schon erwähnt, es als unkatholisch und als ein Irrthum betrachtet werden muß, zu behaupten, daß die Päpste jemals ihre legitime Vollmacht überschritten haben!

Mit einer solchen kirchlichen Macht oder Autorität wird nun der moderne Staat unmöglich sich vereinbaren oder vertragen können, wenn er seine Aufgabe: das ganze menschliche Dasein zur möglichst höchsten Entwicklung und Vervollkommnung nicht blos in materieller, sondern auch in geistiger Beziehung zu bringen, wirklich erfüllen, also wenn er seiner Cultur-Mission gerecht werden will. Selbst wenn er zu den äußersten Concessionen an die absolute Gewalt der Hierarchie sich versteht, wird er den auf unumschränkte göttliche Vollmacht pochenden Papst nicht befriedigen, so lange er nicht auf seine Souveränetät verzichtet, die päpstliche Oberherrschaft anerkennt und seine wichtigsten Befugnisse etwa als Gnadengeschenk von demselben annimmt. Ohne dies wird er das Papstthum mit dem Jesuiten-Orden stets aggressiv finden, stets bereit, so weit als immer möglich das ungebildete blind-gläubige Volk gegen die weltlichen Regierungen zu Gunsten der kirch-lichen Oberherrschaft aufzuwiegeln unter dem Schlagworte, daß man „Gott mehr gehorchen müsse, als den Menschen." Unter diesen Um-ständen gibt es kein anderes Mittel für den Staat, sich in seiner Selbstständigkeit zu sichern und die Erfüllung seiner Aufgabe sich möglich zu erhalten, als die völlige Scheidung aus dem Verbande mit der Kirche, die vollständige Befreiung von ihrem Einflusse als hierarchischer Organisation und Regierung oder, wie wir es nannten, die vollständige Säcularisation. Thut der Staat dies nicht, bleibt er mit der Kirche, als geistlichem Regimente, in Verbindung und Ver-tragsverhältniß, so muß er consequenterweise auch deren höhere Würde und Vollmacht sich gegenüber anerkennen und sich größtentheils unter-ordnen und zuwarten, welche Befugnisse ihm z. B. der Papst noch einräumt oder übrig läßt. Wenn er aber trotz jener Anerkennung der Kirche und des absoluten Papstthums als berechtigter Macht, also als direct göttlicher Autorität, als welche sie sich verkündet und geltend macht, dennoch sie nicht ernstlich als unumschränkte, göttliche behandelt und theilweise sie beschränkt in ihren Ansprüchen und ihr opponirt, so ruft er nicht blos ihre Feindschaft wach, sondern er handelt auch mit Halbheit und Inconsequenz. Sogar der Vorwurf der Ungerech-tigkeit gegen die anerkannte Kirchen-Autorität ist dann nicht unverdient, da er sich einmal mit dem absoluten Papstthume auf gleichen Grund gestellt, indem er sie trotz ihrer übermenschlichen, übernatürlichen An-sprüche als Macht anerkennt, mit welcher er verhandeln will. Das einzig Richtige und Consequente für den Staat scheint uns daher zu sein, daß er das direct göttliche Fundament, das die Kirche für sich geltend macht, nicht anerkennt, d. h. auf sich beruhen läßt, und zwar bei allen Religionen oder Confessionen in gleicher Weise, also daß er die Prämissen ignorirt und damit logischer- wie juridischerweise das

Recht erhält, auch die Folgerungen daraus zu ignoriren. Diese Prämissen aber zugeben und doch nach Gutdünken oder nach menschlichem
Rechte das als göttlich Anerkannte beurtheilen, beschränken, theilweise
aufheben oder ganz verbieten wollen, ist unzulässig, ist irrationell,
inconsequent. Und es ist nicht zu verwundern, wenn die Vertreter
der kirchlichen Ansprüche behaupten, daß der Staat und das menschliche Recht sich hiermit über Gott stellen, sich zu Richtern Gottes aufwerfen, da sie diejenige Autorität doch wieder nach menschlichem Ermessen beurtheilen und beschränken wollen, mit der sie doch trotz ihrer
Ansprüche auf directe Göttlichkeit in eine Verbindung getreten sind,
die eine Anerkennung ihrer Ansprüche voraussetzt. Selbst gefährlich
kann und muß ein solches Verfahren schließlich für den Staat werden,
da einerseits gestattet wird, daß dem Volke diese so vom Staate selbst
anerkannte Autorität als eine göttliche, übernatürliche verkündet wird,
die über alles Andere erhaben sei und deren Anerkennung unter
Umständen sogar durch physische Mittel erzwungen werden soll —
und andererseits doch die Staatsregierung selbst bestimmten Ansprüchen dieser göttlichen Macht Widerspruch und Widerstand ent-
gegensetzt und deßhalb dem Volke leicht als gottlos und frevelhaft
verdächtigt werden kann.

Aus diesen Schwierigkeiten ist unseres Erachtens nur herauszukommen durch eine Lösung der bisherigen Verbindung von Staat und Kirche,
insbesondere der katholischen Kirche oder des absolutistischen Papstthums.
Das mittelalterliche Verhältniß von beiden ist durchaus aufzuheben; denn
alle Gründe für dasselbe haben jetzt ihre Geltung und Bedeutung ein-
gebüßt. Der Staat als solcher kann nicht mehr an eine unmittelbare,
directe göttliche Vollmacht der Kirche und des Papstes glauben und
sich demnach auch nicht gläubig demselben unterordnen. Thäte er
dies, so würde er einerseits unberechtigt seine Macht und Vollmacht
überschreiten und sich durch ein solches Urtheil und ein solches Verhalten in kirchliche, religiöse Angelegenheiten ohne Befugniß und Com-
petenz einmischen, während er andererseits zugleich der als göttlich
anerkannten Autorität der Kirche, d. h. des Papstes, seine Souveränetät in dienstbarem Gehorsam zu Füßen legen müßte. Aber auch
die alte Ansicht vom Staate, daß er nämlich als weltliches Reich, als
profane Welt eigentlich das Gebiet der Sünde und des Teufels sei
gegenüber der Kirche als dem Reiche Gottes und der Erlösung — ist
als eine überwundene Wahnvorstellung zu betrachten und kann auf
die Auffassung des Verhältnisses von Kirche und Staat den Einfluß
nicht mehr üben, den sie in der That Jahrhunderte hindurch zur
Hebung der Kirchengewalt und zur Niederhaltung des Staates ausübte. — Ebenso ist jene rohe, äußerliche Auffassung des Staates überwunden, derzufolge ihm eigentlich nur die Leiber gehören, die Seelen
aber Eigenthum der Kirche und deren geistlichen Jurisdiction unter-

worfen feien. Der Staat hat vielmehr nach moderner Auffassung die
Aufgabe, das ganze menschliche Leben zu bilden und zu fördern, ja
hauptsächlich durch Förderung der geistigen Entwicklung auch das
physische, materielle Wohlsein zu heben, das äußerliche wie das geistige
Leben zu verschönern, zu veredeln. Der Staat hat also zugleich eine
ethische und intellectuelle Aufgabe zu erfüllen. Er ist ein Reich des
Rechtes, der Wahrheit und der Sitte. Die rechtliche Ordnung mensch=
licher Verhältnisse ebenso wie die Förderung der Wissenschaft und der
Humanität in jeglicher Beziehung ist das Ziel seiner Bestrebungen.
— Andererseits ist man in Bezug auf Religion, insbesondere in
Beziehung auf die christliche Religion, zu der Einsicht, zu der geläu=
terten Auffassung durchgedrungen, daß sie nicht bestimmt sei und sein
könne, ein Reich äußerlicher geistlicher Herrschaft zu bilden — wie
ja Christus selbst ausdrücklich seinen Jüngern verboten hat, nach Art
irdischer Könige in seinem Reiche, also über die Gläubigen, herrschen
zu wollen.

Werden diese Verhältnisse richtig erwogen, dann können auch die
Bedenken von keinem Gewichte mehr erscheinen, die man gegen eine
Scheidung des engen Bundes von Kirche und Staat vorzubringen
pflegt. Bedenken, die bezüglich des Staates hauptsächlich dahin lauten,
daß er durch diese Trennung oder Säcularisation vollständig entgött=
licht oder gottlos werde, einer vollständigen Profanirung verfalle u. f. w.
Dies kann man nur behaupten, wenn man nach alter Weise in der
Natur und den natürlichen Bildungen der Geschichte ein Reich des
Bösen oder des Teufels erblickt und nur in Wundern und im soge=
nannten übernatürlichen Gebiete der Kirche ein Göttliches anerkennen
will. Diese Ansicht — in der That ein Ueberrest des alten manichäi=
schen Dualismus — muß als ein überwundener Standpunkt betrachtet
werden. Wie man jetzt nicht mehr die Natur, selbst nicht den mate=
riellen Stoff in seinem Wesen und seinen Wirkungen als vernunft=
loses Gebiet der Finsterniß und als Reich des Bösen betrachtet, wie
ehemals, besonders im Orient, es geschah, sondern in Folge der natur=
wissenschaftlichen Forschung als ein Reich der Gesetzmäßigkeit und
Wohlordnung bis in das Kleinste, also als ein Gebiet der Vernunft=
erscheinung und insofern göttlicher Offenbarung, so auch ist es mit
dem Staate. Obgleich ein natürliches Menschenwerk, geschaffen und
ausgebildet in allen seinen Verhältnissen durch die natürlichen Kräfte
der Menschennatur, ist er gleichwol nicht mehr als schlechtes, profanes
Reich der Welt und als Gebiet der Widergöttlichkeit oder Gottlosigkeit
anzusehen, sondern als Ausdruck berechtigten, vernünftigen Geistes=
strebens, als immer mehr sich vervollkommnender Versuch, das Menschen=
dasein zum Ausdruck voller Vernunftgemäßheit zu bringen und in
ihm göttliche Ideen zu realisiren. Und dadurch ist der Staat in
seiner Weise ebenso göttlich wie die Kirche. Es ist Zeit, endlich ein=

mal anzuerkennen, daß Vernunft, Ordnung, Gesetzmäßigkeit der ent=
sprechende Ausdruck göttlichen Daseins und Waltens sei, nicht Unord=
nung und Unbegreiflichkeit, nicht das als gesetzlos und wundersam
Erscheinende; und es ist zum Behufe der Erhaltung und Förderung
der Religion selbst auf das höchste zu wünschen, daß man erkenne
und das Volk selbst zur Erkenntniß führe, daß nicht im Dunklen,
Unbegreiflichen oder Unbegriffenen, nicht im sogenannten Wunder=
baren die höchste und deutlichste Offenbarung oder Bezeugung der
Gottheit zu suchen oder anzuerkennen sei, sondern im Erkannten,
Klaren, Vernünftigen und Gesetzmäßigen. Geschieht dies nicht, wird
Religion und Gottesglaube immer nur auf Wunder und Unbegreif=
lichkeiten gegründet und durch dieselben erwiesen, so wird unvermeid=
lich jede beseitigte Unbegreiflichkeit, jede aufgedeckte und des Charakters
der Wunderbarkeit entkleidete Natur= oder Geschichts=Gesetzmäßigkeit
dem religiösen Glauben eine Stütze entziehen, ihn zum Wanken bringen
oder geradezu der Vernichtung zuführen. Kein Wunder dann, daß die
Glaubens=Autorität und die positive Theologie der Wissenschaft so feind=
lich gesinnt sind, dieselbe mit so großem Mißtrauen betrachten und oft
in aller Weise hemmen wollen. Die Schuld des der Religion ent=
stehenden Schadens trägt nicht die Wissenschaft, sondern die verkehrte
Auffassung und Begründung des religiösen Glaubens. Man beschul=
digt von der positiv gläubigen Seite die moderne Zeit wohl auch der
Vernunftanbetung, die sie an die Stelle der Anbetung Gottes setzen
soll, des „Rationalismus", der die Stelle des Glaubens einnehme
und diesen verdränge. Aber man bedenke, daß, wenn es wirklich so
wäre — was wir nicht einmal zugeben — es jedenfalls noch weit
besser, menschenwürdiger und gottgefälliger sein würde, in Vernunft
und Gesetzmäßigkeit das Göttliche zu denken und zu verehren, als im
Unbegriffenen, Zufälligen, Verwunderlichen. Die Vernunft und das
Vernunftgemäße ist ja der Ausdruck des Ewigen, Göttlichen, ist das,
in welchem Gott offenbar wird, erscheint, wirkt und ist. Das Be=
wußtsein des Göttlichen und die Verehrung desselben, die sich hierauf
gründet, ist wie vernünftig so auch fest, sicher, unwandelbar, nicht
schwankend, wandelbar und irrational, wie so oft, so gewöhnlich der
religiöse Glaube, der sich nur auf das Wunder und auf das Dunkle,
Unbegreifliche stützt. Mit solcher rationalen Ueberzeugung erhält dann
auch die Sittlichkeit eine feste Grundlage, und außerdem kann die
Wissenschaft in keinen Widerstreit damit gerathen.

So aufgefaßt, kann demnach auch der Staat nicht mehr als ein
blos Weltliches, Profanes oder geradezu Ungöttliches betrachtet werden,
sondern erscheint als der Ausdruck eines Göttlichen, weil Vernunft,
Recht, Sittlichkeit, Humanität in ihm ihre immer höhere Darstellung
finden. Es kann damit eine Zeit beginnen, wo wiederum wie in den
früheren Zeiten der Menschheit das ganze Dasein und Geschehen als

lauteres Walten und Wirken des Göttlichen betrachtet wird; nur nicht
so, daß man, wie ehemals, durch Phantasiethätigkeit alle Erscheinungen
und Wirkungen personificirt und vergöttlicht, sondern dadurch, daß
man durch Verstandesthätigkeit den gesetzmäßigen und rationalen Ver=
lauf des Daseins erkennt und in vernünftigem Urtheil hierin das
göttliche gesetzmäßige, nicht wunderthätige Wirken erblickt. Die Bibel,
sowie Homer, schreiben große Gedanken, kluge Rathschläge, gute Willens=
entschlüsse dem Einflusse der Gottheit zu, entsprechend der religiösen
Anschauungsweise jener frühen Zeit. Sollte es nicht zulässig erscheinen,
auch jetzt dasselbe zu behaupten, nur nicht im Sinne übernatürlicher
göttlicher Einwirkung oder wunderbarer Inspiration, sondern in dem
Sinne, daß die natürliche Geistesbegabung und deren Leistungen selbst
eine Erweisung oder Kundgebung des Göttlichen in diesem Dasein
seien?

Bei dieser Auffassung des Staates und seiner Leistungen sind wir
indeß weit entfernt, denselben an die Stelle der Religion setzen oder
ihm die Herrschaft über Religion und Kirche einräumen zu wollen.
Wir wünschen ja vielmehr die Religion und die Religionsformen
durchaus unabhängig vom Staate und den weltlichen Regierungen.
Allerdings ist richtig, daß bei unserer Auffassung Staat und Religion
conformer, gleichsam homogener werden, daß dadurch mehr Einheit
und Harmonie in das geistige Leben der Völker kommt und jener
oben erwähnte Ueberrest des manichäischen Dualismus schwindet; allein
Staat und Religion sind gleichwohl ganz verschiedene Gebiete und
haben sehr verschiedene Aufgaben. Der Staat bleibt mit all seinen
Strebungen rein und vollständig immer weltlich, blos im Irdischen,
Geschöpflichen befangen, und das Ziel, das ihm vorschwebt und ihn
bestimmt, ist nur das Ideal und die Realisirung der Ideen der Voll=
kommenheit in allen irdischen Beziehungen. Die Religion dagegen
strebt ihrem Wesen nach stets über dieses irdische Dasein hinaus, sucht
zunächst das Verhältniß der Seele und dann auch des Ganzen des
irdischen Daseins zu dem Göttlichen, Ewigen, zu dem absoluten Ur=
grunde zu bestimmen und zu realisiren und hat daher auch immer die
Tendenz, vom Weltstreben abzuwenden und sich in den göttlichen
Urgrund zu versenken. *)

Aber die Religion wird sich diesem ihrem wahren Grundwesen gemäß
und in Folge der gegebenen Auffassung des Staates auch ihrerseits
vielfach umgestalten, reformiren oder eigentlich nun dem Geiste und
Willen des Stifters des Christenthums gemäß gestalten müssen. Sie wird,
wie schon bemerkt, aufhören müssen, ein Gebiet irdischer Herrschaft zu
sein, und wird darauf verzichten müssen, durch übernatürliche Mittel

---

*) Diese Gedanken haben ihre nähere Ausführung gefunden in des Verfassers
Werk: „Das Christenthum und die moderne Naturwissenschaft" (1868) in dem Ab=
schnitte: „Das Christenthum und die moderne Civilisation."

und durch Zauberwesen auf die irdischen Verhältnisse einzuwirken, die Thätigkeit und die Entwicklung der irdischen Kräfte, seien es physische oder geistige, beherrschen oder hemmen zu wollen. Sie wird eine geistige, rein innere Angelegenheit des Herzens oder Gemüthes werden müssen und nur Zwecke der eigentlichen Frömmigkeit und Sittlichkeit zu verfolgen haben. Sie wird durch ihren Cultus nicht mehr darauf ausgehen dürfen, den Naturlauf durch directe göttliche Einwirkung willkürlich und wunderbar in jedem Augenblick nach den Wünschen und äußeren Bedürfnissen der Menschen ändern zu lassen, sondern derselbe wird nur die uninteressirte Verehrung und Verherrlichung Gottes bezwecken dürfen und auf Läuterung und Erhebung der menschlichen Seele selbst, auf Erweckung hehrer Gefühle, demüthiger, resignirter Gemüthsstimmung, reiner Gesinnung und sittlicher Willensrichtung gerichtet sein müssen. Diese innere Veredlung und Heiligung der Menschenseelen selbst aber soll nicht ferner durch eine Art von Zaubermitteln in willkürlicher oder zufälliger Weise bewirkt werden wollen, sondern durch eigene Thätigkeit des Menschen unter dem selbstverständlichen Einflusse des allgemeinen göttlichen Waltens. Christus selbst legt nirgends Gewicht auf eine angezauberte, mysteriös als beliebiges Geschenk mitgetheilte Gottgefälligkeit, sondern er dringt überall darauf, daß die Menschen durch ethisches Streben, durch Erfüllung des Willens des „himmlischen Vaters" sich Gott wohlgefällig machen und ewiges Leben erringen sollen. Und wenn das „Christenthum Christi" selbst einerseits zu sehr die Weltflucht begünstigen mag, so wird dies doch mehr als aufgewogen dadurch, daß das Gebot werkthätiger Nächstenliebe auf das bestimmteste eingeschärft, ja gradezu dem Gebote der Gottesliebe vollkommen gleichgestellt wird. Dem Einflusse der alten Religionen, deren Hauptmomente Zauberei und Wunderwirkungen waren, ist es wol hauptsächlich zuzuschreiben, daß auch in der entstehenden und sich allmälig ausbildenden christlichen Kirche Ceremonien und Cultusacte dieser Art und mit solchem Zwecke, eingeführt wurden — und vielleicht war es so auch für den Zustand der Menschen und Völker noch Jahrhunderte hindurch mehr oder minder entsprechend oder sogar nothwendig. Jetzt aber, nachdem die Natur in ihren gesetzmäßigen, nothwendigen Verlauf schon so klar erkannt und durch Forschungen aller Art auch der alte Gottesbegriff theilweise unhaltbar geworden ist und eine Läuterung erfahren mußte und erfahren hat, sind derartige religiöse Acte oder fortdauernde Wunderwirkungen nicht mehr annehmbar. Wie sollte es auch mit dem Begriffe eines allgütigen und allgerechten Gottes vereinbar sein, beliebig und willkürlich durch leichte, zum Theil äußerliche mechanische Mittel das göttliche Mißfallen von den Menschen zu entfernen und Gottgefälligkeit mitzutheilen? Wie sollte Gott, wenn er doch allen Menschen durch Wunderwirkung helfen kann, nicht auch allen helfen wollen? Und wie

sollte er nicht allen helfen können, wenn er doch einigen ohne all ihr
Verdienst zu helfen vermag? Oder wie sollte er nur halb helfen,
wenn es ihm möglich ist, ganz zu helfen? Wie soll er ferner seine
Hilfe der Zufälligkeit des irdischen Weltverlaufes und der Willkür und
Schwäche menschlicher Bemühungen überlassen, wenn er sich doch einmal
entschlossen hat, in Folge seiner Macht und Güte wunderbar zu helfen?
Dies erwäge man, und man wird erkennen, daß die alten Vorstellungen unhaltbar, wie mit dem Naturlauf so mit besserer Gottes-
Idee unvereinbar seien. Damit in Verbindung steht die Nothwendigkeit,
den Begriff von göttlicher „Offenbarung" von der Enge und Engher-
zigkeit zu befreien, die ihm durch die positive Theologie und Kirche
eigenthümlich geworden ist, und eine weitere, größere Auffassung anzustreben. Denn von einem Gott, wie Christus ihn gelehrt und wie
die Wissenschaft ihn fordert, ist es unmöglich, anzunehmen, daß er
eine Offenbarung nur wie ein beliebiges Privilegium willkürlich gewähre oder versage; daß er also nur diesem oder jenem Volke sich
kundgebe, Wahrheit und Gesetz ihm gewähre, während er allen anderen
Menschen und Völkern sie versage, obwol es ihm ein Leichtes wäre,
sie denselben ebenfalls mitzutheilen und sie so von Irrthum und Sünde
und vom ewigen Verderben zu befreien! So wie es auch unvereinbar
ist mit höherer Gottes-Idee und mit einer wirklich gewährten göttlichen
Offenbarung und Erlösung, daß sie der Menschheit gewährt und dann
einigen Menschen wie ein Eigenthum übergeben worden, die sie nur
nach Belieben, mit Geschick oder Ungeschick verwalten, gebrauchen oder
mißbrauchen könnten. Wie sollte der christliche Gott das ewige Heil
der Menschen, seiner „Kinder", der Macht und Willkür einiger auch
nur schwacher Menschen preisgegeben haben, wenn er doch seiner Güte
und Gerechtigkeit gemäß alle beseligen will, gegen alle gleich gütig
gesinnt ist, alle für den gleichen Daseinszweck bestimmt hat? Der
Begriff der Offenbarung ist also weiter zu fassen, da in der That
alle Religion, alles religiöse Bewußtsein auf Offenbarung beruht; auf
jener allgemeinen und natürlichen Offenbarung, die in und mit dem
Menschengeiste selbst gegeben ist durch seine Fähigkeit, ein Gottesbewußtsein und demzufolge eine Religion überhaupt zu haben. Allen
Religionen liegt daher die Offenbarung zu Grunde und allen wohnt
das Wahre und Wesentliche der Religion inne, insofern, als sie eine
mehr oder minder vollkommene, oft auch eine sehr verkommene Bethätigung dieser Offenbarungs-Anlage der menschlichen Natur sind. Juden-
thum und Christenthum sind also nicht durch eine absolute Kluft von
allen übrigen Religionen getrennt und in der Weise etwa grund-
wesentlich verschieden, daß sie allein und ausschließlich absolut göttlich,
wahr und vollkommen, alle anderen aber ebenso durchaus ungöttlich,
falsch und schlecht wären. Man sollte doch denken, daß selbst der
höchste Stolz der Menschen, auch der Rechtgläubigen, zufrieden sein

könnte mit dem Bewußtsein und mit dem Zugeständniß, im Christen=
thum die relativ beste Religion zu bekennen und zu üben. Allein dies
will ihnen nicht genügen, sie finden es mit christlicher Bescheidenheit
und Demuth und mit dem Glauben, daß Gott der Vater aller Menschen
sei, vereinbar, anzunehmen, daß sie und nur sie die absolut wahre und voll=
kommene Religion besitzen, alle anderen Menschen aber durchaus in Wahn
und Irrthum befangen und dem Verderben verfallen seien. Es wäre Zeit,
mit der christlichen Religion auch dadurch Ernst zu machen, daß man
diesen stolzen Wahn aufgäbe. Jedenfalls ist anzunehmen, daß auch
die Religion mit all ihren Formen in Raum und Zeit unter bestimm=
ten Gesetzen der Natur und Geschichte stehe und insofern weder von
Menschen willkürlich ein anderer geschichtlicher Verlauf herbeigeführt
werden kann, noch von der göttlichen Macht herbeigeführt werden will
oder darf — da anzunehmen ist, daß es ohnedies zum Heile der
Menschheit längst geschehen wäre. Dies dunkle Gesetz mehr und mehr
kennen zu lernen, ist eben auch eine der Aufgaben der Wissenschaft,
um das Menschendasein zu verstehen und zugleich eine wirkliche Theo=
dicée zu gewinnen.

Wir wollten mit diesen letzten Bemerkungen nur einige Andeutun=
gen geben, wie wir uns die religiöse Reform denken, die aus der
gegenwärtigen Krisis in der katholischen Kirche und mehr oder minder
auch in den übrigen christlichen Kirchen eingetreten ist. Wohl möglich,
daß Viele mit unseren Ansichten sich nicht befreunden können, daß
dieselben ihnen fremdartig oder selbst widerwärtig, vielleicht sogar
unchristlich — nach ihrer Auffassung des Christenthums — erscheinen.
Wir machen aber auch keinen Anspruch auf blinde, prüfungslose Bei=
stimmung, denn wir stellen diese Ansichten nicht als Glaubenssätze hin.
Mögen sie ernst und unbefangen geprüft werden und so viel Bei=
stimmung oder Anerkennung finden, als die Gründe Gewicht und
Bedeutung haben, die wir für dieselben beigebracht haben. Wenn die
religiöse Umwandlung in Bezug auf Glauben und Kirchenwesen, die
uns gegenwärtig als geboten erscheint, eine große und durchgreifende
sein muß, so ist zu bedenken, daß noch niemals im Laufe der mensch=
lichen Geschichte eine Periode eingetreten ist, in welcher die menschliche
Auffassung der Natur und der geschichtlichen, politischen und socialen
Verhältnisse eine so durchgreifende Aenderung auf so sicherer wissen=
schaftlicher Grundlage erfahren hat, wie gegenwärtig. Und es ist an=
zuerkennen, daß eben hierdurch auch das dringende Bedürfniß entstan=
den ist, im Interesse der Religion selbst eine entschiedene Reform vor=
zunehmen zur Wahrung und Förderung des wahren Wesens derselben,
und um sie so zu gestalten, daß sie mit den sicheren Resultaten der
Wissenschaft und mit der sonstigen humanen Bildung in Harmonie
kommt und die Völker ihres Segens theilhaftig bleiben oder wieder
werden können.

––––––––––

III.

Das Unfehlbarkeits-Dogma und die Staats-Regierungen.

(Geschrieben im September 1870.)

1.

Gerade um dieselbe Zeit als der französische Uebermuth, pochend auf vermeintliche Unbesiegbarkeit, Deutschlands Fürsten und Volk nur die Wahl ließ zwischen schimpflicher Demüthigung oder schrecklichem Kriege — hat die römische Anmaßung das Glaubensjoch der päpstlichen Unfehlbarkeit durch das gefügsame Concil fertig gebracht, und läßt nun den katholischen Völkern nur noch die Wahl zwischen blindgläubiger Unterwerfung und vollständiger geistiger Sklaverei, oder entschiedenem Bruch mit dem gesammten römisch-hierarchischen Kirchenwesen und seinem Papste. Der französische Uebermuth hat nicht blos entschiedene Zurückweisung, sondern auch innerhalb weniger Wochen durch die deutsche Tüchtigkeit eine furchtbare Züchtigung und Demüthigung erfahren. Wir wollen hoffen, daß wenigstens das katholische Volk in Deutschland der römischen Anmaßung, deren Maß so übervoll geworden ist, mit diesem Aeußersten und Skandalösesten, das sie der Welt zu bieten wagt, mit einer ähnlichen Entschiedenheit entgegentreten, und der Selbstständigkeit und Würde des geistigen Lebens vor der entwürdigenden Herrschsucht einer unwissenden und dünkelhaften Hierarchie endlich Sicherheit erringen werde.

Das päpstliche Unfehlbarkeits-Dogma, das am 18. Juli 1870 vom vaticanischen Concil beschlossen und vom Papst selbst verkündet ward, ist hauptsächlich gegen den modernen Staat gerichtet, sowie gegen die moderne Wissenschaft, welcher indeß schon durch den Beschluß der ersten achtzehn Canones (vom 24. April) Unterjochung oder Vernichtung bereitet werden sollte. Der Zweck dieses Dogma's ist vor allem: die gesammte Gewalt der katholischen Kirche soll in höchster Steigerung im römischen Papste concentrirt und das gesammte katholische Volk durch blinden Autoritätsglauben an den päpstlichen Stuhl gefesselt, mit seinem Glauben und Gewissen der persönlichen Entscheidung, dem persönlichen Willen des Papstes zur Verfügung gestellt werden — des Papstes, der als persönliches Dogma, gleichsam als lebendiger Glaubensartikel, in allem, was er für Glaubenssache erklärt, unum-

schränkt gebieten, unbedingte Unterwerfung fordern kann, als Gewissens
pflicht, ohne Genehmigung der Staatsregierungen und auch gegen den
Willen derselben. Wo immer dem Papst hierin nicht Glauben und
Gehorsam gewährt wird, da tritt nun Ketzerei, Abfall vom Glauben
ein, da wird einem Dogma widerstanden, wird der katholische Glaube
angegriffen, das katholische Gewissen und Recht verletzt. Dies gilt insbesondere auch vom Staate, von der weltlichen Regierung — und
hierin liegt die große politische Bedeutung dieses neugeschaffenen
Dogma's. Jede Regierung, die sich dem Papste nicht unbedingt fügt
in Dingen, die er für kirchlich oder als Glaubenssache erklärt, greift
damit das katholische Dogma selbst an, verletzt dadurch den Glauben
und das Gewissen des katholischen Volks, damit dessen Rechte, dessen
Gleichberechtigung u. s. w.; denn wer jetzt dem Papste, dem lebendigen
Glaubensartikel, der wiederum in seinen Entscheidungen Glaubensartikel ausströmt, widersteht, der ist ein Ketzer, ein Verfolger der
Kirche, ein Verletzer des Glaubens, und damit des Rechtes des katholischen Volkes. Und der Papst spricht das Recht an, dagegen im
Namen des Glaubens, des Gewissens und des Rechts des katholischen
Volks aufzutreten, und das Volk zur Wahrung seines Glaubens
und Rechts aufzufordern den weltlichen Regierungen gegenüber — da
seine Entschlüsse göttlich, seine Stimme Gottes Stimme sei auf Erden,
und man Gott mehr gehorchen müsse als den Menschen, d. h. den
Staatsregierungen. Der Papst macht sich als sichtbarer Gott auf
Erden geltend, was, trotz der Vertuschung der Theologen, schon daraus
hervorgeht, daß stets dem Volke gegenüber der eben erwähnte Spruch
vom Gehorsam gegen Gott für die kirchliche Autorität, und also vor
allem für den Papst, in Anwendung gebracht wird. Insofern also ist
durch das neue Dogma eine Vergöttlichung des Papstes decretirt. *)

*) Die rechtgläubigen Theologen suchen dies um der allgemeinen Entrüstung
willen möglichst zu mildern und zu verbergen. Sie bemühen sich zu diesem Zweck
insbesondere, die im Volke sehr verbreitete Meinung zu berichtigen, als ob die
Unfehlbarkeit des Papstes Sündelosigkeit desselben bedeute. In der That ist dies ein
Mißverständniß des Volkes, da die Unfehlbarkeit nur in intellectueller, nicht in
moralischer, nur in theoretischer, nicht in praktischer Beziehung gelten soll. Das
Vermögen, moralisch schlecht zu sein, schlecht zu handeln, bleibt den Päpsten trotz ihrer
Unfehlbarkeit vollständig gewahrt, und sie haben davon auch, wie bekannt, reichlichen
Gebrauch gemacht. Allein im genannten Mißverständniß des Volkes spricht sich mehr
gesunder Sinn und Vernunft aus, als im richtigen Verständniß der Theologen; denn
in der That, wenn die (intellectuelle) Unfehlbarkeit des Papstes eine Bedeutung haben
soll für die Sicherheit des Glaubens, der Ueberzeugung, so muß sie nothwendig auch
mit moralischer Unfehlbarkeit, mit der Unmöglichkeit schlecht zu handeln, verbunden
sein. Ohne dies wird man bei päpstlichen Aussprüchen und Ansprüchen nie ganz
sicher sein können, ob der Papst dabei nicht etwa, von schlechten Absichten geleitet,
mit dem Glauben des Volkes an seine Unfehlbarkeit Mißbrauch treiben wolle, und
beliebig Aussprüche thue, die er selbst nicht einmal für unfehlbar hält, sondern nur
mißbräuchlich dafür ausgibt. Volle Zuverlässigkeit wäre nur erreicht, wenn der Papst
zur unfehlbaren Maschine würde.

Und welche Ansprüche wird dieser jetzt dogmatisch geseite, ver=
göttlichte, unfehlbare Papst, dieser directe Stellvertreter Gottes auf
Erden dem Staat gegenüber erheben, welche Concessionen den weltlichen
Regierungen im Namen Gottes und als Glaubenssachen mittelst der
politischen Rechte und selbst durch drohende physische Gewalt des
gläubigen katholischen Volkes abtrotzen können! Aus der Natur seiner
in Anspruch genommenen Würde und der unfehlbaren göttlichen Statt=
halterei folgt schon, daß es für ihn kein Uebermaß von Rechten und
Ansprüchen geben könne, und daß alle blos menschlichen Rechte und
Gewalten davor weichen müssen. Und die Geschichte bezeugt hinreichend,
daß Jahrhunderte hindurch vor den Augen der Päpste auch wirklich
selbst die höchsten Rechte, die begründetsten Ansprüche, die rechtmäßigsten
Gewalten für nichts galten, wenn sie den „höheren" Zwecken und
Ansprüchen der Päpste im Wege standen. Das offenkundige Programm
des vaticanischen Concils in dieser Beziehung, die Encyklica des Papstes
vom 8. Dec. 1864 nebst dem Syllabus der sogenannten modernen
Irrthümer, läßt keinen Zweifel, daß alle früheren päpstlichen Ansprüche
wieder erhoben, wenn nicht gar noch gesteigert werden sollen vom
unfehlbaren Papste. Offen ist darin die Oberherrschaft des Papstes
über den Staat, über die weltlichen Regierungen und deren Rechte
ausgesprochen, und im Syllabus noch ausdrücklich die Behauptung als
irrthümlich und unkirchlich verdammt: daß bei entstehenden Conflicten
die Rechte der „Kirche" den Rechten des Staates nachstehen müßten.
Daß aber noch immer der Papst in dieser Beziehung die schranken=
losesten Rechte in Anspruch nimmt, und unter Umständen sicher auch
ausüben wird, leuchtet besonders entschieden aus jenem Satze des
erwähnten Syllabus hervor, der es als unkirchlich und unkatholisch
verdammt, zu behaupten: daß die Päpste jemals die Gränzen ihrer
gebührenden gesetzlichen Vollmacht überschritten haben. Demnach muß
der Katholik glauben, daß die Päpste nur ihr legitimes Recht aus=
übten, wenn sie Fürsten einsetzten und absetzten, um ihrer Interessen
willen die Unterthanen vom Eid der Treue entbanden, ganze Länder
ihren rechtlichen Besitzern entrissen und anderen schenkten u. s. f., und
die Befugniß zu all diesem muß daher auch den jetzigen Päpsten noch
zuerkannt und denselben bei Ausübung darin von allen guten Katholiken
aus Glaubens= und Gewissenspflicht Unterstützung gewährt werden.
Wie natürlichen Rechten, Gesetzen und Pflichten der kirchlichen,
d. h. päpstlichen Allgewalt gegenüber keine Geltung zuerkannt oder
zugestanden wird, weil diese kirchliche Gewalt sich als höher, als über=
natürlich, direct göttlich betrachtet — so wird auch vernünftigen
Gründen und wissenschaftlichen Beweisen keinerlei Gewicht zugestanden,
wenn sie gegen Rechte und Ansprüche gerichtet sind, welche die Kirchen=
Autorität sich zuerkannt oder erhoben hat. Vernünftige Gründe werden
nur als Ausfluß des schlechten „Rationalismus" bezeichnet und zurück=

gewiesen, und wissenschaftliche Beweisführungen gelten nur als Producte des verkehrten kirchenfeindlichen Zeitgeistes. Vernunft und Wissenschaft haben der absoluten unfehlbaren Kirchenautorität gegenüber nur eine dienende Rolle zu spielen, haben in Unterwürfigkeit nur das zu begründen, und mit Beweisführungen zu rechtfertigen, was jene zuvor beliebt und festgestellt hat. Der unfehlbare Papst geberdet sich als Herr der Vernunft und Wissenschaft, und zwar bis zu dem Grade, daß er sogar als Herr über die geschichtlichen Thatsachen und über die Logik mit seiner höheren "übernatürlichen" Machtvollkommenheit gebietet. Man pflegt zu sagen: Geschehenes könne Gott selbst nicht ungeschehen machen, und die logischen Gesetze könne Gott selbst nicht ändern. Hierin stellt sich aber der unfehlbare Papst mit seiner Hierarchie über Gott, und fühlt sich an die genannten Schranken nicht gebunden. Thatsachen, die ihm nicht zusagen, die gegen seine Ansprüche, insbesondere gegen die päpstliche Unfehlbarkeit Zeugniß geben, dürfen nicht geschehen sein, und die Gläubigen müssen annehmen, daß sie nicht geschehen seien, wenn die Geschichte auch noch so viel Gewähr bietet, daß sie wirklich stattgefunden haben. Daher war es auch ganz vergeblich, den auf eine Fülle von Thatsachen begründeten historischen Beweis zu führen, daß die Päpste nicht unfehlbar sein können, weil die Geschichte bezeuge, daß sie oft geirrt haben. Die Geschichte ist ja nur ein natürliches Product des so leicht irrenden Menschengeistes, und ihr Zeugniß kann nichts gelten gegenüber den Aussprüchen der höheren, übernatürlichen, unfehlbaren Kirchenautorität! Ebenso verhält es sich mit der Logik des natürlichen Menschengeistes; sie vermag nichts, hat keine Gültigkeit gegenüber der "übernatürlichen" Logik der unfehlbaren päpstlichen Autorität. Die logischen Gesetze dürfen keine Gültigkeit haben, wenn der Papst es verbietet, und wenn irgend eine kirchliche Feststellung noch so sehr den logischen Gesetzen widerspricht, so muß sie dennoch für wahr gehalten werden, weil der Papst es gebietet. Logische Folgerungen der neueren Wissenschaft, z. B. wenn sie noch so streng und sicher sind, dürfen nicht für wahr gehalten werden, wenn sie "kirchlichen" Dogmen oder Meinungen widersprechen; dagegen müssen die Folgerungen der Scholastiker für wahr gehalten werden, wenn sie sich auch als noch so falsch erweisen, weil nun einmal der Papst oder die "Kirche" sie approbirt hat. So ist der Papst Herr auch der Logik wie der Geschichte!

Wissenschaftlichen Forschern und dem gebildeten denkenden Theil der katholischen Völker gegenüber hat dieses Gebahren zwar keine Bedeutung und nützt der kirchlichen Autorität nicht blos nichts, sondern schadet ihr vielmehr um der Maßlosigkeit und Absurdität der Ansprüche willen. Allein anders verhält es sich mit der großen Masse des Volkes. Bei dieser werden die Ansprüche der kirchlichen Autorität zur vollen Geltung gebracht, und als wesentlicher Theil des christlichen Glaubens

ihr so sehr eingeprägt werden, daß sie sogleich in ihrem katholischen
Recht sich verletzt fühlt, wenn jene irgendwie Widerstand findet. Und
dieß geschieht ohne große Schwierigkeit, nicht bloß, weil das Volk
hierüber wenig denkt, ja gewissensängstlich kaum je darüber zu denken
wagt, und daher auch das Unberechtigte derselben selbst nicht zu er=
kennen vermag, — sondern auch, weil es gegen die bessere Erkenntniß und
die Beweise der Wissenschaft voreingenommen, mißtrauisch und hart=
näckig ungläubig gemacht wird durch unaufhörliche Herabsetzung und
Schmähung der menschlichen Vernunft und Wissenschaft, die in Schulen
und Kirchen bei den Vertretern und Dienern der kirchlichen Autorität
größtentheils üblich ist. Während die Glaubenssätze, Cultusacte, Kirchen=
diener durch das Gesetz gegen grobe und beleidigende, verletzende An=
griffe geschützt sind, ist Vernunft und Wissenschaft in den Schulen und
auf den Kanzeln gleichsam vogelfrei und jeder Herabwürdigung und
Verdächtigung preisgegeben, und werden selbst in officiellen kirchlichen
Kundgebungen unablässig verdächtigt und geschmäht. Kein Wunder
daher, wenn die Ergebnisse der Wissenschaft, wenn vernünftige Er=
wägungen wenig Eingang bei dem Volke finden, und verhältnißmäßig
noch wenig Erfolg erzielt haben. Erwägt man dies alles, so wird
man erkennen, daß die Gefahr, welche dem Staate, wie der modernen
Civilisation von Seite des absolutistischen, für unfehlbar erklärten
römischen Papstthums droht, keine geringe sei, und die Unterschätzung
nicht verdiene, welche so manche Vertrauensselige, auf ihre eigene Auf=
klärung und Geistesstärke Pochende, zur Schau tragen — Aufgeklärte
und Sorglose, welche die besten Bundesgenossen der römischen An=
maßungen sind, und trotz aller hohen Worte gewöhnlich sich kläglich
zurückziehen, wenn es Ernst gilt, oder gar einige Opfer zu bringen sind.
Es ist allen Ernstes daran zu denken: durch welche Mittel dem römischen
Streben nach absoluter Herrschaft über die Völker und Staaten erfolg=
reich zu begegnen sei. Ein Streben, das nach glücklicher Erringung
des Dogma's der päpstlichen Unfehlbarkeit für einige Zeit wohl nur
sachte und im Stillen, in den Schulen, Kirchen und Familien einge=
leitet und fortgesetzt werden mag, um keine zu große Aufregung zu
verursachen und die Opposition möglichst einzuschläfern, das aber
zur rechten Zeit offen und entschieden auftreten, und unter günstigen
Umständen selbst vor Gewaltmitteln nicht zurückscheuen wird. Denn
die Sache verhält sich kurz gefaßt so: alle vom Papst in An=
spruch genommenen Rechte werden für das gläubige katholische
Volk zu kirchlichen Pflichten und daher den Staatsregierungen gegen=
über wiederum zu kirchlich=politischen Rechten, so daß jede kirchliche
Sache sogleich vom Papst zu einer politischen gemacht werden kann.
Unheilbar aber ist der Conflict zwischen Papstthum und Staat schon
dadurch, daß dieser den Glaubensartikel von der Unfehlbarkeit des
Papstes selbst mit allen seinen Folgen muß gelten lassen als Glaubens=

pflicht und religiös-politisches Recht des katholischen Volkes, so daß dem
Staate nur Unterwerfung übrig bleibt, wenn er den Conflict vermeiden
oder beilegen will.

Wirkliche und fundamentale Hülfe gegen das die Souveränetät
und die freie Entwicklung der Staaten bedrohende Verhalten Roms
kann diesen hauptsächlich nur von den Völkern selbst kommen — vorausgesetzt, daß die Staatsregierungen wenigstens gestatten, oder es
ermöglichen, daß ihnen vom Volke die Hülfe gebracht werde, daß sie
dieselbe nicht auch ferner mehr hindern als fördern, oder gar, wie es
bisher so gewöhnlich geschah, das Volk zwingen, der römischen Kirchengewalt unbedingt unterworfen zu bleiben, und derselben gerade in
ihrem Kampfe gegen sie, die Staatsregierungen, dienstbar zu sein.
Die erste Grundbedingung zur Erreichung der in Frage stehenden
Hülfe von Seite des Volkes ist daher endliche Aufhebung alles Glaubens-
zwanges und Gewährung unbedingter Religionsfreiheit. Ohne dies
bleibt der Staat in der Lage, wie so vielfach bisher, in widersinniger
und selbstmörderischer Weise seine Macht dazu hergeben zu müssen,
die Kirchenautorität zu unterstützen in deren Streben zur Hemmung
und wo möglich Unterjochung eben dieses Staates, unter dessen Schutz
sie steht und mit dessen Unterstützung sie wirkt. Widersinnig und
selbstmörderisch gegen den Staat selbst ist ein solches sogenanntes
conservatives und legales Verhalten der Staatsregierungen und zugleich
höchst ungerecht und schädigend für die Staatsbürger. Man pflegt
sich zur Entschuldigung solchen Verfahrens gewöhnlich auf bestehende
Verhältnisse, Verträge, Verordnungen u. dgl. zu berufen, die geachtet
werden müßten — während der Gegner um dergleichen Dinge, als
bloß menschlich und als nichtig, seinen „höhern" Rechten und Zwecken
gegenüber sich nicht kümmert, außer wo sie ihm günstig sind. Regierungen, die sich trotz des rücksichtslosen Vorgehens der römischen Hierarchie
streng an dergleichen halten, sind in der That in der Lage, ihre Freunde
verfolgen und ihre Gegner fördern, die Beobachter der Staatsgesetze
strafen und die Uebertreter derselben belohnen zu müssen. Sie muß
z. B. Staatsbürger, (insbesondere wenn sie klerikalen Standes sind),
welche erklären, daß sie dem Papst in seinem Anspruch über dem
Staate zu stehen, dessen Gesetze und Einrichtungen für nichtig erklären
und von der Befolgung derselben entbinden zu können, nicht beipflichten,
sondern ihm zuwider handeln wollen — solche Staatsbürger, sage ich,
muß eine Staatsregierung, die bei bisher üblichem Verfahren beharrt,
der hierarchischen Maßregelung preisgeben und dazu noch mithelfen,
indem sie dabei den Bischöfen Schutz und Unterstützung gewährt und
deren Maßregeln Vollziehung sichert! Aus solchem Widersinn herauszukommen, ist für die Staatsregierungen nur möglich dadurch, daß
endlich der Glaubenszwang ernstlich aufgegeben wird, und daß die
Staatsgewalt sich nicht ferner dazu hergebe, die sogenannte Jurisdiction

der Hierarchie über alle getauften Menschen, das in Anspruch genommene Eigenthumsrecht derselben über die Menschenseelen, zu unterstützen und zum Vollzug zu bringen. Denn eben dadurch zwingt der Staat die Bürger für die Hierarchie und gegen die Staatsgewalt Partei zu nehmen in dem zwischen beiden bestehenden und sich immer mehr schärfenden Kampf um die Oberherrschaft. Mögen die Staatsmänner dabei auch noch bedenken, welche große moralische Schädigung sie durch ihre Halb= heit, Compromißsucht, durch Furcht oder gar geheime Begünstigung des hierarchischen Absolutismus dem ganzen Volk und insbesondere den Gebildeten und selbst auch dem niedern Klerus zufügen dadurch, daß sie zu blinder Gedankenlosigkeit und Unterwerfung, zu Heuchelei, schließlich zur vollständigen Gleichgültigkeit oder geradezu zum Haß und Ingrimm gegen die Religion selbst zwingen, oder Anlaß geben. Und es ist fürwahr zu verwundern, daß die Gefahr, ja die Thatsache solch' sittlicher Corruption des Volkes den Staatsmännern so wenig Sorge zu machen, so wenig auf der Seele zu brennen scheint, da sie so schwer und selten für Vorbeugung derselben wirken!

Wenn also — um das nahe Liegende in Betracht zu ziehen — ein katholischer Pfarrer dem neugeschaffenen Dogma von der persön= lichen Unfehlbarkeit des Papstes keinen Glauben zu gewähren vermag, und daher Anerkennung desselben versagt, und wenn außerdem seine Gemeinde ihm hierin beistimmt, wird die betreffende Staatsregierung ihn zwingen, dem Dogma beizustimmen, und wird sie Maßregeln des Bischofs gegen ihn und seine Gemeinde unterstützen, wenn er sich dessen weigert? Und wenn sich diesem Pfarrer noch ein anderer in dieser Weigerung anschließt, der ebenfalls mit seiner Gemeinde hierbei im Einverständniß ist; wenn fernerhin noch andere dies thun, und den Aufforderungen des Bischofs zur Unterwerfung Folgeleistung versagen, wird diese die Staatsregierung empörender Weise durch Gewaltmaß= regeln, Temporaliensperre, Entziehung der bürgerlichen und politischen Rechte zur Unterwerfung zwingen? Thäte eine Regierung dies, dann verdiente sie in der That, daß sie in die volle Sclaverei unter den päpstlichen Absolutismus käme, und sie würde wahrlich kein Recht haben, sich zu beklagen über klerikale Agitation und Unbotmäßigkeit des Klerus, da sie doch selbst diesen hierzu zwingt, indem sie ihn nöthigt, dem hierarchischen Absolutismus der „Kirchenfürsten" sich anzuschließen und als gefügiges schutzloses Werkzeug zu dienen. Wenn aber vernünftiger Weise unmöglich eine Staatsregierung in der gegen= wärtigen Lage, und dem neuesten Dogma gegenüber, ein sich selbst so schädliches und gefährliches und die Staatsbürger so entwürdigendes Verfahren beobachten kann, so wird sie das Princip der Nichtein= mischung in religiöse Angelegenheiten zu Gunsten der Staatsbürger in Geltung setzen, nicht blos, wie es gewöhnlich geschieht, zu Gunsten der hierarchischen Herrschaft. Sie wird folgerichtiger Weise demselben allgemeine Geltung gewähren müssen. Wenn z. B. ein katholischer Seelsorger in ernsten Studien und Erwägungen zu der Einsicht gelangt, daß es sich mit dem Concil von Trient und seinen Beschlüssen kaum besser verhält als mit dem neuesten vaticanischen Concil und seinen Thaten; wenn er daher auch die Anerkennung von jenen ebenfalls nicht als wesentlich christliche Glaubenspflicht betrachten kann, und wenn auch seine Gemeinde diese Ueberzeugung theilt, wird der Staat zu Gunsten des Bischofs und des Papstes mit Gewalt gegen Pfarrer und Gemeinde einschreiten und sie zum Glauben zwingen dürfen? Ebensowenig als zur Annahme des Dogma's von der päpstlichen Unfehlbarkeit. Ja, wenn ein denkender und religiös gesinnter Mann noch weiter kommt in seinen gewissenhaften Untersuchungen, und auch die Beschlüsse der frühern Concilien und Päpste für nicht so wesentlich göttlich oder christlich zu erkennen vermag als sie sich ausgeben; wenn er zuletzt sogar mit Widerwillen von all' den hierarchischen Herrsch= geboten, fanatischen Streitigkeiten, theologischen Dogmenbildungen und Ketzerverdammungen sich abwendet, und endlich zu den einfachen klaren Worten Christi selbst zurückkehrt, und in ihnen allein Befriedigung seines religiösen Gemüthes und sittlichen Gefühls findet und Ruhe für seine Seele, wird der Staat sich berechtigt oder verpflichtet fühlen können, ihn und alle die mit ihm gleich denken zu verfolgen, und ihm seine bürgerlichen und politischen Rechte zu entziehen? Wird eine Staatsregierung sich finden, die einen solchen Geistlichen und seine ihm beistimmende Gemeinde als unchristlich betrachtet, und als unberechtigt wieder unter das Joch irgend eines päpstlichen Bischofs zurückzwingt, etwa weil kein besonderer Paragraph für diese einfache reine Form des Christenthums besteht, sondern nur für die Bekenner der theolo= gischen Formeln? Wenn die Staatsbehörden überhaupt Recht und Befähigung hätten, über die Wahrheit und Berechtigung religiöser Bekenntnisse zu urtheilen, so müßten sie diese Form des Christenthums vielmehr schützen, zum mindesten aber ebensowenig als unchristlich ver= folgen, als sie etwa Katholiken verfolgen, welche, wie es so oft geschieht, ihr ganzes Christenthum im Marien=Cultus aufgehen lassen.

Vollständige Aufhebung des Religionszwangs und volle Glaubens= freiheit genügt indeß, wie die Dinge stehen, nicht einmal mehr, um den modernen Staat da wo die Mehrheit der Staatsbürger aus Katholiken besteht, in seiner Souveränetät und freiheitlichen Entwick= lung sicherzustellen vor dem aggressiven Vorgehen des absolutistischen Papstthums mit seiner ganzen unterwürfigen Hierarchie. Freiheit der Religion oder der Kirche bedeutet im römisch=katholischen Verständniß bekanntlich nichts anderes als unbedingte Herrschaft von Papst und Bischöfen sowohl nach innen, den vollständig kirchlich rechtlosen Gläubigen gegenüber, als nach außen im Verhältniß zum Staat und zu andern Confessionen. Bei der großen festgegliederten Organisation der katho=

lischen Kirche, und bei den Hunderten von Millionen, die alljährlich
zu Gebote stehen, um eifrige ergebene Diener zu gewinnen und zu
unterhalten, ist es daher bedenklich, einer solchen Macht, deren Träger
ausdrücklich beanspruchen und lehren, über die Staatsgesetze, soweit
dieselben ihren Ansprüchen entgegen sind, erhaben zu sein, vollständige,
garantielose Freiheit, d. h. Unabhängigkeit vom Staate zu gewähren.
Indeß sind irgend welche Cautelen zum Schutze der staatlichen Rechte,
wie die Erfahrung lehrt, nicht von besonderer Bedeutung; sie sind nur
Veranlassung zu beständigen Conflicten der beiderseitigen Behörden
und zur Schwächung ihres Ansehens, wenn trotz dieser gesetzlich
vorgesehenen Wahrung der Staatsrechte doch in den Schulen und
Kirchen fortwährend von den Dienern der Hierarchie in den Seelen
der Jugend und des Volkes die Lehre gepflegt und erhalten wird von
der Oberhoheit des Papstes und der Kirche über den Staat, und dies
für alle Fälle in den bekannten Grundsatz zusammengefaßt wird: daß
man Gott mehr gehorchen müsse als den Menschen. Die Sicherung
des Staats vor allfälliger Erregung des Fanatismus erfordert es,
unter den jetzigen kirchlichen Verhältnissen, bei dem schroffen Auftreten
des päpstlichen Absolutismus, daß diese kirchliche Lehre, und insbesondere
der Mißbrauch der genannten biblischen Worte zu Gunsten der Kirchen-
autorität, ausdrücklich verboten werde. Da indeß ein solches Verbot
von Seiten der Staatsregierungen diese Lehre auch nur allenfalls aus
den Schulen verbannen könnte, nicht auch aus den Kirchen, so bleibt
als Hauptmittel zur Sicherung des Staats und der Civilisation vor
der vergöttlichten, absoluten Papstgewalt nur dies übrig als Schutzmittel und Nothwehr: durch Bildung, durch Aufklärung die Wahnvorstellungen selbst zu zerstören, auf welche die hierarchische Allgewalt
sich aufbaut, die Seelen gefesselt hält und deren Gewissen und
Fanatismus gegen die weltlichen Regierungen ausbeutet — wie dies
schon früher einmal in diesen Blättern erörtert und begründet worden
ist. Außer der Wirksamkeit in den Schulen würde zu diesem Zweck
besonders förderlich sein die Gründung eines großen sich verzweigenden
Vereins für allgemeine Volksbildung, welcher durch Schriften und
Vorträge dem Volke Gelegenheit zu bieten suchte zur Belehrung über
Kirche und Staat, über das wahre Wesen der Religion und insbesondere
des Christenthums, über Humanität und Civilisation. Denn nur durch
organisirte, methodische und anhaltende Einwirkung auf das gesammte
Volk ist hierin namhafter Erfolg zu erzielen. Nach dem Bedürfniß
der gegenwärtigen Zeit wäre zunächst hauptsächlich dahin zu wirken:
daß das Volk richtige Aufklärung erhielte über das römische Papstthum und das maßlose unberechtigte Streben desselben, sich die allgemeine
Oberherrschaft mittelst sogenannter übernatürlicher Rechte und Gesetze
und durch die blindgläubigen Massen zu erringen. Dieses kirchliche
Herrscherwesen (imperium) einmal entschieden einzudämmen und wo

möglich ganz zu beseitigen, ist eine Nothwendigkeit im Interesse des religiösen Glaubens ebenso wie im Interesse des Staates und zur Wahrung der Wissenschaft. Es besteht kein Recht, im Namen und in Vollmacht Christi eine Herrschaft über die Gläubigen auszuüben, vielmehr hat Christus selbst nichts so sehr und so entschieden seinen Aposteln und Jüngern untersagt als dies, über andere gleich irdischen Königen herrschen zu wollen — ein Verbot Christi, das drei Evangelien ausdrücklich wiederholen, und das dennoch hartnäckig wie kein anderes mißachtet worden ist und wird, und zwar gerade von denen, die sich als Stellvertreter Christi bezeichnen; nicht anders, denn als wäre gerade diese Herrschaft nach Art weltlicher Herrscher das Wesen des Christenthums! Vollends eine Statthalterei Gottes auf Erden, wie sie in Rom aufgerichtet ward, hat schlechterdings im Wesen des Christenthums keine Begründung. Für den ernsten Glauben an eine solche Statthalterschaft des Papstes fehlt heutzutage, wenigstens den Gebildeten und allen, die mit klarem Bewußtsein die christliche Religion bekennen, die Grundbedingung. Sie können nicht mehr an einen Gott glauben, der sich durch einen Menschen in seiner Weltregierung und in seinem Walten in der Geschichte der Menschen könnte vertreten lassen. Der Begriff von Gott ist nicht mehr so klein und enge und so kindlich, wie er dabei vorausgesetzt werden muß. Und jedenfalls könnte der römische Papst mit seinem hierarchischen Regiment und seinem Verhalten durch die Jahrhunderte hindurch nicht als Stellvertreter oder Statthalter des Gottes gelten, welchen Christus verkündet, zu welchem Christus gebetet hat, also nicht als Statthalter des christlichen Gottes, sondern vielmehr des altjüdischen; jenes Gottes, der den Menschen ein schweres Gesetzesjoch auferlegt und sie allenthalben bindet und unterwirft; der allenthalben gewaltig zürnt, straft und Rache übt bis zu späten Geschlechtern; der nur durch Blut und Tod gesühnt werden kann und ganze Völker durch das Schwert ausrotten läßt, um einem bevorzugten Volke deren Land zu geben. Als Statthalter dieses altjüdischen Gottes haben sich die Päpste fast immer getreulich benommen durch die zahllosen Gesetzesfesseln, die sie über die christlichen Völker geworfen, durch die unendlichen Lasten, die sie ihnen auferlegt, durch die blutigen Verfolgungen und Gräuel, die sie im Namen Gottes zur Aufrechthaltung ihrer Herrschaft, ihrer Lehren und Rechte geübt, durch die zahllosen Verdammungen und Verfluchungen, die sie stets nach allen Richtungen geschleudert haben. Christus hat einen andern Gott gelehrt, und dessen Stellvertreter auf Erden, wenn es dessen für diesen christlichen Gott überhaupt bedürfte, müßte sich anders verhalten. Aber die christliche Gottesidee ward allmälig fast ganz verdrängt durch die altjüdische, die dem theokratischen Streben des Papstthums viel passender erschien. Zwar wurde durch die Dogmatisirung der Gottheit Christi die christliche Gottesidee gewissermaßen concret gestaltet und in die Geschichte eingeführt, aber sie konnte

trotzdem nicht zur wirklichen Geltung für den Geist und die Wirksam=
keit der Kirche im Großen kommen; vielmehr wurde Christus selbst
immer mehr nach dem Bilde des alttestamentlichen Gottes und der
kirchlichen Herrscher umgestaltet. Er wurde zum Herrn, zum Gesetz=
geber, zum König gemacht, und so dargestellt, als hätte er ein gewaltiges
irdisches Reich gründen wollen. Natürlich, er mußte dem Papst und
den übrigen „Kirchenfürsten,“ den Bischöfen, möglichst ähnlich gemacht,
und so den Gläubigen gerade als das Gegentheil von dem dargestellt
werden, was er wirklich war und sein wollte, als gewaltiger Herr
und Gebieter, der ein großes irdisches Reich gegründet, und dasselbe
mit äußern Gewaltmitteln und Gesetzesfesseln verbreiten und erhalten
wollte. Auch die guten Apostel, die armen Fischer aus Galiläa, mußten
sich zu „Fürsten“ erheben lassen, um ordentliche Vorfahren ihrer Nach=
folger, der „Kirchenfürsten“ zu sein, deren man sich nicht zu schämen
brauchte, und von denen man die Herrscherrechte ererben konnte! Voren
Petrus der „Apostelfürst“ — ein Ausdruck, der zuerst mehr uneigentlich
genommen ward, und sich auf dessen vermeintliche Stellung unter den
Aposteln bezog, immer mehr aber, als im eigentlichen Sinne geltend,
zur theoretischen und praktischen Verwerthung kam. Es dürfte die Zeit
gekommen sein, daß mit dieser widerchristlichen kirchlichen Herrschaft
(imperium) des Papstes und der gesammten Hierarchie ein Ende
gemacht werde, da sie jedenfalls unter unsern Verhältnissen dem Christen=
thum und der Geistescultur mehr Schaden als Nutzen bringt, und durch
ihr anmaßendes Vorgehen in der neuesten Zeit die Staaten bedroht
und Verwirrung und Zwiespalt unter die Völker bringt. Mit ihr
werden auch die verschiedenen Mittel, durch welche sie sich gründete und
erhielt, die theologischen Formeln und Gesetze, fallen, und es wird
schließlich nichts anderes übrig bleiben, als zu Christus selbst mit seiner
Lehre und seinem Leben zurückzukehren, um wirklich christlich zu sein
und die Welt christlich zu machen. Für uns in Deutschland wenigstens
kann von nun an nur noch das Losungswort sein: „Fort mit dem
hierarchischen Absolutismus, fort mit dem vergötterten Papstthum!“

Doch mich dünkt, ich sehe bereits nicht bloß alle päpstlich Recht=
gläubigen in nicht geringen Zorn gerathen und in Entrüstung aus=
brechen, sondern auch die „Gemäßigten“ der Opposition mit allen
Zeichen des Mißfallens sich abwenden. Die übliche Phrase vom „Zu=
weitgehen“ wird hervorgeholt, und all die geläufigen übrigen Redens=
arten, daß man dem Volke seinen Glauben nicht nehmen dürfe, daß die
Religion positiv sein müsse u. s. f., werden gespendet. Wir kennen dies.
Es mag daher gestattet sein, daß wir zur Klärung der Sache und, wo
möglich, zur Beruhigung der Gemüther unsere Ansicht noch etwas näher
darlegen.

2.

Wir behaupten: die wahre Lösung der religiösen Frage der Gegenwart mit all' ihren Schwierigkeiten könne nur erzielt werden durch Rückkehr zu der einfachen Lehre und dem Beispiel des religiösen Lebens Christi selbst, und sind überzeugt, daß dies in der That die einzige Lösung sei, bei welcher das wahre Wesen der Religion, das reine wirkliche Christenthum ebenso wie der Staat, die Wissenschaft und die Civilisation ihre richtige Geltung und ihre gegenseitige Versöhnung finden können. Gegenüber dieser Lösung scheinen uns auch all' die Bedenken, welche die „Gemäßigten" (die kirchliche Mittelpartei bildend) zu Gunsten ihres Mittelweges und für Behauptung ihres „kirchlichen Standpunktes" vorzubringen pflegen, von keiner wirklichen Bedeutung zu sein. Ihre Bedenken, Einwendungen und Beschuldigungen gegen unsere Forderung müssen sie alle gegen Christus selbst richten, den sie doch als das Ein und Alles des Christenthums müssen gelten lassen.

Wenn sie also sagen: es sei zu weit gegangen, wenn man die ganze „kirchliche" Entwicklung und Ausgestaltung beiseite schiebe, und nur das gelten lasse, was die Evangelien selbst enthalten an klaren, einfachen, religiös=sittlichen Lehren und Uebung derselben, so müssen sie von Christus selbst behaupten, daß er zu weit gegangen sei, und müssen annehmen, daß erst die Kirche, d. h. die Hierarchie, kommen mußte, um in das Werk Christi wieder die rechte Mäßigung und Beschränkung zu bringen, also dessen Werk zu corrigiren und die Ueberstürzung desselben gehörig einzudämmen! Allerdings haben die jüdischen Priester und Schriftgelehrten sicher ein solches Urtheil über Christus und seine Thätigkeit gefällt und ihn gleichsam als einen liberalen Rationalisten und Verwüster der „positiven" Religion betrachtet, da er kein Hehl hatte, daß er wenig von all' ihren wichtigen Gesetzesvorschriften, kunstvollen Schriftdeutungen und beschränktem Ceremoniendienst halte, und stets nur das Wesentliche und die innere Gesinnung im Auge hatte. Das ist erklärlich bei den Gegnern des Stifters des Christenthums; wer sich aber als Anhänger desselben bekennt, kann doch nicht im Ernst, jedenfalls nicht mit Recht, denen, die nur an Christi Lehren und Leben selbst sich halten wollen, den Vorwurf machen, daß damit zu weit gegangen sei, d. h. daß damit der christliche Glaube selbst angegriffen oder zerstört werde!

Eine andere Redensart, die vorgebracht zu werden pflegt, wenn man das hierarchische Kirchenwesen mit seinem complicirten Apparat von Lehrformeln, Gesetzen und Ceremonien tadelt und zu beschränken oder zu beseitigen sucht, lautet dahin: daß man das Volk in seinem Glauben störe, wankend mache oder leicht zum Unglauben veranlasse, und ihm den sittlichen Halt entziehe. Hierauf ist zu erwidern, ob etwa das Volk dadurch zum Unglauben verleitet, ob dadurch sein christlicher Glaube und sittlicher Halt zerstört werde, daß man es anleite, lieber an Christus und seine Lehren zu glauben, als an die der Theologen und Kirchenfürsten; lieber seine Gebote zu befolgen, als die herrschsüchtigen und nutzlosen Vorschriften und Verordnungen der kirchlichen Hierarchen! Ist denn der Glaube an diese und der Gehorsam gegen ihre Herrscherbefehle wichtiger als der Glaube an die Wahrheit der Lehre Christi und der Gehorsam gegen ihn? Man pflegt theologischerseits die Sache so darzustellen, als ob nur mittelst des Glaubens an die Autorität der Hierarchie der Glaube an Christus möglich sei, als ob nur durch jene dieser existiren könne. So wäre freilich der Glaube an die Kirchenautorität die Hauptsache, und für den Gläubigen wäre Christus mit seiner Lehre gleichsam das Geschöpf der Hierarchie, seine ganze Bedeutung nur dieser verdankend, während doch umgekehrt jedenfalls die Hierarchie ihre ganze Bedeutung und Autorität nur auf Christus gründen, also für den gar nichts werth sein kann, der nicht an Christus und seine Lehre schon glaubt. Hinwiederum aber, wer diesen Glauben einmal ernstlich hat, der bedarf der Hierarchie und deren Autorität nicht mehr, da jener das Mittel nicht bedarf, welcher den Zweck schon erreicht hat. In der That besteht die ganze Verkehrung der Sache hier darin: daß die sog. Kirchenautorität sich zur Beherrscherin des Glaubens und der Gläubigen gemacht, dadurch Christus selbst von der ersten Stelle verdrängt und sich selbst als Hauptinhalt des Glaubens zur Geltung gebracht hat, statt nur als Mittel, als historisches Traditionsorgan und Zeugniß zu dienen.

Es ist nicht abzusehen, wie dem Volke der Glaube zerstört werden soll, wenn man es auf die wahre Quelle desselben hinweist, und es anleitet, sich an die erste und eigentliche Glaubensautorität zu halten, welche, einmal gewonnen, jede andere überflüssig macht.

Die Religion, der Glaube, sagt man, muß „positiv" sein. Nun denn, ist vielleicht das, was Christus selbst gelehrt, geboten und geübt hat, nicht „positiv", sondern etwa nur das, was die Kirche festgestellt hat, d. h. was in endlosen, bitteren theologischen Streitigkeiten formulirt und festgestellt wurde, und was eine absolutistische Kirchengewalt gesetzlich vorgeschrieben hat? Und ist nur der Glaube an all' diese Kirchendogmen und Kirchenverordnungen „positiv", der Glaube an die klare, einfache Lehre Christi aber nicht? Wer wirklich ein Gläubiger der Religion Christi sein will und ist, der kann dies unmöglich zugeben, und wird all' den verschiedenen Glaubensformeln, die doch nur durch mehr oder minder zweifelhafte logische Operationen aus mehr oder minder dunklen Worten der Schrift oder Tradition gewonnen sind, nicht mehr Gewicht beilegen, als den klaren sicheren Worten des Stifters der christlichen Religion selbst, die das enthalten, was allein noth thut. Man behauptet zwar: die kirchlichen Dogmen und Festsetzungen seien alle in den Worten Christi enthalten, seien in ihnen verborgen (implicite) und nur daraus entwickelt (explicirt) worden. Gut, sind sie darin enthalten, dann werden sie mit eingeschlossen (implicite) auch von denen geglaubt, die sich nur an die Lehre Christi selbst halten, und auch die sog. Orthodoxen werden dann keinen Grund haben, diese als unchristlich, ungläubig u. dgl. zu bezeichnen, sondern mögen sie allenfalls als in der Entwicklung Zurückgebliebene betrachten, wenn es ihnen gefällt; werden aber in der Lehre Christi selbst jene theologischen Lehren nicht als enthalten betrachtet, sind sie also erst von den Theologen gemacht und hinzugefügt, dann verdienen sie keinen Glauben und gehören jedenfalls nicht zum Wesen des Christenthums.

Es ist kaum nöthig, noch ein Wort zu sagen gegen die sinnlose Beschuldigung, daß bei Durchführung unseres Vorschlags alle Autorität für das Volk zerstört, und damit Irreligiösität und Unsittlichkeit freien Spielraum erhalten. Papst und Bischöfe müßten sich nur für höher, wichtiger, wirksamer halten, als Christus selbst, und ihre Lehren und Vorschriften für besser, förderlicher, nothwendiger, als die von Christus selbst gegebenen, so daß sie als die Vollender oder Verbesserer derselben sich betrachten müssen. Wollen sie dies nicht, ordnen sie sich bescheiden genug der Autorität Christi, von der ja einzig und allein auch die ihrige kommen kann, unter, dann hat die genannte Beschuldigung keinen Sinn mehr, ja ist vielmehr eine schmähliche Insulte gegen Christus und sein Werk. So gut man die Menschen dazu bilden und gewöhnen kann auf die Autorität von Bischöfen und Päpsten hin, zu glauben und sittlich zu handeln, ebenso gut, ich denke sogar weit besser, kann man sie wohl auch dazu bilden, die Autorität Christi selbst direct anzuerkennen, und ihr gemäß zu glauben und zu handeln. Freilich hat die theologische Kunstfertigkeit einen gar schönen Beweis, dessen wir schon oben erwähnt, ersonnen und ausgebildet dafür, daß durchaus die „kirchliche Autorität nothwendig sei, wenn nicht alles vergeblich sein und zu Grunde gehen, wenn Christus selbst und all' sein Wort und Werk irgend eine Geltung haben soll. Die Autorität Christi selbst, sagt man, sei den Menschen nur vermittelt und gesichert durch die Autorität der Kirche, d. h. der römischen Hierarchie; durch diese sei Sicherheit und Gewähr gegeben für jene, und mit ihr müsse dieselbe auch fallen. Also noch einmal (um den Gedanken-Betrug möglichst aufzudecken): zuerst sollen wir an die Autorität der Kirche (Hierarchie) glauben, aber ohne selbst wieder das Zeugniß und die Gewähr einer andern sichern Autorität dafür zu haben; dann erst sollen wir mit Zuversicht die Autorität Christi anerkennen und seiner Lehre Glauben schenken dürfen. Und da sollen wir jetzt erst für die Autorität der Kirche selbst, auf deren Zeugniß hin wir glauben mußten, Gewähr und Zuverlässigkeit durch die anerkannte Autorität Christi erhalten, weil jene ihre Kraft und Bedeutung einzig von dieser empfängt, da sie ihre Vollmacht und Sendung nur von jener besitzt.

Aus dem ganzen nußlosen Cirkel=Beweis — auf dem übrigens das
das ganze hierarchische Kirchengebäude mit all' seiner vermeintlichen
Berechtigung und Nothwendigkeit beruht — geht wenigstens so viel
klar genug hervor: daß erst durch den Glauben an Christus und seine
Lehre die ganze Gedanken=Reihe eine Bedeutung erhält, da ohne diesen die
Autorität der Kirche selbst keine Sicherheit und Anerkennung in An=
spruch nehmen kann. Das erste wirklich bedeutsame Glied ist dabei
die Anerkennung Christi, von dieser hängt die Geltung alles Uebrigen
ab. Nun denn, wenn dies so ist, so muß die Anerkennung Christi
allein auch möglich sein und genügen, da durch die kirchliche Autorität
nicht mehr und nicht festere Gewähr gegeben werden kann, als man
durch die Autorität Christi selbst schon hat. In der That kann hier
Kirche und Tradition nur eine historische Berichterstattung und ein
historisches Zeugniß geben, mehr nicht. Die Lehre und die Autorität
Christi erhalten ihr richtiges Zeugniß und ihre Gewähr in der Menschen=
seele selbst; wäre dies nicht der Fall, so stünde es schlimm um sie,
denn eine äußere historische Autorität, wie die der Hierarchie, die durch
so viele Jahrhunderte hindurch höchst unsichere, zweifelhafte, intellectuell
und moralisch so oft höchst schwache Mittelglieder hatte, könnte nimmer=
mehr einer denkenden Welt sichere Bürgschaft und beruhigende Ueber=
zeugung gewähren.

Es scheint uns daher in Wahrheit kein wirklich triftiger Grund
als Hinderniß zu bestehen, zu den einfachen Lehren und Geboten
Christi selbst, wie sie in den Evangelien enthalten sind, zurückzukehren,
und alles andere, was man durch theologische und kirchenregimentliche
Bemühungen daraus gemacht hat, auf sich beruhen zu lassen. Es
könnte damit unseres Erachtens eine wirklich christliche Reform bewerk=
stelligt und die religiöse Frage der Gegenwart in einer für die Reli=
gion, den Staat und die Wissenschaft befriedigenden Weise gelöst
werden. Dazu bedürfte es keiner besonderen Katastrophe oder religiösen
Revolution, keiner besondern Secten= oder Confessionsbildung, selbst
nicht der Formulirung eines besondern officiellen Glaubensbekennt=
nisses, da eben nichts weiter zu glauben und zu üben wäre, als was
Christus selbst gelehrt und geboten. Die im Allgemeinen doch schon
vorhandene bessere Bildung des Volkes — im Vergleich mit frühern
Zeiten — begünstigt und ermöglicht einen allmählichen Reformproceß,
und die Seelsorger brauchen im Grunde nur zu erklären, daß sie
nicht mehr Kephas, oder Paulus, oder Apollo verkünden wollen, son=
dern Christus (I. Kor. 3). Damit wäre endlich auch aus dem theolo=
gischen Gezänk und der confessionellen Parteiung herauszukommen, und
die Bekenner verschiedener Glaubensbekenntnisse könnten sich darin
einigen, ohne daß die einen zu den anderen überzutreten brauchten. Die
speculativen theologischen Fragen aber müßten ganz der Wissenschaft
überlassen bleiben, und man müßte endlich aufhören, das Volk selbst

zur directen Betheiligung an Fragen herbeizuziehen, von denen es nichts versteht und verstehen kann, deren Lösungen es nur entweder auf Autorität hin blindlings glauben oder blindlings nicht glauben kann, nachdem sie ihm durch Ueberredung, durch Gewalt und Gewohnheit aufgedrungen, und an welchen es seine lebhafte Theilnahme nur durch vorurtheilvolles Eifern, fanatische Voreingenommenheit einerseits und Verachtung und Haß andererseits, oder auch geradezu durch wilde Verfolgungssucht, zu bethätigen sucht. Dem Staate selbst würde bei dieser Art religiöser Reform weiter nichts obliegen, als die Bekenner dieses „Christenthums Christi", nur nicht als Bekenner irgend einer verpönten oder verbrecherischen Lehre zu behandeln, dieselben nur nicht als Ungläubige oder Heiden, oder verfolgungswürdige Ketzer zu betrachten, sondern sie ungeschmälert zu lassen in allen ihren bürgerlichen und politischen Rechten, und sie im Genusse desselben gegen Verfolgung zu schützen. Zu schützen insbesondere gegen die Hierarchen, welche ohne Zweifel vielfach diese Bekenner der Lehre Christi fast wie Heiden ansehen, dagegen die Bekenner der theologischen Formeln als die wahren Christen betrachten würden!

Indeß glaube ich auch schon von gemäßigter und nicht von vornherein schon feindseliger Seite viele Bedenken und Einwendungen zu vernehmen, deren einige wenigstens wir erwähnen und, wo möglich, beschwichtigen wollen. Wie unbestimmt, wird man vielleicht sagen, ist dies alles? Wie Verschiedenes, Dunkles, Zweifelhaftes enthalten selbst die Evangelien! Wer soll hier Bestimmtheit schaffen, wer die richtige Aufklärung und Deutung geben? Und was soll mit den zahlreichen Wundern geschehen; sollen sie der gebildeten Welt auch ferner als Glaubensmotive gelten, oder gar, wie es in den Kirchen geschieht, auch als Glaubensartikel auferlegt werden? Ferner, was ist von der Person Jesu selbst zu halten, ist sie Gegenstand eines besonderen Glaubensartikels, der formulirt werden soll, oder nicht? Endlich wird man vielleicht noch fragen: wie verträgt sich eine solche Rückkehr zur Gründung des Christenthums selbst, zu den ersten Lehren und Geboten, mit dem sonst allenthalben geforderten Fortschritt, mit der in der Natur alles Daseienden grundgelegten nothwendigen Entwicklung?

Dagegen ist zu bemerken, daß es des Bestimmten, Klaren, Zweifellosen so Vieles gibt in den Evangelien, daß es dem Wesen nach als vollständig genügend zum religiösen und sittlichen Leben gelten kann. Alle Lehrer und Vorschriften, deren Annahme und Befolgung Jesus für das erklärt, was allein wichtig ist und noththut, sind vollständig klar und zweifellos, und können von Jedermann auch ohne alle Erklärung leicht verstanden werden. Die Völker und die ganze Menschheit könnten sich Glück wünschen, wenn nur dies allenthalben angenommen und befolgt würde. Das aber, was wirklich unbestimmt, dunkel und unverständlich sein sollte, kann auch nicht für wichtig und nothwendig gehalten werden, und kann den Untersuchungen und dem Streite der Erklärer überlassen bleiben, ohne als wesentlicher Theil des religiösen Glaubens des Volkes erklärt zu werden. Gegen diesen Vorschlag werden bei richtiger Ueberlegung diejenigen am wenigsten sich erklären können, welche den Inhalt der Bibel für directe göttliche Offenbarung halten, und die Abfassung derselben unter göttlicher Inspiration geschehen sein lassen. Ist dem so, dann ist anzunehmen, daß das wirklich Noth= wendige und Entscheidende jedenfalls klar und verständlich geschrieben sein werde, dem Offenbarungszwecke gemäß; und ebenso darf man über= zeugt sein daß das Dunkle, Unverständliche nicht für Jedermann, nicht allgemein und unumgänglich nothwendig sei; denn wäre es dies, dann hätte es auch klar geoffenbart werden müssen. Ohne diesen festen Grundsatz wird alle Offenbarung für das Volk mehr oder minder illusorisch, da dasselbe durch die Nothwendigkeit von Erklärungen und Entscheidungen in Betreff des Bibelinhalts wieder von den Theologen, deren Meinungen und Streitigkeiten abhängig wird. Wird einmal die Bibel als Fundament des religiösen Glaubens und Lebens zur Geltung gebracht, so muß nothwendig die vorgeschlagene Einschränkung in Betreff des Inhalts anerkannt werden, da sonst doch wieder nicht der Inhalt der Bibel, sondern die Deutungen der Theologen und kirchlichen Be= hörden entscheidend sind, damit der christliche Glaube wiederum in alle Streitigkeiten, in alle theologischen Zänkereien und Künsteleien ver= flochten wird und dadurch, statt Frömmigkeit und Sittlichkeit zu be= gründen, nur Veranlassung gibt zu leidenschaftlicher Anfeindung, zu Haß und Verfolgung, wie die Geschichte bezeugt. Christus selbst hat seine Lehre dem ungebildeten Volke so verkündet, daß das Wichtige und Nothwendige von demselben verstanden werden konnte, und er hat nicht besondere Erklärer aufgestellt, die das von ihm Gesagte als Ver= mittler dem Volke nachträglich deuteten. Daß unter den Lehren und Mahnungen Christi, wie die Evangelien sie berichten, manche sind, welche mehr Weltverachtung und Weltflucht zu fordern scheinen, als der Bestand und die Wohlfahrt des menschlichen Daseins verträgt, ist nur dann richtig, wenn man dieselben nicht religiös als Ausdruck gott= inniger Gesinnung versteht, sondern als Vorschriften für das praktische Leben betrachtet, als welche sie ja sogleich mit dem so entschieden ein= geschärften Gebote werkthätiger Nächstenliebe nicht im Einklang stünden. Das praktische Leben hat übrigens das richtige Verständniß von selbst herbeigeführt, und selbst die Hierarchie mußte sich mit demselben wohl abzufinden.

Was die Wunder betrifft, so ist nur zu erwägen, welche Bedeutung und Aufgabe denselben in den Evangelien zugeschrieben wird. Da finden wir, daß sie stets nur dazu dienen sollen, den Glauben an die Wahrheit der vorgetragenen Lehren zu erwirken und zu fördern durch die Be= glaubigung ihres Verkünders. Nirgends aber sind sie, statt als bloße

Mittel, selbst zum wesentlichen Gegenstand oder Inhalt des Glaubens gemacht, wie es später geschah und jetzt noch geschieht. Christus selbst spricht Tadel gegen die aus, welche immer Wunder haben wollen, ehe sie glauben, und zeigt damit, daß er den Glauben höher stelle, der keiner Wunder bedarf. Wer also die religiösen und sittlichen Wahrheiten des Evangeliums glaubt und übt ohne Wunder, für den haben sie, mag es sich mit ihnen verhalten wie immer, keine Bedeutung mehr, und der kann sie vollständig auf sich beruhen lassen. Und da nun die gebildete moderne Welt leichter an jene religiösen und sittlichen Wahrheiten glaubt, als an Wunder, wozu sollte man ihr den Wunderglauben zumuthen? Diese Wahrheiten bedürfen, einmal klar erkannt, so wenig der Wunder zur Beglaubigung und Anerkennung ihrer Wahrheit und Geltung, als es eines Mirakels bedarf, um einen geistig gesunden Menschen zur Anerkennung zu bringen, daß $2 \times 2 = 4$ sei. Und wie von keiner theoretischen, so sind Wunder auch von keiner praktischen Bedeutung, d. h. Niemand ist verpflichtet, Wunder zu wirken, um etwa dadurch ein wirklicher Christ zu werden; dieselben gehen uns also auch in dieser Beziehung nichts an.

Schwer mag das Bedenken erscheinen in Bezug auf den dogmatischen Glauben an die Person Christi, bezüglich der Göttlichkeit oder Nicht-Göttlichkeit derselben. Indeß auch dieses Bedenken läßt sich ohne große Schwierigkeit beseitigen — für diejenigen wenigstens, welchen Christus selbst mehr gilt als die Theologen und Hierarchen, und, welchen also auch die Aussprüche desselben wichtiger sind, als die Klügeleien und Formeln von Theologen und Bischöfen. Es wird auch hier das Wichtigste sein und wird vollständig genügen, wenn die Gläubigen bei dem verharren und an dem festhalten, was Jesus selbst über sich, seine Person, sein Verhältniß zu Gott gesagt hat. Wer also dies bekennt, der muß für einen wahren Christen anerkannt werden — wenigstens ebenso sehr als jene, welche die theologischen Feststellungen bekennen, die ja auch nur lauter Unerkennbares und Mysteriöses sein sollen, also an Klarheit und Bestimmtheit die Aussprüche Christi selber über sich kaum übertreffen und jedenfalls leichter irrthümlich sein können als jene. Immerhin werden doch diese Aussprüche Christi selbst wichtiger und genügender sein als das, was die streitsüchtigen Griechen hierüber festgestellt und das die herrschsüchtigen Römer zur Bildung und Aufrechthaltung ihrer Herrschaft so furchtbar ausgebeutet haben. Ja, je höher die Person Christi im Glauben gestellt wird, um so mehr ist Grund vorhanden, sich mit den Aussprüchen Jesu selbst über seine Person, seine Sendung und sein Wesen zu begnügen und endlich abzulassen von all den theologischen Zänkereien und Feststellungen, die ja doch nur in den beschränkten begrifflichen Formeln einer gegebenen Zeitbildung geschehen können von Theologen, die innerhalb derselben stehen und befangen sind in ihnen. Die wirklichen Gläubigen werden die Ueberzeugung haben, daß genauere Bestimmungen über die Person Jesu nicht nöthig gewesen seien, weil sie sonst auch würden gegeben worden sein. Daraus folgt, daß es eine empörende Anmaßung und unchristliche Lieblosigkeit ist, wenn die Bekenner der theologischen Formeln hierüber, die in den bittersten, gehässigsten Streitigkeiten festgestellt wurden, jene gar nicht für rechtgläubig, ja nicht einmal für Christen wollen gelten lassen, die einfach bei den Aussprüchen Christi selbst stehen bleiben, und die dogmatischen Bestimmungen der späteren Zeiten ablehnen! Uebrigens hat Christus selbst mit aller Bestimmtheit angegeben, wie er am besten geehrt und am höchsten gestellt sich fühle: nicht dadurch nämlich, daß nur immer Herr, Herr gerufen, sondern dadurch, daß der Wille seines Vaters gethan werde, den zu verkünden seine Aufgabe sei.

Die Besorgniß endlich, daß bei unserm Reformvorschlag eine vollständige religiöse Reaction eintreten und aller Fortschritt aus dem Gebiete der Religion und des Christenthums ausgeschlossen werden müßte, beruht auf einem Mißverständniß. Wir behaupten nicht, daß zu irgend einem früheren Zustand der Kirche in reactionärer Weise zurückgekehrt werden müsse, wollen auch nicht die sogenannte christliche Urkirche herstellen, sondern wir verlangen, daß man zur Gründung des Christenthums, zum Gründer desselben und zu den Prinzipien des Christenthums selbst zurückkehre, oder vielmehr nur diese als wesentlich gelten und wirken lassen solle. Die Rückkehr zu irgend einem früheren Zustand der Kirche selbst wäre allerdings reactionär und widernatürlich. Eine solche Rückkehr, und wäre es auch zur sogenannten Urkirche, kann nie durchgeführt werden und nie lebenskräftig sein, weil sich ein früherer, selbst geschichtlicher und aus geschichtlichen Verhältnissen einer gegebenen Zeit hervorgegangener Zustand nicht in eine spätere Zeit und unter ganz verschiedene Verhältnisse versetzen läßt. Dagegen ist es möglich, die Principien wieder rein und ungehemmt wirken zu lassen, ohne daß dies eine Reaction zu werden braucht. Wenn eine Pflanze sich ausgestaltet und ausgelebt hat und der Same davon wird neu gepflanzt, vielleicht in anderen und besseren Boden und unter anderen Naturverhältnissen, so ist dies keine Reaction, sondern eine neue Wirksamkeit der Prinzipien und der Beginn einer neuen Entwicklungsreihe. Oder wenn eine Pflanze sich ausgelebt hat, allmälig verdorrt, bis auf die Wurzel zurückgeschnitten wird und dann neu zu wachsen beginnt, so ist dies keine Reaction, keine Rückkehr zu einer bestimmten Entwicklungsphase und kein Festhaltenwollen eines Vergangenen und Ausgelebten, sondern eine neue Wirksamkeit der Prinzipien zu neuer Gestaltung. Die Prinzipien selbst aber, die religiösen und ethischen Grundwahrheiten und Gebote, die Christus verkündet, sollen und können sich nicht ändern, wie die Naturgesetze sich nicht ändern und doch eine unendliche Fülle von Gestaltungen ermöglichen in beständiger Erneuerung. Hat sich doch die Erde selbst umgestaltet, und es sind auf ihr, trotz der allgemeinen

Wirksamkeit der gleichen Naturgesetze, doch immer wieder andere und höhere Gestaltungen entstanden. So können und müssen auch die christlichen Prinzipien dieselben bleiben, aber es wird unter andern natürlichen und historischen Verhältnissen zu andern Gestaltungen kommen, oder vielmehr: sie werden, wenn sie wieder rein und einfach sind und wirken, auf alle menschlichen Verhältnisse, auf das ganze geistige Leben der modernen Welt neu und segensreich wirken können und neuen Einfluß erhalten, den sie in ihrer Verbindung mit den früheren, nun erstorbenen und wirkungslosen kanonischen und dogmatischen Gestaltungen nicht mehr zu behaupten oder wieder zu erlangen vermögen. Ist man doch auch im Interesse höherer geistiger Bildung wieder zum echten classischen Alterthum zurückgegangen, hat die echten Classiker, z. B. Aristoteles, wieder entdeckt und hergestellt. Hat man doch die echten Kunstwerke des Alterthums aus dem Schutte der Jahrhunderte wieder ausgegraben und für Veredlung der neuen Kunst fruchtbar gemacht!

Nach diesen Ausführungen wird leicht erkannt werden können, wie sehr unser Reformbestreben sich von jener Opposition in der katholischen Kirche unterscheidet, welche zwar den römischen Absolutismus und insbesondere die Dogmatisirung der Unfehlbarkeit des Papstes bestreitet und, obwohl vergeblich, zu verhindern suchte, im übrigen aber die ganze hierarchische Herrschaft der Kirche mit römischem Primat und allein berechtigten Bischöfen, mit allen Kirchengesetzen, Dogmen und sonstigem hierarchischem Apparat bestehen lassen will. Wir haben schon anderwärts auf die Unhaltbarkeit und Halbheit dieser Opposition, deren mannigfache Verdienste wir gern anerkennen, hingewiesen. Sie steht einerseits mit den einmal zugegebenen Prämissen der kirchlichen Organisation nicht in Harmonie, da ihre Gegner eben nur die äußersten Consequenzen aus diesen Prämissen ziehen, andererseits würde, auch wenn sie vollständigen Erfolg hätte der römischen Curie gegenüber, damit den geistigen und religiösen und selbst den politischen Bedürfnissen der Gegenwart doch kein Genüge geschehen. Sie stützt sich bei ihrer Opposition gegen das neue Dogma hauptsächlich auf den Grundsatz des Vincentius Lirinensis: daß nur dasjenige als Dogma erklärt werden dürfe in der katholischen Kirche, „was immer, überall und von allen" (semper, ubique et ab omnibus) geglaubt worden sei. Allein dieser Grundsatz, der allerdings schon im 5. Jahrhundert aufgestellt wurde, ist doch factisch weder zuvor noch darnach jemals ernsthaft bei den Dogmen-Definitionen geltend gemacht worden; und würden wir mit ihm als Kriterium an die Prüfung der bestehenden Dogmen, nicht blos der modernen, z. B. des Dogma's der Immaculata conceptio von 1854, sondern auch der aus alter Zeit stammenden, herantreten, so würde kaum eines derselben als wirklich berechtigt bestehen können. Ein Blick auf die Entstehung der wichtigsten dogmatischen Formulirungen und die Verhandlungen bei denselben kann dies ohne Schwierigkeit zeigen. Und ebenso zeigt sich dabei zugleich, daß nicht durch bloße Constatirung der Tradition, durch bloßes Zeugnißgeben der versammelten Bischöfe von dem Glauben ihrer Diöcesen die Dogmen entstanden, sondern daß sie allenthalben aus einem heftigen, langwierigen dialektischen Prozeß hervorgingen, als Werk der Theologen und Bischöfe, an denen die Gemeinden kaum je irgend einen entscheidenden Antheil nehmen konnten.

Werfen wir einen Blick auf jene Streitigkeiten, welche Veranlassung gaben zu dem Concil von Nicäa (325), das als das erste ökumenische gilt. Daß in diesen arianischen Streitigkeiten (über die Gottheit Christi und dessen Gleichwesentlichkeit mit dem Vater) nicht einfach das als Dogma festgestellt wurde, was „immer, überall und von allen" geglaubt worden, und daß es nicht durch bloßes Zeugnißgeben der versammelten Bischöfe über den in ihren Diöcesen hierüber allgemein und von altersher herrschenden Glauben geschah, geht schon daraus hervor, daß so lange und heftige Streitigkeiten entstanden, nicht blos unter den Theologen, sondern auch unter den Bischöfen. Wie wäre dies möglich gewesen, wenn nur festgestellt oder definirt worden wäre durch Zeugnißablegen der Bischöfe von dem allgemein herrschenden Glauben? Das Volk nahm allerdings, wie berichtet wird, an dieser Angelegenheit lebhaften Antheil, aber nicht durch Bezeugung eines allgemeinen und gleichen Glaubens hierüber, sondern durch Betheiligung an dem Streite; wie denn berichtet wird (von Gregor von Nyssa), daß selbst die Leute des Marktes und der Straßen, Trödler, Wechsler, Bäcker, in Konstantinopel über das „Gezeugtsein und Ungezeugtsein," über die Unterordnung des Sohnes unter den Vater und ähnliches disputirten. Gleichheit und Allgemeinheit bestand also hier nicht in Bezug auf feste sichere Glaubensüberzeugung, sondern in Bezug auf Ungewißheit, Zwiespalt und Streit. Daß es bei diesem Dogma mit dem „immer, überall und von allen" gerade in Bezug auf den wichtigsten Punkt, die „Gleichwesentlichkeit" des Sohnes (Christi) mit dem Vater, nicht gut bestellt war, geht auch daraus hervor, daß ein halbes Jahrhundert früher (269) von einer Versammlung von Bischöfen in Antiochia gerade der jetzt zum dogmatischen Schlagwort erhobene Ausdruck „gleichwesentlich" (homousios) als „unpassend" zur Bezeichnung des kirchlichen Glaubens über das Verhältniß des Sohnes zum Vater verworfen wurde.

Ebensowenig handelte es sich in den sogenannten pelagianischen und semipelagianischen Streitigkeiten (über menschliche Willensfreiheit und göttliche Gnade) zu Anfang des 5. Jahrhunderts blos um Constatirung und dogmatische Formulirung dessen was, allgemeiner Glaube in der Kirche von jeher gewesen. Dasjenige, was schließlich als Dogma festgestellt wurde, war so wenig schon bewußter, allgemein gültiger und anerkannter Glaube, daß selbst in der römischen Kirche Unklarheit

und Unsicherheit darüber herrschte und zwei Päpste nacheinander ver=
schiedene Entscheidungen gaben. Augustinus und sein Anhang unter
den afrikanischen Bischöfen gaben hauptsächlich den Ausschlag bei der
Entscheidung, mit der aber nicht blos einzelne Theologen, sondern
auch viele und einflußreiche Bischöfe nicht übereinstimmten. Von
bloßem Zeugnißablegen des allgemein herrschenden Glaubens über
diesen Gegenstand kann also auch bei diesen dogmatischen Feststellungen
nicht die Rede sein. Der allgemeine Glaube des Volkes oder der
christlichen Gemeinden konnte hierbei schon deßwegen nicht constatirt
werden, weil das Volk von diesen schwierigen Problemen und Entschei=
dungen nur wenig verstehen konnte; sind doch selbst jetzt, fast andert=
halbtausend Jahre nach den dogmatischen Feststellungen über diesen
Gegenstand, die Gläubigen und selbst die meisten Kleriker (die Bischöfe
mit eingeschlossen) in Unkenntniß über die feinen Nüancen in dem
festgestellten Verhältniß von Willensfreiheit und Gnade, und kaum im
Stande, sie auch nur selbst mit großer Anstrengung zu verstehen.

Dasselbe wiederholt sich bei allen folgenden großen theologischen
Streitigkeiten, aus denen dogmatische Definitionen hervorgingen: den
nestorianischen, monophysitischen, monotheletschen Kämpfen (über die
Art und Weise der Vereinigung der göttlichen und der menschlichen
Natur in Christus und den Ausdruck „Gottesgebärerin,“ über das
Problem, ob nur eine oder zwei Naturen, ob nur ein oder zwei
Willen in Christo seien). Bei all diesen Streitigkeiten wurde nicht
blos einfach von den Bischöfen Zeugniß gegeben und der stets und
allgemein von der Kirche herrschende Glaube constatirt — da hätte
es so langer heftiger Streitigkeiten nicht bedurft. Vielmehr standen
dabei Bischöfe gegen Bischöfe, Concilien gegen Concilien, die sich
gegenseitig befehdeten und verdammten. Das Volk selbst verstand von
den spitzfindigen theologischen Erörterungen und den endlich herrschend
werdenden dogmatischen Feststellungen immer weniger, und selbst die
Bischöfe, die römischen nicht ausgenommen, mußten oft nicht mehr, auf
welche Seite sie sich eigentlich stellen sollten, und verfehlten dabei
auch manchmal diejenige, welche schließlich die orthodoxe wurde.

Neue Schwierigkeit in Bezug auf Geltung und Anwendung des
in Frage stehenden Grundsatzes: „Was immer, überall und von allen,
geglaubt worden, ist Dogma in der Kirche,“ stellt sich ein mit der
Trennung der orientalischen von der occidentalischen Kirche. Es
entsteht da die Frage: gehört der Orient zu dem „überall,“ und
gehören die orientalischen Bischöfe und Gemeinden zu den „allen,“
oder nicht? Wenn Ja, dann konnte von der Zeit der Trennung an
in der abendländischen, römisch=katholischen Kirche keine gültige dogma=
tische Entscheidung mehr gegeben, kein Dogma mehr definirt werden,
und kann insbesondere der Primat des Papstes auf dogmatischen
Charakter keinen Anspruch machen, da die griechische Kirche einen

solchen nie anerkannt hat. Wenn Nein, dann ist entweder doch der fragliche Grundsatz wieder aufgegeben, oder es wird der griechischen Kirche, den Bischöfen und Gemeinden derselben gar kein christlicher Charakter mehr zuerkannt, deren alte Tradition und kirchliches Bewußt= sein mit allen altkirchlichen Dogmen für nichtig erklärt und das Wesen der Christlichkeit einzig von der Anerkennung des Papstes abhängig gemacht, so daß es eigentlich keine Schismatiker mehr gibt, sondern nur noch Ketzer, welche alle christliche Berechtigung und Bedeutung verloren haben. Damit aber wäre gerade die dogmatische Annahme zum entscheidenden Merkmal oder Wesen des Christenthums gemacht, auf welche am wenigsten, ja in keinem Fall, das „semper, ubique et ab omnibus" Anwendung finden kann. Denn eben von den griechischen Bischöfen und Gemeinden wurde ihrem Bewußtsein und ihrer Tradition nach, der römische Primat niemals als dogmatisch angesehen, auch nicht vor ihrer Trennung, als sie noch unbestritten zur allgemeinen und rechtgläubigen einheitlichen Kirche gehörten: weshalb ja eben die erfolgende diesfällige Zumuthung die Trennung herbeiführte.

Dieselbe Schwierigkeit mit diesem Grundsatze kehrt wieder bei der Reformation und der Trennung der Hälfte der abendländischen Völker von der römisch=katholischen Kirche.

Die Behauptung also, daß bei der Feststellung der Dogmen stets nur das als solches anerkannt und geltend gemacht wurde was immer, überall und von allen geglaubt worden," ist historisch nicht begründet, da die Thatsachen dagegen sprechen, die zugleich ebensowenig die Annahme bestätigen, daß auf den Concilien die Bischöfe stets nur durch Zeugnißablegen von dem Glauben ihrer Gemeinden wirkten und entschieden. Wenn wir daher umgekehrt diesen Grundsatz als Kriterium gebrauchen wollen, um daran die vorhandenen Dogmen zu prüfen, ob sie demselben gemäß festgestellt und also wirklich gültige und berechtigte christliche Glaubenssätze seien, so würde im Grunde kein einziges derselben diese Prüfung bestehen, und wir kämen in der That zurück bis auf die religiösen und ethischen Grundsätze, die Christus selbst verkündet hat. Diese würden allein die Probe des „immer, überall und von allen" bestehen, denn sie sind allgemein gültig, wahrhaft katholisch und wirklich kaum von irgend einer christlichen Confession verläugnet. *)

---

*) Die fragliche Mittelpartei kommt also mit dem „semper, ubique et ab omnibus" consequent dahin, wo wir uns befinden. Aber auch den vollständigen Bruch mit Rom und den Bischöfen wird sie nicht vermeiden können, wenn sie auf ihrer Opposition gegen das Unfehlbarkeitsdogma beharrt. Da Rom nicht nachgeben, seine ganze Macht und Autorität für Aufrechthaltung des Dogma einsetzen und alle als unkirchliche Rebellen betrachten und behandeln wird, die sich nicht unterwerfen, so bleibt nur entschiedener Bruch mit dem Papstthum und der Hierarchie übrig. Solche, die der absoluten kirchlichen Autorität nur halb sich unterordnen, zur andern Hälfte opponiren, wird Rom aus seiner Gemeinschaft ausweisen, sobald die Verhältnisse es irgend gestatten.

Auf diese wirklich christlichen Grundsätze, die christlichen Principien, welche die Lehre Christi selbst darbietet, zurückzukommen und sie allein als das wesentlich Christliche und Nothwendige gelten zu machen, ist auch deshalb so wichtig und erstrebenswerth, weil dadurch allein, wenn je wieder, eine wirklich haltbare Grundlage für die Wieder= vereinigung der getrennten christlichen Confessionen gewonnen werden könnte. Daß eine solche Versöhnung und Wiedervereinigung durch Dispute und Compromisse von Seite der auf ihrem specifisch confessio= nellen Standpunkte beharrenden Theologen und Kirchenbehörden nicht erzielt werden könne, und ebensowenig durch diplomatische Künste oder Gewaltmaßregeln und Quälereien von Seiten der welt= lichen Regierungen, liegt in der Natur der Sache und ist hinreichend durch Erfahrung bestätigt. Aber die einfache sittlich=religiöse Lehre Christi selbst könnten alle als ihre gemeinschaftliche Grundlage anerkennen und darin ihren Vereinigungspunkt finden, indem sie diese zur Hauptsache machen und die confessionellen Eigenthümlichkeiten als Nebensache in den Hintergrund stellen könnten. Dabei brauchte keine Partei zur andern überzutreten, keine als Sieger und keine als Besiegte zu erscheinen, sondern alle würden sich nur wieder dem gemeinsamen Grunde, der gemeinsamen Quelle, als dem allein Wich= tigen und Wesentlichen, zuwenden. Christus selbst würde in solcher Weise gleichsam wieder lebendig werden und als Versöhner und Wieder= vereiniger aller seiner Bekenner auferstehen und wirksam werden. Viel zwar ist für die Aufhebung der confessionellen Bitterkeit und Anfeindung schon geleistet dadurch, daß Verträglichkeit, Toleranz gefördert, und daß insbesondere die gleiche Berechtigung der Menschen, eine eigene Ueberzeugung zu haben, und das Unrecht, sich gegenseitig um verschiedener religiöser Ansichten willen zu verfolgen, verkündet und mehr und mehr zum Bewußtsein und zur Anerkennung gebracht wird. Allein eine eigentliche geistige Versöhnung und Gemeinschaft würde doch erst gewonnen sein durch die gemeinsame Anerkennung der Lehre Christi selbst, wie er selbst sie gegeben und geboten hat, wobei dann der Inhalt aller übrigen Theile der Schrift, wie der Tradition nach diesen klaren und sicheren Lehren, als den christlichen Grund= principien, beurtheilt, gedeutet und gewürdigt werden müßte.

Welch' ein Glück insbesondere für das deutsche Volk wäre es, wenn dasselbe, nach so langer Zerrüttung und Spaltung durch den confessio= nellen Hader, endlich durch die Lehre und die Person des Stifters des Christenthums selbst die Versöhnung und den Frieden in religiöser Beziehung wiederfände, und wenn zu derselben Zeit, wo durch gewaltige Waffenthaten und politischen Aufschwung des deutschen Volkes die äußerliche und die politische Einheit angebahnt und errungen wird, auch die geistige, religiöse Einheit desselben endlich wieder, wenn auch noch nicht vollständig hergestellt, doch wenigstens grundgelegt würde!

Dies scheint uns daher das Ziel eifriger Bestrebungen sein zu müssen, da damit die Religion, der Staat und das Volk zugleich die höchste Förderung erhalten. Als Losungswort müssen wir daher gegenüber dem Haupthinderniß und Feinde dieses Strebens wieder= holen: fort mit dem römisch=hierarchischen Absolutismus aus Deutsch= land; denn wahrhaft christlicher Glaube und religiöser Friede wird nimmermehr erreicht werden für das deutsche Volk, so lange päpstliche Gewalt und jesuitische Intriguen im Namen Gottes das Volk berücken und beherrschen. Wollen die deutschen Bischöfe bei diesem geistigen Befreiungs= und religiös=sittlichen Reformwerk ihrerseits mitwirken, so wird dies mit Genugthuung und Dank anerkannt werden; und sie sollten es, da sie doch sicher Christen, d. h. zuerst Jünger Christi und dann erst Anhänger des Papstes und Besitzer der geistlichen Herrschaft sein wollen — oder wenigstens sollen. Sie werden zu diesem Behuf vor allem davon ablassen müssen, den christlichen Gottes= begriff zu verunstalten und dem Volke zu verfälschen. Sie werden aufhören müssen einen Gott zu verkünden, wie ihn der päpstliche Absolutismus und die ganze römisch=hierarchische Herrschaft braucht; einen Gott, der nur durch eines geistlichen Despoten Vermittlung mit den Menschen in Verkehr tritt — und dabei noch in empörender Weise zu behaupten: dies sei der Gott, welchen Christus den Menschen verkündet hat! Thun die Bischöfe dies nicht, lieben sie ihre Herrschaft mehr als Christus und das wirkliche Christenthum, so wird, dessen sind wir gewiß, dieses nothwendige Werk der Reform oder christlichen Erneuerung auch ohne sie und gegen ihren Willen sich vollziehen.

IV

Die Opposition gegen das Unfehlbarkeits-Dogma. *)

Die Opposition gegen das neue Dogma von der Unfehlbarkeit des
Papstes ist nunmehr aus dem Gebiete der Theorie in das der Praxis
übergetreten, und es ist wenigstens der Anfang gemacht, oder der
Anstoß gegeben zu einer weiteren Entwicklung und vielleicht zu einer
Reform der katholischen Kirche in Deutschland, wie sie den Staats-
und Culturverhältnissen der Neuzeit gegenüber nothwendig ist. Die
Sache hat indeß ihre große Schwierigkeit, theils wegen der großen
Macht und geschlossenen Organisation des Gegners, welchem die
ungeheueren Mittel der katholischen Kirche zu Gebote stehen, sowohl
die geistigen als die materiellen; theils wegen mancher Verschiedenheit
die in den Reihen der Opposition selbst noch herrscht: Verschiedenheit,
in Betreff des eigentlichen Gegenstandes und Zieles der Opposition
und der Mittel und Wege dieses zu erreichen, dann des Grades von
geistiger Freiheit, Muth und Entschlossenheit im ausharrenden Anstreben
dessen, was als geboten und berechtigt erscheint Roms Ansprüchen
gegenüber und zu einer religiösen Reform nothwendig ist. Zur
möglichst klaren Orientirung hierüber einen Beitrag zu geben, ist der
Zweck der folgenden Erörterungen über den bisher im Vordergrund
stehenden Gegenstand der Opposition, über die Mittel derselben in
ihrer bisherigen Thätigkeit, dann aber auch über den eigentlichen
fundamentalen Charakter, die nothwendigen Mittel und das letzte Ziel
des entbrannten Conflicts. Dabei wird die gegenwärtige Stellung der
beiden Gegensätze zugleich ihre Beleuchtung finden.

Der eigentliche Gegenstand der Opposition ist zunächst und bis
jetzt der Beschluß des vaticanischen Concils vom 18. Juli 1870, nämlich
das Dogma von der Unfehlbarkeit des Papstes und von der absoluten
und directen Herrschaft desselben über alle Bischöfe und die ganze
Kirche. Diese Unfehlbarkeit ist jetzt in aller Mund; ob der Papst
fehlbar oder unfehlbar sei, ist jetzt der Gegenstand der Rede und des
Streites in Haus und Straße, unter Gebildeten und Ungebildeten,
wie zur Zeit der arianischen Streitigkeiten die Leute allerorts und

---

*) Erschienen in der Augsb. Allgemeinen Zeitung im Mai 1871. Der Ver-
fasser sah sich damals veranlaßt, seine Stellung klar und entschieden zu bezeichnen
und die Gründe anzugeben, warum er seinerseits sich der durch J. v. Döllinger ver-
anlaßten altkatholischen Bewegung nicht anschloß.

während ihrer Geschäftsübung dogmatisirten über das „Gezeugtsein und Ungezeugtsein des Sohnes," die „Unterordnung des Sohnes unter den Vater" u. s. w. Die Gegner des neuen Dogma's, die sich wirklich ernsthaft „Altkatholiken" nennen, wollen im Grunde weiter nichts als diese „Neuerung" ablehnen und deren Einführung verhindern; alles übrige wollen sie gelten lassen, den Primat des Papstes, die Unfehlbarkeit der Kirche, alle Dogmen, vielleicht sogar mit Einschluß des Dogma's der Immaculata conceptio. Ja, wie es scheint, haben sie nicht einmal gegen die dogmatischen Entscheidungen des vaticanischen Concils vom 24. April 1870 etwas einzuwenden. Wenigstens haben bisher selbst die Kundgebungen der Universitäten nichts dagegen erinnert, obwohl diese Aprilbeschlüsse für Wissenschaft und Civilisation die gefährlichsten, ja geradezu vernichtend sind, und das Unfehlbarkeitsdogma wenigstens insofern schon in sich enthalten, als Jedermann, der sie anerkennt, sich damit schon des Rechtes begibt, um irgendwelcher historischer oder rationaler Gründe willen demselben als Feststellung des Papstes und der Bischöfe die Anerkennung zu versagen. Es wäre daher ein Irrthum, anzunehmen, daß die Opposition gegen das neue Dogma, wie sie dermalen in München und anderwärts, wenigstens was die Leitung betrifft, noch beschaffen ist, eine liberale sei; im Gegentheil ist sie eine sehr conservative, wie schon ihre Bezeichnung als „Altkatholicismus" zeigt, und das beständige Betonen ihrer echt katholischen Gesinnung und Gläubigkeit gegenüber der durch die „Neuerung" verdorbenen Katholicität derer, die das Unfehlbarkeitsdogma annehmen. Es wird zunächst nicht eine Verbesserung eingeführt, sondern nur Schaden und Verschlechterung von der katholischen Kirche abgewendet werden; es soll nicht eine Reform erzielt, sondern nur das Alte erhalten, nicht ein Fortschritt gemacht, sondern nur eine Neuerung verhütet werden. Der Liberalismus würde im Gegensatz hiervon sagen: Nicht als „Neuerung" weisen wir den Concilsbeschluß zurück, sondern weil er widervernünftig und auf Unwahrheiten gegründet ist; eine Neuerung wäre uns willkommen, wenn sie vernünftig wäre, denn die ganze Geschichte ist darauf angelegt, Neues zu erringen, insofern sie nach Verbesserung strebt; insbesondere die Wissenschaft muß beständig nach Neuem forschen, und der römisch-scholastische Abscheu vor neuen und bisher unerhörten Ansichten (sententiae novae et inauditae) kann für sie schlechterdings keine Geltung und keinen Sinn haben.

Die Mittel, welche die Opposition gegen das Unfehlbarkeitsdogma in Anwendung gebracht hat, sind ebenfalls nichts weniger als liberal, sondern durchaus positiv-theologisch und conservativ, um nicht zu sagen reactionär. Es sind nicht moderne Gedanken, Ideen und Geistesbedürfnisse, nicht Erwägungen der strengen Wissenschaft und philosophische Gründe, welche dem neuen Glaubenssatz entgegengesetzt werden, sondern Stellen der Schrift und die Tradition. Es wird behauptet, daß die vom Concil zur Begründung der Unfehlbarkeit des Papstes angeführten Stellen nicht beweisend dafür seien, und daß die echte ungefälschte Tradition in der Kirche kein Zeugniß für dieselbe gebe. Und zwar werden die in Frage stehenden Stellen der heil. Schrift nicht deshalb als unpassend zur Begründung dieses Dogma's erklärt, weil sie etwa nach den Regeln der gesunden, wissenschaftlichen Auslegung das nicht aussagen, was das Concil ihnen zuschreibt, sondern weil die alten Kirchenväter sie nicht so aufgefaßt und ausgelegt haben, dieselben also in der alten Zeit nicht so verstanden worden seien. Und die ange=führten Zeugnisse aus der Tradition werden nicht eigentlich darum verworfen, weil sie Unwahres, Unmögliches zum Inhalt haben, sondern weil sie unwahren, unechten Ursprungs, d. h. größtentheils Erdichtungen und Fälschungen sind. Aus diesem wird einleuchten, wieweit diese Opposition davon entfernt ist, im Namen des Liberalismus und der modernen Wissenschaft der römischen Anmaßung Widerstand zu leisten; es geschieht durchaus im Namen des katholischen Glaubens, der katholischen Tradition. Dennoch liegt hier ein modernes liberales Moment zu Grunde, das die Theilnahme des Liberalismus für diese Opposition erklärt und begründet. Es ist die historisch=theologische Forschung; also immerhin wenigstens die historische Wissenschaft, die sich der Willkür und dem Machtspruche der kirchlichen Autorität, resp. deren Trägern, entgegenstellt, und insofern das Recht der Wissenschaft gegenüber der Macht und Willkür der Autorität, die natürliche Forschung und Erkenntniß gegenüber der angeblich übernatürlichen Gewalt zur Geltung zu bringen sucht. Trotzdem also, daß die Oppo=sition sich auf das Unfehlbarkeitsdogma beschränken, den Kampf gleichsam damit localisiren, rein ad hoc nur führen will, und obwohl nur theologische und orthodoxe Gründe dagegen in Anwendung gebracht werden, stehen wir — wenn auch vielleicht ohne Wissen und Willen der Urheber oder Leiter der Bewegung in ihrem gegenwärtigen Stadium — vor einem Kampfe zwischen dem Rechte der Wissenschaft, der Vernunft und des unverfälschten Wahrheitssinns einerseits und der absoluten Gewalt der kirchlichen Autorität und dem blinden Gehorsam gegen dieselbe andererseits.

Ueber den Erfolg dieser „katholischen" Opposition gegenüber der katholisch=kirchlichen Autorität, also dem Papst und dem Gesammt=Episkopat gegenüber, darf man keinen Augenblick im Zweifel sein. Sie wird als katholisch=kirchliche Opposition durchaus nichts erreichen, wird kein Nachgeben des Papstes erzielen, keinen Widerruf des erklärten Dogma's der päpstlichen Unfehlbarkeit herbeiführen, sondern nur kirchliche Ver=dammung und Verfolgung, soweit sie eben möglich ist, sich zuziehen. Das fertige Dogma um der Gründe einer gelehrten Opposition willen, sei sie auch noch so sehr im Recht, wiederum in Frage stellen und von dem Erfolg einer Disputation abhängig machen, hieße das ganze kirchliche System ändern, hieße die Kirchen=Autorität der Wissenschaft, näher: der theologischen Forschung gleichstellen, oder sogar unterordnen, während in der katholischen Kirche sogar alle Wissenschaft und Philo= sophie nur in ein Dienstverhältniß zur Autorität der „Kirche" gestellt wird.   Die Theologie vollends hat nur zu gehorchen, hat nur die Befehle der Kirchen=Autorität zu vollziehen, muß das nachträglich begründen und vertheidigen, was diese beliebt und befohlen hat.   Sie darf diese Beschlüsse und Dogmen nicht einmal beweisen, denn das wäre rationalistisch, würde den „übernatürlichen" mysteriösen Charakter dieser Feststellungen aufheben, den Glaubensgehorsam schwächen, weil bei erlangter Einsicht unnöthig machen.   So darf z. B. das Dogma von der göttlichen Trinität in der hierarchisch=katholischen Kirche nicht bloß nicht geläugnet, es darf auch nicht bewiesen oder zu beweisen versucht werden, sonst wäre ja das Fürwahrhalten „rationalistisch" und also kein „übernatürliches" und kein Glaubensgehorsam mehr. Glaubensgehorsam, auf den überall mehr Gewicht gelegt wird als auf die Wahrheit! Man muß diese Eigenthümlichkeit erwägen, um den Geist dieses Systems zu verstehen, und zu begreifen, daß eine auf Wissenschaft und Wahrheit gegründete Opposition keinerlei Aussicht auf Erfolg hat, soweit die Träger der Kirchenautorität dabei in Betracht kommen. Und selbst wenn in unserm gegebenen Fall eine Disputation gewährt würde, und, wie gar nicht zu zweifeln ist, alle vaticanischen Begründungen des neuen Dogma's aus Schrift und Tradition die glänzendste Widerlegung gefunden und die Vertheidiger davon die kläglichste Rolle gespielt hätten, so würde man doch darum noch keines= wegs das Dogma selbst aufgeben. Denn das System hat der bösen Wissen= schaft gegenüber die erklärten Dogmen dadurch vorsichtig geschützt, daß es das Dogma und seine Begründung wohl von einander trennt. Nur das erklärte Dogma selbst ist, streng genommen, eine unfehlbare Wahr= heit, die geglaubt werden muß, nicht aber die Deutung der Schrift= stellen, die zur Begründung verwendet werden.   Wenn also auch die vaticanische Deutung der Schriftstellen und deren Traditionsweise wider= legt sind, so wird doch das Dogma aufrecht erhalten bleiben.   Denn dieses ist nicht festgestellt durch Exegese und historische Wissenschaft, sondern kraft der absolut geltenden Autorität der Kirchengewalt oder des magisch wirkenden Kirchenlehramtes des Papstes und des Episkopats. Dieses bedürfte im Grunde genommen gar keiner Begründung seiner Feststellung, gar keiner besondern Untersuchung und Nachforschung, sondern nur des Willens zur dogmatischen Definition — wie dies strenge Orthodoxe sogar von den Feststellungen des Papstes allein schon behauptet haben. Das Princip unbedingter Autorität, ins Extreme getrieben, wie es in der katholischen Kirche der Fall ist, verlangt eben nicht bloß blinde Unterwerfung von Seite der Gläubigen, sondern auch blinde Entscheidung oder Feststellung der Glaubenssätze von Seite

cher oder der kirchlichen Lehrautorität, damit ja
Berechtigung von Vernunft und Wissenschaft aus=
) im vollen Sinne: Blinde von Blinden geführt.
nd Beruhigung aber wird behauptet: die eigentliche
die Träger der kirchlichen Autorität stamme vom
derselben wirke und sie leite. Eine Behauptung,
wiederum nur blindlings geglaubt werden muß,
werden kann, und nicht einmal bewiesen werden
wieder die schwache menschliche Vernunft die letzte
itung wäre. Man weiß bei alledem nur nicht
berhaupt die Menschen mit einer Vernunft begabt
ler Autorität vernünftigen Gehorsam (rationabile
sagen die Scholistiker; allein genau genommen
vernünftigem Gehorsam eben nur dies, daß auf
h verzichtet werde, also die Begabung mit Vernunft
Fehler verbessert wird zur Vernunftlosigkeit. Auf
n den so verhaßten „Rationalismus" und „Sub=
rs der dazu so geneigten deutschen Professoren aus
vertilgen, wie die Jesuiten seit lange schon unauf=

cht, daß, wenn man dem Menschen seine subjective
er zerstört, es dann auch keine objective Vernünf=
ahrheit mehr für ihn geben kann, sowie für den
bjective Augenlicht genommen ist, auch das objec=
ie nicht mehr existirt. Indeß das katholisch=kirch=
s sich seit Jahrhunderten ausgebildet hat, ist einmal
l hier nicht weiter dagegen, sondern wollen nur
;a geradezu unmöglich es ist, auf diesem „katho=
e verharrend, das neue Unfehlbarkeits=Dogma mit
zu bestreiten. Der Katholicismus besteht nicht
ne von sogenannten dogmatischen Wahrheiten, son=
s wesentlichste Element in sich das Princip der
der herrschenden Hierarchie, Papst und Gesammt=
ßflicht der Unterwerfung unter dieselbe für alle
war gilt die Autorität und der Gehorsam als das
t die Wahrheit. Wer also zwar alle früher fest=
nnimmt, aber dieser Autorität sich widersetzt, wenn
e Function tritt und ein neues Dogma festsetzt,
als Katholik im bisher üblichen Sinne des Wortes
Grundprincip des Katholicismus angreift oder
zwar von dem nach bisherigen katholischen Grund=
untergeordneten Standpunkte der Wissenschaft aus.
schöfe ziehen dies auch immer mehr in Betracht;
mehr ab von ihren kläglich mißlingenden Beweis=

führungen für das neue Dogma, und ziehen sich zurück auf den von mystischem Schein und Nebel umgebenen Standpunkt absoluter „über= natürlicher‘ Autorität, wohin keiner Vernunft und Wissenschaft Zutritt gestattet ist, und wo sie daher auch unwiderleglich sind.

Dieselben Schwierigkeiten erheben sich bei der Bestreitung der Oekumenicität des vaticanischen Concils. Man führt an gegen die Allgemeinheit und Rechtsgültigkeit desselben: die willkürliche Auf= zwingung einer Geschäftsordnung, welche die nothwendige Freiheit beschränkte oder aufhob, jede wirkliche Discussion unmöglich machte u. s. w. Allein wenn dies auch alles klar bewiesen wird, und das ganze conciliarische Vorgehen als bloßer Schein und Trug gezeigt werden kann, so ist die Sache damit nur auf „natürlichem“ und wissenschaftlichem Standpunkt erledigt, nicht aber für den „übernatür= lichen“, für den katholischen und kirchlichen Standpunkt. Denn da entsteht die Frage: Wer soll denn über den Charakter der Oekumeni= cität des Concils entscheiden, wenn es nicht der Papst und der Ge= sammt=Episkopat thun kann — wie er es denn wirklich thut? Soll ein einzelner Gelehrter oder eine Anzahl derselben dies entscheiden? Und zwar entgegen der Entscheidung des Papstes und sämmtlicher Bischöfe, also entgegen der gesammten Kirchenautorität? Auf natür= lichem Standpunkt wäre dies immerhin möglich, obwohl auch nur schwer zulässig, auf kirchlichem Standpunkt aber nimmermehr! Es gibt überdies keine ganz sicheren unumstößlichen Kriterien für die Oeku= menicität eines Concils, nach denen man sicher und ganz objectiv über die Sache entscheiden könnte — und wenn es auch solche gäbe, das versammelte Concil mit dem Papst ist die höchste kirchliche Instanz und ist Herr auch über die kirchlichen Gesetze! Da die versammelten Bischöfe die octroyirte Geschäftsordnung sich gefallen ließen, wenn auch mit einigem Sträuben und Murren einiger Bischöfe, so ist damit diese Form als gültig für ein allgemeines Concil anerkannt oder festgestellt. Da außerdem auf „katholischem“ Standpunkt angenommen wird, daß der h. Geist die letzte Entscheidung gebe, so verschwindet dagegen ohnehin alles natürliche menschliche Beiwerk, Vorbereitung, Berathung u. s. w. Sollte der h. Geist, wenn er die ganze Kirche leitet, und insbesondere bei einem gesetzlich versammelten allgemeinen Concil in verstärktem, ja entscheidendem Maße thätig ist, es zugelassen haben, daß daselbst Einrichtungen getroffen wurden, die seine ganze Wirk= samkeit hemmten? Und sollte eine Geschäftsordnung im Stande sein, den göttlichen Geist in seiner Führung der Kirche so zu hemmen, daß gerade das höchste Organ der Kirche im höchsten Augenblick seiner Wirksamkeit so corrumpirt worden ist, daß ein Irrthum als göttlich geoffenbarte Wahrheit festgestellt werden könnte? Was ist das für eine göttliche Leitung der Kirche, wenn solches möglich ist, und wie kann man — wie doch einige von der Opposition thun — ohne voll=

ständige Illusion hoffen, daß die Beschlüsse des jetzigen Concils von einem andern wirklich allgemeinen Concil wieder aufgehoben werden, und die Wahrheit wieder Herstellung finden werde? Sollte der h. Geist, wenn er die Kirche, wie die Opposition dies festhält, wirklich leitet, solche Experimente mit dem Glauben der allein rechtgläubigen und allein seligmachenten Kirche vornehmen oder zulassen?

Nachdem die Dinge einmal so weit gediehen sind, bleibt nichts anderes übrig, als sich zu unterwerfen, oder mit dem hierarchisch= katholischen Princip selbst in Opposition zu treten, und nicht blos eine einzelne Kundgebung derselben zu bestreiten, oder nur ein Dogma als Irrthum darzuthun. Solche Isolirung oder Localisirung des Streites ist durchaus unmöglich, da mit diesem Dogma zugleich die Autorität negirt wird, die es aufgestellt hat und dafür einsteht. Solch einer absoluten Autorität gegenüber ist nothwendig jede Opposition gegen eine That derselben zugleich ein Prinzipienstreit, und sogleich wird der einzelne Streitpunkt in den Hintergrund gestellt und die Opposition gegen das Princip, gegen die Autorität in den Vorder= grund — wie es gegenwärtig Papst und Bischöfe bereits thun — indem sie allenthalben verkünden, daß es sich nicht mehr blos um das einzelne Dogma von der Unfehlbarkeit handle, sondern um das Grund= princip des Katholicismus, um die Autorität selber und also um das ganze Wesen der katholischen Kirche. Will man daher das neue Dogma nicht annehmen, so wird man den Kampf gegen das katholische päpstlich = hierarchische Kirchenprincip, das vollständig für das neue Dogma einsteht, aufnehmen müssen.

Es gab eine Zeit, ehe man noch der vollendeten Thatsache gegenüber= stand, wo man, ohne das Prinzip selbst anzugreifen und aufzuheben, volle energische Opposition gegen die römischen Tendenzen hätte erheben können. Leider geschah es nicht, oder erst dann, als die Dinge schon zu weit gediehen und es zu spät war. Ja, man begeht kein Unrecht, wenn man behauptet, daß viele von denen, die jetzt in der vordersten Reihe der Opposition stehen, und der Führer selbst, nicht ohne Schuld daran sind, durch ihre Schwäche und Nachgiebigkeit, daß es in Rom zu diesem Aeußersten gekommen ist. Wir müssen uns hierüber näher erklären, und wollen dies thun, ohne auf die frühere Wirksamkeit derselben zurück= zugreifen, blos durch Darstellung eines Vorganges aus der neuesten Zeit. Als des Referenten Schrift „Ueber die Freiheit der Wissenschaft" erschienen war, in welcher er das Recht der Wissenschaft gegenüber der Autorität begründete und forderte, derselbe in Folge davon mit dem Papst und den Bischöfen in Conflict gerieth (1863) und deren Verfolgung sich zuzog, da ward er bald von allen katholischen Gelehrten im Stiche gelassen, so viele derselben ihm auch ihren reichlichen Beifall zu erkennen gegeben hatten, als noch keine ernstliche Gefahr drohte. Da indeß die Sache der Freiheit der Wissenschaft einmal angeregt war, so ward auf Veranlassung v. Döllinger's im Herbste des Jahres 1863 eine Versammlung der katholischen Gelehrten (hauptsächlich Theologen) in München veranstaltet, in welcher dem Programme gemäß das Recht und die Freiheit der Wissenschaft ihre Wahrung finden sollten. Der Vorsitzende (v. Döllinger) sprach auch wirklich in der Eröffnungsrede zu Gunsten dieser Freiheit — freilich nicht ohne Wendungen, die wieder Schwanken verriethen und der Forderung derselben die Spitze abbrachen. Den anwesenden entschiedenen Ultramontanen war indeß auch dies schon zu viel, und ihrem energischen Protest, obwohl ihrer nur ein halbes Dutzend war, gelang es, das ursprüngliche Programm zu vereiteln. Nach längeren Verhandlungen über das Verhältniß von Wissenschaft und Autorität ward als Schlußresultat und Beschluß der „katholischen Gelehrten" Deutschlands vom Vorsitzenden an den Papst ein Telegramm gesandt des Inhalts: daß die wichtige Frage über das Verhältniß der Wissenschaft zur Autorität im Sinne der Unterwerfung der Wissenschaft unter die Autorität entschieden worden sei. Man kann sich denken, wie angenehm diese Nachricht dem Papst und den Jesuiten in Rom sein mußte! Jetzt konnten sie ruhig ihre Pläne verfolgen und der katholischen Welt auch das Aeußerste zumuthen, ohne ernsten Widerstand befürchten zu müssen; denn wenn die in Rom so gefürchteten und gehaßten katholischen Professoren Deutschlands in dieser Weise dem heiligen Vater ihre Wissenschaft zu Füßen legten, wer in der katholischen Welt sollte noch Widerstand leisten, wenn auch das Ungeheuerlichste zu glauben vorgestellt werden sollte! Pius IX. gab denn auch telegraphisch sein Wohlgefallen an dem gefaßten Beschlusse zu erkennen und spendete seinen Segen. Da aber für das nächste Jahr eine neue Gelehrten= versammlung in Aussicht gestellt war, auf welcher wiederum über die Freiheit der Wissenschaft verhandelt werden sollte, so glaubte der Papst diesem durch ein Schreiben an den Erzbischof von München (Tuas libenter 21. Dec. 1863) zuvorkommen zu müssen, um so mehr, als er über das ganze Vorgehen von „Privatgelehrten" ohne kirchliche Mission in solchen Angelegenheiten nicht geringen Groll empfand. In diesem Schreiben sprach der Papst energisch sein Mißfallen über solche selbstständige Gelehrtenversammlungen aus, und versäumte nicht, den Gelehrten möglichst klar darzustellen, was ihre beschlossene Unter= werfung der Wissenschaft unter die Autorität in sich fasse und eigentlich zu bedeuten habe. Nicht blos den erklärten Dogmen habe sich die Wissenschaft zu unterwerfen, sondern auch den päpstlichen Constitutionen, den Decreten des Index u. s. w. Die Gelehrten schwiegen und hielten auch keine weitere Versammlung mehr. Es blieb bei der beschlossenen Unterwerfung der Wissenschaft; das Recht derselben war gründlich preisgegeben. Von dem Verfasser der Schrift: „Ueber die Freiheit der Wissenschaft" hielten sich aber nun alle fern, wie sie ihn schon zu ihrer Versammlung nicht geladen hatten. Einige derselben unterließen

auch nicht, gelegentlich Steine auf ihn zu werfen, dadurch das Wohl=
gefallen der Jesuiten sich verdienend; und insbesondere die Professoren
der Theologie in München (ohne Ausnahme) machten dem Papste und
den Bischöfen das Vergnügen, sich von demselben durch eine öffentliche
Erklärung zu Anfang des Jahres 1864 loszusagen. Man tadelt jetzt
viel und scharf und mit Recht das schwankende, schwache Verhalten der
Bischöfe der Opposition in Rom und nach ihrer Rückkehr. Aber um
gerecht zu sein, ist auch zu sagen, daß die katholischen Gelehrten Deutsch=
lands das Vorspiel und Beispiel eines solchen Verhaltens gegeben
haben durch die Schwäche und Nachgiebigkeit, die sie in der Wahrung
des Rechtes der Wissenschaft kundgegeben haben, nachdem sie dieselbe
in die Hand genommen und das letzte Wort glaubten darüber sprechen
zu müssen. Ihr jetziges Verdienst, das sie sich durch ihre Opposition
erwerben, soll nicht im mindesten geschmälert, sondern reichlich anerkannt
werden; insbesondere Hrn. Stiftspropst v. Döllinger wird es in der
Geschichte unvergessen bleiben, daß er eine große katholische Reputation
dafür eingesetzt hat, die oppositionelle Bewegung in Gang zu bringen.
Aber sie werden es nicht unbillig finden können, wenn ich zur Richtig=
stellung der Sachlage an jene Vorgänge erinnere und diese Andeu=
tungen gebe über den geschichtlichen Zusammenhang im Verlaufe der
Dinge. Umsomehr darf daran erinnert werden, als sie jetzt bei ihrer
Opposition sich entschieden auf den Standpunkt des Rechtes der Vernunft
und Wissenschaft stellen müssen, den ich damals vertrat und um dessent=
willen mich Alle angesichts der hierarchischen Verfolgung im Stiche
gelassen haben. Ich sage: auf den Standpunkt des Rechtes der Vernunft,
der Wissenschaft und der Wahrheit muß sich thatsächlich die Opposition
stellen gegenüber der Autorität; und nur, wenn dieser vollberechtigt
ist, kann auch die Opposition als berechtigt gelten. Ihre Berechtigung
und ihre Kraft kann sie allein aus diesem Prinzip schöpfen, denn keiner
der Opponenten kann irgend eine autoritative Würde oder Mission
geltend machen für die Berechtigung seiner Thätigkeit. Gilt das Recht
der Vernunft und wissenschaftlichen Erkenntniß nicht gegenüber der
kirchlichen Autorität, dann fehlt der ganzen Bewegung der feste Boden.
Wir dürfen demnach annehmen, daß der Standpunkt jenes verhängniß=
vollen Telegramms von 1863 jetzt von den Führern der Opposition
aufgegeben ist, und hoffen, daß sie jetzt die Sache, die sie zur ihrigen
gemacht, mit Muth und Ausdauer zu einem gedeihlichen Ausgang führen
werden. Es möge uns aber gestattet sein, noch kurz die Bedingungen
zu erörtern, von denen unseres Erachtens der Erfolg der ganzen oppo=
sitionellen Bewegung in der katholischen Kirche abhängig ist.

Vor allem scheint uns nothwendig zu sein, daß man endlich gestehe
und darnach thue, daß es sich nicht blos um dieses einzelne Dogma
von der Unfehlbarkeit des Papstes handle, sondern um die ganze
römisch=hierarchische Autorität und Herrschaft; daß es sich also um

einen Principienkampf handle, nicht blos um eine einzelne Consequenz oder Erscheinung, — wie dies auch Papst und Bischöfe bereits sehr bestimmt hervorheben, und wie es bei einer Opposition gegen die Verfügung einer absoluten Autorität auch nicht anders sein kann. Die Sache steht so, daß aus diesem Kampfe entweder die volle Befreiung wenigstens des katholischen Deutschlands vom Drucke der römischen Herrschaft und des ganzen kirchlichen Herrschsystems hervorgehen muß, oder ein schmähliches Mißlingen der ganzen Bewegung eintritt, wenn Muthlosigkeit oder Schwäche der Leiter derselben sie zurückweichen läßt. Die Folge wird dann ein doppelter Druck des römischen und jesuitischen Joches sein, und fortwährender Kampf gegen den modernen Staat. Vor allem ist also darauf zu dringen, daß die päpstliche Herr= schaft selbst, nicht blos die Unfehlbarkeit des Papstes zurückgewiesen werde. Wir bedürfen in Deutschland keiner päpstlichen Beherrschung; die religiösen und sittlichen Zwecke werden ohne dieselbe eben so gut, und besser noch, erreicht werden. Ohnehin, wenn der „Altkatholicismus" durchaus einen Papst nicht entbehren könnte, so würde es ihm schlimm genug ergehen, um zu einem solchen zu kommen. Der gegenwärtige Papst weist ja die „Altkatholiken" entschieden zurück, schließt sie als „Ketzer" aus seiner Gemeinschaft aus, übergibt sie dem Teufel und der Hölle, und wird niemals sich zu einer Nachgiebigkeit oder Concession verstehen. Wenn man gleichwohl nicht ohne Papst glaubt existiren zu können, so bliebe nichts übrig, als einen andern Papst zu wählen, der sich dazu verstände, „fehlbar" zu sein. Allein da müßte zuvor der gegenwärtige Papst seiner rechtmäßig errungenen Würde entsetzt werden. Wer sollte dies aber thun, da alle Cardinäle und nahezu oder so gut als alle Bischöfe sich bereits an denselben angeschlossen haben? Und wo sollte man einen andern Papst hernehmen, da der ganze Episkopat selbst in Deutschland sich bereits dem unfehlbaren Papst unterworfen hat? Und wer soll ihn wählen, da wiederum Cardinäle und Bischöfe sich nicht dazu verstehen werden? Würde er aber auf andere Weise, etwa vom Volke selbst gewählt, wie könnte man dann noch von einer katholischen Kirche in dem seit Jahrhunderten üblichen Sinne reden? So erledigt sich die Frage um die Geltung des Papstthums von selbst, wenn anders die Opposition Muth und Standhaftigkeit genug besitzt zum Ausharren. Aber auch das Episkopal= system kann nicht an die Stelle des absolutistischen Papalsystems gesetzt werden. Es wäre vergeblich, dem Papste die absolute hierarchische Herrschaft zu nehmen und sie den Bischöfen zu übergeben — diesen Bischöfen, die eben jetzt ihre eigenen Rechte und die Rechte der Völker und Regierungen dem päpstlichen Absolutismus preisgegeben haben — diesen Bischöfen, für welche es keine historische und keine rationale Wahrheit gibt, wenn der Wille des Papstes es verbietet, — Bischöfen, für welche die Wissenschaft nur eine gemeine, gehorsame Hofsophistin

sein soll. Man gebe diesen Bischöfen heute das hierarchisch-kirchliche Imperium in die Hände, so werden sie morgen schon eilen, dasselbe als gehorsame Diener dem Papst wieder unbedingt zu Füßen zu legen. Als der alte römische Senat einmal so tief gesunken war, daß er die schrankenlose Willkürherrschaft der vergötterten Imperatoren ertrug, und wohldienerisch denselben sich zu Diensten stellte, da war er nicht mehr fähig, die Weltherrschaft zu führen, auch wenn sie für ihn errungen und ihm aufgedrungen wurde. Mit diesem absoluten hierarchischen Imperium in beiden Formen ist also ein Ende zu machen. Will man dies nicht, so bleibt nichts anderes übrig, als sich schließlich doch dem Absolutismus und der Unfehlbarkeit des Papstes zu unter=
werfen.

Vor solch' schmachvoller schließlicher Unterwerfung werden wir in=
deß hoffentlich in Deutschland bewahrt bleiben, schon um eines andern wichtigen Umstandes willen, der eine Fortdauer der römisch-hierarchischen Herrschaft als unmöglich erscheinen läßt — als unmöglich gegenüber dem Wahrheitsgefühl und der sittlichen Bildung der Völker. Als das römische Papstthum mit der ganzen hierarchischen Herrschaft noch mit dem Nimbus voller Heiligkeit, Wahrheit und Wahrhaftigkeit thronte, noch als directes Werk göttlicher Stiftung angesehen wurde, das, ganz so wie es sei, von Gott selbst fix und fertig in die Geschichte herein=
gestellt worden; als noch all die schlimmen Künste, die falschen Urkunden, Fictionen, Fälschungen und Gewaltthaten nicht aufgedeckt waren, durch welche es sich begründet und ausgebildet hat — da hatte es einen guten Sinn, den noch so wenig gebildeten Völkern diese Hierarchie als Führerin zur Wahrheit und Sittlichkeit hinzustellen und von denselben Gehorsam, Unterwerfung zu fordern. Jetzt aber, nach=
dem diese Aufdeckung durch geschichtliche Forschung geschehen, nachdem — wenn man so sagen will — durch Genuß vom Baume der Erkennt=
niß dieses kirchliche Paradies zerstört, verloren ist, kann unmöglich noch mit Recht ein unbedingter Gehorsam gegen dieses römisch=
hierarchische Imperium gefordert, und darf unmöglich den Menschen fernerhin eingeredet werden, daß von demselben ihre Theilnahme am Christenthum und ihr ewiges Heil abhängig sei. Ein solcher Glaube und Gehorsam könnte nur erzielt werden, wenn das Gefühl für Wahr=
heit und Wahrhaftigkeit ganz abgestumpft wäre, und die Seelen sitt=
lichen Abscheues vollständig ermangelten. Entweder man hätte jene Enthüllungen niemals machen und bekannt machen sollen, oder man muß, nachdem sie einmal geschehen, endlich aufhören, den Menschen gleichwohl Glauben und Gehorsam gegenüber dieser so begründeten und geführten kirchlichen Herrschaft ferner zuzumuthen. So können falsche Heiligen-Reliquien wohl Ehrfurcht und Verehrung erwecken, wie wahre, so lange ihre Falschheit nicht bekannt ist; wird aber diese enthüllt, dann ist dies für immer vorbei, und man kann Niemandem

mehr zumuthen, sie gleichwohl noch gegen denselben zu hegen. Man muß gestehen, daß die Jesuiten in dieser Beziehung rationeller und consequenter verfahren. Sie fordern Unterwerfung unter das absolute päpstliche Regiment; aber sie behaupten auch zugleich dessen vollkommene Heiligkeit und Göttlichkeit, indem sie durch Vertuschung und Läugnung alles Anstößige davon hinweg escamotiren. Das ist zwar ein unwahrhaftiges und unredliches Verfahren, aber es wird damit doch erreicht, daß das irre geleitete Volk sich ohne sittliche Gefahr, ohne Verläugnung des Wahrheitsgefühls und ohne sich vor sich selbst schämen zu müssen, dem Papst und seiner Hierarchie unterwerfen kann.

Auch in Bezug auf die Mittel, um den gestellten Zweck zu erreichen, wird die Opposition ihr gegenwärtiges Stadium überschreiten und sich zur Entschiedenheit entschließen müssen, wenn sie nicht als religiöse Bewegung vollständig scheitern will. Wie die Sache gegenwärtig steht, enthält dieselbe zwei Elemente zugleich in sich, von denen das eine das andere geradezu aufhebt, oder unmöglich macht. Dem Volke wird zugemuthet, nur das Dogma der Unfehlbarkeit des Papstes nicht zu glauben, in allen andern Beziehungen aber gut katholisch zu sein, d. h. das ganze katholische Kirchenwesen als in Kraft bestehend gelten zu lassen. Die Folge ist, daß nun die ganze kirchliche Organisation den Vertretern des neuen Dogma's in vollem Maße zu Gebote steht und gegen die Opposition selbst angewendet werden kann, da man ihm droht, alle kirchlichen Gnadenmittel ihm zu entziehen, wenn es das neue Dogma nicht annimmt — Gnadenmittel, die von der „altkatholischen" Opposition selbst als nothwendig, weil wesentlich katholisch, betrachtet werden. So muß das Volk zuletzt in einen grausamen Zwiespalt gerathen. Auf der einen Seite wird ihm das Unfehlbarkeits-Dogma als ungerecht, ungültig und widersinnig klar dargethan und es aufgefordert, dasselbe nicht anzunehmen, auf der andern Seite wird es von den kirchlichen Behörden zur Annahme aufgefordert, bei Verlust der Gnadenmittel, welche die „katholische" Opposition selbst als nothwendig gelten lassen muß. Soll irgend Aussicht sein auf einen Erfolg des Widerstandes gegen die Beschlüsse des Papstes und des Episkopates, so muß das Volk gebildet und befähigt werden, die geistliche „Gnadensperre" zu ertragen und sich nicht von derselben im Gewissen ängstigen und zuletzt bezwingen zu lassen. So lange dies nicht geschieht, ist der Staat und die moderne Gesellschaft ebenso wie der religiöse Glaube der Willkür des päpstlichen Absolutismus preisgegeben. Es wird also dem Volke vor allem die Ueberzeugung beigebracht werden müssen, daß das Christenthum mit all seinen Wahrheiten und Heilsmitteln nicht wie ein Privateigenthum des Papstes und der Hierarchie betrachtet werden dürfe, das diese unter beliebigem Verschluß hält und nur denen zu Theil werden läßt, welche den vorgeschriebenen Preis unbedingter Unterwerfung bezahlen. Und wenn z. B. insbesondere der Beichtstuhl nunmehr als Hauptmittel gebraucht wird, die unbedingte Unterwerfung unter den päpstlichen unfehlbaren Absolutismus zu erzwingen und gegen den modernen Staat zu agitiren, so wird schließlich nichts anderes übrig bleiben, als dafür zu sorgen, daß derselbe in Bälde den abgethanenen mittelalterlichen Marterwerkzeugen der Inquisition beigesellt werde, mit denen er so viel Aehnlichkeit erhält. Dies kann um so eher geschehen ohne wesentliche Beeinträchtigung des christlichen Glaubens, da ja auch die ursprüngliche öffentliche Bußdisciplin in der Kirche aufgehoben werden konnte, als die Zeitumstände sie nicht mehr als haltbar erscheinen ließen; andererseits aber die gegenwärtige Praxis des Beicht-Instituts in einem schreienden Mißverhältniß steht zu der immerhin guten Idee, die zu Grunde liegt. In diesem Gebiet aber muß das Volk befähigt werden, daß es sich selber helfe und schütze vor römischer Vergewaltigung; denn die Regierungen können nicht befehlen, daß der Geistliche absolvire, daß der Bischof das heilige Oel spende, daß der Papst seine geistlichen Vollmachten ertheile. Sie müssen entbehrlich gemacht werden für das Volk; die wesentlich für die Herrschaft der Hierarchie eingeführten Uebungen, Gebote und Vollmachten müssen außer Kraft gesetzt werden, wenn das Volk sich selbst und den Staat vor der Gewalt des geistlichen Absolutismus soll schützen können. Wer den Zweck will, muß auch die nothwendigen Mittel wollen.

Aus all dem geht abermals hervor, daß es bei bloßer Verneinung des Unfehlbarkeitsdogma's sein Bewenden nicht haben könne, daß hierin weiter zu gehen und insbesondere eine wirkliche, positive, christliche Reform nothwendig sei. Es wäre auch wirklich den geistigen Bedürfnissen der Gegenwart wenig Rechnung getragen und wenig gedient, wenn ein Altkatholicismus das Ziel der ganzen Bewegung wäre, der bis zum 18. Juli 1870 reichte, also sogar das Dogma von der Immaculata Conceptio und den Concilsbeschluß vom 24. April 1870 in sich befaßte, und außerdem noch das ganze hierarchische Regiment, wie es bis zum vaticanischen Concil bestand. Es ist uns nicht bekannt, ob ein positiver Reformplan der gegenwärtigen oppositionellen Bewegung zu Grunde liegt. Bisher verlautete nichts davon, als hie und da der Ruf nach einer Reform der Kirche an Haupt und Gliedern — wobei also römischer Primat und Hierarchie beibehalten, aber reformirt werden sollen. Dieses Project, wenn es wirklich besteht, ist eine Illusion und wird so sicher scheitern, wie jedes frühere dieser Art, weil die Ausführung der Natur der Sache nach unmöglich ist. Das Haupt, der Papst, soll bleiben, aber reformirt werden! Von wem denn? Von den Laien doch wohl nicht, da ja die Schafe den Hirten nicht reformiren können. Er selbst wird sich auch nicht reformiren, da er das Bedürfniß dazu ganz und gar nicht fühlt; die Bischöfe und der Klerus aber sind ebenfalls ganz außer Stande dazu, da sie ganz in der Gewalt des Papstes und geistig so gebildet und gebunden sind, daß in die Seele der meisten der Gedanke einer Reform keinen Zugang erhalten kann. Der hierarchische Absolutismus ist nicht blos unfehlbar, sondern auch unverbesserlich — darauf verlasse man sich! Es müßten also nur die Staaten selbst sich zu christlichen Reformatoren aufwerfen, was doch kaum ihre Aufgabe sein, kaum in ihrer Befugniß und Befähigung liegen kann! - Wir glauben, daß eine wirkliche Reform des Christenthums nur in der einfachen Reactivirung der christlichen Urprinzipien zu finden ist, wie wir dies früher*) schon dargestellt haben. Wir glauben, daß der Baum der katholisch-hierarchischen Kirche seinen Entwicklungsgang vollendet hat und dem Verdorren verfallen ist. Die Erneuerung kann nur dadurch geschehen, daß der Same der Lehre Christi wieder neu gepflanzt wird, damit er unter neuen Verhältnissen sich neu entwickle.

Wenn übrigens aus Mangel an Entschiedenheit und Consequenz die gegenwärtige oppositionelle Bewegung in der katholischen Kirche für das religiöse Bedürfniß der Gegenwart resultatlos verlaufen, und Papst und Jesuiten auf kirchlichem Gebiet zeitweilig siegen sollten, so wird dies doch nie und nimmermehr mit der politischen Opposition dagegen der Fall sein, da die Staaten unmöglich ihre Rechte und ihre Souveränetät dem Papste preisgeben können. Es wäre vielleicht angemessener gewesen, wenn von Anfang an die kirchlich-katholische und die politische Opposition gesondert geblieben und der Staat nicht aufgerufen worden wäre zum Schutze des wahren katholischen Glaubens, sondern zum Schutze seiner selbst, seiner Rechte und seiner Souveränetät. In dieser politischen Opposition werden sich alle einigen können ohne Unterschied freisinniger Denkart oder orthodoxen Glaubens, ohne Unterschied des religiösen Bekenntnisses; denn z. B. auch den Protestanten muß als Staatsbürgern daran liegen, daß der Staat souverän bleibe, und außerdem, daß er stets im Stande sei, die Rechte aller Confessionen, die vom Papstthum bedroht sind, wirksam zu schützen. Selbst die päpstlich gesinnten Katholiken müssen sich dem anschließen, da sie und ihre Bischöfe beständig versichern: das Unfehlbarkeits-Dogma könne, dürfe und werde die Rechte des Staates durchaus nicht gefährden. Es wird ihnen wohl Ernst sein damit!

---

*) Im 3. Capitel dieses Buches: „Das Unfehlbarkeitsdogma und die Staatsregierungen", Seite 59 u. ff.

V.

Die deutsche Nation und die römische Papstherrschaft.*)

Wer die Bestrebungen der Jesuiten und des von denselben beherrschten Papstthums seit ungefähr zwanzig Jahren mit Aufmerksamkeit verfolgt, kann ohne Mühe erkennen, daß es zunächst zwei Hauptziele waren, die sie anstrebten, nämlich die Vernichtung der modernen Geistescultur und -Freiheit und die Wiederherstellung päpstlicher Oberherrschaft wenigstens über die modernen katholischen Staaten. Im Hintergrund ist dann die Bekämpfung und Besiegung des Protestantismus in Aussicht genommen. Die Pläne mögen als abenteuerlich erscheinen, aber wäre der deutsch-französische Krieg für Frankreich, für Napoleon III. und Kaiserin Eugenie siegreich gewesen, so würde sich bald der furchtbare Ernst derselben gezeigt haben. Und selbst jetzt möge man sich ja nicht dem Wahne hingeben, als ob das jesuitische Papstthum auf sie verzichtet habe. Die politischen Verhältnisse sind wechselvoll, und die Völker enthalten noch immer so große Massen von Blindgläubigen in sich, daß die Hoffnung auf günstigere Zeiten nicht aufgegeben ist.

Da dem Papstthum zunächst nur durch geistliche Mittel, durch Beherrschung der Seelen, Einfluß auf die politischen Verhältnisse möglich ist, so faßte man sachgemäß auch zuerst vorzugsweise die Wiederherstellung der unbedingten Herrschaft über die Wissenschaft und Bildung ins Auge. Schon zu Anfang der fünfziger Jahre verkündeten die Jesuiten in ihrer Zeitschrift „Civiltà Cattolica" als ihre Aufgabe: „in Verbindung mit dem Vatican" die moderne Philosophie seit Cartesius und die davon beeinflußte nichtkirchliche Wissenschaft zu vernichten, wenigstens bei den katholischen Völkern. Daß sie aber von Anfang an auch das politische und theokratische Ziel im Auge hatten, darauf deutet schon das Motto der genannten Zeitschrift: „Glücklich das Volk, das seinen Gott zum Herrscher hat. (Beatus populus cujus dominus Deus ejus)." Unter Gott ist hier natürlich sein Stellvertreter auf Erden zu verstehen, und die Völker haben ihren Gott zum Herrn nur dann, wenn der Papst die Oberherrschaft über sie besitzt. In der Encyklica und im Syllabus vom 8. December 1864 ist in der That neben der Herrschaft über das Geistesleben auch die über das politische Leben der Völker und die Oberherrschaft über

---

*) Erschienen in der Augsburger Allgemeinen Zeitung. Juni 1871.

die weltlichen Regierungen in Anspruch genommen. Das vaticanische Concil sollte alle päpstlichen Ansprüche feierlich bestätigen und alle Macht ausdrücklich in Rom concentriren. Auch hier begann man mit der geistigen Unterjochung, mit Vernichtung aller freien selbst= ständigen Forschung und mit Proclamirung der obersten Herrschaft des Papstes. In der Aufeinanderfolge der beiden feierlichen vatica= nischen Concilsbeschlüsse ist wirklich Methode. Am 24. April 1870 ward der ganzen katholischen Christenheit das Recht wirklicher wissen= schaftlicher Forschung abgesprochen, und also derselben feierlich geistige Blindheit auferlegt; am 18. Juli aber bot sich der blinden Gemein= schaft der Gläubigen der unfehlbare Führer an, oder übernahm viel= mehr selbstmächtig die absolutistische Führung derselben, die ja wirklich auch nach Anerkennung des Beschlusses vom 24. April nicht mehr entbehrt werden kann. Wenn Jemand dem Andern die Augen aus= stechen oder ihn irgendwie der Sehkraft berauben läßt, um dann der unbeschränkte Führer des Geblendeten zu werden, so handelt er sehr methodisch, während er schmähliches Unrecht verübt. Der Blinde braucht einen Führer und muß sich ihm unbedingt anvertrauen! So stehen die Dinge in der katholischen Kirche gegenwärtig. Das jesuitisch= päpstliche Attentat, zu dem der gesammte Episkopat zusammengerufen ward und gefügsam mitgeholfen hat, ist ebenso gegen die freie Forschung und die Civilisation gerichtet, wie gegen die politische Selbstständigkeit der Staaten. Beides aber auch gegen die besondern Rechte und Auf= gaben der Nationen selbst. Dieser letztere Umstand verdient insbesondere bezüglich der deutschen Nation noch eine nähere Beleuchtung, die wir im Folgenden versuchen wollen. Es läßt sich unschwer zeigen, daß durch das aggressive Vorgehen und durch die Erhöhung der römischen Papstherrschaft die deutsche Nationalität in ihrem innern, wie äußern Leben mit schwerer Schädigung bedroht wird, und daß das Recht der Nothwehr, wie die Pflicht der Selbsterhaltung, das Bewußtsein besonderer Begabung, wie der eigenthümlichen Aufgabe in der Geschichte, fordern und berechtigen, die päpstlichen Ansprüche entschieden zurück= zuweisen. Da aber von Seite des Papstes dieselben nimmermehr werden aufgegeben werden, so entsteht für die Katholiken Deutschlands die Nothwendigkeit und die Pflicht, sich damit zugleich von der römischen Papstherrschaft selbst zu befreien und dieses drückende und schädigende Joch endlich abzuwerfen. Die Gefahren aber, welche der deutschen Nation, zunächst dem katholischen Theile derselben, von dieser aggressiven römischen Papstherrschaft drohen, sind intellectueller, mora= lischer und politischer Art, und beziehen sich auf das eigenste innerste Leben, wie auf den äußern Bestand derselben, wie gezeigt werden soll.

Betrachten wir zuerst die Gefahr, welche die jesuitische Papstherrschaft und der römische Absolutismus für das intellectuelle Leben, für die theoretische Geistesthätigkeit zunächst der Katholiken Deutschlands gebracht hat und in verstärktem Maße bringen wird, und die Schädigung, die daraus für die ganze deutsche Nation entsteht. Diese hat, wie allbekannt, seit einem Jahrhundert gerade in intellectueller Beziehung einen großartigen Aufschwung genommen, eine große National=Literatur geschaffen, so zwar, daß wenigstens in theoretischer Beziehung schon vor dem deutsch=französischen Kriege von 1870, und vor der politischen Einigung Deutschlands in Folge desselben der deutschen Nation ein Uebergewicht, oder der Primat unter den Culturvölkern zukam und selbst von urtheilsfähigen Männern anderer Nationen kaum je ernsthafte Bestreitung, sondern Anerkennung, wenn auch oft mit Spott gemischt, gefunden hat. Selbst die vielgeschmähte deutsche Philosophie hat sich bereits so viel Beachtung und Anerkennung errungen, daß sie nicht blos in Belgien, Frankreich, England, sondern auch in Italien, Spanien und Nordamerika eifriges Studium findet. Wer aber dem Ursprung dieser Leistungen nachforscht, der wird mit Erstaunen wahrnehmen, daß sie fast ausschließlich dem protestantischen Deutschland zu verdanken sind, und daß die deutschen Katholiken, obwohl sie an Zahl den deutschen Protestanten mindestens gleich kommen, nur einen verschwindend kleinen Antheil daran haben, insbesondere was Poesie, Philosophie und Theologie betrifft. Es läßt sich für diese eigenthümliche Thatsache kein anderer Grund auffinden, als die römisch=hierarchische Herrschaft, als das Joch, das Papstthum und Jesuitismus den Geistern auferlegt hatten, und welches alle freie Thätigkeit, allen freien Aufschwung der Geister hemmte, alle Kräfte lähmte und verkümmern ließ.

Betrachten wir, um dies zu erweisen, nur kurz den Verlauf der Dinge in Bayern seit der Reformation. Noch im 14. Jahrhundert war das bayerische Volk keineswegs hervorragend päpstlich gesinnt. Es stand treu zu seinem Herzog, dem Kaiser Ludwig dem Bayer, in seinem Kampf gegen das Papstthum, und ließ sich nicht von ihm abwendig machen durch alle lieblosen und abscheulichen Verfluchungen, welche die Päpste Johann XXII. und Clemens VI. gegen denselben schleuderten. Und als im 16. Jahrhundert die Reformation entstand, da breitete sie sich rasch auch in Altbayern und in der Oberpfalz, wie in Oesterreich aus. Aber Herzog Wilhelm IV. wurde ängstlich und dachte in seinem katholischen Eifer auf Mittel, der lutherischen Lehre Einhalt zu thun. Dazu schien ihm die neugegründete Jesuiten=Gesellschaft am geeignetsten. Er trat mit Papst Paul III. in Unterhandlung, um zunächst Lehrer für die Universität Ingolstadt zu erhalten, und bald darnach (1556) zog eine Schaar von achtzehn Mitgliedern der Gesellschaft in Bayern ein. Es waren Leute aus aller Herren Länder, Italiener, Spanier, Franzosen, Belgier und aus dem westlichen Deutschland. — Großartige Mittel wurden ihnen zur Verfügung gestellt und sie begannen ihre Arbeit. Sie wußten sich bald der Universität, der gelehrten Schulen, des Adels, der Frauen und vor allen der Fürsten zu bemächtigen. Der Protestantismus wurde bekämpft durch geistige und mehr noch durch physische Mittel, durch Gewalt, durch Verfolgung, Zwang, Verbannung. So wurde das bayerische Volk nicht blos wieder katholisch gemacht, sondern von dieser Zeit an auch mehr und mehr um alle intellectuelle Thätigkeit und Entwicklung gebracht. Der Papst wurde durch die Jesuiten der oberste Herr in Bayern, und dieses wurde der „deutsche Kirchenstaat." Das Volk durfte sich sinnlich vergnügen und naturwüchsige Neigungen befriedigen, konnte sich am kirchlichen Pomp ergötzen und hatte reichlich Gelegenheit dazu durch zahlreiche Kirchenfeste. Es wurde betäubt durch kirchliche Ceremonien und Unterweisungen, wurde in geistigen Schlaf gelullt durch lange Rosenkränze und Litaneien. Fehler und Schwächen aller Art waren bei Adel und Volk, wenn nicht erlaubt, doch leicht verziehen und durch Absolution gut gemacht: nur denken durfte man nicht, nur eine selbstständige Ansicht durfte man sich nicht bilden, nur glauben mußte man, gläubige Unterwerfung mußte geleistet werden. Es ist selbstverständlich, daß bei einem Volk, auf welchem Jahrhunderte lang ein solches System lastete, allmälig in Folge des gehemmten Gebrauchs der geistigen Kräfte diese selbst erlahmen und gleichsam verschrumpfen müssen; daß mehr und mehr auch die Lust zu intellectueller Thätigkeit schwindet, und aller Geistesmuth, der zu selbstständiger Forschung gehört, abhanden kommt. Und Talente, die dennoch auftauchten und sich zu regen anfingen, wurden großentheils im Keim erstickt oder in der Entwicklung gestört. So war es in Bayern, und da es in Oesterreich und in anderen katholischen Gebieten Deutschlands kaum besser war, so begreift man, warum der katholischen Hälfte der deutschen Nation ein so auffallend geringer Antheil an den geistigen Leistungen derselben in der neueren Zeit zukommt und fast die ganze National=Literatur von der protestantischen Hälfte gekommen ist. *)

Zu Ende des vorigen Jahrhunderts und in der ersten Hälfte des gegenwärtigen regte sich indeß doch auch bei den Katholiken ein freierer Geist, und selbst in der Theologie und Philosophie traten hie und da Autoren auf, welche die ausgetretene Bahn der alten Scholastik verließen und mit einiger Freiheit und Selbstständigkeit dachten und wirkten. Allein alsbald kam die römische Gegenwirkung. Die Jesuiten bemächtigten sich nach ihrer Wiederherstellung der Congregation des

---

*) Ein bayerischer Jesuit läßt in einem lateinischen Drama eine Person (freilich den Pseudopoliticus in seiner Meinung) ganz richtig sagen:

Qui vinculis romanis
Ligatur instar canis
Nunquam mentem erigit.

Auch das Verderbliche des juridischen Charakters der Religion spricht er richtig aus:

Si jura dat religio
Captiva gemit ratio.

Index der verbotenen Bücher (zu der sie vor ihrer Aufhebung keinen
Zutritt hatten erlangen können, und die sie damals vielfach angefeindet
haben), und nun begannen sie ihre Jagd auf alle Werke katholischer
Schriftsteller, die nicht ihren Grundsätzen huldigten. Sie hatten noch
eine Erfindung gemacht, die zur Erniedrigung und Unterjochung der
freier gesinnten katholischen Schriftsteller besondere Dienste leistete,
nämlich, daß die Autoren der censurirten Bücher zur ausdrücklichen
Unterwerfung unter das Index=Decret aufgefordert, oder vielmehr
aus besonderen Gnaden dazu eingeladen wurden, damit sie vom Papst
für ihre Unterwerfung öffentlich belobt werden könnten. In der That
geschah es, und geschieht es, um zu erfahren, ob der betreffende Autor
eine „kirchliche," d. h. unterwürfige Gesinnung habe, und um ihn im
gegentheiligen Falle mit allen Mitteln der Verdächtigung und Herab=
würdigung verfolgen und möglichst unschädlich für ihr System machen
zu können. Gleichwohl wurde ihre Furcht immer größer, daß es ihnen
zuletzt doch nicht mehr möglich sein werde, das Aufstreben und die
Verbreitung einer freieren Richtung in Theologie und Philosophie im
katholischen Deutschland niederzuhalten und fortwährend zu bewältigen.
So kamen sie auf den Gedanken, daß ein allgemeines Concil zu
halten sei, auf welchem die scholastischen Prinzipien in Bezug auf
Autorität und Wissenschaft und die Unfehlbarkeit des Papstes zum
Dogma erhoben werden sollten.

Die bedeutendsten ultramontanen Wortführer bekennen es aus=
drücklich, daß das vatikanische Concil und die beiden feierlichen Decrete
hauptsächlich gegen die freie Geistesrichtung des katholischen
Theiles der deutschen Nation gerichtet seien; daß der Zweck der=
selben sei, diese freiere Geistesrichtung zu hemmen und zu unterdrücken
und insbesondere die katholischen Gelehrten und Professoren Deutschlands
zur vollen Unterwerfung unter das jesuitisch=römische Joch zu zwingen.*)
Daraus geht hervor, daß wir im katholischen Deutschland allen Grund
haben, auf's entschiedenste die vaticanischen Concilsbeschlüsse zurückzu=
weisen und, da dieselben nicht zurückgenommen werden und der Papst
seine absolute Machtfülle mit allen Ansprüchen nicht aufgeben wird,
von diesem herrschsüchtigen Papstthum selbst uns zu befreien. Oder
sollen wir im katholischen Deutschland es ruhig und unterwürfig hin=
nehmen, daß in Rom eine große Ueberzahl romanischer Bischöfe und
die Bischöfe aus allen halb und ganz barbarischen Ländern sich ver=
sammeln, um gegen das deutsche Geistesleben zu Felde zu ziehen? —
Sollen wir deren Beschlüsse gläubig hinnehmen, die wesentlich be=
zwecken, die geistige Thätigkeit und Entwicklung der vollen Hälfte der

---

*) So die „Stimmen (der Jesuiten) aus Maria-Laach" und nach ihnen der
ultramontane Hauptstimmführer in England, der Herausgeber der jesuitischen „Dublin
Review," J. B. Dalgairns, in der englischen Zeitschrift „The Academy." Nr. 17.
1871. (Februar.)

deutschen Nation zu hemmen und dadurch dieselbe auch in ihrer Ge=
sammtheit zu schädigen? Die einzig entsprechende Antwort darauf ist
die Zurückweisung dieser Concilsbeschlüsse und der ganzen vollständig
unverbesserlichen Papstherrschaft. Das katholische Volk in Deutschland
kann und darf sich nicht ferner geistig gefangen halten und in seiner
Geistesthätigkeit hemmen und knechten lassen. Wir wollen theilnehmen
auch an der intellectuellen nationalen Aufgabe des wiederhergestellten
deutschen Reiches, um sie zu lösen; wollen frei und vollberechtigt dabei
mitwirken, wie wir am physischen Kampf gegen den übermüthigen
Feind theilgenommen, und an der politischen Einigung unseres Volkes
und der Wiederherstellung seiner vollen Macht und Geltung in
der Welt mitzuwirken haben. Und um so entschiedener müssen wir
die gesteigerten Ansprüche der römischen Papstherrschaft und damit
diese selbst zurückweisen, da in dem Maße, als das katholische
Volk von der römischen Herrschsucht in geistiger Unfreiheit und
Unmündigkeit niedergehalten wird, dasselbe auch in politischer Beziehung
beschränkt und unmündig bleiben muß, und nur eine untergeordnete
Rolle spielen kann — und in der That zum guten Theil schon bisher
gespielt hat.

Aber auch wegen der moralischen Schädigung, welche die römische
Papstherrschaft der deutschen Nation zufügt, ist dieselbe von den Katholiken
Deutschlands endlich unbedingt zurückzuweisen. Es ist schon oft her=
vorgehoben worden, daß das ausgebildete äußerliche Kirchenwesen, daß
die vielen äußerlichen Veranstaltungen für Religionsübung und Seelen=
rettung der ernsteren moralischen Bildung keineswegs günstig seien.
In der That beruhigen diese äußerlichen Veranstaltungen sehr häufig
die Menschen über ihre moralischen Schwächen, und veranlassen sie,
lieber auf die mysteriöse Zauberkraft derselben sich zu verlassen, statt
durch eigene Bemühung und Tugendübung nach sittlicher Vollkommen=
heit zu streben. Mehr aber noch wirkt das Geltendmachen des unbe=
dingten Autoritätsprincips, wie es der römischen Papstherrschaft
wesentlich ist, in sittlicher Beziehung schädlich, wenn ein Volk einmal
eine gewisse Culturstufe erreicht hat. Dies tritt besonders jetzt hervor,
bei der Unterwerfung unter das neue Unfehlbarkeits=Dogma, die
unbedingt gefordert und geleistet wird ohne Rücksicht auf gegentheilige
auf klare Erkenntniß gegründete Ueberzeugung. Ungebildeten Völkern,
den Hottentotten, Kaffern, Südsee=Insulanern und dergleichen, schadet
es freilich nichts, wenn sie sich dem absolutistischen Autoritätsprincip,
gemäß dergleichen Glaubenssätzen unbedingt unterwerfen. Auch die
ganz ohne Bildung aufwachsende Bevölkerung südlicher Länder und
überhaupt alle Menschen ohne Bildung können ohne innere Selbst=
aufgabe, ohne sittliche Corruption eine solche blindgläubige Unterwerfung
leisten. Anders aber verhält es sich bei den Gebildeten, die trotz
besserer Erkenntniß blinde Unterwerfung leisten sollen und leisten;

diese kann bei ihnen nicht ohne sittliche Gefährdung stattfinden, denn sie müssen dabei gegen die Vernunft, gegen ihre bessere Ueberzeugung, gegen die erkannte Wahrheit handeln, und müssen dadurch ihr eigenes besseres Selbst aufgeben, sich der Entwürdigung unterziehen. Um den ganzen moralischen Jammer, den in dieser Beziehung das neue Unfehlbarkeits-Dogma und die zudringliche römische Zumuthung der Annahme desselben, oder „Unterwerfung" (wie man auch bezeichnend genug sagt), in Deutschland hervorbringt, zu erkennen und zu würdigen, braucht man nur die neuesten Kundgebungen zweier hervorragender katholischer Männer zu lesen. Ich meine die Kundgebungen des Bischofs v. Hefele und des Abtes v. Haneberg. Beide sind hochgebildete Gelehrte, beide hochgeachtet als Mitglieder des katholischen Klerus, beide der katholischen Kirche treu ergeben; aber beide erkennen auch das Unberechtigte und die Falschheit des neuen Dogma's mit voller Klarheit — und beide haben sich unterworfen! Ja wohl „unterworfen", denn gläubig annehmen kann man nicht nach Belieben was man als falsch erkannt hat. Und wie begründen sie diese Unterwerfung? Wie suchen sie dieselbe vor sich selbst und andern zu rechtfertigen?

Der Bischof von Rottenburg sagt in seinem Rundschreiben vom 10. April 1871 an den Klerus seiner Diöcese, in welchem er sich mit einigen Umschweifen unterwirft, zur Rechtfertigung gegenüber seinem früheren oppositionellen Verhalten: „Es ist der kirchliche Friede und die Einheit der Kirche ein so hohes Gut, daß dafür große und schwere persönliche Opfer gebracht werden dürfen." Also der „kirchliche Friede" muß um jeden Preis erhalten werden! So ist also jedes Volk und insbesondere das deutsche jedem römischen Anspruch, jeder jesuitisch-hierarchischen Vergewaltigung schutzlos preisgegeben, weil es in keiner Weise sich dagegen verwahren und schützen darf, damit nur ja der „kirchliche Friede" nicht gestört werde! Die römische Curie, die niemals um den kirchlichen Frieden sich kümmert, wenn es sich um Befriedigung der absolutistischen Herrschsucht handelt, kann bei solchen Grundsätzen deutscher Bischöfe mit aller Bequemlichkeit alle beliebigen Ansprüche geltend machen, da diese Bischöfe immer „Friede! Friede!" rufen, auch wenn jene den gewaltthätigsten Krieg gegen alles Recht, gegen Staat, Wissenschaft und Civilisation zu führen beliebt. Ebenso verhält es sich mit der „Einheit der Kirche." Dieser Popanz soll abgöttisch verehrt, ihm soll alles geopfert werden, was die Menschen an höchsten und heiligsten Gütern besitzen: die Wahrheit, die Ueberzeugungstreue, das natürliche Recht und die sittliche Pflicht, das Gewissen, die Freiheit und die Würde des Menschen. Aber was ist denn diese Einheit noch, und was kann sie für einen Werth haben, wenn sie wie ein Moloch diese höchsten wichtigsten Güter den Menschen geraubt und verschlungen hat, wie sie im Mittelalter Tausende von Menschenleben verschlang? Sie kann nur noch eine Einheit in der Unwahrheit, in der Knechtschaft, in der

Heuchelei sein! Und welchen Werth hat eine solche Einheit für das wahre Christenthum noch, daß ein deutscher Bischof sich so sehr dafür begeistern kann? Und kann da noch von einem blos „persönlichen Opfer" die Rede sein, wo solche Güter preisgegeben und dem Volke genommen werden?

Eben so bedauerlichen Inhalts ist die Kundgebung des Hrn. Abtes und Professors v. Haneberg. Dieselbe ist in einem Brief' an den Hrn. Bischof v. Hefele enthalten, der, allerdings wohl gegen seinen Willen, jüngst in mehreren öffentlichen Blättern publicirt wurde, ohne daß bis jetzt dessen Echtheit in Abrede gestellt worden ist. In diesem Briefe motivirt der Hr. Abt seine Unterwerfung unter die Beschlüsse des vaticanischen Concils, insbesondere seine Annahme des Unfehlbarkeits-Dogma's, die er leistete, obwohl seine Studien ihn überzeugt, daß die Dogmatisirung desselben unberechtigt sei. Er bemerkt, daß er sich dem Beschlusse unterwerfe aus Rücksicht auf das katholische Volk, dessen fromme Gemüther er nicht beunruhigen wolle, und wegen der Nothwendigkeit des Gehorsams. Und er betäubt sich mit den tröstenden Worten: „Vielleicht will Gott in der Steigerung der Primatialgewalt eine Heilung für das Grundübel der Zeit bringen. Gott der Herr, der mit seiner Kirche ist, wird das Opfer der Ergebung in die Hand nehmen und zu einem Lebenskeime machen. Ich kann in dieser martervollen Stimmung nicht fortleben. Ich mache ein Ende dadurch, daß ich mich im Vertrauen auf Gott, der mit der Kirche ist, ergebe." Das also ist das Motiv der Unterwerfung des Hrn. Abtes, und das sein Trost dabei! Gibt es wohl eine Pflicht, für die erkannte Wahrheit Zeugniß zu geben? Gab es wohl einen Apostel Paulus, der nicht zugab, daß das Böse deshalb geschehen dürfe, damit Gutes daraus werde? Und wenn dies gleich wohl möglich ist, kann man sich in der Hoffnung darauf für berechtigt erachten, die Wahrheit, den Glauben, die Wissenschaft einer herrschsüchtigen Willkür preiszugeben? Und wenn man für diese Güter keinen Kampf wagen darf, weil fromme Gemüther in ihrem Frieden gestört werden, dann haben auch die Apostel und Christus selbst Unrecht gethan, daß sie die Menschen nicht in Ruhe gelassen und mit der bestehenden Religion in Zwiespalt gebracht haben! Wir glauben allerdings, daß aus der übermüthigen Steigerung der Papstgewalt das Gegentheil hervorgehen, daß daraus unsere Befreiung erfolgen müsse und werde. Aber damit dies geschehe, müssen sich Männer finden, die anders denken, als Abt v. Haneberg, und anders handeln; Männer, die kein Bedenken tragen, ihre Ruhe hinzugeben, um den Kampf für die niedergetretene Wahrheit und gegen die geistliche Vergewaltigung anzunehmen; die das Opfer bringen, sich allen Schmähungen einer gemeinen ultramontanen Presse bloßzustellen, und die selbst geistliche Gewaltmaßregeln lieber über sich ergehen lassen, als der Unwahrheit und dem Unrecht beistimmen. Durch solche Männer wirkt Gott, nicht durch solche, die sich in Alles fügen. Ja, Gott selbst könnte auf keine andere Weise dem römischen Papstthum gegenüber etwas erreichen, denn selbst einer übernatürlichen Bezeugung gegenüber würde es nicht nachgeben und keinerlei Reform gestatten. Würde Gott zu diesem Zweck Wunder wirken, so würden sie vom Papst und von den Jesuiten nicht anerkannt, denn nur solche werden als göttlich anerkannt werden, die für den Papst und alle seine Ansprüche wären; wenn nicht, so würden sie ohne Weiteres für Trug und Blendwerk des Teufels erklärt. Und selbst wenn ein Engel vom Himmel käme, er würde in dieser Beziehung nichts ausrichten, denn gäbe er gegen die päpstlichen Ansprüche Zeugniß, so würde er als Sohn der Finsterniß erklärt und gebrandmarkt, und würden alle Gläubigen vor ihm gewarnt. Nein, es gibt hier nur ein Mittel: Hilf dir selbst, dann wird Gott dir helfen.

Wir würden diese Kundgebungen gern mit Stillschweigen übergangen haben, wenn sie nicht von so hoch angesehenen, sonst mit allen Tugenden geschmückten Männern kämen, dadurch eine autoritative Bedeutung für viele erhielten, und also geeignet wären, das sittliche Urtheil zu trüben und zu verkehren. Es kann sich darauf hin die Meinung bilden, als ob es christlicher und sittlicher wäre, sich dieser Erklärung der Unfehlbarkeit des Papstes zu unterwerfen, als es nicht zu thun, sondern vielmehr für Wahrheit und Recht einzustehen, während doch wohl in der That das Gegentheil der Fall ist. Es können ferner diese Kundgebungen dazu beitragen, den Wahn noch mehr zu verbreiten und zu befestigen, daß die päpstlichen Ansprüche, Erlasse und Rechte über allen natürlichen und göttlichen Rechten und Geboten stehen, und daß diese um jener willen mißachtet werden dürfen — wodurch der Papst thatsächlich noch über Gott gesetzt, als der eigentliche specifische Gott für die Katholiken geltend gemacht wird, wie die früheren Nationalgötter für die einzelnen Völker und Staaten. Gibt es doch schon jetzt nicht wenige in der katholischen Kirche, die sich weit minder scheuen alle menschlich = natürlichen und göttlichen Gesetze zu mißachten, als die sog. Gebote der Kirche zu übertreten; dafür aber auch häufig, eben weil sie letztere beobachten, sich über die Uebertretung jener leicht beruhigen. Soll dieser schreiende Mißstand noch erhöht werden?

Wenn solches, wie diese zwei Kundgebungen zeigen, in Folge des päpstlichen Absolutismus schon am grünen Holze geschieht, so läßt sich leicht vorstellen, was vom dürren zu erwarten ist. In der That scheint bereits, wo es sich um Vertheidigung und Aufzwingung der päpstlichen Unfehlbarkeit und Allgewalt handelt, kein natürliches und christliches Sittengesetz mehr zu existiren, und jede Verdächtigung, Verleumdung und Lieblosigkeit jeder Art scheint zu diesem Zweck erlaubt zu sein. Insbesondere die ultramontane Presse bietet zum großen

Theil ein Schauspiel ohne gleichen in dieser Beziehung. Wir sind überzeugt: Papst Pius IX., trotz seiner absolutistischen Verblendung und trotz seines fluchsüchtigen Hasses gegen die ganze moderne Civilisation, würde, müßte dennoch vor Scham und Schmerz sein Haupt verhüllen, und sein Geschick beklagen, wenn er genau erführe, welch' verworfene Menschen unter den Vertretern seiner Sache sich finden, und mit welch' verwerflichen Mitteln sie dieselbe führen. Und man glaube nicht, daß dieses sittlich verwilderte Gebahren zu Gunsten der absoluten Herrschaft des römischen Papstthums nur vorübergehend sei; es wird bleiben, und selbst noch zunehmen, solange die Ansprüche des Papstes nicht volle Befriedigung finden, oder endgültig von der deutschen Nation zurückgewiesen werden.

Endlich ist auch die politische Gefahr nicht zu unterschätzen, welche der deutschen Nation und insbesondere dem neuen Deutschen Reich von dem päpstlichen Absolutismus droht. Auf die innere politische Gefahr, auf die Bedrohung der Souveränetät der Staaten und der Rechte und Macht der Regierungen wurde schon früher hingewiesen. Sie besteht wesentlich darin, daß der Papst durch die dogmatische Fesselung des Volks an seine Macht und seinen Willen sich der modernen Rechte und Freiheiten desselben bemächtigen und sie gegen die weltlichen Regierungen aufbieten kann.*) Aber auch die äußere politische Gefahr ist wohl zu beachten. Es ist kaum daran zu zweifeln, daß das Papstthum und die französische Nation sich von nun an eng verbinden werden, um ihre verlorene Weltstellung, ihren vollen Einfluß wieder zu erlangen. Diesem engen Bündniß wird in Deutschland stets eine wohlorganisirte Partei zur Verfügung stehen, die bereit ist, mit dem Papstthum und dem päpstlich gesinnten Frankreich gemeinsame Sache zu machen gegen das liberal gesinnte und protestantische Deutschland. Wenn auch, wie wir glauben wollen, die Zahl derer, die wirklich verrätherische Gesinnungen gegen Deutschland zu Gunsten des Papstes hegen, nicht groß sein mag, so sind sie doch wohlorganisirt, und ein hierarchisches Machtgebot vermag viel im entscheidenden Augenblick. Wenn die Menschen verpflichtet sind auf Befehl des Papstes die erkannte Wahrheit, die innerste Ueberzeugung, Freiheit und Gewissen preiszugeben — werden sie zuletzt dasselbe auf gleichen Befehl nicht auch mit dem Vaterland thun? Jedenfalls bleibt so eine stets drohende und beunruhigende Gefahr inmitten des Deutschen Reiches, die bei günstiger Gelegenheit acut werden kann. Umgekehrt aber ist es nicht möglich, in Frankreich irgend eine Partei zu bilden, die in ähnlicher Weise Deutschland ergeben wäre und ihre Sympathie in der Zeit der Gefahr bethätigen möchte.

*) S. „Die politische Bedeutung der Unfehlbarkeit des Papstes und der Kirche", Allg. Ztg. Nr. 311 u. 312 v. J. 1869. Auch als Broschüre erschienen. München. Ackermann. 1869.

Dieser politischen Gefahr kann, scheint uns, nur dadurch wirksam begegnet werden, daß dem katholischen Volke nicht ferner der Papst als unumschränkter Herr und wie ein allgebietender unfehlbarer Gott verkündet werde. Dies selbst aber ist nur zu erreichen durch Zurückweisung der römischen Papstherrschaft selbst — nimmermehr auf andere Weise.

Mögen dies denkende und deutsch gesinnte Männer der katholischen Kirche in Erwägung ziehen, und die nöthigen Maßregeln zur endlichen Befreiung von dem römischen Absolutismus berathen und ins Werk setzen, damit nicht die gegenwärtige Bewegung gegen das Unfehlbarkeits-Dogma sich in nutzlose theologische Zänkereien verliert. Die Zeit drängt, denn bereits aller Orten wird der unfehlbare päpstliche Absolutismus dem Volke vom Klerus und von den Bischöfen aufgezwungen durch alle hierarchischen Mittel und insbesondere durch Verweigerung der Sacramente u. dgl., kurz, durch die Gnadensperre. Gelingt der Hierarchie dies, wird dem nicht ein erfolgreiches Ende gemacht, so wird bald die innere und äußere Politik der katholischen Staaten durch die Sacraments-Spender und -Verweigerer entschieden und geleitet, jedenfalls ganz nach den Sätzen der päpstlichen Encyklica und des Syllabus von 1864 geregelt werden müssen. Es handelt sich um eine Lebensfrage der deutschen Nation, und die Gefahr ist größer, als man gewöhnlich denkt. Die Berechtigung der eigenen Ueberzeugung und die Freiheit des religiösen Lebens im neuen Deutschen Reich dürfen für einen fremden absoluten Herrscher, für den Papst, kein Rechtstitel sein, einem Theil der deutschen Nation die höchsten Güter und Rechte zu nehmen, und den inneren Frieden und äußeren Bestand des Reiches beständig zu bedrohen.

VI.

Der deutsche Protestantismus und das Unfehlbarkeits-Dogma.*)

Der deutsche Protestantismus hat sich bisher dem neuen Dogma von der Unfehlbarkeit des Papstes gegenüber nur zuschauend, betrachtend verhalten und jede agitatorische Bewegung gegen die Einführung desselben in Deutschland vermieden. Die protestantischen Blätter haben zwar mit ihrem Urtheil über dieses Dogma, mit ihrer Verwerfung desselben nicht zurückgehalten, auch die oppositionellen Bestrebungen der Katholiken gegen die Strömung mit Theilnahme verfolgt und ihnen auch wohl Unterstützung gewährt, aber im rein protestantischen Interesse hat keine selbstständige Action dagegen stattgefunden. Dies ist auch, vom rein kirchlichen, religiösen Standpunkt aus betrachtet, ein ganz correctes Verhalten in dieser Sache; denn die Dogmatisirung eines unfehlbaren Papstes ist als solche eine innere Angelegenheit des Katholicismus, eine Glaubenssache, in welche sich einzumischen Andersgläubigen nicht zukommt. Indeß hat dieses neu geschaffene Dogma, wie bereits weltbekannt ist, auch eine politische Bedeutung von großer Tragweite und berührt insofern auch den Protestantismus insbesondere in Deutschland in gefährlicher Weise. Und es ist zu verwundern, daß um dieses Umstandes willen nicht eine entschiedene Gegenbewegung, nicht wenigstens eine politische Opposition dagegen sich gebildet und mit der entsprechenden Opposition der Katholiken sich vereinigt hat. Es scheint die volle Bedeutung des politischen Charakters dieses Dogma's noch nicht zum klaren Bewußtsein gekommen und scheinen die Folgen seiner Einführung und Geltung in Deutschland für den Staat, für die deutsche Nation und insbesondere auch für den Protestantismus noch nicht genug erwogen zu sein, da sonst kaum diese ruhige Zuversicht oder geradezu diese Theilnahmlosigkeit herrschen würde, wie sie bis jetzt größtentheils bei dem protestantischen Deutschland sich wahrnehmen läßt. Es möge uns daher gestattet sein, in Folgendem zu beweisen und zum Bewußtsein zu bringen, daß das fragliche Dogma, eben um seiner politischen Bedeutung willen auch für den deutschen Protestantismus

*) Geschrieben im Juni 1871.

eine nicht zu unterschätzende Gefahr sei und dessen ernstesten Wider=
stand herausfordere.

Setzen wir den Fall, das Dogma von der päpstlichen Unfehlbar=
keit (und die directe absolute Herrschaft des Papstes) würde von allen
Katholiken Deutschlands ohne Widerstand gläubig und unterwürfig
angenommen und zur Richtschnur des Denkens und Lebens gemacht,
ganz so, wie der Papst mit seiner Hierarchie es fordert und durchzu=
setzen sucht: was würde in Deutschland, bei der deutschen Nation, im
deutschen Reiche die Folge davon sein? Welche Grundsätze in Bezug
auf das Verhältniß der katholischen Kirche, d. h. des absoluten Papstes
zum Staate würden dem katholischen Volke eingeprägt, zur Gewissens=
regel und Richtschnur des Handelns und insbesondere des politischen
Lebens gemacht? Wie, durch welche Maßregeln würden diese Grund=
sätze im Volke zur unbedingten Herrschaft gebracht und befestigt
werden? Und endlich, welche Stellung würde das so gebildete katholische
Volk unter Leitung des Papstes nicht blos den deutschen Regierungen,
sondern auch dem Protestantismus gegenüber nehmen, welche Forde=
rungen würde es unter dieser obersten Führung demselben gegenüber
erheben, welche Rechte ihm versagen? Eine kurze Erörterung dieser
Fragen wird uns, denke ich, schon klar genug zeigen, daß das Interesse,
das Wohl der deutschen Nation und der gesicherte Bestand des deutschen
Protestantismus selbst es dringend erheischen, daß diesem Dogma jeden=
falls vom politischen und nationalen Standpunkt aus die Anerkennung
versagt und dessen Einführung in Deutschland verhindert werde,
wenigstens so lange, als nicht durch eine feierliche Erklärung des
Papstes selbst all den Ansprüchen entsagt werde, die gefahrdrohend
sind, welche die Souveränetät bedrohen und den religiösen Frieden
gefährden.

Vor Allem würde das katholische Volk Deutschlands, sobald es zur
unbedingten Unterwerfung unter das Unfehlbarkeitsdogma mit Allem,
was damit im Sinne der jesuitisch=römischen Lehre in Verbindung
steht, gebracht wäre, festiglich glauben, daß der Papst, wenn er es für
angemessen hält, göttliche Aussprüche thun, göttliche Offenbarungen
geben könne und daß seine Ansprüche als ihm von Gott selbst über=
tragene Rechte angesehen und beachtet werden müssen. Damit würde
sich dann selbstverständlich bei dem ganzen katholischen Volke die feste
Ueberzeugung verbinden, daß es Glaubens= und Gewissenspflicht für
jeden Katholiken sei, all die unfehlbaren Aussprüche und sogenannten
göttlichen Rechte des Papstes durch Wort und That zur Anerkennung
und Geltung zu bringen und daß, wer sich dessen weigere, den Zorn
Gottes errege und der ewigen Verdammniß verfalle. Nicht minder
würde dem katholischen Volk gelehrt werden und dieses gewissenhaft glauben
müssen, daß, wo immer den Aussprüchen und Ansprüchen des Papstes
(der Kirche) Anerkennung und Gehorsam versagt werde, geschehe es von

Einzelnen oder von Fürsten und Staatsregierungen, dies zugleich eine Verletzung der Rechte des katholischen Volkes, eine Glaubensverfolgung desselben, sowie auch zugleich ein Angriff gegen den Willen Gottes und die Rechte der göttlichen Majestät selbst sei und deshalb Widerstand finden dürfe, da man Gott mehr gehorchen müsse als den Menschen. Die päpstlichen Ansprüche und Rechte aber, welche in dieser Weise zur Glaubenspflicht und zugleich zu einem Rechte gemacht werden, für welches das katholische Volk Anerkennung fordern müsse, bestehen vor Allem darin, daß dem Papste die unbedingte oberste Herrschaft in der Welt gebühre, zunächst in geistlichen Dingen, aber auch in weltlichen, soweit immer sie mit den geistlichen in Zusammenhang stehen oder vom Papste als damit in Verbindung stehend erklärt werden. Die Kirche, d. h. die päpstliche Herrschaft (das geistliche imperium) steht über dem Staate, und in Fällen eines Widerstreits müssen vom katholischen Volke stets die Kirchengesetze und päpstlichen Befehle vor den Staatsgesetzen befolgt und muß also diesen letzteren in solchen Fällen Ungehorsam und Auflehnung entgegengesetzt werden. Die weltlichen Fürsten sind ebenfalls der geistlichen Jurisdiktion des Papstes unterworfen und müssen sich von ihm richten und strafen lassen, insbesondere wo es sich um Sünden handelt; — Sünde aber ist nicht blos die Uebertretung göttlicher Sittengebote, sondern auch Uebertretung der Gebote der Kirche, d. h. des Papstes, und Ungehorsam gegen die Ansprüche und Verordnungen desselben. Der Papst hat das Recht, in jedem Staate kirchlich zu bestimmen und anzuordnen, was er für Förderung des Glaubens und des kirchlichen Gehorsams für zweckentsprechend oder nothwendig hält, ohne daß die Staatsregierungen irgend etwas darein zu reden, oder irgend ein Prüfungs- oder Bestätigungs-Recht dabei haben. Dagegen dürfen weder Schulen und Wissenschaften noch auch die weltlichen Gesetze sich der kirchlichen Autorität (dem Papste) entziehen. Zugleich muß das katholische Volk auch noch, wenn es kirchlich und rechtgläubig sein und nicht verdammlichem Irrthum verfallen will, festiglich glauben, daß die römischen Päpste noch niemals ihre göttlich-gegebene Vollmacht überschritten haben, auch damals nicht, als sie nicht blos die geistliche, sondern auch die weltliche Oberherrschaft über die Welt und deren Reiche in Anspruch nahmen, als sie Fürsten ein- und absetzten, die Unterthanen vom Eide der Treue entbanden u. dgl. Dies wird der Inhalt des Glaubens und Gewissens des katholischen Volkes werden, wenn der unfehlbare päpstliche Absolutismus zur vollen Anerkennung kommt, wie Papst, Bischöfe und Jesuiten es erstreben. Und jeder Widerstand hiergegen wird, auch wenn er von den Staaten und deren Souveränen und Gesetzen ausgeht, als eine Gewissensverletzung der Katholiken, als Beeinträchtigung ihrer religiösen Rechte erscheinen. Man muß dies Alles immer wieder hervorheben, selbst auf die Gefahr hin, lästig zu fallen; denn immer wieder scheint es nur theilnahmlos vernommen oder sogleich wieder vergessen, oder nicht ernstlich erwogen zu werden. Manche reden sich auch ein, mit solchen Ansprüchen werde doch nimmermehr Ernst gemacht werden vom Papste mit seinen bischöflichen Dienern und von den Jesuiten, während doch die Geschichte der Vergangenheit durch die Thatsachen so laut bezeugt, daß es mit demselben voller Ernst sei, und während auch jetzt unablässig daran gearbeitet wird, wiederum so bald als möglich Ernst damit zu machen. Da die Fürsten natürlich sich dagegen sträuben werden, so geht selbstverständlich das Streben dahin, das Volk mit seinen konstitutionellen Rechten zu gewinnen und durch dasselbe die Fürsten zu bezwingen und die Herrschaft an sich zu reißen. Es wird in nicht zu ferner Zeit ihnen dies auch gelingen und großer Zwiespalt und schweres Unheil über Deutschland kommen, wenn nicht rechtzeitig der entschiedenste Widerstand mit vereinigten Kräften und geeigneten Mitteln geleistet wird.

Die Mittel und Wege, alle Ansprüche und Gesetze des Papstes in den Glauben und das Gewissen des katholischen Volkes einzuführen und dieses vollständig geistig an den Papst zu binden und unter seiner Botmäßigkeit zu erhalten, sind ebenfalls nicht unbekannt. Sie sind oft und laut genug verkündet und geltend gemacht worden und haben ihre bestimmte Formulirung und Sanctionirung ebenfalls in der Encyklica und im Syllabus von 1864 erhalten. Da der Papst als oberster Herrscher in den Staaten für das katholische Volk Alles anordnen kann, was ihm beliebt, ohne daß die weltlichen Regierungen etwas einzureden haben, während umgekehrt alle staatlichen Gesetze vom Papste für ungültig und nichtig erklärt werden können, wenn sie seinen Zwecken nicht entsprechen, so wird er nicht verfehlen, die geeignetsten Mittel anzuwenden, seine Oberherrschaft zu begründen und zu befestigen. Vor Allem nimmt er mit seinen Bischöfen die Erziehung und Bildung des Klerus als ausschließliches Recht in Anspruch, so zwar, daß der Staat nichts darein zu reden hat, auch wenn derselbe in staatsfeindlichstem Sinne erzogen wird. Diesem so gebildeten Klerus muß dann die Schule und die Jugend vollständig überlassen sein, welche demnach ganz im päpstlichen Sinne erzogen und gebildet werden soll. Das Volk wird durch Predigt und Sacraments-Verwaltung unter dem päpstlichen Joche gehalten und wenn es irgend welche Befehle desselben nicht annehmen oder befolgen will, werden ihm die Saccamente verweigert. Die ewige Seligkeit wird für dasselbe durchaus an die Unterwerfung unter den Papst, an den blinden Gehorsam gegen denselben geknüpft, und es dadurch zum Ungehorsam gegen Staatsgesetze gezwungen. Dazu kommt noch, daß nach päpstlichem Willen die katholischen Gebiete ungehindert mit Klöstern aller Art überfüllt, insbesondere mit der leitenden Jesuiten-Gesellschaft beglückt werden sollen, woraus dem Papste eine gewaltige, das Volk ganz beherrschende geistliche Armee hervorgeht, die unabhängig von allen Staatsgesetzen dem päpstlichen Willen unbedingt zur Verfügung gestellt ist. Immunität nämlich, Befreiung von aller weltlichen Gerichtsbarkeit auch in Kriminalfällen müssen die Klöster und der ganze Klerus erhalten, nach der Forderung des Papstes. Entgegenstehende Gesetzesbestimmungen verstoßen gegen den Willen Gottes und gegen die Rechte des katholischen Volkes, sind also an sich nichtig und verbinden nicht im Gewissen. Dagegen aber muß ihnen das unbeschränkte Recht zugestanden werden, Güter aller Art frei zu erwerben und unter dem schuldigen Schutze des Staates beliebig zu kirchlichen Zwecken zu verwenden. Endlich kommt noch hinzu, daß alle Kleriker und überhaupt alle guten Katholiken ihre Eide den Fürsten und auf Staatsverfassungen nur leisten dürfen unter geheimem oder offenem Vorbehalt der göttlichen und kirchlichen, d. h. päpstlichen Gesetze und Rechte! Doch es möge an diesen Andeutungen genügen, da die Sache in neuerer Zeit ohnehin schon vielfach behandelt und zur Kenntniß auch des größeren Publikums gebracht worden ist.

Nun aber vergegenwärtige man sich, welche Stellung das so gebildete, so gläubige, so vom Papst und den Jesuiten unbedingt beherrschte katholische Volk in Bälde dem Protestantismus gegenüber einnehmen müßte, und wie dasselbe mit seinen politischen Rechten, gegebenen Falles auch mit seiner physischen Gewalt demselben gegenüber mißbraucht werden würde! Um dies mit Sicherheit zu erkennen, dürfen wir nur die Grundsätze betrachten, welche von jeher den Andersgläubigen gegenüber in Rom herrschten und auch jetzt noch den Protestanten gegenüber festgehalten werden. Die Protestanten gelten dem Papste und der katholischen Hierarchie prinzipiell als nichts anderes, denn als Verbrecher. Sie werden nämlich, weil sie getauft sind, als unter der Jurisdiktion des Papstes, als des Stellvertreters Christi und Gottes auf Erden stehend betrachtet. Da sie gleichwohl dem Papste sich nicht unterwerfen und nicht Glauben und Gehorsam leisten, so sind sie von der Taufe an thatsächlich Rebellen gegen die rechtmäßige, göttlich eingesetzte höchste Gewalt auf Erden, und müssen, sobald es nur immer möglich ist, entweder zum Gehorsam gegen diese oberste Autorität und Herrschergewalt zurückgeführt, oder entsprechend bestraft werden. Da sie Rebellen sind gegen die direkt von Gott eingesetzte höchste Gewalt auf Erden, welche die Stelle Gottes selbst vertritt, so sind sie zugleich Rebellen gegen Gott selbst und Verletzer der göttlichen Majestät. Deßhalb sind sie mit den schwersten Strafen, mit dem Tode, zu bestrafen, da ja sogar schon gewöhnliche Majestätsverbrechen gegen die weltlichen Herrscher mit dem Tode bestraft werden. Hierauf gründete sich bekanntlich im Mittelalter das Recht und die Praxis der Inquisition und ihrer Ketzerverfolgung und Hinrichtung. Eine Berechtigung oder Gleichberechtigung mit den Katholiken wird Andersgläubigen, insbesondere auch den Protestanten nimmermehr vom Papste zugestanden, sondern nur noth= gedrungene Toleranz. Der Papst verwirft ausdrücklich die Behauptung, daß auch der Protestantismus eine wirkliche Form des Christenthums sei und daß man auch in dieser Form Gott gefallen könne. Außer diesen Grundsätzen beachte man noch andere, die der Papst ebenfalls mit aller Offenheit und Entschiedenheit ausgesprochen und allen Gläu= bigen als Norm ihres Denkens und Handelns vorgeschrieben hat. Er fordert in der genannten Encyklika, daß auch der Staat eine bestimmte Religion habe und sich von ihr in seinen Gesetzen und Einrichtungen bestimmen lasse, weil er sonst gottlos, „naturalistisch" sei. Und zwar muß natürlich diese Staatsreligion die katholische sein, die dem Papste und damit Gott die oberste Herrschaft über die Völker verleiht. Dem= gemäß muß denn auch der katholischen Kirche, dem Papste die materielle Gewalt des Staates zu Gebote stehen, damit er die Verletzer der wah= ren Religion und päpstlichen Rechte auch zeitlich und körperlich züch= tigen und bezwingen könne. Ja die Fürsten haben ihre Macht haupt= sächlich dazu, um dem Papste und der Hierarchie dienstbar beizustehen und den wahren Glauben zu schützen, zu verbreiten, zur Herrschaft zu bringen, sobald und soweit es nur immer möglich ist; denn erworbene Rechte und Verträge Andersgläubiger können keine Geltung haben gegen die Wahrheit und gegen das Recht Gottes selbst, das unmittel= bar der Papst vertritt!

Ich wiederhole: Man ziehe in Erwägung, welche Stellung das katholische Volk in Deutschland in kurzer Zeit den protestantischen Confessionen gegenüber einnehmen würde, wenn — wie der Papst for= dert und die Bischöfe mit ihrem Klerus und den Jesuiten es anstre= ben — diese Grundsätze ernstlich geglaubt und befolgt würden. Daß aber dieses geschehe, dazu wird bereits die ganze Macht und Organi= sation der katholischen Kirche aufgeboten und damit der Same größten Unheils im deutschen Reiche gesäet und die Zukunft des deutschen Volkes auf das Schwerste gefährdet. In Staaten, wo die Katholiken in der Majorität sind, würde in kürzester Zeit jede Regierung außer Stand gesetzt, der päpstlichen Macht Widerstand zu leisten; die Kammer= abstimmungen würden unter dem Oberbefehl des Papstes und seiner Agenten stattfinden nach Analogie des Napoleonischen Suffrage universel; die Abstimmenden würden genöthigt durch Sacramentsver= weigerung, durch Drohung mit ewiger Verdammniß. Eine solche welt= liche Regierung, die ihre Souveränetät an den Papst verloren, wäre nun auch völlig außer Stande, den Protestanten und überhaupt allen Andersgläubigen ihre Gleichberechtigung zu bewahren, ihre garantirten Rechte zu schützen. Sie würde gezwungen werden, nach den oben angeführten päpstlichen Grundsätzen gegen dieselben zu verfahren, ihre Rechte möglichst einzuschränken, ihre Ausbreitung möglichst zu hemmen und in aller Weise katholische Proselytenmacherei zu fördern. In Staaten dagegen, wo die Katholiken in der Minderheit sind, würde wenigstens ein unaufhörlicher, erbitterter, aufreibender Kampf beginnen; denn sie, die päpstlich Gläubigen und Gehorsamen würden es als Gewissenspflicht erachten, immerfort in aller Weise die in Irrthum und Unrecht Befangenen, ja in beständiger Auflehnung gegen den Papst und also gegen Gott Begriffenen zu bekämpfen. Und da sie nicht siegen könnten, würden sie sich stets für bedrückt halten, ja würden sich schon darum und so lange für verfolgt erachten, als ihnen die Alleinberechtigung und das Recht der Verfolgung Andersgläubiger nicht gewährt wäre. In ganz Deutschland endlich würde ein bitterer Kampf beginnen um die Oberherrschaft des Papstes, um die Alleinberechtigung der katholischen Kirche. Der dreißigjährige Krieg könnte nur gleich fortgesetzt werden! Der Abschluß desselben im Westfälischen Frieden ist vom Papste ohnehin nicht anerkannt, sondern zurückgewiesen worden!

Aus all dem dürfte hinreichend klar hervorgehen, daß es nicht wohlgethan sei im Interesse der deutschen Nation und des Protestantismus selbst, wenn die Protestanten die Meinung hegen, dieses päpstliche Dogma sei nur eine Glaubenssache und eine rein innere Angelegenheit der katholischen Kirche, die sie gar nicht berühre; und wenn sie sich der Sicherheit getrösten, daß nimmermehr ihnen selbst davon irgend eine Gefahr drohen oder entstehen könne. Es wäre rathsamer, wenn sie die Sache in Ueberlegung nähmen und noch zeitig genug auch ihrerseits auf entsprechende Schutzmittel dächten. Zwar ist nicht zu zweifeln, daß der deutsche Reichskanzler auch dieser Angelegenheit bereits seine Aufmerksamkeit zugewendet und ihr reifliche Erwägung gewidmet habe; und sicher wird man einst auch in dieser Beziehung von ihm nicht sagen können, daß seine Weisheit in Zuversicht untergegangen sei. Indeß würde es auch in der Sache, die uns eine Lebensfrage des deutschen Volkes zu sein scheint, sehr förderlich sein, wenn auch von protestantischer Seite von dem wirklich berechtigten politischen und deutsch-nationalen Standpunkt aus rechtzeitig Protest gegen die rechtliche Geltung dieses Unfehlbarkeits-Dogma's erhoben und dadurch die Opposition der Katholiken unterstützt und verstärkt würde. Wir meinen hier natürlich die Opposition der Katholiken, die vom politischen Standpunkt aus und im nationalen und liberalen Interesse erhoben wird, nicht die kirchliche oder altkatholische Opposition. Denn diese letztere will durchaus nur eine innerkirchliche Angelegenheit sein, für welche sie eine Einmischung der Protestanten nicht wünschen mag: und sie ist nur zur Wahrung des echten katholischen Glaubens erhoben, für welche das protestantische Deutschland zu kämpfen keinen Beruf fühlen kann. Ohnehin kann der päpstliche hierarchische Absolutismus, unseres Erachtens, nicht von diesem orthodoxen, sogenannten altkatholischen Standpunkt aus der immerhin auch der des blinden Autoritäts- und Kirchenglaubens ist, überwunden werden, sondern nur vom politischen, deutsch-nationalen und frei-christlichen Standpunkt des Christenthums Christi aus. Und derselbe soll überwunden werden nicht zu Gunsten des sogenannten altkatholischen, immerhin ja auch blinden Autoritätsglaubens, sondern zu Gunsten der Vernunft, der Wissenschaft, der Freiheit, der Civilisation. Da indeß beide Arten von Opposition doch denselben Gegenstand bekämpfen, so können und sollen sie immerhin in Verbindung treten und werden sie sich dadurch in Erreichung ihres Zieles vielfach fördern.

Und dieses Ziel der Opposition gegen den päpstlichen Absolutismus muß erreicht werden, da es sich um die innere und äußere Einheit des deutschen Reiches, um den religiösen Frieden, um die geistige Freiheit, um alle Güter der modernen Civilisation und gradezu um Sein oder Nichtsein des deutschen Volkes und Reiches handelt. Die Opposition also muß siegen in jedem Falle, und wenn der päpstliche unfehlbare Absolutismus dem deutschen Volke gegenüber nicht biegen will, so muß er brechen. Indeß erscheint ein Biegen desselben in dieser Beziehung nicht ganz unmöglich, sogar nicht unwahrscheinlich, und die politische und deutsch-nationale Opposition hat jedenfalls mehr Aussicht auf Erfolg, insofern dieser in päpstlichem Nachgeben bestehen soll — als die kirchliche oder sog. altkatholische Opposition. Es darf nur entschiedener machtgebieterischer Ernst gezeigt werden, so wird man in Rom darauf sinnen, durch irgend welche abschwächende Erklärungen bezüglich der politischen Ansprüche des Papstes den Sturm zu beschwichtigen. Aeußerer Macht giebt ja der päpstliche Absolutismus nach, Vernunftgründen nimmermehr. Vernunft, Recht, Humanität kann ihm gegenüber stets nur zur Geltung gebracht werden durch Machtgebote, denen physische Mittel zur Seite stehen. Dies muß seltsam erscheinen bei einer Macht, die eine geistige, ethische sein und durch geistige, religiöse Mittel in der Menschheit wirken will. Aber es ist dies Verhalten gleichwohl in der Natur der Sache begründet. Da die Hierarchie und das Papstthum der Vernunft und Wissenschaft nicht folgen, sondern nur dieselben beherrschen und für ihre Zwecke benutzen wollen, so giebt es kein anderes Mittel, auf sie bestimmend einzuwirken, als physische: Geld, Noth, Waffengewalt u. dgl. Da das Papstthum eine übermenschliche, übervernünftige Macht sein will, so macht es sich dadurch unfähig, unzugänglich für menschliche, vernünftige Einwirkung und muß der untermenschlichen, materiellen Gewaltwirkung verfallen. Es will nicht als blos natürlich-geistige, vernünftige Macht gelten und behandelt sein, und kann eben deßhalb in diesem Laufe der natürlichen Menschengeschichte nur noch als unvernünftige behandelt, nur noch wie ein vernunftloses Wesen bestimmt und geleitet werden. Das ist die natürliche, thatsächlich eintretende Ironie gegen die Selbstvergötterung! —

Sollte indeß wirklich ein päpstliches Zugeständniß in politischer Beziehung nothgedrungen erfolgen, so wird dies zwar von einigem Werth
sein, wenn es feierlich erfolgt, feste Schranken für die päpstliche Macht
in politischer Beziehung dem modernen Staat und seiner Aufgabe gegenüber zieht und ausdrücklich in die kirchlichen officiellen Lehrbücher
aufgenommen wird. Indeß zu viel Gewicht wird gleichwohl nicht
darauf gelegt, zu viel Vertrauen demselben nicht sorglos gewährt
werden dürfen. Es wird kaum ohne wesentlichen Vorbehalt
erfolgen. Die deutsche Nation kann und soll durch eigene Kraft, Entschlossenheit und einiges Zusammenwirken auch gegen diesen romanischen Uebermuth und Angriff sich sicher stellen, ihre Unabhängigkeit,
ihren inneren Frieden und äußeren Bestand wahren. Dies wird es
entschuldigen, daß hier der Versuch gemacht wurde, die Gefahren zu
zeigen, die auch dem deutschen Protestantismus vom päpstlichem Absolutismus drohen und auf die Gemeinsamkeit der Interessen desselben
mit der Opposition insbesondere der liberalen Katholiken hinzuweisen.
Es mag manche geben, die stolz sagen: Wir Protestanten fürchten diesen päpstlichen unfehlbaren Absolutismus nicht, und werden ihm auch
jetzt Stand halten mit all seinen Verfluchungen wie seit drei Jahrhunderten. Dies ist eine gefährliche Täuschung. Allerdings hat der
Protestantismus in Deutschland vollständige Besiegung durch das Papstthum nicht zu fürchten; aber es ist ja nicht blos die Besiegung,
sondern auch der beständige, fortdauernde Kampf zu fürchten, der jetzt
neu angefacht werden soll im Herzen der deutschen Nation zu Gunsten
der Papstherrschaft. Dieser Kampf hat auch ohne Besiegung des Protestantismus seit drei Jahrhunderten Leid und Unglück genug über
Deutschland gebracht, so daß es auf das höchste geboten erscheint, einer
Erneuerung und Verschärfung desselben rechtzeitig entgegenzutreten, ehe
die römischen Ansprüche in feste blinde Volksüberzeugung verwandelt
sind. Mögen gerade diese Ansprüche und das aggressive Vorgehen des
Papstthums, dieses ärgsten Feindes der geistigen Einigung des deutschen
Volkes, Veranlassung auch zu dieser Einigung werden, wie der Angriff des ärgsten Feindes der politischen Einigung gerade die Veranlassung zu dieser wurde. Jedenfalls ist jetzt eine Gelegenheit gegeben
für den modernen Staat, insbesondere für das deutsche Reich, seine
Rechte der hierarchischen Herrschaft gegenüber entschieden zu formuliren
und zu wahren, und in festen klaren Zügen sein Verhältniß zur Religion und Kirche zu bestimmen, — der freien religiösen Ueberzeugung
einen weiten gesetzlichen Rahmen gewährend. Denn die eigentliche
katholische Kirche besteht thatsächlich jetzt nicht mehr, da sie ihre Verfassung und ihren Dogmeninhalt wesentlich geändert hat, außerdem im
Begriffe ist, in zwei Parteien sich zu spalten, von denen keine vollen
Anspruch hat, die wirklich historisch gegebene katholische Kirche zu sein.
Diese ist dadurch in Auflösung begriffen, denn Stoff und Form trennen

sich). Papst und Bischöfe halten fest an der Form, dem unbedingten Autoritätsprincip, dem gegenüber nur blinde Unterwerfung statthaft ist, was auch immer geboten werden mag; die sogenannten Altkatholiken aber verneinen dieses Princip, weil sie starr am herkömmlichen Stofflichen, dem Inhalte des Katholicismus festhalten wollen, auch wenn die Aenderung vom Autoritätsprincip selbst ausgeht. So ist die Auflösung angebahnt, die dem Staate und der Wissenschaft ebenso wie dem wahren Christenthum zu Gute kommen wird.

VII.

Die bayerische Staatsregierung und die Kirchenfrage.*)

Der Erlaß des Cultusministeriums vom 27. August 1871 hat in liberalen Kreisen vielfach Tadel gefunden, weil er, trotz des eingehenden Nachweises, daß das neue Dogma von der Unfehlbarkeit des Papstes staatsgefährlich sei, und daß die Bischöfe durch Verkündigung desselben ohne königliches Placet die Staatsgesetze übertreten haben, doch sich begnügt mit Verweigerung staatlicher Mithülfe zur Verbreitung der neuen Lehre, und nicht mit positiven Maßregeln gegen die Gesetzübertreter vorgeht. Die Altkatholiken aber zeigen sich unzufrieden mit dem Erlaß, weil derselbe nicht sie als die wahren Träger des bisherigen Katholicismus annimmt und zur Geltung bringt, sondern ihnen nur freie, ungehinderte Existenz und Agitation garantirt. Die Ansichten scheinen in diesen beiden Beziehungen noch nicht klar und sicher zu sein, und ein Versuch, zur Beleuchtung und richtigen Würdigung dieser Angelegenheit einiges beizutragen, mag nicht überflüssig sein.

Allerdings ist richtig, daß, wenn einmal von der Staatsregierung erklärt ist, daß die Bischöfe eine staatsgefährliche Lehre verkündet und die Staatsgesetze sogar nach ausdrücklicher Warnung offen und in schroffster Weise übertreten haben — nun auch diese Bischöfe die Strafe dafür treffen soll, wie jedem andern Verletzer der Staatsgesetze. Und mehr noch sogar verdienen sie Strafe, weil mit voller Ueberlegung und offenbar auch mit einer gewissen Conspiration die Uebertretung geschah, und diese um der Würde der Uebertreter willen ein um so verderblicheres Beispiel des Ungehorsams bietet. Wenn gleichwohl die Staatsregierung von positiven Strafmaßregeln Umgang nimmt, so hat dies seinen guten Grund in der Schwierigkeit der Sache, in dem Widerstreit von Interessen oder Rechten, der dabei stattfindet, da die Wahrung der Rechte des Staats nicht ausführbar erscheint, ohne die Rechte der Kirche zu verletzen, d. h. ohne in das Gebiet des Glaubens einzugreifen und die Freiheit des Gewissens

---

*) Erschienen in der Augsb. Allgem. Ztg. im September 1871. Es war der Wunsch, zur Klärung der verworrenen Verhältnisse beizutragen, der diesen Artikel veranlaßt hat. Die altkatholische Bewegung hat, wie ich glaube, ihre unklare Stellung von damals nunmehr selbst größtentheils überwunden. Die päpstliche Hierarchie freilich hält hartnäckig an ihrer irreligiösen kirchenpolitischen Herrschsucht fest.

anzutasten; hinwiederum aber diesen nicht Rechnung getragen werden kann, ohne die Rechte des Staates preiszugeben. Hier liegt die eigentliche Schwierigkeit in dieser Sache und die Quelle der Verlegenheit und Unentschiedenheit. In der That, was soll die Staatsregierung eigentlich thun gegen das neue Dogma und seine Verkünder? Kann und darf sie dem katholischen Volke verbieten, dasselbe zu glauben? Sie kann es weder, noch darf sie es, wenn sie nicht byzantinische Glaubensmacherei treiben will. Und soll sie Glaubensverfolgungen einführen, die Bischöfe strafen, vertreiben u. s. w. um eines Glaubens= satzes willen? Das ist doch allen modernen Grundsätzen entgegen und kann unmöglich von einer liberalen Regierung verlangt werden. Auf der andern Seite aber darf sie doch auch die Staatsgesetze nicht ungestraft verletzen lassen und kann nicht dulden, daß staatsgefährliche Grundsätze zur Geltung kommen, und daß Papst und Bischöfe die eigentlichen Souveräne werden, als welche sie sich in Bayern bereits gebärden.

Es scheint uns, daß aus dieser Schwierigkeit nur herauszukommen ist, wenn man sich entschließt, an diesem Unfehlbarkeitsdogma selbst eine Scheidung vorzunehmen zwischen dem rein kirchlichen und dem politischen Moment desselben. Nicht das ganze Dogma hat der Staat das Recht, zurückzuweisen, sondern nur die politische Seite desselben. Daß die Katholiken den Papst für unfehlbar halten in Sachen des Glaubens, im rein dogmatischen Gebiete, kann den Staat nicht kümmern, wenn nicht diese Unfehlbarkeit auf politisches Gebiet ausgedehnt wird; und wenn dies nicht geschieht, hat er auch kein Recht, sich in diese Glaubenssache einzumischen. Das einzig Richtige scheint uns also zu sein: daß die Staatsregierung nicht das Dogma in Bausch und Bogen zurückweist, sondern die genannte Scheidung vornimmt und nur die politische Seite desselben beanstandet; daß sie also erklärt: dem Dogma an sich stehe nichts im Wege von ihrer Seite, unter der Bedingung, daß durch Papst und Episcopat eine ausdrückliche Einschränkung auf das rein religiöse Gebiet geschehe und ein feierlicher, förmlicher Verzicht auf alle politische Bedeutung desselben geleistet werde. Geschieht dies, dann hat der Staat kein Interesse mehr, sich in die Sache einzumischen, und die rein dogmatische Angelegenheit kann dann durch innerkirchliche theologische Kämpfe ausgemacht werden. Natürlich darf sich der Staat nicht mit allgemeinen Redensarten von Nichteinmischung in das politische Gebiet begnügen, wie sie bisher von den Bischöfen und dem Papste selber zu vernehmen waren. Es müssen feierliche Erklärungen und sichere Garantieen in dieser Beziehung erfolgen, und dies um so mehr, als gar kein Zweifel sein kann darüber, daß das Hauptziel bei der Dogmatisirung der Unfehlbarkeit des Papstes, außer der Be= herrschung der modernen Wissenschaft, die Bezwingung des modernen Staates, die Oberherrschaft über denselben war. Denn um die Theologie

zu beherrschen, oder um kirchlichen Einfluß auf die Gläubigen zu ge=
winnen, dazu bedurfte es nicht erst dieses Dogma's.

Hinter der allgemeinen Phrase aber, daß der Papst in das politische
Gebiet nicht eingreifen wolle, ist stets der Vorbehalt versteckt, daß der
Papst nie in das politische Gebiet eingreife, was er auch thun und
beanspruchen möge, weil eben alles, was er in Anspruch nimmt, gerade
dadurch kirchliches Gebiet wird — wie Midas nichts anderes erfaßte
als Gold, weil alles, was er erfaßte, zu Gold wurde. Anstatt solcher
allgemeinen, unbestimmten oder geradezu zweideutigen Versicherung
muß vielmehr vom Papst eine ausdrückliche, detaillirte Verzichtleistung
geschehen, welche in alle offiziellen kirchlichen Lehrbücher aufgenommen
und im Schul= und Volks=Unterricht gelehrt werden muß, so daß jede
Ueberschreitung von Seiten des Papstes und der Bischöfe sogleich allge=
mein als ein Wort= und Vertragsbruch erscheint, und eine Zurück=
weisung derselben von Seiten des Staates nicht ferner als eine Be=
einträchtigung der kirchlichen Rechte und als Religionsverfolgung ver=
schrieen werden kann. Dem Glauben kann auf diese Weise der freieste Spiel=
raum gewährt, auch das neue Dogma kann nach solcher ausdrücklichen
formellen Verzichtleistung ungehindert zur Publikation kommen. Die
oben erwähnte Schwierigkeit ist damit gelöst: der Staat hat diesem
Dogma gegenüber seine Rechte gewahrt, ohne in das Glaubensgebiet
der Katholiken unbefugt einzugreifen. Will man diese Lösung nicht,
so ist nicht abzusehen, wie aus diesem Conflict je herauszukommen sein
wird; der Streit verewigt sich, oder endet nur mit Vernichtung von
einem der beiden Theile, des Staats oder der hierarchischen Kirche.
Wenn diese letztere aber auch über kurz oder lang zu Grunde geht,
so kann und soll es doch nicht durch den Staat geschehen, sondern nur
durch religiöse Mittel und Reformen.

Die vorgeschlagene Lösung kann auch beiden Theilen nur erwünscht
sein. Den Staatsregierungen können religiöse Conflicte nur unwill=
kommen und lästig erscheinen, und sie müssen daher bereitwillig eine
Ausgleichung versuchen, welche die bedrohten politischen Rechte und
Staatsgesetze wahrt, ohne daß ein Eingriff in das kirchlich dogmatische
Gebiet nothwendig ist. Andererseits versichern Papst und Bischöfe
unaufhörlich, daß sie keineswegs in das staatliche Recht eingreifen
wollen; aber sie finden kein Vertrauen. Wenn nun ihre Versicherungen
ernstgemeint und nicht heuchlerisch sind, so werden sie mit Freuden
dem angebotenen Lösungsversuch entgegenkommen und die verlangten
Garantieen leisten, um ihren Versicherungen Glauben zu erringen und
den Conflict beizulegen. Thun sie dies aber nicht, verweigern sie den
vorgeschlagenen detaillirten Verzicht und die nothwendigen Garantieen,
dann müssen sie mit Recht gewärtigen, daß gegen sie mit Strafmaß=
regeln vorgegangen werde. Es geschieht dann nicht wegen des Dogma's
und seiner Verkündung, sondern wegen ihrer politischen Ansprüche und

Angriffe. Und nicht gegen sie als Bischöfe, sondern als politische Agitatoren zu Gunsten eines fremden Herrschers wird eingeschritten werden. Es ist keine Religionsverfolgung, sondern eine Nothwehr des Staates gegen politische Verbrecher. Politische Attentäter können dann nicht mehr für kirchliche Märtyrer ausgegeben werden.

Seit dem Mittelalter dauert der große Kampf zwischen Papstthum und weltlicher Regierung. Auch damals gab man von Seiten der Kaiser die Oberherrschaft des Papstes über das weltliche Kaiserthum nicht zu, wenn es auch den Päpsten zeitweise gelang, dieselbe that= sächlich auszuüben. In späterer Zeit ward die politische Macht des Papstes immer mehr beschränkt und war in neuerer Zeit sehr zusammen= geschrumpft. Jetzt aber dünkt dem jesuitischen Papstthum die Zeit gekommen, durch das neue Dogma alle alten Ansprüche, wie durch einen Staatsstreich, wieder aufleben zu machen. Möge man von Seiten der Staatsregierungen diesen übermüthig heraufbeschworenen Conflict wie eine providentiell gegebene Gelegenheit benützen, um diesem langwierigen Streit ein Ende zu machen, indem sie den Papst nöthigen zu dem vorgeschlagenen feierlichen Verzicht, und ihn für immer ein= dämmen auf das rein religiöse Gebiet des Glaubens. Wie dem Papst= thum der Kirchenstaat entwunden ward trotz alles Sträubens und aller Verfluchung, so muß ihm endlich auch alle politische Macht ent= zogen werden, um die Souveränetät des Staats und die moderne Cultur vor ihm sicherzustellen. Man wird einwenden, daß die Schwie= rigkeiten bei der Detaillirung der hierarchischen Verzichtleistung sehr groß seien, da die Verbindung von Staat und Kirche eben seit Jahr= hunderten eine sehr enge und vielfach in einander verwachsene war. Dies ist nicht zu läugnen; aber muß denn alles leicht sein? Das Heilsame und das Nothwendige muß geschehen, auch wenn es noch so schwierig ist. Da der Papst übrigens der Angreifer gewesen ist, so wird er billiger Weise seine Liebe zum Frieden und seine Sorge, das wirklich dogmatische, religiöse Gebiet sich um so entschiedener zu sichern, dadurch bethätigen müssen, daß er sich nachgiebig erweist, um nicht aus eitlem Streben nach Machtfülle auch im weltlichen Gebiete den Glauben des Volkes selbst großen Gefahren auszusetzen. Den rein kirchenhistorischen und dogmatischen Streit aber über die historische Berechtigung und Vernünftigkeit des neuen Glaubenssatzes in seiner rein kirchlichen Bedeutung kann und soll die Staatsregierung ganz der innerkirchlichen sogenannten altkatholischen Opposition überlassen.

Aber eben hiermit scheint diese innerkirchliche oder altkatholische Opposition nicht zufrieden zu sein. Sie will nicht blos freien Spielraum und Schutz bei der kirchlichen Agitation, sie verlangt positive Unter= stützung des Staats. Sie scheint die enge Verbindung von Staat und Kirche durchaus zu wünschen; nur aber zu ihren Gunsten und gegen die hierarchischen Gegner. Sie gründet ihren Anspruch darauf, daß sie die wahre katholische Kirche im alten Sinne des Wortes sei, mit welcher der Staat in Verbindung getreten und Verträge geschlossen habe, daher auch alle Rechte und Güter derselben eigentlich auf sie übergehen, oder vom Staat auf sie übertragen werden müssen. Diese altkatholische Behauptung ist unrichtig. Nicht mit dem Dogma, welches die Altkatholiken unverfälscht zu bewahren und zu vertreten behaupten, nicht einmal mit der Kirchenverfassung als solcher hat der Staat Verträge geschlossen, sondern mit den kirchenrechtlichen Autoritäten der katholischen Kirche. Nun haben allerdings Papst und Bischöfe sich durch das neue Dogma so geändert, haben eine so andersgeartete Stellung zu einander und so wesentlich andere Bedeutung in der Kirche und daher auch dem Staate gegenüber, daß sie nicht mehr als mit jenen kirchenrechtlichen Autoritäten identisch betrachtet werden können, durch welche der Staat mit der Kirche in Verhältniß trat, und mit welchen er Verträge schloß. Der Papst ist durch seine Vergöttlichung gleichsam aus der irdischen Geschichte herausgesprungen; keine irdische Macht kann ferner in ein sicheres Verhältniß zu ihm treten, soweit sein Gebiet reicht. Allein darum ist noch nicht die altkatholische Opposition an die Stelle der katholischen Kirche getreten, d. h. noch nicht deren echter Ausdruck und Fortsetzung. Die altkatholische Opposition kann vielmehr gar keine kirchenrechtlichen Autoritäten bieten, mit denen der Staat in Beziehung treten könnte. Sie hat keinen Papst und keine Bischöfe, die doch der katholischen Kirche als wesentlich gelten. Die Altkatholiken sprechen zwar noch immer davon, daß sie die Vertreter des echten Katholicismus seien, und behaupten auch noch die Unfehl= barkeit ihrer katholischen Kirche; wer aber ihnen zufolge der Träger dieser Unfehlbarkeit eigentlich ist, seitdem sie in ihrer Erklärung im Juni 1871 außer dem Papst auch noch den Gesammtepiskopat als Träger derselben zurückgewiesen haben, ist völlig unklar geworden. Die paar Agitatoren, die öffentlich aufzutreten pflegen, können doch nicht als diese Träger der Autorität und Unfehlbarkeit der echten katholischen Kirche gelten, mit denen die Staatsregierung in Beziehung zu treten habe; ebenso nicht (nach katholischen Grundsätzen) die wenigen gelehrten Theologen, die der Opposition angehören — Gemeinden altkatholischen Bekenntnisses sind nicht vorhanden. — So bleibt eigentlich nur die Tradition übrig als 'Autorität; aber diese muß selbst erst lebendig gemacht, gedeutet werden, und wer das Recht hat dazu, ist wiederum die Frage. Dem Staate kann nicht zukommen und nicht zugemuthet werden, den echten Katholicismus im Gewirre der Ansichten zu er= forschen und zu fördern. Gegenwärtig ist es auch geradezu unmöglich, diesen Katholicismus zu entdecken; denn die katholische Kirche im bis= herigen Sinn existirt seit dem 18. Juli nicht mehr, und mit der alt= katholischen Bewegung ist der Auflösungsprozeß inaugurirt. Stoff und Form, formelles und sachliches Princip scheiden sich, und dies ist

Auflösung der organischen Bildungen. Papst und Episkopat sind das formelle Princip, aber sie haben sich vom sachlichen Princip der dogmatischen Tradition und kirchenrechtlichen Verfassung losgetrennt und mögen ohne dieses sachliche Princip allmälig zu wesenlosen Gespenstern werden; umgekehrt hat die altkatholische Opposition wohl das sachliche Princip, das Stoffliche; aber da sie ohne das formelle Princip ist, so stellt sie auch nur ein Moment des bisherigen Katholicismus dar, und es ist nicht abzusehen, wie sie es zu einem wirklichen Leben bringen und nicht bloß ein Moment des Auflösungsprozesses sein soll; zumal sie alles Neue, alle Neubildung als unkatholisch verpönen will, also gerade das zurückweist, was das Eigenthümliche des Lebensprozesses constituirt. Es ist unter diesen Umständen ganz natürlich, daß die Staatsregierung nicht sogleich ganz und gar mit dieser Bewegung sich verbindet und etwa durch positive Maßregeln sie zur herrschenden Staatsreligion macht, sondern ganz entsprechend erst zuwartend sich verhält und die Dinge sich entwickeln läßt.

Auch der Umstand, daß das Unfehlbarkeitsdogma eine Neuerung sei, kann für die Staatsregierung kein Grund sein, dasselbe zurückzuweisen und zu diesem Behufe sich solidarisch mit der altkatholischen Opposition zu verbinden. Nicht weil das Dogma neu, sondern weil es staatsgefährlich ist, muß für die Regierung der entscheidende Grund der Zurückweisung desselben sein. Und die Zurückweisung des Dogma's von Seite des Staats wird aufhören müssen von dem Augenblick an, wo demselben der staatsgefährliche Charakter genommen ist, mag es im übrigen noch so neu sein. Sollte die Neuheit Grund der Verweigerung des Placet sein, so hätte auch das Dogma von der Immaculata conceptio von der Staatsregierung zurückgewiesen werden müssen. Der Staat als natürliche Organisation ist auf natürliche Fortentwicklung angelegt, und das Neue kann ihm daher nicht als solches widersprechend und unwillkommen sein, wenn es sonst vernünftig ist. Die Altkatholiken stellen sich schroff auf den Standpunkt der Stabilität, der absoluten Uebernatürlichkeit des Glaubensinhalts, demgemäß derselbe fix und fertig in die Geschichte hereingestellt erscheint, und daher völlig unverändert fortüberliefert werden muß. So stehen Staat und Altkatholicismus auf ganz verschiedenen Standpunkten, und können daher nicht so ohne Weiteres Hand in Hand gehen, wie manche altkatholische Parteigänger es wünschen.

Unseres Erachtens war es außerdem, um des noch sehr zweifelhaften Erfolges des Altkatholicismus willen, der Klugheit angemessen, daß die Staatsregierung denselben zwar frei gewähren ließ, nicht aber in ein enges Bündniß mit ihm trat, noch durch positive Maßregeln für denselben wirkte. Fürs erste fehlt demselben zum Gelingen als Fortsetzung der katholischen Kirche noch immer Papst und Episkopat, und die früher erwähnte Erklärung stellt vorläufig nur für unbestimmte

Frohschammer, kirchenpolitische Fragen. 8

Zukunft einen idealen Primat und Episkopat in Aussicht, von denen noch nicht irgend ersichtlich ist, wo sie herkommen sollen. Man schmeichelt sich sogar mit einem künftigen wahrhaft freien und allgemeinen Concil, das den Altkatholicismus zur Herrschaft bringen soll. Eine Illusion! Wer soll dieses Concil veranstalten, und wer es abhalten, da Papst und Bischöfe nichts davon wissen wollen? Doch wir sind ja jüngst in diesen Blättern belehrt worden, wie es zu Stande kommen, was es leisten, und wo es gehalten werden soll. Es soll von den Staatsregierungen dem Papst abgenöthigt und versammelt werden zu dem ausdrücklichen Zweck, das neue Dogma zu widerrufen, d. h. das vaticanische Concil für ungültig zu erklären. Und das wäre also ein wahrhaft freies Concil! Und es soll in Deutschland gehalten werden, wohin die romanischen Bischöfe sicher gar nicht oder nur in geringer Anzahl kommen würden! Und das wäre dann ein wahrhaft ökumenisches Concil! Solchen Illusionen kann nur eine schmerzliche Enttäuschung folgen, und sie lähmen die Kraft zu wirklicher, ernsthafter Reform der Kirche.

Da ferner die Altkatholiken nicht von einer bestimmten Idee geleitet sind, die sie als Fortschritt realisiren wollen, sondern nach rückwärts blicken und das Alte wieder herstellen wollen, so ist leicht begreiflich, daß sie selbst offenbar noch nicht ganz im Klaren sind, an welchen Punkt der Vergangenheit denn eigentlich anzuknüpfen sei, was alles zum „Altkatholicismus" gehört, und was nicht. Es ist da Stoff zu unendlichen theologischen Streitigkeiten vorhanden, die auch kaum ausbleiben werden — ein Umstand, welcher begreiflicherweise dem Gelingen der Sache nicht sehr förderlich sein kann. Ueberdies ist Thatsache, und aus der Natur der Sache leicht begreiflich, daß das Volk die Unfehlbarkeit des Papstes leichter glaubt, als die Unfehlbarkeit der Bischöfe oder irgend eines andern Trägers der behaupteten kirchlichen Unfehlbarkeit. Der Papst wird der katholischen Jugend stets gezeigt, umgeben von mysteriösem Nimbus, unberührt von allen menschlichen Schwächen, ganz ideal, wie es einem Statthalter Gottes auf Erden geziemt. Und das Volk ist weit von Rom, und kennt die wirkliche Papstgeschichte nicht, und glaubt sie kaum, auch wenn sie ihm wirklich zur Kunde gebracht wird. Was Wunder also, wenn es zuletzt auch noch zu glauben hat, daß dieser Papst von Gott unfehlbar geleitet sei! Die Bischöfe hat das Volk näher; von diesen sieht es selbst, daß sie auch schwache und fehlgehende Menschen seien; ihre Unfehlbarkeit ist dem Volke daher weit weniger glaubwürdig als die des Papstes. Und wenn wirklich das Volk zuerst stutzig wird darüber, daß ein Mensch, der doch auch der Papst noch ist, unfehlbar sein soll in seinen Aussprüchen, so ist die Glaubenskraft und Glaubensgeneigtheit des katholischen Volkes so geübt, daß es auch dieses unbegreifliche Dogma zu den übrigen hinzu noch zu glauben vermag. Die

Seelsorger können ihm etwa sagen: „Ihr glaubt doch, daß Gott dem
Priester die Macht gegeben hat, durch sein bloßes Wort das Wesen
des Brodes und Weines in das Wesen der Gottheit zu verwandeln,
oder vielmehr in das Wesen Gottes und des Menschen zugleich? Gut
denn; da ihr dieses Ungeheure als Katholiken gläubig annehmet, so
könnt ihr auch nicht unmöglich und unglaublich finden, daß Gott
einen Menschen, den Papst, befähigt, unfehlbare Aussprüche zu thun;
denn in der That, an die Unfehlbarkeit des Papstes zu glauben,
kann nur noch eine Kleinigkeit erscheinen für den, der glaubt, daß
die consecrirte Hostie durch das Wort des Priesters verwandelt sei in
die Gottheit und Menschheit Christi." So können sie sagen; und ich
wüßte nicht, was Bedeutendes dagegen einzuwenden wäre auf katholischem Standpunkt, auf welchem, als einem übernatürlichen, historische
und rationelle Beweisführungen ohnehin nichts gelten. Das Gelingen
der altkatholischen Bewegung steht also noch in weitem Feld, und
auch darum war es sicher wohlgethan, daß die bayerische Staatsregierung sich in keine zu enge positive Verbindung mit derselben
einließ. Es wäre nicht abzusehen, was für Staat und Christenthum
gewonnen wäre etwa mit einer zweiten Auflage des ehemaligen
königlich bayerischen Katholicismus Abel'schen Andenkens, wenn er
auch diesmal mit liberalem Firniß überzogen worden wäre. Und es
erscheint uns als wahrhaft liberales und verdienstliches Werk, daß
die bayerische Staatsregierung der so nahe liegenden Versuchung dazu
standhaft widerstanden hat.

Daß aber der altkatholischen Opposition voller Schutz und freie
Bewegung zu gewähren sei, erscheint uns als selbstverständlich; denn
wenn sie auch nicht mit der ehemaligen katholischen Kirche identisch
ist, so hat sie wenigstens eben so viel Anspruch auf Existenz und
Schutz, als die sogenannte neukatholische, oder vielmehr eminent
römisch-katholische Kirche, an deren Spitze ein Papst und Bischöfe
stehen. Dieser Schutz und diese Freiheit genügen aber auch zur Entwicklung und zum Gedeihen der Bewegung, wenn sie sonst Lebenskraft
und Gesundheit in sich trägt. Auch wird ohne positive Mitwirkung
der weltlichen Regierung die religiöse Bewegung ihre Reinheit leichter
bewahren, indem weniger Veranlassung gegeben ist, aus unlautern
Motiven ihr beizutreten oder mitzuwirken. Die religiöse Begeisterung
und Uneigennützigkeit der hauptsächlich hervortretenden Leiter der
Bewegung kann klarer hervortreten und sicherer erkannt werden, und
dies wird vielleicht auch das größere Publikum mehr für die Sache
erwärmen und ihr größere Theilnahme erwirken, als es bisher der
Fall gewesen zu sein scheint. Jedenfalls ist nicht daran zu zweifeln,
daß, sobald sich bestimmte altkatholische Gemeinden bilden, die Staatsregierung ihren Schutz und ihre Unterstützung zur Erreichung von
Kirchen und entsprechendem Kirchenvermögen nicht versagen wird. Das

Wichtigste scheint also die Bildung von altkatholischen Gemeinden zu sein, und zu diesem Behuf werden sich die Leiter der altkatholischen Bewegung zunächst mehr an das Volk als an die Regierung wenden müssen.

Wir stehen gegenwärtig vor der unbedingten Nothwendigkeit dessen, wofür wir uns seit lange bemühen, der Scheidung nämlich von Staat und Kirche. So schwer man auch daran gehen mag, und so schwierig in der That auch die Sache ist, der Papst und die Jesuiten haben es dahin gebracht, daß endlich unvermeidlich eintreten muß, was das moderne Bewußtsein ebenso wie das wahre Christenthum und endlich die Aufgabe des Staates selbst so verschiedenen Confessionen gegenüber fordert. Es sind in Bezug auf das Verhältniß von Kirche und Staat nur drei Fälle möglich:

Entweder der päpstliche unfehlbare Absolutismus findet nicht genug Widerstand, setzt sich im religiösen Bewußtsein der Völker fest, und der Papst bemächtigt sich der constitutionellen Rechte des gläubigen Volkes, um über Staaten und weltliche Regierungen die Oberherr= schaft zu üben — hierarchischer Absolutismus oder, wenn man will, Papacäsarismus.

Oder die weltlichen Regierungen weisen in Verbindung mit den kirchlich oppositionellen Elementen die päpstliche Oberherrschaft zurück, versäumen aber das politische und das rein kirchliche Gebiet zu scheiden, so daß ihre Wahrung des politischen Rechtes zugleich ein beständiges Eingreifen in das kirchliche Gebiet mit sich bringt, und sie darin Herrschaft üben müssen — kirchlich=politischer Byzantinismus oder Cäsaropapismus.

Oder endlich Scheidung des politischen und kirchlichen Gebietes. Strenge Wahrung der Rechte des Staates allen religiösen Genossenschaften gegenüber; aber so, daß der Staat einen weiten, so zu sagen rechtlichen und sittlichen Rahmen bildet für freie Bewegung und Entwicklung auf dem religiösen Gebiete.

VIII.

Das Programm des Altkatholiken-Congresses in München. *)

Das Programm des Altkatholiken-Congresses in München (vom 22. bis 24. Sept. 1871), welches von demselben mit wenigen unwesentlichen Aenderungen zum Beschlusse erhoben wurde, hat uns endlich näheren authentischen Aufschluß gebracht über Wesen und Ziel der sogenannten altkatholischen, innerkirchlichen Bewegung und Döllinger'schen Opposition. Da es von der größten Wichtigkeit ist, daß für's erste gegenüber der päpstlichen Anmaßung und dem jesuitischen Streben nach allgemeiner Geistesknechtschaft, ein fester, haltbarer Standpunkt eingenommen werde zum Widerstande und zur Bekämpfung, und daß zweitens das dringende religiöse Reformbedürfniß in entsprechender Weise befriedigt und der auflodernde Drang der regsameren Geister nicht nutzlos in aussichtslosen und zugleich ungenügenden Strebungen gleichsam verpufft werde, mit nachfolgender Erschlaffung und zu großem Triumphe des Feindes, so wird ein Programm dieser Art nicht ohne nähere Prüfung hingenommen werden dürfen, ehe zu dessen Ausführung geschritten wird. So möge uns gestattet sein, hier wenigstens in Kürze die Prüfung vorzunehmen. Selbstverständlich zollen wir den versammelten Männern alle Anerkennung für ihre Bemühungen und verkennen ihre Verdienste nicht, auch wenn wir ihr Werk, ihr Streben nicht für entsprechend und genügend halten können. Wir dürfen eben andererseits bei aller Anerkennung des persönlichen, verdienstlichen Strebens nicht das außer Acht lassen, was das wichtigste ist, die Sache selbst.

In dem genannten Programm ist zur Aussprache gebracht, was die Altkatholiken festhalten, was sie verwerfen und was sie anstreben. Sie erklären, festhalten zu wollen am alten katholischen Glauben, wie er in Schrift und Tradition bezeugt ist, sowie am alten katholischen Cultus. Und sie betrachten sich deßhalb trotz der Excommunication als vollberechtigte Glieder der katholischen Kirche. Sie halten ferner fest an der alten Verfassung der Kirche gegenüber der päpstlichen

---

*) Erschienen in der „Neuen Freien Presse" im Oktober 1871. Auch dieser Aufsatz war selbstverständlich nicht gegen die altkathol sche Reformbewegung als solche gerichtet, sondern wollte vielmehr beitragen, daß sie zur Klarheit und Entschiedenheit in Ziel und Mitteln gelangte.

Allgewalt und directen Herrschaft mit Degradirung der Bischöfe. Auch die Beschlüsse des Concils von Trient nehmen sie an, wenn wir die etwas unklare Stelle richtig verstehen. Endlich bekennen sie sich — neben der „göttlich gestifteten Hierarchie von Bischöfen, Priestern und Decanen" — auch noch zu dem Primate des römischen Bischofs, wie er auf Grund der Schrift von den Vätern und Concilien in der alten ungetheilten christlichen Kirche anerkannt war. In diesem letzten Satze ist wohl trotz der beigefügten, sich auf die griechische Kirche beziehenden Einschränkung das Bekenntniß enthalten, daß man an dem römischen Primat als einer unmittelbar göttlichen Institution festhalte. Wo in der Schrift mag wohl der Primat des römischen Bischofs begründet sein! Christus hat nicht durch ein einziges Wort auch nur leise angedeutet, daß Rom bestimmt sei für den Primat in seiner Kirche. Auch die Apostel sagen nichts davon. Wie sollte Christus, wenn er dem römischen Bischof dieses höchste Amt zudachte, wenn er für sein Werk Rom eine so wichtige, ja die wichtigste und entscheidende Rolle bestimmte, nicht ein einziges Wort gesagt haben! Dieses vollständige Schweigen allein schon ist ein entscheidender Beweis, daß dem römischen Bischofe keinerlei Primat von Christus selbst zugedacht war und daß dieser thatsächlich anderswoher als vom Stifter des Christenthums stamme.

Dieses positive Bekenntniß der Altkatholiken erscheint klar und bestimmt genug; freilich doch mehr äußerlich bestimmt und abgegrenzt, als innerlich und der Sache nach. Denn was zum alten katholischen Glauben und zur alten Kirchenverfassung wirklich gehöre und was nicht, ist nicht so leicht und sicher zu entscheiden, wie es scheinen möchte. Die Schwierigkeit kommt hauptsächlich davon her, daß in der katholischen Kirche so früh und allgemein das sogenannte pseudo-isidorische Verfahren üblich wurde, d. h. das Streben und der Brauch, das später Erfundene oder Festgestellte in die früheste Zeit fälschlich zu verlegen und dort als vorhanden nachzuweisen, — und zwar nicht blos im kirchenrechtlichen, sondern auch im dogmatischen Gebiete. Man kann sagen, daß die sogenannte positive katholische Theologie seit lange und noch jetzt hauptsächlich in diesem Verfahren besteht. Daß dies eine große Verwirrung und Corruption in der sogenannten theologischen Wissenschaft hervorbringen mußte, ist unschwer zu begreifen. Einen Beleg hiervon liefern ja gerade die bischöflichen Elaborate, die in der Form von Hirtenbriefen erscheinen, um das neue Dogma als uralte, stets in der Kirche vorhanden gewesene Lehre nachzuweisen, d. h. dasselbe fälschlich in alte Zeiten zurückzuverlegen. Dies ist pseudo-isidorisches Verfahren. Bei anderen, früheren dogmatischen Annahmen ging es nicht besser; die „Göttlichkeit oder das Begründetsein des römischen Primats" in Schrift und Tradition liefert ein Beispiel hiefür. Die Bischöfe und der Papst der späteren Zeit stellten fest (definirten), ohne sich selbst viel zu plagen mit Forschen und Denken, denn: „Wer nicht denkt, dem wird's geschenkt, der hat es ohne Sorgen." Den armen Theologen aber wird die Last des Beweises auferlegt, ihnen macht das Festgestellte nun nachträglich Denken und Sorgen. „Gehet hin, sagen ihnen die Kirchenfürsten, und suchet die Gründe für das, was wir als Ausspruch des heiligen Geistes und als göttliche Wahrheit festzustellen beliebten. Nicht als ob wir uns um eure historischen und rationellen Beweisführungen das Mindeste kümmerten; wir, die Unfehlbaren, bedürfen der dünkelhaft sich aufblähenden Wissenschaft nicht; denn Geschichte und Vernunft müssen sich nach uns richten! Aber man muß doch der Welt gegenüber den Schein bewahren, als seien wir auch Freunde der Wissenschaft, und außerdem muß man den Candidaten der Theologie etwas zu thun geben, das ihren Geist anfüllt und bindet." Und diese armen Candidaten der Theologie müssen dann diese wissenschaft= lichen Begründungen nicht etwa prüfen, sondern auswendig lernen und glauben, daß das wirkliche Beweise seien. Das Nichtwissen derselben wird nicht gar zu sehr geahndet, das Anzweifeln ihrer Beweiskraft aber würde die traurigsten Folgen für den unglücklichen Prüfer und Zweifler nach sich ziehen; er verriethe einen unkirchlichen Geist, wo er nicht gar schon ein Ungläubiger oder Heide wäre! Das ist clericale Bildung derer, welche die Seelsorger des Volkes werden. Nach dieser Methode wird das funkelneue Dogma in kurzer Zeit als uralte kirch= liche Lehre in das „allgemeine kirchliche Bewußtsein", sowie in die theologische Wissenschaft übergegangen sein wie andere Dogmen. Es ist also schwer, genau zu unterscheiden, was wirklich alte katholische Lehre sei, zumal wenn das Prüfungsgebiet von dem ersten Jahrhun= dert bis zum Pontificat Pius' IX. reicht.

Was die Altkatholiken mit Bestimmtheit verwerfen, sind eigentlich nur die unter Pius IX. zu Stande gekommenen Dogmen, insbesondere das Dogma von dem „unfehlbaren Lehramte" und von der „höheren, ordentlichen und unmittelbaren Jurisdiction" des Papstes über die ganze Kirche. In Bezug auf das kirchliche Lehramt sind allerdings die Altkatholiken ziemlich weit vorgeschritten. Sie weisen nicht allein die Unfehlbarkeit des Papstes zurück, sondern behaupten sogar, daß „auch ein Concil, welchem nicht, wie dem vaticanischen, wesentliche äußere Bedingungen der Oekumenicität mangeln, welches aber in allge= meiner Uebereinstimmung seiner Mitglieder den Bruch mit der Grund= lage und Vergangenheit der Kirche vollzöge, durchaus keine die Glieder der Kirche innerlich verpflichtende Decrete zu erlassen vermöchte". Dem werden natürlich die Jesuiten sogleich entgegenhalten, daß etwas Derar= tiges bei dem „übernatürlichen" Charakter der Kirchen=Autorität, den die Altkatholiken selbst anerkennen, unmöglich sei und von Niemanden, der an die directe göttliche Leitung der Kirche glaube, als möglich, noch weniger als thatsächlich behauptet werden dürfe. Vielmehr müsse der

richtige Gläubige nach echt katholischen Grundsä
gefangen nehmen, sich alles Urtheiles begeben, we
durch Papst und Bischöfe gesprochen habe, und au
lässig dies auch mit der kirchlichen Tradition übei
auch der schwachen, irrthumsfähigen historischen
erscheinen möge. Damit hört alle vernünftige C
unter der Firma der „Uebernatürlichkeit" kann al
heit und Falschheit, Sinn und Unsinn, dem Volke a
Maß dabei ein Spiel mit Gott und Menschen ge
natürlich bei dieser „Uebernatürlichkeit" nicht in 2
rerseits können nur mit Genugthuung wahrnehme
von den Leitern dieser kirchlichen Opposition anerk
längst behaupteten, daß nämlich auch ein allger
absolut eines Irrthums unfähig sei. Denn dies
Sinn des hypothetischen Satzes sein, der ohnehin n
lichkeit zum Ausdrucke bringt, sondern dem auch l
entsprechen. Aber mit dieser zugegebenen Möglichk
gemeines Concil irren könne (wie dies denn schon
die Unfehlbarkeit der Kirche überhaupt fallen gela
bestimmter Träger derselben weiter vorhanden ist.
tion, Schrift und Auslegung derselben durch die
Träger dieser Unfehlbarkeit sein, da sie selbst unt
durch eine Autorität erforscht und gedeutet werden
sagen: Schrift, Tradition und allgemeines Concil,
völliger Uebereinstimmung zusammenwirkend, seien
katholischen Kirche, dem die kirchliche Unfehlbarke
Annahme scheint geeignet, trotz allem die Unfehlbar
Kirche zu retten. Aber es ist in Wirklichkeit ni
Schein, der bei näherer Betrachtung schwindet, j
widerlegt wird. Denn es kann auch zweifelhaft sei
entstehen, ob eine Uebereinstimmung zwischen S
tion einerseits und Concil andererseits stattfinde. I
haben wir ja jetzt thatsächlich vor uns; Papst un
gehorsamen Theologen insgesammt behaupten diese
eine Anzahl Theologen und andere Opponenten l
entsteht ein endloser Streit darüber, ob denn wirk
bar anerkannte Organ des kirchlichen Lehramtes
So bleibt alles ungewiß, und aus diesem Wirr
Volk nicht selbst prüfen und entscheiden kann, i
hierarchischen Machtspruch herauszukommen, oder
Opposition des Volkes gegen die Hierarchie, die c
Beseitigung des ganzen theologischen Wustes ver
zur einfachen, klaren Lehre und Autorität Christi se
teren unfehlbaren Autorität bedarf.

Nur in diesem Falle ist es auch möglich, dem Volke, den Laien, einen gewissen Antheil an dem kirchlichen Lehramte zu gewähren, oder ein kirchliches Gesammtbewußtsein zu bilden, das sich in Zeugnißgeben und in Einsprache bethätigen könnte. So lange das complicirte theologische Lehrsystem mit all seinen Dogmen und Spitzfindigkeiten aufrechterhalten bleibt, ist dies durchaus unmöglich. Das Volk selbst versteht nichts davon, es weiß nicht, was gegenwärtig und von jeher zur katholisch-kirchlichen Glaubenssubstanz gehört und was nicht, es ist ja eben katholisch, d. h. als blos „hörende", gehorchende Heerde erzogen! Würde es darüber befragt, so würden die Leute zu ihrem Pfarrer gehen, um ihn darüber zu fragen; dieser würde wiederum zum Bischofe seine Zuflucht nehmen und dieser erst bei dem Papste und Concil anfragen. Ein allgemeines, klares Glaubensbewußtsein des Volkes ist einem so künstlichen theologischen Lehrgebäude gegenüber und einer professionellen Priesterherrschaft gegenüber eine Illusion. Die Berechtigung desselben zur Theilnahme bei Lehrenscheidungen in der Kirche läßt sich auch biblisch gar nicht begründen, wenn dabei zugleich die Hierarchie als „göttliche Institution" aufrechterhalten werden soll wie das Programm will. Die Stellen der Schrift, die man dafür geltend machen kann, sind die Worte Christi: „Ich bin bei euch alle Tage, bis an das Ende der Welt," und: „Wo Zwei oder Drei in meinem Namen versammelt sind, da bin ich in ihrer Mitte." Unstreitig sollten diese Worte nicht aristokratisch nur den „Kirchenfürsten" gelten, sondern allen Jüngern Jesu, allen Gläubigen. Aber wenn man sie in diesem Sinne geltend macht, dann kann man sie nicht zugleich auch für die Hierarchie als „göttliche" Institution gelten lassen. Sind sie beweisend für diese, dann können sie nicht mehr für das Volk gelten; sie können nicht zugleich die höhere Berechtigung der Hierarchie und die Mitberechtigung der Laien beweisen. Wenn Christus, diesen Worten gemäß, wirklich da ist, wo Zwei oder Drei in seinem Namen vereinigt sind, so bedürfen sie ohnehin der Hierarchie nicht mehr, am allerwenigsten als einer höheren Instanz, die erst zwischen Christus und den Gläubigen vermitteln sollte.

Schon hier also bei diesem Kernpunkte wohnt dem Programme eine Unsicherheit und selbst ein gewisser Widerspruch inne, wenn dies auch nicht jedem Leser sogleich in die Augen fällt. Leichter erkennbar sind andere unvereinbare Aufstellungen. So wird der „römische" Primat als begründet in der Schrift und bezeugt von den Vätern als göttliche Institution anerkannt (wenn auch mit viel geringerem Rechte, als er selbst in Anspruch nimmt) und doch zugleich die Hoffnung auf Wiedervereinigung mit der griechisch-orientalischen und russischen Kirche ausgesprochen. Die Wiedervereinigung könnte bei solchen Ansichten nur dadurch möglich werden, daß die genannte Kirche sich als schuldig bekennt und zum Glauben an die göttliche Berechtigung des römischen Primats entschließen wollte. Dazu ist sicher wenig Aussicht vorhanden. Ebenso verhält es sich mit der Anerkennung der Beschlüsse des Concils von Trient und der trotzdem ausgesprochenen Erwartung einer Verständigung mit den protestantischen Confessionen, die auf jenem Concil eine so entschiedene Verdammung und hundertfältige Verfluchung gefunden haben. Die Verständigung könnte da nur durch Reue und Bekehrung der Protestanten zu dem tridentinischen Katholicismus stattfinden. Von der Wissenschaft und der fortschreitenden christlichen Cultur ist dabei wenigstens auf katholischer Seite nichts zu hoffen, da dieselbe gebunden ist durch die Dogmen und die Verfassung der Kirche, durch die Kirchen-Autorität und insbesondere dem Protestantismus gegenüber durch die Beschlüsse des tridentinischen Concils, die ja festgehalten werden sollen. Ueberhaupt ist das Programm der Altkatholiken mit seinem Festhalten an allen Glaubenssachen und an der alten katholischen Kirchenverfassung, an der Tradition und den Lehren der Kirchenväter der Wissenschaft selbst kaum viel günstiger als der ultramontane Katholicismus. Denn im Grunde genommen wird nur der Kirchengeschichte große, entscheidende Bedeutung zuerkannt, und zwar deßhalb, weil sie zu erforschen und zu bestimmen hat, was alte katholische Lehre und Verfassung sei, was als Tradition und als Lehre der Väter zu gelten habe. Die übrigen Wissenschaften, insbesondere die Philosophie und die moderne Naturwissenschaft, würden sich mit ihren Resultaten schlimm genug befinden, da sie keines derselben geltend machen dürften, wenn die Tradition und die alten Kirchenväter anders lehrten. Die Wissenschaft wäre nicht eigentlich frei, sie stünde unter der Herrschaft der Kirchengeschichte. — Auch noch in anderer Beziehung kann das altkatholische Programm Bedenken erregen. Es betont nur das Alte, Herkömmliche in Lehre, Cultus und Verfassung, ohne bestimmte, klare Principien anzugeben. Bei dieser Unbestimmtheit könnten alle Wurzeln der alten und neuen Mißbräuche und Entartungen fortbestehen und zu gelegener Zeit wieder wuchern. Selbst die Inquisition ist durch das Programm, wie es ist, nicht unbedingt ausgeschlossen; denn die Berechtigung der Inquisition wurde aus der absoluten Göttlichkeit der Kirche und ihrer Hierarchie als göttlicher Institution, aus der Alleinberechtigung des katholischen Glaubens und der Pflicht, diese aufrechtzuerhalten, abgeleitet, und zwar schon von den Kirchenvätern, insbesondere von Augustinus, und die Berechtigung zur Ketzerverfolgung ist begründet in der alten Kirchenverfassung, im Kirchenrecht. Es ist kein Zweifel, daß kluge und eifrige Bischöfe oder der römische Bischof selbst mit seinem in der „Heiligen Schrift begründeten Primat", wenn sie das altkatholische Programm annähmen, von demselben principiell nicht gehindert wären, die Ketzerverfolgungen wieder ernsthaft zu betreiben, sobald sich Gelegenheit dazu böte. Wenn sie es nicht thäten, wäre dies nur Verdienst ihres eigenen guten Willens, nicht des Systems.

So würde, selbst wenn das altkatholische Programm durchgeführt werden könnte, für wahrhaft christliche Reform und für die moderne Wissenschaft und Civilisation wenig gewonnen sein. Aber es trägt, nach unserem Dafürhalten, die Bedingungen des Gelingens oder der Durchführbarkeit nicht in sich, weil es zu wenig bietet, um für die Sache zu interessiren und zu erwärmen, und zu wenig negirt, um die nöthige Geistesbefreiung den Gläubigen zu gewähren. Es läßt den ganzen kirchlichen Apparat bestehen, durch den die Hierarchie das Volk geistig gefangen hält und leitet. Es durchschneidet die Zügel nicht, durch welche Papst, Bischöfe und Priester das Volk festhalten und lenken. Solange diese unversehrt und fest in den Händen des päpstlichen Clerus sind, kann Niemand sonst ernstlichen Einfluß auf dasselbe gewinnen. Es heißt Widersprechendes und Unmögliches anstreben, wenn man einerseits das Volk in voller kirchlicher Bindung, Befangenheit und Unterwerfung erhalten will und andererseits doch von ihm verlangt, der legitimen kirchlichen Obrigkeit ungehorsam zu sein. Man fürchtet immer, daß zu weit gegangen werde, und warnt vor Ueberstürzung. Man will sachte anfangen, um allenfalls, wenn es rathsam erscheint, auch weiter zu gehen in kluger, berechnender Weise. Vergeblich. Diese kluge Zurückhaltung mit weiteren Hintergedanken muß ihren Zweck verfehlen, sobald sie bekannt oder durchschaut ist, und ihr Erfolg kann nur ein erwachendes Mißtrauen auf der einen, Einbuße an moralischer Reputation auf der anderen Seite sein. Zudem ist begreiflich, daß, wenn die Opposition zuerst nur sehr wenig vom hierarchischen System zurückweisen will, um das Volk nicht abzuschrecken, diesem vielmehr der Gedanke naheliegt, ob es denn auch der Mühe werth sei, um so wenig bedeutender Dinge willen sich allen kirchlichen Maßregeln und Vexationen der Hierarchie auszusetzen. Diese erfolgen aber, mag viel oder wenig negirt werden an der hierarchischen Herrschaft mit ihrem ganzen dogmatischen und kirchenrechtlichen Apparate. Soll dies einmal erduldet werden, so mag es doch lieber gleich für eine wirkliche, durchgreifende Reform geschehen, als für Dinge, die — vom religiösen Gesichtspunkte aus betrachtet — Alles ungebessert lassen, also keine höhere Reinheit und Freiheit des Glaubens gewähren. Wer innerhalb des kirchlichen Systems bleiben und unter Beibehaltung von diesem irgendwie reformiren will, muß nothwendig scheitern. Eine christliche Reform gelingt nur, wenn das System selbst angegriffen und aufgehoben oder umgestaltet wird; bloße Auswüchse oder Mißbräuche des Systems zu bekämpfen, ist vergebliche Mühe, da stets diejenigen, welche die Maschinerie des Systems beherrschen und in Bewegung setzen, Alles wieder vereiteln können, so lange eben dieses System selbst bestehen bleibt. Zu Anfang des 15. Jahrhunderts haben nicht blos einige Professoren, Geistliche und Laien die Gewalt des Papstes einschränken und eine Reform der Kirche anbahnen wollen, sondern geradezu der ganze europäische

Episcopat bemühte sich darum, und zwar in allgemeinen Concilien zu Constanz und Basel. Dennoch richteten sie nichts aus. Der Papst gewann bald wieder vollständig die Oberhand, und der geistliche Despotismus und die Mißbräuche aller Art wurden so arg wie zuvor. Der Hauptgrund dieses Mißlingens ist in nichts Anderem zu suchen, als darin, daß sie eben das System selbst, die ganze kirchliche Maschinerie von Hierarchie, canonischem Recht, Cultus= und Glaubensregeln bestehen ließen; daher der Papst, der die oberste Leitung der ganzen Maschine für sich hat, mit Leichtigkeit jeden Widerstand innerhalb derselben vernichten und Alles wieder seiner unbedingten Herrschaft unterwerfen konnte. In ähnlicher Weise erging es dem Jansenismus in Frankreich in seinem Kampfe gegen den päpstlichen Absolutismus und Jesuitismus. Er hatte die größten Theologen, die bedeutendsten Männer und selbst das Parlament für sich; dennoch richtete er nichts aus und unterlag zuletzt. Es mußte so kommen, da er das hierarchische System selbst hatte bestehen lassen.

Wir behaupten daher, daß dieses ganze hierarchische System selbst überwunden werden soll und daß von Grund aus eine Reform oder Neugestaltung des Christenthums nöthig sei und angestrebt werden müsse, wenn nicht Alles vollständig beim Alten bleiben oder noch ärger werden soll, als es bisher war. Und dies scheint uns, um es wenigstens anzudeuten, nur durch Wiedererweckung der christlichen Urprincipien, durch Wiederherstellung der einfachen Lehre Jesu selbst möglich zu sein. Man meint, das sei zu weit gegangen, sei ein Umsturz alles Bestehenden. Man scheut sich seltsamerweise, die Lehre Christi selbst, die doch so nothwendig ist zur neuen Reinigung aller sittlichen Begriffe, zu bekennen im Gegensatze zu all den theologischen Glaubensformeln und hierarchischen Ansprüchen und Machtgeboten, aus denen allmälig im Laufe der Jahrhunderte dieses ganze, im Grunde widerchristliche Gebäude des katholischen Kirchenregiments hervorgegangen ist, — als dessen bizarre Kuppel endlich die Unfehlbarkeit des Papstes selbst zum Vorscheine kommen mußte. Man wird endlich den Muth haben müssen, mehr zu bekämpfen und zurückzuweisen, als nur die Unfehlbarkeit des Papstes; denn ohne dies wird man auch diese letztere nicht mit Erfolg bekämpfen und zurückweisen können und dem Papstthume mit seinen Jesuiten einen neuen Triumph bereiten. So leichten Kaufes ist nun einmal aus der großen geistigen und insbesondere religiösen Krisis der Gegenwart nicht herauszukommen! Und es ist gut, daß es so ist, da man sich sonst mit einigen oberflächlichen Reformen und vergeblichen Einschränkungen des päpstlichen Absolutismus begnügen würde, statt eine gründliche Neugestaltung anzustreben. Diese muß und wird kommen, versäumen wir nicht, sie nach Kräften vorzubereiten.

IX.

Die Oberherrschaft der katholischen Kirche über den Staat.*)

Die am 14 October 1871 in der bayerischen Abgeordnetenkammer erfolgte Erklärung des Staatsministers v. Lutz verbreitet sich mit besonderem Nachdruck und ausführlich, über die Ansprüche, welche von den Vertretern des römischen Papalsystems erhoben werden auf Oberherrschaft der Kirche, d. h. des Papstes über die Fürsten und ihre Staaten, und die Unterordnung dieser letzteren unter die katholische Kirche. In der That wird voraussichtlich gerade diese Forderung in der nächsten Zeit hierarchischerseits mit aller Entschiedenheit und Offenheit dem Volke gegenüber aufgestellt, als unmittelbar göttliche Lehre verkündet, als göttliches Recht geltend gemacht werden, um dieselbe durch das gläubige Volk den Staatsregierungen gegenüber durchzusetzen. Bisher zwar wurde von den meisten Bischöfen und ultramontanen Blättern theils entschieden geläugnet, daß die „Kirche" eine solche Forderung erhebe, theils dieselbe in zweideutigen Redensarten verhüllt, während allerdings die eigentlich jesuitischen Blätter schon bisher kein Hehl daraus machten. Es wird ebenso ergehen, wie bei dem päpstlichen Unfehlbarkeits-Dogma selbst. Zuerst wurde von den kirchlichen Blättern entschieden in Abrede gestellt, daß irgend eine Absicht bestehe, dem vaticanischen Concil die Aufgabe zu stellen, den Papst für unfehlbar zu erklären; es ward sogar als Verleumdung bezeichnet, dies zu behaupten. Bald aber mußten sie einen andern Ton anstimmen, und jetzt wird mit aller Macht und Entschiedenheit dieses Dogma gelehrt und vertheidigt — das man früher selbst als eine Art rein unmöglicher Abenteuerlichkeit betrachtet hat. In ähnlicher Weise wird wohl mit dem Anspruch der „Kirche" auf die Oberherrschaft über den Staat verfahren. Es dürfte nunmehr, da der Conflict zwischen Staat und Kirche zu einer solchen Schärfe gediehen ist, vom Papst und von den Jesuiten an die Bischöfe, den niedern Klerus und die kirchliche Presse die Weisung ergehen: dreist und entschieden diese kirchliche Oberherrschaft als göttliches Recht der Kirche zu behaupten, dem Volke zu verkünden und mit allen üblichen Beweisgründen zu belegen, damit

---

*) Erschienen in der Augsb. Allgem. Ztg. im Dezember 1871. Zur Charakteristik mag hier bemerkt werden, daß bald nach dem Erscheinen dieses Artikels dem Verfasser von erzbischöflicher Seite in München die schriftliche Erklärung zugesandt wurde, daß er wegen ketzerischer Ansichten längst der Excommunication verfallen sei. (S. Kleinere Aufsätze XIII₁ „Excommunicationen").

gegebenen Falles das Schlagwort bei demselben williges Gehör finde: „Man muß Gott (d. h. dem Papste) mehr gehorchen als den Menschen" (d. h. den Staatsregierungen).

Es dürfte daher angemessen sein, in Kürze die Gründe zu betrachten, durch welche die Hierarchie den fraglichen Anspruch zu stützen und dem Volke als nothwendig und berechtigt einzureden sucht; und wir wollen dabei zugleich andeuten, wie denselben nach unserm Dafürhalten am entsprechendsten begegnet werden könne. Diese Gründe nun sind in verhängnißvoller Weise ganz dieselben, auf welche sich überhaupt das ganze System der hierarchischen Herrschaft mit all' seinen Ansprüchen, Aufgaben, Mitteln, Vollmachten und Praktiken stützt. Es sind der Hauptsache nach folgende Fundamentallehren: Christus hat ein geist= liches Herrscherreich auf Erden gegründet, und den Aposteln, voran dem Petrus und deren Nachfolgern diese Herrschaft übergeben, die er sich selbst zuschreibt mit den Worten: „Mir ist gegeben alle Gewalt im Himmel und auf Erden" — indem sie diese Worte in sinnlichster Bedeutung verstehen. Als Stellvertreter Christi oder Statthalter Gottes auf Erden ist der Papst das Haupt der Hierarchie und Herr über alle Seelen, wenigstens über alle Getauften, und hat Jurisdiction über sie. Wer sich daher nicht fügt, ist ein Empörer gegen Gott selbst, und verdient daher ewige und auch zeitliche Strafen, welche die weltliche Gewalt an ihm zu vollziehen hat. Die Aufgabe der kirch= lichen Herrschermacht ist: nicht blos durch Verkünden der Wahrheit, durch Mahnungen und gutes Beispiel (wie Jesus in seinem kurzen Erdenwirken), sondern durch Herrschaft, durch Gesetze und geistliche und physische Zwangsmaßregeln die Kirche zur Geltung zu bringen, die Menschen zum Glauben und Gehorsam gegen die geistliche Autorität (Gott) zu führen und darin zu erhalten.

Von dieser Hierarchie hängt unbedingt die Gottwohlgefälligkeit und das ewige Heil der Menschen ab, sie bindet und löset in dieser Beziehung und in Bezug auf alle Mittel, die zu diesem Zweck für dienlich erachtet werden. Die Menschen sind in keinem unmittelbaren Verhältniß zu Gott oder zu Christus, sondern stehen nur durch die Hierarchie (Papst) damit in Verkehr. Sie sind daher nicht Schöpfer ihres eigenen ewigen Heiles, etwa durch selbstständiges gewissenhaftes Forschen nach Wahrheit und durch sittliches Handeln in demüthigem Gehorsam gegen göttliches Gebot, sondern bedürfen durchaus der Ver= mittlung der Priester und also der Unterwerfung unter deren Autorität und Herrschaft. Wer diese nicht leistet, dem hilft all' sein Streben nach Wahrheit und all' sein sittliches Handeln, all' seine Erfüllung des höchsten Gebotes der Gottes= und Nächstenliebe nichts, er verfällt dem Zorne Gottes und dem ewigen Verderben. Dagegen wer sich der Hierarchie unterwirft, ihre Vermittlung anruft und sich die Gnadenmittel von derselben gewähren läßt, der darf, auch wenn er sich noch so wenig um Erkenntniß der Wahrheit gekümmert und alle göttlichen und menschlichen Gebote noch so sehr mißachtet und verletzt hat, der Gewißheit froh sein, daß er durch Vermittlung der „Kirche" das ewige Heil erlange. Dies alles wird von der Hierarchie aus einigen dunkeln, vieldeutigen, symbolischen Worten Christi abgeleitet, mit anderweitigen, willkürlich gedeuteten Bibeltexten wohl belegt und außerdem noch durch früheste unklare kirchliche Tradition und durch klare Fälschungen bestens befestigt — für alle wenigstens, die nicht forschen können und dürfen und glauben müssen von Jugend an. Daran schließen sich dann auch „Vernunftbeweise," die sich hauptsäch= lich beziehen auf das Verhältniß dieser göttlich gestifteten und bevoll= mächtigten Kirchenherrschaft zum weltlichen Staate und zur Wissen= schaft. Daß die absolute Oberhoheit der Kirche, d. h. der Hierarchie, über den Staat und die Pflicht des letztern, sowie aller Menschen, sich jener unterzuordnen und zu gehorchen, keinen Augenblick zweifel= haft sein könne, wird klärlich aus den gewonnenen positiven Grund= sätzen als Prämissen durch logische Folgerungen, die sich zugleich mit Bildern vermischen, abgeleitet. Da die Kirche und ihr Regiment unmittelbare göttliche Stiftung, ja Gottes Stellvertreter selber ist, so muß — dies ist sonnenklar — der Staat als Menschenwerk sich ihm unterordnen. Da die Kirche die Seele zum Gegenstand ihrer Pflege und Bildung, hat, der Staat nur das physische Leben und Dasein der Menschen, so ist die Kirche schon bei blos natürlicher Betrachtung die höhere Anstalt. Da die Kirche über die Ewigkeit entscheidet, der Staat nur das zeitliche Leben beherrscht, so ist die Kirche höher, wichtiger, entscheidender für das Menschendasein als der Staat. Also: so wie Gott über den Menschen, die Uebernatur über der Natur, der Geist über dem Leibe steht und die Ewigkeit über der Zeit, so die Kirche, d. h. der Papst mit seiner Hierarchie, über dem Staate mit seinen Fürsten und Regierungen.

Man vergegenwärtige sich das Volk, das von Jugend an in diesen Gedankenkreis hineingebildet und praktisch darin geschult wird; dem derselbe zur heiligsten Ueberzeugung gemacht worden, wovon das ewige Wohl und Wehe jedes Menschen abhängig sei, und welchem jede andere Weltauffassung nicht blos fremd und unzugänglich ist, sondern geradezu als gottlos und verderbenbringend erscheint! Es läßt sich daraus wohl erkennen, wie schwer und unter Umständen gefährlich der Kampf sein muß, den der Staat für seine Unabhängigkeit von der Kirchenherrschaft zu bestehen hat, wenn die kirchlichen Macht= haber das ganze System in Bewegung setzen, um das gläubige Volk unter ihrer Botmäßigkeit zu halten und gegen die Staatsregierungen aufzubieten — besonders da, wo dasselbe politische Rechte genießt und nicht mehr absolutistisch regiert wird. Die physische Macht, die dem Staat allerdings zu Gebote steht, wird mehr als aufgewogen durch die Vortheile, welche die Kirchenautorität begünstigen. Der Kirche wird unmittelbare göttliche Autorität und Vollmacht zuerkannt, dem Staate nicht. Sie hat Verfügungsrecht über göttliche Gnade und Strafgewalt, es stehen ihr Himmel und Hölle, ewige Beseeligung und ewige Verdammung als Mittel zu Gebot, um zu locken und zu drohen, und der Teufel ist eine Hülfsmacht für sie, welche Kriegsheere des Staats aufwiegt. So lange die Menschen in dem Glauben festgehalten werden, daß ihr ewiges Geschick nicht in ihrer eigenen Macht liege, nicht von ihrer eigenen Thätigkeit abhängig sei, sondern von der Mittlerthätigkeit und dem Belieben der Hierarchie, und insofern die Menschen die Hölle mehr fürchten als das Staatsgefängniß, den Teufel mehr als den Polizeimann, wird die Kirche großes Ueber= gewicht über den Staat haben. Und noch dazu: um wie viel bequemer und lockender ist es, sich durch die Priester in den Himmel hineinzaubern und vor der Hölle durch sie schützen zu lassen, als durch eigenes geistiges und sittliches Streben darnach zu ringen. Welches Glück, eine Hölle durch die Gnade der Hierarchie vermeiden zu können, die mit ewigen sinnlichen Schmerzen droht, und einen Himmel zu gewinnen, der dem entsprechend auch gewissermaßen sinnliche Freuden gewährt! Sinnlich, denn die Jesuiten versäumen nicht, in ihren Predigten in grassester Weise das Höllenfeuer als ein sinnlich brennendes und quälendes darzustellen, um großen Eindruck auf die Massen hervorzubringen. Wenn aber die abgeschiedenen Seelen so beschaffen sind, daß physisches Feuer ihnen Schmerz verursachen kann, dann muß auch angenommen oder zugestanden werden, daß sie die Fähigkeit besitzen für Freuden des Himmels von irgendwelcher sinnlicher Art — und wir nähern uns dem mohammedanischen Paradies! Wie lockend ist diese Aussicht für grob sinnlich denkende ungebildete Völker nicht minder als für entnervte und altersschwache Lüstlinge, die sich die Fortsetzung ihrer sinnlichen Genüsse erringen können dadurch, daß sie der Kirche ihren mächtigen Einfluß oder ihre Reichthümer zur Verfügung stellen! Dabei beachte man noch einen für die Kirche, d. h. das hierarchische Kirchenregiment, äußerst günstigen Umstand. Dem Staat ist die Aufgabe gestellt, das Volk so viel als möglich irdisch zu fördern, zu beglücken; möglichst die Uebel des Daseins zu heben oder zu mildern und irdisches Wohlsein zu vermitteln. Allein diese Aufgabe kann derselbe, wie die Verhältnisse in Natur und Geschichte einmal sind, nicht so bald und gut erfüllen, wie die meisten Menschen wünschen. Daher vielfach Klagen, Zorn, Haß, Gering= schätzung gegen Staat und Regierungen wegen Nichterfüllung aller Wünsche, während die Lasten der Staatsordnung gleichwohl zu tragen sind. Die Kirche dagegen stellt sich die Aufgabe, den Menschen die ewige Glückseligkeit zu vermitteln, und trotz aller Sünden vor ewiger Verdammung zu bewahren. Sie bezaubert dadurch die Phantasie der

Völker schon im Diesseits, Trost und Hoffnung gewährend, die durch irdische Verhältnisse nicht zerstört, nicht als eitel erwiesen werden können, und sie kann stets mit aller Entschiedenheit behaupten, daß ihre Verheißungen an allen Menschen, die sich ihr unbedingt ergeben haben, im Jenseits erfüllt worden seien. Niemand kehrt je aus dem Jenseits zurück, um Bericht erstatten zu können, ob denn auch drüben die An= weisungen der Hierarchie auf ewige Seligkeit wirklich angenommen oder aber zurückgewiesen werden! Sie kann daher stets, ohne Wider= legung durch Thatsachen befürchten zu müssen, die Versicherung aufrecht erhalten, daß alle ihre Verheißungen stets erfüllt werden, und daß sie ihrer= seits ihre Aufgabe mit unbedingter Sicherheit erfülle; — und so kann man dreist in üblicher Weise fortwirthschaften. So sind die Verhältnisse zwischen Kirche und Staat bei dem beginnenden Kampfe zwischen beiden wegen der beanspruchten Oberherrschaft der Kirche. Die Kirche hat den entschiedensten Vortheil, so lange das ganze hierarchische System unerschüttert besteht und das katholische Volk durch dasselbe vollständig gebildet und gebunden ist; und es ist nicht zu verwundern, daß ultramontane Wortführer bereits hie und da nicht undeutlich an die Gewalt (der Massen) appelliren. Der Kampf wird sich endgültig nicht für den Staat entscheiden und überhaupt kein Ende finden, so lange das hierarchische System nur auf seiner Oberfläche, nicht in seinen letzten Fundamenten, in seinen tiefsten Wurzeln bekämpft, aus der Seele des Volkes, aus dem Volksglauben gleichsam entwurzelt wird und dieses dadurch geistige Befreiung erlangt.

Die Frage ist nun: wie dies möglich ist, wodurch es erreicht werden kann. Daß die physischen Waffen hierzu der Hierarchie gegen= über nicht ausreichen, ist selbstverständlich; es sind in diesem Kampfe wie für Wissenschaft und religiöse Reformbewegung, so auch für den Staat gegen das hierarchische Weltherrschaftsgelüste durchaus geistige Waffen nothwendig, um in demselben gründlich und für immer zu siegen, — nicht bloß zeitweiliges äußeres Uebergewicht zu erlangen. Es müssen Wissenschaft und Bildung des Volkes hierbei eine Hauptrolle spielen, obwohl auch sie nicht vollständig genügen. Die wissenschaft= lichen Forschungen und Ergebnisse können nämlich wenigstens der un= gebildeten Volksmasse gegenüber nicht ihre volle Wirkung gegen das hierarchische Kirchensystem und Regiment ausüben wegen des unbe= dingten Autoritätsglaubens, der von Jugend an eingeprägt wird, und wegen der fort und fort im Volke genährten Geringschätzung von Vernunft und Wissenschaft. Daher erweisen sich die gründlichsten Forschungen und die klarsten Ergebnisse der Wissenschaft hier vorläufig als machtlos. Wenn z. B. durch die gründlichsten historischen For= schungen in der klarsten Weise nachgewiesen ist, daß der päpstliche Absolutismus und die Unfehlbarkeit des Papstes durch Betrug, Fäl= schungen und Zwangsmaßregeln allmälig in die katholische Kirche ein=

geführt worden seien, es wird doch dem Volke gegenüber vergeblich sein. Der unwissendste Pfarrer oder Caplan kann die ganze wissenschaftliche Leistung außer Wirksamkeit setzen. Er wird die Kanzel besteigen und sagen: „Alles, was in diesem Werk enthalten ist, muß als unrichtig betrachtet werden, kann gar nicht wahr sein, weil es der unfehlbaren kirchlichen Autorität widerspricht. Der Papst behauptet anderes und das Gegentheil, und ihm müsse man doch eher glauben, als einem Gelehrten; jedenfalls sei doch der Papst eher unfehlbar als ein bloßer Gelehrter." Damit ist die Sache entschieden, denn das Volk kann nicht selbst nachforschen, ob der Gelehrte nicht doch Recht habe; es kann nicht selbst die historischen Documente prüfen, um sich eine eigene Ueberzeugung im historischen Gebiete zu bilden. Es ist eben auf Autorität angewiesen. In besserer Lage befindet sich die rationale Beweisführung, die sich unmittelbar an die Vernunft wendet, klare, eigene Einsicht gewährt und nicht auf fremde Autorität sich beruft. Dagegen hilft keine Verdächtigung des Gelehrten und keine Berufung auf Autorität, denn was es selbst erkennt und klar einsieht, läßt sich auch das Volk nicht so leicht ausreden. Indessen ist die Möglichkeit dieser eigenen Einsicht doch nur eine verhältnißmäßig eingeschränkte, und außerdem wird dem Volke die Vernunft und Wissenschaft unablässig verdächtigt, so daß es nicht unmöglich ist, auch gegen die sicherste, klarste Einsicht der eigenen Vernunft es mit Mißtrauen zu erfüllen, und es trotz derselben zur blinden Unterwerfung unter die kirchliche Autorität zu bewegen. Ein voller Sieg über Papstthum und Hierarchie ist nur möglich, wenn eine höhere Autorität, welcher das christliche Volk unbedingten Glauben gewährt, gegen dieselben angeführt und geltend gemacht werden könnte. Und dies ist in der That möglich dadurch, daß wir die einfache Lehre Christi selbst wieder geltend machen in ihrem Unterschied und Gegensatz gegen die Lehren der Hierarchie, und also Christi Autorität der päpstlichen gegenüberstellen. Seltsamer Weise trägt man noch immer Bedenken, dies zu thun. Man meint, dies sei zu weit gegangen, sei ein Umsturz alles Bestehenden. Man schreckt vor der einfachen Lehre Christi zurück, obwohl man ein Bekenner Christi sein will. Man möge nur näher erwägen, und Scheu und Vorurtheil werden verschwinden. Wir denken uns einen Seelsorger, der den Gläubigen die Sache etwa so darstellt: Wir alle wollen doch vor allem Christen, Jünger Jesu sein, der ja doch auch in der katholischen Kirche als Quell und Fundament des Christenthums gilt und als die höchste, entscheidende Autorität in allen religiösen und sittlichen Dingen. Seine Lehre, sein Wort und seine Thaten sind die höchste Instanz für uns. Zu ihm also werden wir am besten unsere Zuflucht nehmen, um aus dem religiösen und kirchlichen Wirrsal der Gegenwart zu kommen und das wahrhaft Christliche, das allein dem religiösen Menschen Nothwendige und Entscheidende, zu finden.

Seine klaren Worte und Thaten müssen als sichere Grundwahrheit und Grundnorm gelten, woran alles Uebrige zu prüfen, zu beurtheilen, anzunehmen oder zu verwerfen ist. Das Unklare muß nach dem Klaren gedeutet und verstanden werden, nicht darf umgekehrt das Klare nach dem mit Willkür in hierarchischem Interesse gedeuteten Unklaren durch theologische Künsteleien und Machtsprüche entstellt und verdorben werden. Das klare, verständliche Wort Christi bedarf keiner Erklärung durch Papst und Bischöfe, denn klarer als klar können auch sie nicht sprechen. Wenn sie mit Christus übereinstimmen, so ist ihre Erklärung unnütz, da Christus nicht ihr Geschöpf ist und nicht ihrer Bestätigung bedarf; wenn sie aber nicht mit Christus übereinstimmen, so ist ihre Erklärung falsch. Diese Vermittelungserklärungen der Päpste, Bischöfe und Theologen sind also zurückzuweisen, denn die Sonne bedarf nicht der Beleuchtung durch Lampenlicht, und die theologische Erklärung des Klaren verdunkelt dieses nur, wie der reine Spiegel trüber wird, wenn er mit einem unreinen Tuche klar gemacht werden soll.

Wird nun nach diesen Grundsätzen und nach dieser Methode verfahren, so kann in einfacher Weise das Volk überzeugt werden von der Falschheit, Unchristlichkeit der ganzen päpstlichen Hierarchie mit all' seiner Maschinerie zur Unterjochung des geistigen Lebens. Es sei beispielsweise nur an einiges Bekannte erinnert, dessen Sinn und Bedeutung dem Volke vollständig verkehrt und verhüllt wurde, obwohl es an sich vollständig klar und unzweideutig ist. Wenn Christus sagt: „Mein Reich ist nicht von dieser Welt,“ der Papst aber durchaus ein Weltreich will, Herrschaft über die Welt und ihre Reiche in Anspruch nimmt, so kann der Papst nicht als Stellvertreter Christi betrachtet werden, da sein Reich ein anderes ist. Wenn Christus seinen Aposteln auf das bestimmteste verbietet, nach Art irdischer Könige zu herrschen, so können Papst und Bischöfe, die als Fürsten herrschen und eine wirkliche Gewaltherrschaft errichtet haben, nicht als wirkliche Nachfolger der Apostel gelten, da sie gerade das thun, was jenen verboten ward vom Stifter des Christenthums. Wenn Christus sagt: „Wo immer zwei oder drei in meinem Namen versammelt sind, da bin ich mitten unter ihnen,“ so kann nicht der Papst mit Recht sagen: „Nein, nur bei mir allein ist Christus, und nur durch meine Vermittlung ist er auch bei andern.“ Sogar wenn der Papst (Papa) sich selbst Vater und Lehrer im eminenten Sinne nennt, so ist dies gegen das ausdrückliche Verbot Christi, der sagt: „Leget Niemandem den Namen Vater bei auf Erden; denn einer ist euer Vater, der im Himmel ist. Und lasset euch nicht Lehrer nennen, denn einer ist euer Lehrer, Christus.“ Jesus stellte einst den Jüngern Kinder vor als Beispiele von Reinheit und Unschuld, und sagte, daß nur diejenigen des Reiches Gottes würdig seien, die diesen gleichen. Diese Kinder aber waren von jüdischen Eltern; sie waren nicht getauft, und auch Jesus taufte

9*

sie nicht erst, ehe er sie als rein und unschuldig vorstellte. Also kann jene Lehre nicht wahr, jedenfalls nicht christlich sein, welche behauptet, daß Kinder ohne Taufe mit Sünde behaftet, ja vom Teufel besessen seien, der erst durch den Exorcismus in der Taufe ausgetrieben werden müsse. Eine Lehre, vor der sich insbesondere die Mütter entsetzen müssen, wenn sie bedenken, daß sie ihr zufolge mit dem Kinde zugleich den Teufel in sich tragen müssen, der erst nach der Geburt durch die Taufe aus dem Kind ausgetrieben werde. — Christus zeigt durch die Parabel vom verlornen Sohne, wie Gott sich dem reuigen Sünder gegenüber verhalte. Der Vater geht selbst dem rückkehrenden Sohn entgegen, nimmt ihn mit Freuden auf und veranstaltet ein Freudenfest. Also bedarf es nicht erst all der kirchlichen, äußerlichen Vermittlungen für den reuigen Menschen, um bei Gott Gnade zu finden. Er ist dabei nicht abhängig gleichsam von einer Schaar von Hofbediensteten, von Günstlingen und Stellvertretern Gottes, welche ihm Verzeihung auszuwirken haben, und dadurch denselben in Unterwürfigkeit unter ihre Herrschaft halten oder sogar selbstsüchtig ausbeuten. Christus sagt: „Liebe Gott über alles und deinen Nächsten wie dich selbst. In diesen zwei Geboten ist das ganze Gesetz und die Propheten enthalten." Demnach kann es nicht der Wille Christi sein, daß der Papst ein ganzes Heer von Geboten und Verboten erlasse, deren Befolgung unter einer Todsünde und ewiger Verdammung befehle, dann aber doch wieder beliebig sich herbeilasse, um Geld und Gunst zu dispensiren. Dieses Verfahren ist nicht blos eine schmähliche Willkür gegen die Menschen, sondern auch ein frevelhaftes Spiel mit Gott selbst. Unter Todsünde wird beliebig etwas vom Papste geboten oder verboten, d. h. der Papst befiehlt, daß Gott sich schwer beleidigt zu fühlen habe durch die Uebertretung, und daß er den Uebertreter der ewigen Verdammniß zu überliefern habe; dann aber gewährt derselbe Papst doch wieder Dispens, d. h. er befiehlt, daß Gott sich jetzt wieder nicht beleidigt fühle und den Uebertreter nicht verdamme, oder daß der Mensch Gott beleidigen könne, ohne daß er dafür Strafe zu befürchten hat. Der Papst gebärdet sich wie ein Herr über Gott und Menschen, und spielt zugleich mit seinen Geboten die Rolle des beständigen Versuchers, des Satans, während Christus die Seinigen beten lehrt um Verschonung mit Versuchung. Christus sagt: „Die Gesunden (an der Seele) bedürfen des Arztes nicht, sondern die Kranken." Er setzt also voraus, daß es Gesunde gibt. Die Hierarchie dagegen erklärt alle Menschen für krank, damit alle sich von ihr heilen lassen, d. h. ihr unbedingt unterworfen sind, und belegt diejenigen mit Strafen, die sich nicht wollen heilen lassen. Durch diese und viele andere Stellen der Evangelien läßt sich ohne Schwierigkeit die Unchristlichkeit der römischen Hierarchie mit ihrer ganzen Lehre und Herrschaft darthun. Man bedarf dazu keines Rationalismus, nicht der bösen Philosophie und modernen Naturwissenschaft, sondern braucht nur die einfachen Worte Christi auf das Volk wirken zu lassen, ohne ihren Sinn durch sophistische Künste zu verdrehen. Statt aber diese und ähnliche Lehren, die den fundamentalen Inhalt des „Christenthums Christi" bilden, zu verkünden, fingen die Kirchenvorsteher schon früh an, jene dunkeln und vieldeutigen symbolischen Worte hauptsächlich hervorzuheben, in welchen Christus seinen Jüngern die Sendung und Vollmacht ertheilte, seine Lehre zu verkünden und zur Befolgung derselben zu bestimmen. Nicht diese christlichen Grundlehren, sondern jene symbolischen Sendungsformeln wurden bald zum Hauptinhalt des Christenthums gemacht, und darauf das große Gebäude der hierarchischen und zuletzt päpstlichen Kirche aufgerichtet, in welcher gerade das Gegentheil von dem gelehrt und geübt ward, was Christus gewollt und gelehrt hat. Die christliche Grundlehre besteht darin, daß alle Menschen Kinder Gottes und Brüder seien, und alle vertrauensvoll sich unmittelbar zu Gott als ihrem Vater in ein inniges Verhältniß setzen können und sollen. Die kirchliche Hierarchie dagegen lehrt, daß nicht unmittelbar, sondern nur durch ihre Vermittlung, das Verhältniß der Menschen zu Gott, ja sogar zu Christus herzustellen sei — und darauf gründet sie ihre absolute Herrschaft über alle Menschen und selbst ihre Ansprüche auf Unterordnung der weltlichen Regierungen unter ihre Oberherrschaft. Die Hierarchie gleicht somit einem Sendboten, den ein gütiger Herrscher zu einem Volke sendet, um demselben zu verkünden, daß es zu Gnaden aufgenommen sei bei ihm, und sich vertrauensvoll ihm nahen dürfe wie Kinder des Hauses, ohne irgend weitere Vermittlung zu bedürfen, um seine Anliegen vorzubringen und Gnade und Glück zu erlangen. Statt aber diese Botschaft, um derentwillen er gesendet ward, zu verkünden, gibt der Sendbote vorwiegend und bald ausschließlich nur seine Beglaubigung als wirklicher Bote des Herrschers kund, um sich in aller Weise geltend zu machen, und weiß bald die Sache so zu verdrehen, daß er nur seine Sendung und Autorität verkündet, nicht aber den Inhalt seiner Sendung selbst, nämlich die Botschaft des Fürsten: daß er sie als seine Kinder betrachten und behandeln wolle, daß sie unmittelbar an ihn sich wenden, vertrauensvoll zu ihm kommen sollen. Vielmehr verkündet der Sendbote und läßt durch seine Werkzeuge gerade das Gegentheil hiervon verkünden: daß nämlich Jedermann nur durch ihn, den Abgesandten, mit dem Fürsten selbst in Verhältniß treten, nur durch seine Vermittlung Gnade und Hülfe, sowie Verzeihung und Nachlaß von Strafen erlangen könne. So macht sich der Sendbote des Herrn vielmehr zum Statthalter und Stellvertreter desselben, wird zum Usurpator, und gründet sich eine unumschränkte Herrschaft. Dies gelingt ihm um so mehr, und er kann seine Herrschaft um so leichter aufrechterhalten, als in Folge der falschen Verkündigung, mit möglichster Verschweigung oder Verdrehung des wahren Inhalts seiner Botschaft, Niemand mehr wagt, sich direct an den Fürsten selbst zu wenden, da Jedermann ernstlich glaubt, nur durch Vermittlung seines zum stellvertretenden Herrscher gewordenen Sendboten dürfe man sich ihm nahen. Diejenigen aber, die es dennoch wagen wollen, sich direct an ihren Herrn zu wenden, verfolgt der Usurpator und vertilgt sie mit Feuer und Schwert. Dies ist das Abbild der hierarchischen Herrschaft in der christlichen Kirche und der Verkehrung des ursprünglichen Werkes Jesu. Es dürfte aber jetzt die Zeit gekommen sein, nachdem die hierarchische Gewalt zum äußersten gesteigert und die Verkehrung des Christenthums den höchsten Grad erreicht, endlich entschieden dagegen zu wirken, dem Volke selbst die ganze Verkehrung zu zeigen und die volle Wahrheit zu sagen. Warum dies im Interesse christlicher Reform nicht geschehen soll, ist wahrlich nicht abzusehen!

Die Ultramontanen mögen die angeführten Stellen der Evangelien für rationalistisch, vielleicht sogar für heidnisch erklären. Diese müssen es wohl thun, um dagegen das Heidnische, das sie allenthalben begünstigen, für christlich ausgeben zu können. Wie aber auch solche, die gegen das päpstliche Unwesen sich wenden, es für bedenklich, für zu weit gehend und unstatthaft erachten und meinen können: man nehme dadurch dem Volke etwas, ohne ihm besseres dafür geben zu können, ist schwer zu begreifen. Ist vielleicht die päpstliche und theologische Lehre besser als die Lehre Christi, weil sie der Aeußerlichkeit der Menschen und ihrem Aberglauben mehr Rechnung trägt? Dann möge man nur gleich zum vollen Heidenthum zurückkehren, das in dieser Beziehung noch weit mehr leistet! Der Erfolg jeder christlichen Reform wird vielmehr wesentlich davon abhängen, daß man nicht blos mit äußerlicher Einschränkung päpstlicher Allgewalt beginne, sondern germanischer Art gemäß mit Verinnerlichung und Vertiefung des christlichen Glaubens; damit, daß Christi Lehre und Geist wieder lebendig werde in der Seele des Volkes, so daß Jesus gleichsam wieder auferstehe in dem Glauben desselben. Dadurch nur wird das Volk den Muth und die Kraft erhalten, bei der Durchführung der Reform der römisch-hierarchischen Gewalt zu widerstehen und den geistlichen Maßregeln gegenüber Stand zu halten. Und damit wird dann auch dem Staate seine volle Selbstständigkeit gegenüber dem hierarchischen Absolutismus gesichert werden; denn dies ist im letzten Grunde bedingt von einer wirklich ernsthaften, durchgreifenden, das Volk selbst durchdringenden christlichen Reform. Beides geht Hand in Hand.

Das wahre Losungswort im beginnenden Kampf um christliche Reform ist daher: „Hie Christus — hie Papst! Hie Jesus — hie die Jesuiten!" Die Jesuiten mit ihrem Papst und mit großer geistlicher Bagage, mit Fuhren von Reliquien, Rosenkränzen, Amuleten, Ablaßzetteln, Marterwerkzeugen u. s. w. Wenn die katholischen

Priester ihre Pflicht erkennen würden, so könnten sie diese Reform ganz in der Stille, ohne Aufregung und Stürmerei durchführen, indem sie stets nur das Christenthum Christi verkündeten, als das eigentlich wahre und wesentliche; dem Uebrigen aber nur untergeordnete Bedeutung beilegten und das Unchristliche sachte ganz fallen ließen. Werden dies die katholischen Seelsorger nicht thun, so wird dafür zu sorgen sein, daß es durch andere Organe geschehe, und leicht möchte sich dann, wenn Christus im Glauben des Volkes wieder erstanden und das Volk von diesem Ideal begeistert ist, das ereignen gegen das hierarchische Regiment mit seinen Mißbräuchen, was einst zu Jerusalem sich ereignete, indem Jesus in heiliger Entrüstung Stricke nahm und die Wechsler, Käufer und Verkäufer aus dem heiligen Tempelraum hinaustrieb, da er nicht dulden wollte, daß das Haus Gottes durch solchen Plunder entwürdigt oder zu einer Räuberhöhle gemacht werde.

Es gibt manche, auf welche die Idee der hierarchischen Herrschaft, oder der Theokratie, einen besonderen Zauber ausübt, und denen es daher wohlgethan erscheint, daß die allmälig sich über das Volk erhebenden Kirchenvorsteher die Worte Christi, daß sein Reich nicht von dieser Welt sei und daß in diesem Reich keine Herrschaft aufgerichtet werden dürfe, als wären sie unbesonnen gesprochen, einer gründlichen Correctur oder vielmehr einer gänzlichen Verkehrung unterzogen haben. Scheint es doch Gottes und der Menschen weit würdiger zu sein, daß Gott selbst unmittelbar über die Menschen herrsche mit seiner Autorität, als wenn nur Menschen mit ihrer Einsicht und ihrem Willen die Obergewalt üben. Der lieben Einfalt wird dies auch von der Hierarchie und den Jesuiten (deren Zeitschrift „Civiltà Cattolica" das theokratische Motto hat: Glücklich das Volk, dessen Herrscher sein Gott ist) unaufhörlich eingeredet. Thatsächlich aber ist gerade das Gegentheil der Fall. Die behauptete unmittelbare Herrschaft Gottes ist doch immer nur eine Herrschaft von Menschen, die sich selbst unmittelbare göttliche Sendung und Autorität ihren Mitmenschen gegenüber zuschreiben, und sich für directe Stellvertreter Gottes ausgeben. Dies kann der Reinheit der Gottesidee im Glauben des Volkes nur schädlich sein und die Verehrung und Liebe gegen Gott nur schädigen, da die angeblichen Stellvertreter nur Menschen sind, mit menschlichen Irrthümern und Leidenschaften behaftet. Wenn solche Menschen als entsprechende Stellvertreter Gottes und als göttliche Autorität anerkannt und verehrt werden müssen, so wird unvermerkt die Unvollkommenheit derselben auf Gott selbst übertragen, oder sie wirkt wenigstens trübend auf den Gottesglauben zurück und fördert einen grassen Anthropomorphismus. So wird die Theokratie geradezu zu einem Attentat auf das höchste Gut der Menschheit, auf das göttliche Ideal selbst, indem es dasselbe in die Gemeinheit des Wirklichen,

Irdischen, herabzieht. Umgekehrt werden gleichzeitig die angeblichen Stellvertreter Gottes immer mehr zur göttlichen Autorität und Würde emporgeschraubt und gelangen schließlich zur förmlichen Vergötterung, Apotheose — wodurch wiederum eine Verschlechterung, Verdunklung der reinen Gottesidee im Glauben des Volkes herbeigeführt wird. Die sogenannte Theokratie bringt also gerade das Gegentheil vor dem hervor, was man dabei etwa beabsichtigt; sie schädigt und verschlechtert den religiösen Glauben des Volkes in seinem Mittelpunkt, in seiner Gottesidee. Dies zeigt klar genug die Geschichte der christlichen Kirche selbst. Christus hatte Gott als Vater aller Menschen verkündet, der alle mit Liebe umfaßt und alle beseligen will, die das Grundgebot der Gottes- und Nächstenliebe beobachten. Dieser Gott wurde bald zu einem bloß christlichen Gott gemacht, der für alle Nichtchristen kein Herz und keine Gnade habe. Hierauf wurde er zum katholischen Gott herabgesetzt, da ihm nur für die Katholiken göttliche Güte übrig gelassen wurde, und jetzt endlich wird er zum päpstlichen Gott umgewandelt; denn nur noch für die unbedingten und blinden Anhänger des unfehlbaren und absoluten Papstes soll er ja jene göttlichen Eigenschaften der Güte und Gnade haben, die nach Christi Lehre ihm allen Menschen gegenüber eigenthümlich sind. Die Reinheit der Gottesidee fordert also vielmehr Opposition gegen die Theokratie, als Begünstigung derselben. Andererseits aber ist diese vermeintliche unmittelbare Gottesherrschaft für die Menschen selbst keineswegs würdiger, als die sogenannte weltliche Regierung. Die letztere kann sich immer nur als menschliche, mit menschlichen Einsichten und Rechten geltend machen, und daher auch den anderen Menschen, dem Volke, gewisse Rechte und Freiheiten und selbst Theilnahme an der Regierung gewähren. Die Theokratie dagegen fordert unbedingte blinde Unterwerfung, kann die Menschen nur als urtheillose Schafe, als rechtlose Knechte betrachten und behandeln, da Gott selbst in seiner Regierung und Gesetzgebung natürlich von Menschen sich nichts kann einreden lassen; d. h. die menschlichen Träger der Gottesherrschaft gebärden sich wie übernatürliche, übermenschliche Wesen, und drücken in demselben Maß alle ihre Mitmenschen unter ihre Menschennatur herab zu Wesen, die kein Recht mehr haben, ihre eigene Vernunft zu gebrauchen und auf Freiheit Anspruch zu machen — ausgenommen auf die Freiheit unbedingter Unterwerfung. So geht die Theokratie ihrem Wesen gemäß über in die widerlichste, Würde und Recht der Menschen am meisten verletzende, Form der Despotie.

Zum Schlusse noch einige Worte, um ein Mißverständniß zu beseitigen, das in Betreff der Trennung der politischen und religiösen Opposition gegen das Unfehlbarkeitsdogma entstanden zu sein scheint. Wenn wir zunächst vom politischen und deutsch-nationalen Standpunkt aus dagegen zu opponiren aufforderten, so ist damit nicht gemeint, als ob die religiöse und kirchliche Opposition aufgegeben werden sollte. Die Sache verhält sich so: Eine kirchliche Opposition gelingt, nach unserer Ueberzeugung, nicht ohne eine durchgreifende religiöse Reform, die das Volk zugleich geistig so frei und stark macht, daß es die hierarchische Gegenwirkung standhaft auszuhalten vermag. Solche Reform läßt sich aber, wie die Dinge gegenwärtig stehen, nicht in Kürze durchführen. Unterdeß hätte aber die Hierarchie Zeit, das neue Dogma einzuführen und im Glauben des Volkes zu befestigen, wenn nicht von anderem Standpunkt aus eine mächtige Opposition sich erhöbe. In Erwägung hievon — und da das neue Dogma eine hervorragend politische Bedeutung hat — habe ich am Schlusse meines Artikels „Die Opposition gegen das Unfehlbarkeits-Dogma" vorgeschlagen: die politische und die kirchliche Opposition von einander zu sondern, da die erstere zudem allgemeinere Theilnahme finden könne und müsse. (Aus derselben Erwägung ging auch der von Professor Walther formulirte Protest gegen die päpstliche und jede kirchliche Unfehlbarkeit hervor, welche, mit zahlreichen Unterschriften angesehener Männer versehen, dem Staatsministerium übergeben wurde.) Die politische Opposition gegen die päpstliche Unfehlbarkeit hat aber in so fern eine Schranke, als sie sich strenger genommen nur auf das politische Moment der Unfehlbarkeit beziehen kann, und aufhört, sobald der Papst mit seiner Hierarchie den vor kurzem in diesen Blättern erörterten Verzicht auf politischen Einfluß leistet. Dieser Verzicht mag höchst unwahrscheinlich sein; aber die Regierungen sind es den Bürgern, die nun einmal päpstliche Katholiken sind, schuldig, alles zu versuchen, um der Nothwendigkeit, in das religiöse Gebiet selbst einzugreifen, zu entgehen. Verweigert der Papst jedes Entgegenkommen, so sind die weltlichen Regierungen außer Schuld, wenn sie dem ganzen Dogma ein Veto entgegensetzen und dem hartnäckigen Non possumus des Papstes gegenüber mit einem possumus entschieden vorgehen.

X.

Der Bischof von Mainz als Kirchen-Orakel in Deutschland. *)

Wieder ist eine Kundgebung des Bischofs von Mainz, Freiherrn v. Ketteler **) erschienen, dieses unterworfensten Dieners des römischen Papstes und erbittertsten Feindes des Liberalismus. Viele dergleichen Broschüren sind von ihm bereits ausgegangen, denn er ist sehr rührig und unermüdet in Bekämpfung aller Gegner der päpstlichen Herrschsucht und des Ultramontanismus. Er hat sich zu einer Art bischöflichen Pamphletisten ausgebildet, der gewandt und klug seine Sache darzustellen und schönzufärben versteht für ein größeres Publicum, wenn auch freilich dem denkenden Leser der wahre Werth der dem Wesen nach nur oberflächlichen Geistesprodukte nicht lange verborgen bleiben kann. Aber diese selbst treten mit großer Prätension auf. Wie der Bischof dem niederen Klerus gegenüber eine „unendlich höhere Jurisdiction" in Anspruch nimmt, so wollen natürlich auch seine schriftstellerischen Kundgebungen eine unendlich höhere Autorität besitzen als die von gewöhnlichen Schriftstellern. Wo der Bischof das Wort ergreift, da hat Jedermann unbedingte Wahrheit zu vernehmen; er vertritt nicht blos die Sache Gottes den Feinden Gottes gegenüber, d. h. allen gegenüber, die das Unglück oder vielmehr die Schlechtigkeit haben, anders zu denken als er, sondern was er sagt, muß auch unbedingt als Wahrheit gelten. Wer ihm widerspricht, ist ein Feind der göttlichen Wahrheit und Gottes selbst. Wir haben es also bei ihm stets mit Göttersprüchen für die Sache Gottes zu thun; demnach mit Aussprüchen eines Orakels, nicht eines Schriftstellers. In der That, die Function eines solchen scheint der Bischof übernommen zu haben. Kaum kommt eine die Kirche irgendwie berührende Frage aufs Tapet, flugs sitzt der Bischof auf dem Dreifuß, und bald geht aus der Umnebelung der Gottesspruch hervor, wird von den Gläubigen unterwürfig aufgenommen und auch den Ungläubigen mittelst der modernen Reclame zur Kunde gebracht. Man denke nicht, daß wir durch die Bezeichnung „Orakel" etwa den Herrn Bischof irgendwie herabzusetzen beabsichtigen. Im Gegentheil, wir wagen es kaum, ihm diese Bezeichnung beizulegen, da ein unendlich Höherer, vor dem sich der Bischof selbst

---

*) Erschienen in der Augsb. Allg. Ztg. im Februar 1874.
**) Die Anschauungen des Cultus-Ministers Herrn Dr. Falk über die katholische Kirche nach dessen Rede vom 10. December 1873. Beleuchtet von Wilhelm Emanuel Freiherr v. Ketteler, Bischof von Mainz. Mainz, Kirchheim, 1874. S. 31.

in den Staub wirft, als wäre er sein Herr und Gott, mit der fraglichen Bezeichnung geschmückt zu werden pflegt. Die Jesuiten lieben es nämlich, den Papst selbst als das „höchste Orakel" zu bezeichnen, um seinen unmenschlichen, übernatürlichen Charakter zum Ausdruck zu bringen — wenn sie dabei auch ins Heidenthum zurückgreifen, heidnischer Anschauungsweise sich anbequemen müssen. Der Papst also ist ein Orakel, dazu gehört natürlich auch ein Dreifuß nebst allen übrigen Requisiten eines solchen, den Dämpfen u. dgl. In der That, auf dem durch maßlose Eroberungs= und Herrschsucht blutgedüngten Boden Roms läßt sich ein solcher Dreifuß wohl passend aufstellen, und die aufsteigenden Dämpfe können wohl den gesunden christlichen Geist verwirren und, statt mit guten, vernünftigen Gedanken und sittlichen Ideen, denselben mit den Trugbildern von Universalherrschaft, Göttlichkeit, Uebernatürlichkeit u. dgl. erfüllen, wie es bei den römischen Kaisern der Fall war, die bekanntlich bis zur Selbstvergötterung schritten. Der Bischof von Mainz stellt demnach von diesem „höchsten Orakel" nur ein Nachbild, eine Art deutscher Filiale dar, und wir dürfen ihn sicherlich so bezeichnen, denn es ist damit offenbar eine Auszeichnung gewährt, eine ursprünglich heidnische freilich, aber nunmehr jesuitisch=päpstliche!

Wenn man aber Unermüdlichkeit im Wirken, Rastlosigkeit im Orakeln dem Bischof von Mainz nicht absprechen kann, so muß man doch gestehen, daß er in diesem Geschäfte nicht von besonderem Glück begünstigt ist, daß er vielmehr — wie man zu sagen pflegt — entschiedenes Pech hat. Gerade in den wichtigsten Dingen haben nämlich seine Aufstellungen, seine bischöflichen Orakelsprüche vollständige Dementis erfahren vom Ober=Orakel in Rom. Seine früheren Schriften wären sicherlich, um ihres ganz falschen, unkirchlichen Inhalts willen, auf den Index der verbotenen Bücher gekommen, wenn man in Rom nicht gewußt hätte, daß der Bischof, trotz aller falschen Ansichten, doch der Gesinnung, dem Willen nach, also in potentia, stets vollkommen römisch und jesuitisch rechtgläubig, d. h. stets bereit sei, seine ausgesprochene Ueberzeugung fahren zu lassen, wie einen Handschuh auszuziehen, und sich dafür die römisch=befohlenen Grund=sätze anzuschnallen. Womit dann der Bischof zugleich noch die schätzbare Eigenschaft verbindet, alle, welche dieses Kunststück des Aus= und Anziehens von Ueberzeugungen nicht zu Stande bringen können, unablässig zu bekämpfen, und als „Apostaten" zu schmähen. (Eine Bezeichnung, mit welcher er seinen Grundsätzen gemäß freilich auch die Apostel selbst belegen müßte.) Wir wollen all dieses erweisen.

Im Jahre 1862 gab unser Baron und Bischof eine Schrift heraus mit dem Titel: „Freiheit, Autorität und Kirche. Erörterungen über die großen Probleme der Gegenwart." Sie hatte den Zweck, die wahren Grundsätze der Kirche über die genannten Probleme allen kund und zu wissen zu machen, und die böswilligen Verleumbungen der Feinde derselben zurückzuweisen. Insbesondere wollte darin gezeigt werden, daß in der katholischen Kirche der Gebrauch der Vernunft nicht verboten oder unmöglich gemacht, daß die Freiheit der wissenschaftlichen Forschung keineswegs versagt oder gehemmt sei, endlich, daß nur die eigentlichen Dogmen, oder vielmehr nur das apostolische Glaubensbekenntniß als unnahbar für wissenschaftliche Forschung und als Schranken der Wissenschaft gelten, während alles andere der freien Forschung überlassen sei. Der Bischof spricht über all dies mit bekannter Entschiedenheit und mitunter in sehr erhitzter Weise. Hören wir ihn selbst:

Bezüglich des Rechtes der Freiheit der Wissenschaft erweckt schon das Motto der Schrift eine günstige Aussicht: Si tollis libertatem, tollis dignitatem, wozu wir natürlich unsere ganze Beistimmung geben. In dem Abschnitte dann, der vom Glauben und von der freien Wissenschaft handelt, und der offenbar veranlaßt ist durch des Referenten kurz zuvor erschienene Schrift „Ueber die Freiheit der Wissenschaft," wird entschieden behauptet: der Wissenschaft komme auch in der katholischen Kirche Freiheit zu, und wird mit Entrüstung die gegentheilige Beschuldigung zurückgewiesen. „Es ist gar nicht möglich, sagt er, uns Katholiken eine größere Lüge und eine schwerere Beleidigung ins Gesicht zu werfen als die: daß bei den Katholiken eine freie Wissenschaft unmöglich sei." (S. 23.) „Es ist unerträglich," bemerkt er weiterhin, „wenn ein Theil unserer Gegner sich in unsern Tagen den Schein gibt, als ob uns Katholiken ein freies wissenschaftliches Forschen verboten sei, als ob unsere Vernunft mit unserm Glauben im Widerspruch stehe. Das ist ein unverständiges, unwissendes oder boshaftes Gerede, das aller Wahrheit und Geschichte spottet, und nur vom blinden Vorurtheil erzeugt sein kann." (S. 179). Und in Bezug auf Vernunft und vernünftige Glaubensprüfung: „Die Kirche hat die Behauptung daß das Christenthum uns nöthige, Unvernünftiges zu glauben, mit Abscheu verworfen. In allen ihren Schulen steht der Satz als Axiom da: Was unvernünftig ist, kann und darf nicht geglaubt werden. Es ist daher eine Unwahrheit, und eine Injurie, wenn Professoren deutscher Universitäten uns Katholiken den Schein anhängen: als ob wir durch unsern Glauben zu dem elenden Zustande der Entwürdigung und der Unterdrückung unserer Vernunft verurtheilt seien, während vielmehr die Kirche ihre großen Kämpfe mit dem alten orthodoxen Protestantismus hauptsächlich deshalb geführt hat, weil die Protestanten die Freiheit des Willens und die freie vernünftige Mitwirkung des Menschen mit der Gnade Gottes läugneten." Auch in Bezug auf das Gebiet, für welches die Lehrautorität der Kirche Geltung haben soll, stellt der Bischof Behauptungen auf, welche sich als viel 'liberaler zeigen, als sie sonst in theologischen Werken als echt und allein kirchlich aufgestellt zu werden pflegen. Er sagt: „Die Lehrautorität der Kirche bezieht sich ausschließlich nur auf die Lehre Christi und der Apostel. Christus hat sich nicht über alle Gebiete menschlicher Erkenntniß und Wissenschaft ausgesprochen, sondern er hat sich darauf beschränkt, einen gewissen Kreis von Grundwahrheiten, insbesondere über das Verhältniß des Menschen zu Gott, zu lehren, die ihnen gewissermaßen als Leitsterne auf allen Wegen ihres irdischen Lebens dienen sollten. Die Apostel haben diese Grundsätze in der ganzen Welt gepredigt, und diese Grundwahrheiten des Christenthums sind ihrem wesentlichen Inhalte nach in den zwölf Artikeln des apostolischen Glaubensbekenntnisses kurz zusammengefaßt; diese zwölf Artikel bilden heute noch in allen Lehrbücher der katholischen Religion den wesentlichen Inhalt dessen, was der Christ im Gehorsam gegen die Lehrautorität glauben muß. Alles andere auf allen Gebieten der Wissenschaft ist seiner freiesten Forschung überlassen." (S. 173.) So lehrte damals der Bischof von Mainz. Und da ich nicht annehmen durfte, daß dies alles nicht ernstlich gemeint sei, sondern etwa nur als Beschwichtigungsmittel gegenüber laut werdenden Besorgnissen wegen Gefährdung der Wissenschaft durch den mehr und mehr erstarkenden Ultramontanismus angewendet werde, oder als Lockspeise für noch mißtrauische und scheue Gemüther dienen solle, um sie wie Mäuse mit dem Speck zu fangen, so war mir damals in dieser Beziehung diese bischöfliche Kundgebung sehr erwünscht gegenüber den vielen Anfeindungen, die ich wegen meiner Schrift über die Freiheit der Wissenschaft erfuhr, — um so mehr, da schon damals der Jesuit Kleutgen in seiner „Theologie" wie in seiner „Philosophie der Vorzeit" ganz entgegengesetzte Grundsätze aussprach, und die in Mainz unter Oberaufsicht des Bischofs v. Ketteler erscheinende Zeitschrift „Der Katholik" dem Jesuiten beistimmte, so daß in Mainz selbst eine Verschiedenheit der Ansichten zu herrschen schien. Ich fügte daher meiner kritischen Besprechung der Schrift des Bischofs in der Zeitschrift „Athenäum" (1862) die Bemerkung bei: „Mögen die Leser diese (bischöfliche) Erklärung vergleichen mit dem, was Kleutgen (und mit ihm der „Katholik") hierüber sagt und ausdrücklich als echt kirchliche Ansicht geltend macht: „Daß die Denk= und Lehrfreiheit nicht blos durch das Dogma beschränkt sei," und „daß die Lehrvollmacht der Kirche sich über den Inhalt der Offenbarung hinaus erstrecke." So konnte ich einmal auch selbander mit einem Bischof gegen den Jesuitismus und die Scholastik zu Felde ziehen!

Aber die Sache nahm schon nach kurzer Zeit eine schlimme Wendung, und der Bischof erfuhr mit seiner Ansicht ein grausames Dementi von Rom her durch die Jesuiten mittelst ihres Papstes. Noch zu Ende des Jahres 1862 erschien das päpstliche Schreiben

(Gravissimas inter) gegen meine Grundsätze, insbesondere bezüglich der Freiheit der Wissenschaft, und ein Jahr später das Schreiben des Papstes gegen die Versammlung der katholischen Gelehrten in München (1863 Tuas libenter). Schon in diesem Schreiben ward alles Recht der Wissenschaft vernichtet und wurden nicht bloß die Lehre Christi und der Apostel, oder ausdrücklich formulirte Dogmen als Schranken der Wissenschaft geltend gemacht, sondern es wurde gesagt: der Gehorsam der wissenschaftlichen Forscher habe sich auch zu erstrecken auf das, was durch das ordentliche Lehramt der über den ganzen Erdkreis zerstreuten Kirche als göttlich geoffenbart, überliefert werde. Außerdem aber haben sich die wissenschaftlichen Forscher auch zu unterwerfen (se subjiciant) den Entscheidungen, welche die päpst=lichen Congregationen verkünden als zur Lehre gehörend, ebenso auch jenen Lehren, welche durch allgemeine und constante Uebereinstimmung der Katholiken festgehalten werden. Im Jahre 1864 kamen dazu noch die famose Encyklika und der Syllabus der 80 verdammten Irrthümer der modernen Zeit. Unter diesen Irrthümern befinden sich auch die oben angeführten Ansichten des Mainzer Bischofs v. Ketteler. Durch die 22. Thesis wird nämlich ausdrücklich die Behauptung verdammt: „Die Verbindlichkeit, durch welche katholische Lehrer und Schriftsteller unbedingt gebunden sind, beschränkt sich nur auf das, was vom unfehlbaren Urtheil der Kirche als Glaubenssatz aufgestellt wird, und von allen gläubig angenommen werden muß." Der Bischof von Mainz war sogar noch weiter gegangen, als diese verdammte Thesis, und ihn traf daher die Verdammung doppelt. Das deutsche Kirchen=Orakel war also vom jesuitisch=römischen Ober=Orakel gründlich dementirt und corrigirt worden.

Es verlautet nichts, daß an den Bischof irgend eine römische Auf=forderung erging, sich ausdrücklich dem römischen Orakel zu unter=werfen und seine öffentlich bekannten falschen, unkirchlichen Ansichten zu widerrufen. Er wird dem wohl zuvor gekommen sein, seine bis=herige Ueberzeugung aus= und die befohlene römische Ansicht ohne weiteres angezogen haben. Von der bis dahin in allen ultra=montanen Blättern maßlos gerühmten oben genannten Schrift des Bischofs wurde es aber jetzt still, obwohl auch eine Volksausgabe von derselben war veranstaltet worden. Uebrigens konnte dem Bischof der Meinungswechsel bezüglich zweier Punkte nicht sehr schwer fallen, nämlich bezüglich dessen, was er über die Freiheit der Wissenschaft und über den Vernunftgebrauch innerhalb der katholischen Kirche gesagt hatte. Seine Ausdrücke lauten zwar sehr entschieden, und sind noch durch Beschuldigungen und Schmähworte gegen die Gegner verstärkt, aber sie können trotzdem mit Leichtigkeit anders gedeutet oder sogar ins Gegentheil verkehrt werden. Wenn freie Forschung zugestanden wird, so ist dabei immer gemeint: unter der Controle der göttlichen,

d. h. kirchlichen Autorität. Dies beeinträchtigt ja, behauptet man, die Freiheit der Wissenschaft nicht, weil sie dadurch eben nur an die Wahrheit gebunden und vor Irrthum bewahrt wird. Der Sinn ist also: Der katholische Forscher muß sich der kirchlichen Autorität und Norm durchaus unterwerfen, zugleich aber bekennen, daß er vollständig frei sei in seiner Forschung, nämlich die „wahre" Freiheit besitze, d. h. gebunden, unterworfen sei. Diese Situation der „freien" katholischen Forscher erinnert freilich sehr bedeutend an das „Juchhe nach Amerika" jener Freiwilligen in „Cabale und Liebe," die von dem gnädigen Landesherrn für Blutgeld als Recruten nach Amerika verkauft und zwangsweise abgeführt werden! Bezüglich der Vernunft scheint das Axiom des Bischofs sehr bestimmt zu sein: „Was unvernünftig ist, kann und darf nicht geglaubt werden." Aber man lasse sich nicht Sand in die Augen streuen; der Satz läßt sich mit der größten Leichtigkeit ins Gegentheil verkehren, und ist auch kirchlich in diesem Sinne zu verstehen. Er will sagen: „Nichts was geglaubt werden muß, darf als unvernünftig bezeichnet werden." Das ist sein wahrer Sinn in der katholischen Kirche für die Gläubigen. Nach außen hin kehrt man, um zu imponiren, die andere Fassung hervor. Die Formel ist, wie man sieht, ausgezeichnet. Die kirchliche Autorität sichert sich damit vor allem Vorwurf, Unvernünftiges als Glaubenssatz aufzustellen oder aufgestellt zu haben: Unvernünftiges kann und darf nicht Glaubenssatz sein, also darf man nichts, was als Glaubenssatz aufgestellt ist, unvernünftig nennen, sondern muß es um jeden Preis für vernünftig halten. Schlimmer stand es allerdings um den Bischof bezüglich seiner oben angeführten Gränzbestimmung zwischen Glaubens= autorität und Wissenschaft. Als ich in meiner Schrift: „Beleuchtung der päpstlichen Encyklika von 1864 und des Syllabus" ec. (1865) zu diesem Punkte kam, rief ich ihn auf — sich hierüber zu erklären: „Wo ist denn Frhr. v. Ketteler, der Bischof von Mainz? Er trete auf und erkläre uns, wie es denn komme, daß er vor einigen Jahren in seiner besonders von ultramontaner Seite vielgerühmten und viel= verbreiteten Schrift: „Freiheit, Autorität und Kirche," in dieser Beziehung etwas ganz anderes lehrte?" In dieser Schrift spricht sich der Bischof auf das bitterste gegen jene aus, welche behaupten: „inner= halb der katholischen Kirche sei freie Forschung gar nicht gestattet und wahre Wissenschaft nicht möglich ec.!" Aber der Bischof schien nicht gut zu hören; er blieb stumm vorläufig und hatte sich bald eine neue Ueberzeugung angeschafft, wenn es ihm auch wohl noch schmerzlich gewesen sein mag, so unliebsam in seinem Orakel=Geschäft dementirt worden zu sein. Bald schien alles vergessen, und dieses Geschäft wurde wieder in alter Rührigkeit fortgesetzt.

Aber wieder kam nach einigen Jahren eine Katastrophe und neue Dementirung. Der Bischof von Mainz gehörte bekanntlich beim vaticanischen Concil zur Opposition, obwohl er bei den Jesuiten in Rom Wohnung genommen hatte — was bei Einigen einen eigenthümlichen Verdacht erweckt hatte, dem wir hier keine Rechnung tragen können. Er hatte sogar eine Broschüre geschrieben oder schreiben lassen gegen die Dogmatisirung der päpstlichen Unfehlbarkeit. Jedenfalls vertrat diese Broschüre seine Ueberzeugung, und er ließ sie verbreiten. Es half bekanntlich alles nichts, auch nichts der Kniefall, den er vor dem Papste that, um ihn von dem Aeußersten abzuhalten. Nach der Hand unterwarf sich der Bischof nicht blos, sondern er ist nun auch einer der eifrigsten Vertheidiger des neuen Dogma's, und der erbitterste, giftigste Gegner derer, die sich nicht unterwerfen, und aus ihrer Ueberzeugung keinen Handschuh zu machen vermögen, den sie nach Belieben ausziehen könnten. Und in seinem Orakel-Amte functionirt er mit ungeschwächter Kraft, mit unvermindertem Selbstvertrauen weiter, führt wieder allenthalben das große Wort, und fordert mit derselben Zuversicht, daß man ihm und seinen Sprüchen unbedingtes Vertrauen schenke. Um sich wegen seines Fiasco's bei dem vaticanischen Concil und wegen des jähen Wechsels seiner Ueberzeugung zu rechtfertigen, behauptet er, daß er niemals an der Unfehlbarkeit des Papstes selbst gezweifelt habe, sondern nur an der Opportunität der ausdrücklichen Dogmatisirung derselben durch das vaticanische Concil. Allein damit stellt sich der Bischof wiederum nur selbst ein Zeugniß der Schwäche und des Mangels an Glaubensstärke aus; denn offenbar muß es opportun gewesen sein, dasselbe zum Dogma ausdrücklich zu erklären, sonst wäre es nicht geschehen, und außerdem muß der Bischof dieselbe als absolute göttliche Wahrheit betrachten, die er gleichwohl schwachmüthig nicht offen bekennen, aus irdischen Rücksichten nicht zu entschiedener Geltung bringen wollte! All' dies ist wieder nicht geeignet, ihm besonderes Vertrauen für sein Geschäft als Orakel und kirchlicher Wortführer zu erwecken. Außerdem aber hat die Sache noch eine andere, höchst irrationale Seite. Ob der Bischof zunächst nur die Opportunität der Erklärung bestritt, oder das Dogma selbst, ist ohne große Bedeutung; jedenfalls muß er jetzt nach seiner Unterwerfung unter den vaticanischen Beschluß· etwas glauben, was absolut unrichtig und unmöglich ist, was nicht geglaubt werden kann, ohne daß alle menschliche Vernunft, Kenntniß und Wahrheit mit Füßen getreten wird. Er muß nämlich nicht blos glauben, daß die päpstliche Unfehlbarkeit ein Dogma sei, sondern auch, daß sie immer, überall und von allen als solches geglaubt worden in der Kirche. Dies ist aber die crasseste, klarste Unwahrheit, wie die ganze Kirchengeschichte bezeugt, wie die Katechismen bis in die neueste Zeit lehren und wie insbesondere eine große Anzahl von Bischöfen in dem Concil selbst bewiesen — bewiesen dadurch, daß sie eben bekannten, daß sie nicht an die Unfehlbarkeit des Papstes als Dogma glauben, und daß auch in ihren großen Diöcesen nicht daran geglaubt werde und nie daran geglaubt worden sei. Der Bischof glaubt also jetzt mit Verzicht auf alles eigene beffere Wissen, mit schnöder Verachtung der Wissenschaft und der allbekannten Erfahrung eine offenbare, handgreifliche Unwahrheit, fordert allenthalben auf, dieselbe Unwahrheit zu glauben, und kämpft erbittert gegen alle, welche diesen Glauben verweigern, welche ihr Wahrheitsgefühl nicht vertilgen und sich nicht zur geforderten innern Erniedrigung um der römischen Herrschsucht willen verstehen wollen.

Wir wissen, daß für ein solches Verhalten nicht der Einzelne die eigentliche, wenigstens nicht die volle Schuld trägt. Es ist das System, das die Einzelnen, insbesondere wenn auch noch, außer der Glaubensfrage, ihre übrigen Interessen damit verflochten sind, feffelt, zum Unglaublichsten veranlaßt und unter Umständen nöthigt. Dem System, der großen Maschine, muß sich Jedermann fügen, muß sich das Ungeheuerlichste auflegen, zum Absurdesten sich verstehen, wenn er nicht vernichtet werden will. Wir wollen dies noch näher an einem Beispiel zeigen. Wolfgang Menzel, der bei den Ultramontanen lange Zeit in großer Gunst stand und ebenso seinerseits viel mit ihnen liebäugelte, bis er endlich das sich immer steigernde römisch-hierarchische Unwesen nicht mehr ertragen konnte, — Wolfgang Menzel also erzählt in seiner „Geschichte der Deutschen," da wo er den geistigen und religiösen Zustand des Volkes kurz vor der Reformation schildert, daß unter andern ein Mönch herumgezogen sei mit allerlei Reliquienkram und Curiositäten, z. B. einer großen Feder aus dem Flügel des Erzengels Michael, einer Hand voll Heu aus der Krippe in Bethlehem rc. Als ihm nun einmal diese Hand voll Heu abhanden gekommen, sei er dreist in die nächste Scheune gegangen, habe sich einen Büschel Heu geholt und diesen ohne weiteres wiederum für Heu aus der Krippe zu Bethlehem, in der Jesus als Kind gelegen, ausgegeben. Bei dem kolossalen Unfug, der damals mit dem religiösen Bedürfniß und dem Hang des Volkes zum Aberglauben getrieben wurde, ist ein Vorkommniß dieser Art keineswegs unmöglich, nicht einmal unwahrscheinlich. Nun nehme man an, es sei aus der Zuhörermasse ein Mann aufgetreten, der sich energisch diesem Unfug widersetzte, das Verkündete für Unwahrheit und Unsinn erklärte, und sich weigerte, hier Glauben und Gehorsam zu gewähren. Dem kirchlichen System gegenüber war dieser Mann mit seiner Opposition im Namen des gesunden Verstandes und der Menschenwürde verloren, wenn der Mönch hartnäckig auf seiner Verkündung stehen blieb und der Opponent sich nicht schließlich in Demuth unterwarf. Denn alsbald würde man räsonnirt haben: Die schwache, irrthumsfähige Vernunft des einzelnen Menschen habe kein Recht, in Sachen der Religion, des Glaubens so unbedingte, absolut gültige Urtheile zu fällen über Wahrheit und Falschheit dessen,

was ein Vertreter der Kirche als Wahrheit behaupte und verkünde.
Wenn ein Vertreter der gemeinen, natürlichen Vernunft einerseits und
ein Verkünder übernatürlichen Glaubens im Namen der Kirche andrer=
seits einander gegenüberstehen, müsse durchaus jener sich fügen und
bescheiden. Würde man solchem „rationalistischen" Gebahren und
Läugnen (einem Organ der Kirche gegenüber) einmal nachgeben, so
würde der „Rationalismus" bald weiter um sich greifen, und eine
Gränze ließe sich bald nicht mehr ziehen. Man müsse also nur gleich
dem Anfang davon widerstehen und solche rationalistische Opposition,
wie dieser Mann sie erhebe, im Keime vernichten. Es verrathe, würde
man ferner sagen, jedenfalls einen unkirchlichen, pietätlosen, wider=
spenstigen, hochmüthigen Geist, einem Vertreter der kirchlichen Autorität
so schroff und hartnäckig zu widersprechen; wer dies in dem einen
Falle thue, der zeige schon, daß er eine schlimme Gesinnung hege,
daß er es auch in einem andern nicht unterlassen werde, daß man sich
zu ihm zu nichts Gutem versehen könne. Kurz, der Opponent zeige
sich als ein unkirchlicher, unkatholischer Mensch von schlechter Gesinnung,
dem in keinem Falle nachgegeben werden dürfe, den man kirchlich wohl zu
bewachen, zu demüthigen, zu besserer Gesinnung zu bringen habe. Es
dürfte dabei aber noch weiter gekommen sein, wenn man beachtet, wie
man in solchen Fällen kirchlicherseits zu räsonniren und zu verfahren pflegt,
wovon wir bei unserm Bischof gleich ein Beispiel werden kennen lernen.
Fand man den unkirchlichen Charakter der Opposition glücklich heraus,
so konnte bald auch gefunden werden, daß der Opponent gar kein
Christ mehr sei, daß er insbesondere die Gottheit Christi und die gött=
liche Stiftung und Leitung der Kirche läugne. Denn nur Jemand, der
die Gottheit Christi läugne, könne so leichtfertig annehmen, daß Gott
in seiner Kirche Betrug und Täuschung zulasse in seinem Namen, und
daß das göttliche Werk dadurch verunstaltet werden dürfe. Wer solches
denke und annehme, müsse jedenfalls sehr schwach in seinem Glauben
sein, denn der wirklich Gläubige verzichte im Vertrauen auf die Gött=
lichkeit des Werkes Christi auf alles voreilige und blos „subjective"
Urtheilen. Der Opponent also könne als kein wahrer, richtiger Christ
mehr gelten. Endlich aber dünkt mich, einen Fanatiker rufen zu hören:
Was Katholik und Christ! Dieser Mensch, der nicht glauben will, daß der
Büschel Heu wirklich aus der Krippe zu Bethlehem sei, hat gar keine
Religion mehr, er ist ein Gottesläugner, ein Atheist. Er läugnet die
Allmacht Gottes, die das Heu der Scheune wunderbar in Heu der
Bethlehem'schen Krippe zu Gunsten seiner heiligen Kirche verwandeln
kann. Wer aber die Allmacht Gottes läugnet, der läugnet Gott selbst,
und wer nicht annehmen will, daß Gottes Allmacht sich in Wundern
bethätige und kundgebe, der ist nur ein elender Rationalist, der noth=
wendig Atheist werden muß. Sagt doch der Jesuit Ferrandus:
Gottes Allmacht sei so groß, daß er den nämlichen Kopf (Todtenschädel

als Reliquie) verzehnfachen könne. So würde es einem entschiedenen, hartnäckigen Opponenten gegen den fraglichen Büschel Heu ergangen sein. Im günstigen Falle hätte man ihm eine tüchtige „kirchliche Zurechtweisung" angedeihen lassen, und fügte er sich nicht, so hätte man ärgere Maßregeln ergriffen, schließlich ihn mit Excommunication gestraft. Denn die erste Veranlassung mußte bald in den Hintergrund und der Widerstand gegen die „Autorität der Kirche" in den Vordergrund kommen und das Heu aus der Scheune führte demnach bis zur Ausschließung aus der Kirche und zur Uebergabe der Seele des Widerspänstigen an den Teufel und zur ewigen Verdammniß.

Man sage nicht, dies Alles sei übertrieben, oder etwa gar eine Persiflage. Es liegt dies Alles im hierarchischen System, und selbst um geringerer, rein weltlicher Dinge willen, wegen Abgabenfreiheit, Privilegien, Schutz von kirchlichem Wein u. dgl., ist es schon zu diesem Aergsten, zu Excommunication und Interdict, gekommen. Man sage auch nicht, es sei hier nur vom Mißbrauch eines einzelnen Mönches die Rede, die kirchliche Autorität selbst mache niemals dergleichen Zumuthungen, die zu solcher Absurdität führen könnten. Die Kirche selbst macht sie in der That, und zwar gerade in der Gegenwart am meisten, insofern Papst und Bischöfe zum Glauben an die Unfehlbarkeit des Papstes auffordern und dazu Jedermann mit allen kirchlichen Mitteln zwingen. Die Forderung, den Papst für unfehlbar zu halten, d. h. zu glauben, daß ein Papst, wenn er das Lehramt der Kirche übe, nicht blos fortan nicht irren könne, sondern daß auch niemals ein Papst in der Vergangenheit in dieser Funktion und Eigenschaft geirrt habe, ist unerhört, abenteuerlich und unmöglich zu erfüllen, und um kein Haar besser, als die Forderung des Mönches, die Hand voll Heu, die er in der Scheune vor den Augen der Menge geholt, für Heu aus der Krippe zu Bethlehem zu halten. Sie ist dies jedenfalls für die denkenden und gebildeten Katholiken, die nur einigermaßen die Geschichte kennen; denn diese zeigt mit aller Sicherheit die gröbsten Irrthümer der Päpste, die mit aller Sophisterei der Jesuiten nicht hinweggebracht werden können. Zwar dem ungebildeten Volke, das die historischen Documente nicht selbst zu prüfen vermag, kann man wohl einreden und es glauben machen, daß die Päpste niemals geirrt, dem denkenden und historisch forschenden Manne nimmermehr, so wenig, als die Echtheit des Heues aus der bethlehemitischen Krippe, das man mit eigenen Augen aus der Scheune nehmen sah.

Bei einem System freilich, das fordert, die Vernunft gefangen zu nehmen und dem System und seinen Vertretern zum Opfer zu bringen, ist alles möglich. Aber schwer zu begreifen ist, wie dieses System nach so unermeßlicher Geistesarbeit und bei so vielen Bildungsmitteln noch immer Anhänger und Vertheidiger findet, und zwar nicht blos in der ungebildeten Masse und an völlig unbedeutenden Menschen, die durch die große Maschine der Kirche eine Bedeutung erhalten troß ihrer eigenen Werthlosigkeit, wie Kinder, wenn sie eine große Maschine zu bedienen haben, — sondern selbst sonst verständige und gebildete Männer noch immer an sich fesselt und zu Diensten zwingt. Und zu welchem Dienst zwingt dieses System diese Männer und in welche Situation bringt es dieselben, bringt es z. B. die deutschen Bischöfe und die Mitglieder der Centrumspartei in Berlin! Der Kirche, d. h. dem Papstthum gegenüber müssen sie ihre Vernunft gefangen nehmen und müssen auf eigenes Denken und Urtheilen verzichten; dem Reich gegenüber müssen sie dieselbe Sache durch Vernunft und Geistes= thätigkeit vertreten — über die sie doch eigentlich nicht urtheilen dürfen den hierarchischen Grundsätzen zufolge. Dem Papst gegenüber müssen sie sich wie Schafe verhalten, die kein Auge der Vernunft, kein Urtheilsvermögen haben; dem Reich und den Gegnern gegenüber wollen sie wie Ritter geistig streiten und verlangen, daß man ihrem Urtheil Werth beilege, ihr Thun respectire, wie wenn es ganz frei und vernünftig wäre. Seltsame Lage! Wird man ihnen nicht mit Recht zurufen können: ihr habt ja aber gar kein Recht darauf, Gründe für eure Sache geltend zu machen, da ihr eigentlich nicht darüber denken dürft, sondern gerade in diesen kirchlichen Sachen eure Vernunft habt gefangen nehmen müssen! Wie könnt ihr verlangen, daß wir und die deutsche Regierung eure Vernunft und eure Gründe gelten lassen, da doch der Papst dieselben nicht gelten läßt, sondern euch in geistiger Gefangenschaft, in blinder Unterwürfigkeit hält und des Rechtes beraubt, selbst zu urtheilen? Ganz offenbar müssen wir über die Sache richtiger urtheilen können, da wir nicht das Opfer der Vernunft (sacrificium intellectus) gebracht haben, sondern darüber denken dürfen. Jedenfalls das Verhältniß derselben zu den weltlichen Dingen können wir besser beurtheilen, während ihr die sogenannte übernatürliche Sache selbst nicht beurtheilen, also auch das Verhältniß zu andern nicht erkennen könnt.

Wenden wir uns nun zu der Schrift des Mainzer Bischofs selbst. Aus dem Bisherigen wird schon klar geworden sein, daß wir nicht das Beispiel des Fürsten zu Hohenlohe=Waldenburg nachahmen und Wort für Wort der Broschüre billigen und unterschreiben können. — Dieser Fürst mag wohl große Uebung im Gefangennehmen der Vernunft und ihrer Urtheilsthätigkeit haben und also zu so erstaunlichen Leistungen fähig sein! Wir sind nicht so weit in der „kirchlichen Vollkommenheit" und müssen uns einige kritische Bemerkungen darüber gestatten; und zwar gleich über die Taktik des Bischofs dem Cultusminister Falk gegenüber, die, wie uns scheint, weder dem Verstande noch dem Ge= wissen des Bischofs besondere Ehre macht. Er geht nämlich vor Allem darauf aus, den Cultusminister bezüglich seiner religiösen Ueberzeugung zu verdächtigen, als einen vom christlichen Glauben Abgefallenen zu brandmarken, der eben deßhalb das Verhalten der katholischen Bischöfe gar nicht mehr zu begreifen und zu würdigen verstehe. Von einem Beweis für diese Verdächtigung findet sich keine Spur, sondern der sogenannte Abfall des Ministers vom Glauben wird eben aus dem abgeleitet, was der Bischof wieder aus jenem ableiten will. Es ist eben ein logisches Kunststück, das ja ein jesuitisches Orakel nicht verschmäht. Der Gedankengang des Bischofs ist eigentlich der umgekehrte von seiner Darstellung: Der Cultusminister Falk tritt gegen die Bischöfe auf, tadelt sie und ergreift Maßregeln gegen ihren Ungehorsam den rechtmäßig zu Stande gekommenen Staatsgesetzen gegenüber — also ist er ein Abtrünniger vom wahren Glauben, also ist er ein Läugner der Gottheit Christi. Also: Jeder, der gegen die widerspenstigen Bischöfe auftritt, beweist dadurch, daß er ein Läugner der Gottheit Christi sei. Aber es so auszudrücken, war doch zu deutlich, und verräth die Absurdität und Arroganz, die darin liegt, zu sehr, deshalb wird die Sache umgekehrt zur Darstellung gebracht; das, was man im Grunde genommen als einzigen Beweisgrund anzuführen vermag, das Verfahren des Ministers gegen die Bischöfe, wird als Folge dessen hingestellt, was erst als Grund konstatirt werden soll.

Das ist das rein logische Kunststück des Bischofs; jetzt kommt aber auch ein sachliches. „Den wahren Schlüssel zu den Urtheilen des Dr. Falk," sagt er, „über die katholischen Bischöfe scheint uns recht eigentlich David Friedrich Strauß in seiner neuesten Schrift an die Hand zu geben. Er will in derselben die „moderne Weltanschauung" der alten christlichen Weltanschauung gegenüber stellen." Welchen Beweis liefert nun der Bischof dafür, daß der Cultusminister Falk der Strauß'schen Weltauffassung zugethan sein und der Schlüssel zu seinem Urtheil in Strauß' neuestem Buche sich finde? Wiederum keinen; er behauptet nur. Wir sahen aber schon früher, wie wenig zuverlässig selbst die entschiedensten Behauptungen des Bischofs sind, selbst wenn er sie mit Schmähungen den Gegnern gegenüber verbindet, indem er diese der Bosheit, der Lüge ꝛc. beschuldigt. Die vermeintliche Begründung, die er jetzt für seine Behauptung, daß der Cultusminister Falk ein Gesinnungsgenosse von Strauß sei, versucht, besteht nur in einer ebenso willkürlichen Behauptung. Der Bischof gesteht zu, nicht zu wissen, ob derselbe mit Schleiermacher einverstanden sei, oder ob er dem Protestantenverein innerlich angehöre, oder ob er sich sonst eine beliebige Deutung von Christus und Christenthum gemacht habe. Gewiß gehöre er aber zu denen, die nach Strauß nicht mehr das Recht haben, sich Christen zu nennen, weil sie den übernatürlichen Charakter seines Stifters und damit auch seiner Lehren und der Einrichtungen seiner Kirche nicht mehr anerkennen. Von diesem Standpunkt aus ergeben sich seine Urtheile über die Bischöfe und ihren Widerstand gegen die Kirchengesetze nun von selbst. „Weil er den wahren Grund ihrer Handlungsweise, der ganz im christlichen Glauben liegt, nicht versteht, sucht er andere Gründe, die ebenso unwahr wie ungerecht sind." Bei all diesem wird der Bischof geleitet von der absurden Annahme, daß der Protestantismus wesentlich zum Naturalismus und Atheismus führe, daß also Strauß der einzig wahre Repräsentant und consequente Vertreter des protestantischen Princips sei. Wenn es noch christlich gläubige Protestanten gebe, so komme dies nur daher, daß in Familien und Gemeinden sich noch Ueberreste des alten Erbes traditionell erhalten haben, das sie einst aus der katholischen Kirche mitgenommen. Die einzig wahren Vertreter des wahren Christenthums sind demgemäß nur die katholischen Bischöfe, und wer diesen irgendwie widerstrebt, oder glaubt, daß sie irren, oder ihre Macht mißbrauchen, der ist schon vom wirklichen Christenglauben abgefallen und gar kein Christ mehr; denn wäre er dies, so würde er die katholischen Bischöfe verstehen, d. h. ihnen in keiner Weise Widerstand leisten, sondern ihnen Gehorsam gewähren. Christenthum und Gehorsam gegen Papst und Bischöfe sind unserem Bischofe eben eins und dasselbe; wer ihren Ansprüchen Widerstand leistet, läugnet den göttlichen Charakter des Christenthums, damit auch die Gottheit Christi, und muß dem Atheismus verfallen. Es lohnt nicht der Mühe, auf alle diese willkürlichen Faseleien einzugehen. Rührend ist nur dabei die Harmonie des Bischofs mit David Friedrich Strauß, der sich über diese Bundesgenossenschaft nicht wenig ergötzen mochte. In der That will auch D. F. Strauß nur die grobe fleischliche Auffassung des Christenthums, wie der Bischof und die alte protestantische Orthodoxie sie vertreten, gelten lassen als die echte, wahrhaft christliche, und weist seinerseits jede liberale, geistigere Auffassung desselben als unecht und unstatthaft zurück. Er will sich das schöne Object an dem er seine scharfe, zersetzende Kritik geübt hat, nicht nehmen oder in seiner Bedeutung, respective Alleingültigkeit, schmälern lassen, und damit seiner Kritik ihre volle Wichtigkeit, ihre fortdauernde Bedeutung wahren, die schwinden, weil gegenstandslos werden muß, wenn die gröbere Auffassung des Christenthums verlassen wird, einer höheren, geistigeren weichend. Der Bischof seinerseits hält an der groben dogmatischen Form ebenso fest. Denn diese ist so gestaltet, wie die Hierarchie sie braucht und brauchen kann. Er betont insbesondere den Glauben an die Gottheit Christi, d. h. fordert den Glauben an den Christus -- nicht wie er historisch war und wirkte und sich selber gab — sondern wie die Bischöfe und die Hierarchie sich ihn zubereitet haben nach Form der alten Apotheose und außerdem noch als König und Herrscher. Dies ist besonders wichtig. Die Hierarchie hat Jesus, wie einst seine Peiniger, mit einem Purpurlappen, und wie Herodes mit einem Prunkgewand umhüllt und ihn zum König ausgerufen. Nun kann man selbst den „Kirchenfürsten" spielen, sich in purpurne Prachtgewänder hüllen und gleichwohl der

Nachfolger und Nachahmer Christi sein! Wir wollen beide, den Bischof und D. F. Strauß, sich gegenseitig zu ihrer schönen Harmonie ohne weitere Störung beglückwünschen lassen, natürlich beide mit den gehörigen gegenseitigen Vorbehalten einerseits der Gottlosigkeit, andererseits der Wahnbethörung — und hoffen, daß der Supranaturalismus des Bischofs, wie der Naturalismus, dem sich der verdienstvolle theologische Kritiker schließlich in die Arme geworfen hat, in nicht allzu ferner Zeit wenigstens vom Kerne der deutschen Nation in die Rumpelkammer des Veralteten werde verwiesen werden, wohin sie gehören.

Betrachten wir nun, was der Bischof zu sagen weiß gegen das, was der Cultusminister Falk den deutschen, insbesondere preußischen Bischöfen in der bezeichneten Rede zur Last gelegt hat. Vor allem ereifert er sich gegen die Bemerkung des Ministers: daß die Bischöfe einem Wink von Rom her gefolgt seien, als sie sich gegen die neuen Gesetze in Bezug auf die kirchenpolitischen Verhältnisse erklärten. Das ist seltsam. Man sollte meinen, kein Mensch habe weniger Ursache, sich wegen eines solchen Vorwurfs, einem päpstlichen Wink zu folgen, so sehr zu erhitzen und sich in die Brust zu werfen, daß man bischöflicherseits selbständig gehandelt habe — als eben unser Mainzer Bischof. Hat er doch, wie wir sahen, wohl seit zwölf Jahren sich durchaus in seinen Ansichten, seinem Thun und Lassen durch römische „Winke" bestimmen lassen, so sehr, daß er seine entschiedensten, öffentlich wie unumstößlich mit der größten Zuversicht verkündigten Ueberzeugungen fallen ließ und das Gegentheil annahm, wenn das jesuitische Papstthum den „Wink" dazu gab. Er hat sich so recht als der Bischof erwiesen, der auf den Wink geht (ad nutum), und es steht ihm daher am wenigsten wohl an, gegen den Cultusminister Falk um jenes Ausdrucks willen so hitzig zu thun. Möglich übrigens, daß die Bischöfe damals von Rom her keinen Wink erhielten und der Cultusminister sich im Irrthum befand. Er irrte dann eben, weil er die Bischöfe noch für besser hielt, als sie schon damals wirklich waren, indem er meinte, sie hätten noch eines Winkes zu ihrem undeutschen, unpatriotischen Verhalten bedurft. Bischof Ketteler sagt uns jetzt, daß sie schon damals viel schlimmer waren, als der Minister meinte; — daß sie in ihrer Verpäpstlichung und in ihrer unpatriotischen Gesinnung schon so weit gediehen waren, daß sie eines solchen Winkes gar nicht mehr bedurften. Traurig genug! Und das Alles um Satzungen willen, die für ewige, göttliche Wahrheiten frevelhaft ausgegeben werden, obwohl geschichtlich leicht constatirt werden kann, daß es nur päpstliches und bischöfliches Machwerk sei, dem man aber gleichwohl kein Bedenken trägt, den Frieden und die Wohlfahrt des deutschen Volkes zum Opfer zu bringen. Leider darin auch noch unterstützt von einem beträchtlichen Theil des deutschen Adels, der nun im Bunde mit dem Ultramontanismus die Rolle der ehemaligen zahlreichen Souveränlein zur Zerreißung und Schwächung Deutschlands übernehmen zu wollen scheint, um sich wichtig zu machen und auf Kosten des deutschen Volkes mit Schädigung seiner Freiheit und seiner Wohlfahrt eine Rolle zu spielen. *)

Unser Bischof geht über zu einer Vertheidigung des Verhaltens der deutschen Bischöfe bei und nach dem vaticanischen Concil. Er weist natürlich auch hier mit Entrüstung die Annahme zurück, daß die Bischöfe einem Wink oder Druck des päpstlichen Selbstherrschers nachgegeben haben, indem sie sich schließlich insgesammt, obwohl Opponenten, solange sie in Rom waren, dem vatikanischen Beschluß bezüglich der Unfehlbarkeit und des Absolutismus des Papstes unterwarfen. Die Geschichte wird die Wahrheit trotz der Abläugnung des Bischofs in dieser Beziehung der Welt kund geben. Wenn der Bischof übrigens die Unterwerfung der Opponenten dadurch einigermaßen zu bemänteln sucht, daß er behauptet, es habe sich stets nur um eine reine Opportunitätsfrage, nicht um das Dogma selbst gehandelt, so liefert er hiermit wieder einen Beweis, wie wenig genau er es unter Umständen mit der Wahrheit nimmt, selbst da, wo sie offen vor aller Augen liegt. Es ist notorisch und durch Reden und Schriften constatirt, daß eine Anzahl von Bischöfen nicht blos die Opportunität der Dogmatisirung der päpstlichen Unfehlbarkeit, sondern das Dogma selbst bestritten hat — und es ändert nichts, wenn der Bischof v. Ketteler nicht ursprünglich auch zu dieser Zahl gehört haben sollte. Es sei, behauptet er ferner, ganz natürlich und selbstverständlich, daß die Minderheit sich einer übergroßen Mehrheit und dem Papst unterwerfe. Wohl, in andern Dingen und unter anderen Verhältnissen könnte man dies gelten lassen, hier aber nicht, wenn man bedenkt, was die Bischöfe mit dieser Unterwerfung und Annahme des Dogma's eigentlich thun und annehmen. Sie glauben ja nicht blos, daß in der Zukunft die Päpste unfehlbar seien vom kirchlichen Lehrstuhl herab, sondern auch, daß alle früheren Päpste ebenfalls unfehlbar gewesen seien; ein Glaube, der nur dem möglich ist, der sich das historische Auge ausgerissen hat und nun blindlings annimmt, was man ihm sagt. Noch mehr: die Bischöfe müssen nun auch glauben, daß diese Unfehlbarkeit immer, überall und von allen in der Kirche geglaubt worden sei — wiederum eine grobe historische Unwahrheit,

*) Der oben erwähnte Fürst zu Hohenlohe-Waldenburg hat gegen diese Bemerkung über einen Theil des deutschen Adels Protest erhoben in der „A. Allg. Zeitung" und Beweise zu verlangen. Ein ächt jesuitisches Verfahren für Dinge die notorisch sind, Beweise zu verlangen! Alle Welt weiß, daß von ultramontanen Theil des deutschen Adels von Zeit zu Zeit Deputationen nach Rom kommen, dort vor dem Papste gleich Weiber und Kinder auf den Knieen herumkriechen und demselben neue Unterwürfigkeit und Ergebenheit geloben in dem Augenblicke, wo er in leidenschaftlichem Kampfe gegen das deutsche Reich begriffen ist!

die leicht in der Vergangenheit und Gegenwart conſtatirt werden kann; denn wenn jenes der Fall war, wie konnten die Biſchöfe das Gegentheil behaupten von der Vergangenheit, von ihren Diöceſanen, ja von ſich ſelber? Da müßten ſie ja jetzt bekennen: ſie hätten damals an das Dogma geglaubt, aber böswillig das Gegentheil behauptet, oder ſie hätten daran geglaubt, ohne zu wiſſen, daß ſie daran glaubten! Das heißt allerdings, alle vernünftige Kraft und Einſicht auf dem Altar des Papſtthums zum Opfer bringen (sacrificium intellectus), den beſten Theil der Menſchennatur!

Es mögen nur noch ein paar Seltſamkeiten des biſchöflichen Orakels Erwähnung finden. Er betont ſehr nachdrücklich, daß die Biſchöfe bis zur neueſten Zeit der Regierung treu und gehorſam geweſen und dieſe nichts wider ſie zu klagen hatte; daraus ſchließt er, daß ſie Unrecht habe, jetzt ihr Verhalten als ſtaatsfeindlich zu bezeichnen, ihnen Ungehorſam ſchuld zu geben. Allerdings eine ſeltſame Logik, kaum weniger abgeſchmackt, als wenn Jemand ſagte: „Ich war vor vierzig Jahren jung, und es iſt eine Verleumdung von euch, mich jetzt alt zu nennen.“ Der gedankenloſen Maſſe gegenüber mögen allerdings auch ſolche logiſche Kunſtſtücke nicht ohne Wirkung ſein. Schlimmer iſt und ein abſcheulicher Mißbrauch des biſchöflichen Wortes dem Volke gegenüber, daß der Biſchof ſogar nicht die Taktik der gemeinen ultramontanen Preſſe verſchmäht und von einer Chriſtenverfolgung fabelt, wie ſie unter den heidniſchen Kaiſern Rom's ſtattgefunden gegen die Chriſten, welche ſich weigerten, den Götzen zu opfern. Wie froh wären die erſten Chriſten geweſen, wenn ſie nur Geſetze des Staates vor ſich gehabt, wie ſie jetzt vorliegen, und wie froh waren ſie, als ſie vom Staat anerkannt wurden und dieſer in der mannichfachſten, durchgreifendſten Weiſe in ihre Angelegenheiten ordnend eingriff, ſo daß Kaiſer Conſtantin, noch ehe er getauft war, mehr kirchenpolitiſche Vollmachten ausübte, als die Biſchöfe! Nein, nicht der Deutſche Kaiſer und nicht das Deutſche Reich wollen ſich zum Götzen aufwerfen und ſich als ſolche verehren laſſen, ſondern der Papſt und die Biſchöfe wollen dies. Ihr Wort und ihr Geſetz und Wollen ſoll dem Volk und dem Reich gegenüber als göttlich gelten und überall als ſolches anerkannt werden. Sie wollen die Götter auf Erden ſein, erhaben über alle menſchlichen Mächte und Geſetze, erhaben ſelbſt über Vernunft und Gewiſſen, beide in Dienſtbarkeit haltend. Hoffentlich wird das Deutſche Volk und Reich mit dieſem Olymp von biſchöflichen Göttern ſammt ihrem römiſchen Zeus fertig werden. Fertig werden, trotzdem daß der Biſchof dem Volke bereits zu verſtehen gibt, daß nur der Ungehorſam gegen die Biſchöfe, nämlich, wie er es ausdrückt, die Losreißung von Gott und ſeiner Autorität, eine wirkliche Revolution ſei, nicht aber die Auflehnung gegen Menſchenwillen und menſchliches Geſetz, d. h. gegen die Staatsgeſetze und die weltliche

Regierung. Er sagt: „Es gibt einen revolutionären Begriff von Revolution und einen christlichen. Nach jenem ist die Revolution jede Verweigerung des Gehorsams gegen den Menschenwillen, wie er im Staatsgesetz Ausdruck gefunden. Nach diesem ist Revolution die Losreißung der menschlichen Verhältnisse in Staat und Gesellschaft von Gott und seiner Autorität; die Losreißung der menschlichen Autorität von der göttlichen, der Autorität des bürgerlichen Gesetzes von der Autorität Gottes; endlich die Empörung gegen das rechtmäßige Gesetz. Im revolutionären Sinn waren alle Christen, die in den ersten Jahrhunderten für Christus geblutet haben, revolutionär. In ihm sind auch ohne Zweifel alle katholischen Bischöfe in Preußen revolutionär. Im christlichen Sinne sind dagegen vielmehr alle diejenigen wahrhaft revolutionär, die daran arbeiten, die christliche Grundlage des Staates über den Haufen zu werfen. Es ist bemerkenswerth, daß der Reichskanzler sich den revolutionären Begriff von Revolution zu eigen gemacht hat." (S. 29.) Hier haben wir also bereits die bestimmte Erklärung eines Bischofs, daß eigentlich der Deutsche Kaiser und König von Preußen, daß die deutsche und preußische Regierung und Gesetzgebung, Minister rc. revolutionär seien; revolutionär gegen Gott und seine göttliche Autorität, d. h. gegen die Bischöfe und gegen den Papst. Und das Volk wird sich also wohl in Bereitschaft setzen müssen, der Rebellion des Kaisers und der Regierungen gegen die Hierarchie entgegen zu treten und die Rechte Gottes, d. h. der katholischen Bischöfe im Deutschen Reiche, zu vertheidigen und durchzuführen mit allen Mitteln, die man gegen Rebellen anzuwenden berechtigt ist. Dies ist der wahre Sinn der wörtlich angeführten, allerdings etwas orakelhaft geschraubten, mit dem Worte: „revolutionär" spielenden Stelle, über den Niemand im Zweifel sein kann, der die ganze Broschüre gelesen hat; denn auch der letzte Satz, der eine Beschränkung zu Gunsten des staatlichen Gesetzes zu enthalten scheint, kann diese Bedeutung nicht beanspruchen, weil sorgfältig beigesetzt ist: „rechtmäßig," womit gemeint ist, daß kein Gesetz eine Gültigkeit habe für die Katholiken, das sich gegen die Rechte Gottes, d. h. gegen die Ansprüche der Bischöfe und des Papstes, richtet; denn gegen diese kann nie ein Gesetz rechtmäßig sein! Der Herr Bischof von Mainz verräth hier sehr viel. Zwar kennt man diese Ansprüche der Hierarchie schon längst, daß sie aber nun im Deutschen Reiche so dreist auftreten würden, daß die Bischöfe durch einen ihrer Wortführer sich so entschieden als die eigentlichen Souveräne des deutschen Volkes proclamiren lassen würden, sogar mit Andeutung der äußersten Consequenzen, wenn diese Souveränetät von der weltlichen Gesetzgebung und Regierung nicht gehörig in Bezug auf alle Forderungen respectirt werde, ist empörend, und fordert auf, in aller Weise gegen diese Souveräne die geeigneten Maßregeln zu treffen, und vor allem, wenn nicht sie selbst, doch das Volk von dem Wahn ihrer Gottähnlichkeit oder geradezu ihres Gottseins auf Erden zu befreien. Daß dergleichen mitten im Deutschen Reiche noch ungehindert publicirt und unter das katholische Volk verbreitet werden kann, wirft zugleich ein grelles Licht auf die burleske Behauptung, daß die katholischen Bischöfe, die katholische Kirche im Deutschen Reich oder in Preußen unter dem Druck einer Neronischen Verfolgung schmachten!

XI.

Zur Beleuchtung der geistigen Krisis in der Gegenwart.*)

1.

In Betreff des Kampfes und der dadurch bedingten Krisis auf geistigem, insbesondere religiösem Gebiete für Gegenwart und Zukunft wird öfters die Behauptung aufgestellt, daß es sich dabei wesentlich um zwei ganz entgegengesetzte, sich wechselseitig ausschließende Richtungen oder Weltanschauungen handle, die supranaturalistische einerseits und die naturalistische andrerseits. Die supranaturalistische wird dabei als vertreten gedacht von den sogenannten positiven Religionen als Trägerinnen des Glaubens an Gott, Freiheit und Unsterblichkeit der Menschenseele, und des spiritualistischen Dualismus von Geist und Materie; die naturalistische oder näher materialistische Weltauffassung dagegen wird als Resultat der modernen Wissenschaft, insbesondere der Naturforschung, hingestellt. Mit dieser Behauptung, daß eigentlich nur diese zwei Weltauffassungen möglich und thatsächlich seien und um den Sieg kämpfen, sind im Grunde die Vertreter beider Richtungen auch wohl zufrieden, denn sie glauben dabei ihren eigenthümlichen Vortheil zu finden. Die Vertreter der positiven Religionen oder des Supranaturalismus, näher der christlichen Orthodoxie der verschiedenen Confessionen, halten sich dadurch für berechtigt, sich als die einzigen Träger und Vertreter aller höchsten Güter der Menschheit zu betrachten, des religiösen Glaubens, der höchsten Sittlichkeit und höchsten Tröstungen für Leben und Tod. Die Anhänger und Verfechter des Naturalismus, im Sinne des Materialismus, ihrerseits sehen sich bei solcher dualistischen Entgegenstellung gefördert in ihrem Streben, sich als die alleinigen und echten Vertreter der modernen und wahren Wissenschaft geltend zu machen, und alle Rechte der Wissenschaft selbst für ihre Weltauffassung aufzubieten.

In Wahrheit ist aber diese dualistische Eintheilung möglicher und thatsächlicher Richtungen bei der Weltauffassung mangelhaft, und insofern falsch und unberechtigt, da vielmehr noch eine dritte Grundrichtung sich als möglich, als thatsächlich, als berechtigt und nothwendig nachweisen läßt, die ihrerseits sowohl das Wesen und die

---

*) Erschienen in der Augsb. Allg. Ztg. im Januar, Februar, Mai und Juli 1874.

Berechtigung der Religion begründet und sichert, als auch der freien
Forschung und der Wissenschaft mit ihren höhern Resultaten volle
Rechnung zu tragen bestrebt ist. Dabei ist diese Richtung nicht eine
Halbheit und ein Mittelding zwischen den beiden vorigen, sondern
ebenso ursprünglich wie sie; und vielmehr der ganzen vollen Menschen=
natur Rechnung tragend, während die genannten beiden nur je der
halben zur Geltung verhelfen wollen, daher die Menschheit mehr oder
weniger zum Zerrbild machen. Ebenso wenig können die Vertreter
der beiden Extreme vorzugsweise auf Entschiedenheit und Charakter
Anspruch machen, da vielmehr blinde gläubige Annahme wie unbe=
gründete Läugnung weniger Kraftanstrengung erfordern, als genaue
Würdigung der wirklichen Verhältnisse, und dabei Gewohnheit und
überkommene Vorurtheile auf der einen Seite und der Reiz der Neuheit
und einer gewissen Großthuerei in der Negation auf der andern
vielfach den Halt und Einfluß des Charakters ersetzen, während dies
den Vertretern der wirklich natürlichen, sowohl religiösen als
rationellen Weltauffassung nicht zu gute kommt und dieselben außer=
dem noch von beiden Seiten angefeindet und verdächtigt werden.

In Anbetracht, daß hierüber noch viel Unklarheit zu bestehen
scheint, möge der Versuch gestattet sein, im Folgenden diese drei wesent=
lichen Richtungen im geistigen, insbesondere religiösen Leben der
Gegenwart kurz darzustellen und zu prüfen und damit zur Orientirung
in den allerdings nicht wenig chaotischen Verhältnissen und Ansichten
einiges beizutragen. Wir wollen zu zeigen versuchen, daß es sich
gar nicht darum handelt: entweder die supranaturalistische oder die
naturalistische (im Sinne von materialistischer) Weltanschauung zur
Geltung zu bringen und den Gegensatz zu vernichten, sondern vielmehr
darum, diese beiden Gegensätze als einer vergangenen Zeit angehörig
und als veraltet zugleich abzuthun, und an deren Stelle eine neue,
sich seit Jahrhunderten durch Wissenschaft und Geistesbildung schon
vorbereitende Auffassung von Gott, Welt und Menschheit zu setzen,
die das Wahre, Berechtigte der genannten zwei Gegensätze in sich
schließt und religiös ist, ohne die Wissenschaft und ihre Resultate zu
hindern und auszuschließen.

Die supranaturalistische religiöse Weltauffassung besteht bekanntlich
in der Behauptung und in dem Glauben, daß die Religion, daß der
Glaube an Gott und alle göttlichen Dinge mit dem höheren sittlichen
Bewußtsein der Menschheit nicht von Natur aus eingepflanzt sei und
sich aus deren eigener Tiefe nach und nach im schweren Ringen der
menschlichen Entwicklung ausgeboren habe und noch immer in dieser
Entwicklung und Vervollkommnung begriffen sei, sondern daß dieser
religiöse Glaube, der an sich von Natur aus gottlosen Menschheit
von außen her, durch specielle Offenbarung Gottes, sei mitgetheilt
worden, direct von der Gottheit selbst oder durch Vermittlung göttlich.

beauftragter und beeinflußter oder inspirirter Personen. Als Zeugnisse
für wirklich geschehene, direct göttliche Offenbarung werden dann stets
Wunder, Weissagungen 2c. geltend gemacht, also Thaten, die ein
Mensch aus eigener Kraft nicht verrichten kann und die demnach das
Walten höherer Kräfte beweisen. Die Geschichte zeigt freilich, daß
solche Offenbarungen und offenbarende Personen fast immer, so lange
sie lebten und wirkten, wenig Erfolg errangen, mit ihren Lehren
wenig Eingang fanden, und gerade bei den Augenzeugen ihrer angeblichen Wunder den Erfolg nicht hatten, den sie bei Spätern haben,
die nicht mehr Zeugen derselben sein konnten; während doch sachgemäß
das Umgekehrte der Fall sein sollte. In der That geschehen die
Wunder (als Beweismittel) für die Wahrheit oder Thatsächlichkeit
einer göttlichen Offenbarung erst nachträglich in dem Maße, als die
Offenbarung als solche Annahme, Glauben findet. Sie gehen aus
dem Glauben hervor, nicht umgekehrt der Glaube aus ihnen, und
werden daher selbst solchen Religionsstiftern von ihren Gläubigen
zugeschrieben, die sich ausdrücklich dagegen erklärt haben. Die ungebildete Masse will aus der Wahrheit nicht einen Gegenstand der
Erkenntniß, sondern des Gemüthes, des Affectes machen, sie will
Phantasie-Erregung dabei gewinnen — ein göttliches Spectakel, das
ihr fort und fort erneuert oder vorgespielt wird im Cultus. Von
dieser Art sind fast alle großen Religionen, und selbst die
niedersten Formen stammen aus einer vermeintlichen directen Offenbarung der Gottheit, die im Auffallenden, Verwundersamen gefunden
wird, daß sich diese rohen Menschenstämme und Individuen als Ver-
ehrungsgegenstand wählen.

Es geht also ein gemeinsamer Grundzug durch die sogenannten
positiven Religionen, das Einwirken des Uebernatürlichen, Supra-
naturalen auf Natur und Menschen, um sich zu offenbaren und zur
Anerkennung zu bringen. Und in den großen organisirten Religionen
haben sich in Folge hiervon besondere Organe für die Vertretung des
ursprünglich übernatürlich Gegebenen und für fortdauernde wunderbare,
übernatürliche Einwirkung gebildet in den Priesterschaften, in denen
sich gerade das supranaturalistische Princip zum Ausdruck brachte.
Wie verschieden, ja feindselig gegen einander die positiven Religionen
auch sind und stets waren in sachlicher Beziehung, in Dogmen und
Cultusformen, so sind sie doch gleichartig in Bezug auf das Princip,
die supranaturalistische, über alle menschliche Vernunft und Macht
erhabene Autorität, sei es, daß diese in Form eines Buches
oder einer Tradition oder in lebendigen persönlichen Trägern
denselben sich geltend macht. Diese letztere ist die entschiedenste,
vollkommenste Form der Herrschaft des supranaturalistischen Princips
und hat ihren ausgebildetsten Ausdruck in der katholischen
Kirche oder Hierarchie, oder nunmehr im absolutistischen Papstthum

gefunden, das sich recht eindringlich als Ausdruck des Uebernatür=
lichen, direct Göttlichen geltend machen will.

Diese katholisch=hierarchische oder päpstliche Kirche faßt in sich
eine Summe von übernatürlichen Dogmen und Satzungen, getragen
von der supranaturalistischen Autorität als dem eigentlichen, belebenden
Princip, und sie hat sich als supranaturalistische Hauptmacht in der
Geschichte um so mehr auszubilden und zu großer Stärke zu befestigen
vermocht, weil sie nicht, wie manche Secten, das rationalistische Element
vollständig ausgeschlossen, auf Vernunftgebrauch und Wissenschaft nicht
unbedingt verzichtet, sondern eine Art Rationalismus allerdings zu=
gelassen, aber in vollständige Dienstbarkeit unter die kirchliche Autorität
gestellt hat. Die griechische Philosophie wurde schon frühe mit dem
christlichen Glauben in Verbindung gebracht; mit ihrer Hülfe wurden
die Dogmen gestaltet, wenn sie auch nicht als wissenschaftliche Resultate,
sondern als autoritative Feststellungen geltend gemacht, wie ein Werk
des göttlichen Geistes selbst verkündet und aufrecht erhalten wurden.
Man hat der katholischen Kirche, der Scholastik und dem Jesuitismus
häufig Rationalismus vorgeworfen: nicht mit Unrecht; aber es ist zu
beachten, daß dieser Rationalismus nur als Bediener der supranatu=
ralistischen Autorität zu wirken hat, was scholastisch dadurch zum
Ausdruck gebracht ward, daß die Philosophie die Magd der Theologie
sei. Philosophie also verwarf und verwirft man nicht geradezu, aber
sie soll nur Magd sein. Bei einer solchen Auffassung kann freilich
nicht von lebendiger, sondern nur von der todten Philosophie die Rede
sein, d. h. von der im Alterthum ausgebildeten, die nur als schätz=
bares Material oder um ihrer logischen Form willen in Gebrauch
gesetzt ward. Der supranaturalistische Charakter also wird auch bei
der katholischen Kirche dadurch nicht beeinträchtigt, sondern erhält nur
noch größere Stärke und Gefährlichkeit durch diesen Schein=Rationalismus
oder fingirter Vernunftgebrauch.

Es kann sich hier nicht darum handeln, das Sachliche, den Inhalt
des supranaturalistischen Systems, einer Prüfung zu unterziehen, und
als unhaltbar und illusorisch nachzuweisen. Die meisten Dogmen und
sonstigen Bestimmungen der Kirche sind der modernen Wissenschaft
und Bildung gegenüber unhaltbar geworden, nachdem sie allerdings
Jahrhunderte hindurch die Wissenschaft in fast allen Zweigen gehemmt
hatten, da nichts in Naturwissenschaft, Psychologie, Geschichte 2c. frei
und unbefangen geprüft werden durfte, was mit den Dogmen oder
biblischen Schriften irgendwie in Beziehung gebracht war. Nur das
Wichtigste, das supranaturalistische Princip selber, wollen wir hier
kurz betrachten, um dasselbe als unhaltbar, als illusorisch nachzuweisen.
Dies gilt allenthalben, nicht blos bei der katholischen Kirche, sondern
auch bei anderen Confessionen. Das supranaturalistische Princip dieser
ist z. B. die Bibel als göttlich geoffenbartes und außerdem noch in=

spirirtes Wort der Wahrheit. Aber dieses Wort der Wahrheit will richtig verstanden sein, und da es oft dunkel und vieldeutig ist, so entstehen verschiedene Deutungen, Auffassungen, die sich gegenseitig bestreiten, anfeinden, zu verdrängen suchen. Welche kommt zur Geltung? Die wirklich übernatürliche, göttliche, oder eine bloß menschliche, rationalistische Deutung? Die Parteien mögen sich auf göttliche Erleuchtung berufen, aber auch wieder bei entgegengesetzten Deutungen, und da hier die eine, dort die andere derselben zur Geltung kam und kommt, so zeigt sich, daß diese übernatürliche Erleuchtung auch nur eine Behauptung und Einbildung, nicht eine Thatsache sei. Als wahrhaft göttlich und rechtgläubig wird stets jene Deutung Geltung erlangen, der die meisten, klarsten Gründe zu Gebote stehen, die also der Rationalismus unterstützt; oder mehr noch jene, welcher die physische Gewalt zur Verfügung steht und zur Anerkennung verhilft. Von dieser haben die Theologen stets den reichlichsten Gebrauch zu machen gewußt, um ihre eigenen Ansichten als Orthodoxie und übernatürliche Offenbarung zur Geltung zu bringen. Der behauptete supranaturalistische Charakter ist daher illusorisch, er ist rationalistisch oder geradezu äußerlich, physisch geworden, wenn er auch noch so sehr als das allein geltende Princip behauptet ward und wird.

Die katholische oder nunmehr päpstliche Kirche scheint in besserer Lage zu sein. Aber es ist nur Schein. Auch bei ihr ist das supranaturalistische Princip nur illusorisch, ist in Wirklichkeit nicht da, oder jedenfalls nicht in Geltung, sondern dafür ein rationalistisches (näher pseudorationalistisches) oder geradezu ein physisches oder politisches. Wenn man die Geschichte der frühesten Zeit in's Auge faßt, so zeigt sich dies schon damals. Die Orthodoxie bestimmte sich nach der größeren natürlich-geistigen und mehr noch nach der politischen, im Grunde physischen Macht, die man dafür zu gewinnen wußte; die Deutungen der christlichen Lehre wechselten daher in ihrer Geltung als orthodoxe mit der größeren äußeren Macht der einen oder andern Partei. Wie man im Mittelalter den rechten Glauben machte oder aufrecht erhielt, ist bekannt genug. Es waren nicht einmal rationalistische, es waren rein physische Mittel der Gewalt, wodurch eine bestimmte Auffassung des Christenthums und der Kirche als Orthodoxie geltend gemacht und aufrecht erhalten wurde. Und selbst die sogenannte rationale, scholastische Begründung derselben konnte als solche nur so lange geltend gemacht werden, als die äußere Macht zu Gebote stand, um die Anerkennung der wissenschaftlichen Gültigkeit derselben zu erzwingen, und so nicht bloß den Glauben, sondern auch noch wissenschaftliche Scheinbeweise dafür als wirkliche aufzunöthigen. Und die Päpste selber, wenn sie, die jetzt als lebendige Dogmen gelten, zu zwei oder drei einander gegenüber standen und sich gegenseitig schmähten und verfluchten, griffen stets zu äußeren Mitteln, um sich ihren Gegnern gegenüber zu behaupten und die Herrschaft als „übernatürliches Princip" des Glaubens zu erringen. Die „Uebernatürlichkeit" gründete sich also stets auf die Natürlichkeit, physische, diplomatische, auf Waffen= gewalt, wohl auch Arglist, im besten Fall auf die gewöhnlichen natür= lichen Verhältnisse und Ordnungen des Lebens. Diese Uebernatür= lichkeit ist also ein Product des Natürlichen und nicht einmal des besten, edelsten Natürlichen, ist also eine Illusion.

Sehen wir aber von diesen Verhältnissen ab, und betrachten wir die Sache noch näher nach ihrem Grund und Wesen. Die Autorität der Kirche (jetzt des Papstes persönlich) soll „übernatürlich" sein (supranaturalistisch), also unmittelbar göttlich, und daher erhaben über alles blos Natürliche, insbesondere über die weltliche Regierung und Macht als eine blos natürliche, und ebenso über die Wissenschaft als Werk blos natürlicher Menschenkraft. Diesem Anspruch gegenüber entsteht aber sogleich die Frage: wodurch ist dies bezeugt und bewiesen, so daß man sicher gehen kann und nicht etwa einem blinden Wahn sich hingibt, wenn man dieser „Uebernatürlichkeit" die Anerkennung und Unterwerfung zollt, die verlangt wird? Man weist zur Begrün= dung auf göttliche, übernatürliche Offenbarung hin, auf Gründung durch Gott selber und auf die Zeugnisse der Tradition. Aber die Frage ist wieder: ob es mit dieser behaupteten, direct göttlichen Gründung der Kirche, resp. Papstgewalt, als übernatürlicher Macht seine Richtigkeit habe, und ob die Zeugnisse dafür genügen. Die Anhänger bejahen dies, die Gegner aber, die an Zahl, Geisteskraft, Kenntnissen, Wahr= heitsliebe jenen offenbar nicht nachstehen, in vieler Beziehung sie sogar weit übertreffen, verneinen es. So steht rein menschliches Urtheil gegen menschliches Urtheil, nicht mehr menschliche Natur gegen gött= liche Autorität oder das übernatürliche Glaubensprincip. Alle behauptete Uebernatürlichkeit oder Göttlichkeit der Kirche oder des Papstthums nützt nichts, denn um die Thatsächlichkeit dieser Göttlichkeit selbst handelt es sich, und die Erkenntniß derselben beruht auf dem mensch= lichen Urtheil, nicht auf göttlicher Autorität. Der behauptete Suprana= turalismus beruht also zuletzt doch auf natürlicher Grundlage, auf blos menschlichem Urtheil, größtentheils freilich sogar nur auf Ge= wohnheit, Erziehung. Unbildung des Geistes u. s. w.

Wenn also die Bischöfe und die Anhänger der päpstlichen Macht= vollkommenheit, die Mitglieder der Centrumspartei, der Regierung des Deutschen Reiches gegenüber darauf pochen, daß sie die Sache eines übernatürlichen Princips, einer direct Gott selbst repräsentirenden Macht vertreten, so sind dies leere Phrasen, im günstigsten Fall auf Illusion beruhend, auf einem Wahn, der aber eine große Anmaßung, eine empörende Selbsterhebung in sich schließt. Sie können nämlich insgesammt für ihre Behauptung zuletzt doch nichts anders einsetzen, als ihr eigenes Urtheil, daß es so sei, dem Urtheile, der Gegner gegen=

über, daß es nicht so sei — denn wenn sie sagen: sie hätten
göttliche Zeugnisse für ihre Behauptung, so kehrt ja immer dieselbe
Frage wieder: ob diese Zeugnisse göttlich seien oder nicht; sie
behaupten es; die Gegner, die mindestens ebenso viel Kenntnisse, Wahr=
heitsliebe, Urtheilskraft besitzen, verneinen es. Es steht wieder mensch=
liches Urtheil gegen menschliches Urtheil, und die Anhänger des Papstes
haben nicht mehr Grund, sich für die Vertreter der Sache Gottes aus=
zugeben, als ihre Gegner. Thun sie es doch, so ist dies eben eine horrende
Anmaßung ihren gleichberechtigten, gleichvernünftigen Gegnern gegen=
über — eine Anmaßung, welche die Annahme in sich schließt, daß
sie alle direct göttlich inspirirt und alle in ihrem Urtheil unfehlbar
seien, also mit ihren Gegnern gar nicht auf gleicher Stufe stehen,
sondern unendlich über sie erhaben seien. Diese Ueberzeugung mag
ihnen selbst sehr angenehm sein und große Befriedigung gewähren,
aber es ist doch den übrigen urtheilsfähigen Menschen nicht zuzu=
muthen, daß sie dasselbe von ihnen annehmen, und zwar ohne allen
Beweis und sogar so vielen Thatsachen gegenüber, die zeigen, daß
die Vertreter des Papstthums nicht einmal stets eine hervorragende
menschliche Urtheilskraft besitzen, geschweige denn sich als göttlich er=
leuchtete und unfehlbare Geister kund geben. Eine direct göttliche
Autorität in der Geschichte und eine päpstliche Unfehlbarkeit hätte
nur Sinn und Bedeutung für Menschen, die selbst unfehlbar wären
— eben darum aber jener Autorität nicht mehr bedürften. Jeder
Einzelne müßte unfehlbar oder göttlich inspirirt sein, um die historische,
äußerliche göttliche Autorität und die päpstliche Unfehlbarkeit unfehl=
bar als solche zu erkennen; denn auf andere Weise ist keine wirkliche,
göttliche Sicherheit darüber zu erlangen. Diese Anmaßung also ist
in der Behauptung der Vertreter des Papstthums enthalten, wenn sie
es auch selber nicht wissen aus Selbstverblendung oder Mangel an
Nachdenken. Statt zu sagen: „Man muß Gott mehr gehorchen als
den Menschen," sollten sie eigentlich geradezu sagen: „Man muß uns,
als die Vertreter Gottes auf Erden, als irdische Götter, anerkennen
und sich uns unterwerfen; unser Urtheil müßt ihr als ein göttliches
anerkennen, während das eurige nur ein menschliches ist." Damit ist
die Sache als eine Absurdität aufgezeigt, die sich selbst aufhebt. Die
Uebernatürlichkeit und Göttlichkeit dieser Männer beruht aber auf der
Blindgläubigkeit der Massen als ihrer Stütze, und hat so viel Be=
gründung, als die Stimmenzahl und schließlich etwa die Fäuste dieser
Masse gewähren können. Der Supranaturalismus auch der katho=
lischen Kirche, resp. ihres autoritativen Princips, des göttlichen, unfehl=
baren Papstthums, ist eine Illusion, die eigentlich zur Selbstvergöt=
terung und damit Widergöttlichkeit aller derer führt (dieselbe jeden=
falls in sich schließt), die sie behaupten. Damit ist das Göttliche in
das Natürliche herabgezogen, dieses an dessen Stelle gesetzt, damit

thatsächlich zerstört oder geläugnet und außerdem von der Masse Unter=
werfung unter dieses verlangt, als ob es wirklich die Gottheit selbst
wäre. — was vom Heidenthum der Sache nach trotz aller schönen Redens=
arten und Schmähungen gegen die Gegner kaum verschieden ist. Der
Supranaturalismus schließt Verendlichung und Aufhebung, Negation
des Göttlichen in sich, und zieht Gott in den Staub des Irdischen
herab durch vermeintliche Stellvertreter, denen gegenüber denkende
Menschen wohl geradezu zur vollen Läugnung Gottes sich getrieben
fühlen, da sie einen Gott, der sich durch solche Menschen vertreten
läßt, unmöglich anzunehmen vermögen. Einem Papste, der von sich
selbst sagt: „Ich bin der Statthalter Gottes auf Erden, der Gott
für die Menschen, bin das übernatürliche Princip und die Quelle aller
geoffenbarten Wahrheit, ich bin die Wahrheit selbst und der Inbegriff
aller Wahrheit für den Menschen" — werden Menschen, die ihre
Vernunft zu gebrauchen wagen, einfach den Rücken wenden, als einem
Wesen, dem der klare Gebrauch der Vernunft und damit alle mensch=
liche Schätzung der eigenen Natur, alle Demuth und Bescheidenheit
abhanden gekommen ist.

Betrachten wir nun den Naturalismus. Dieser (im strengsten Sinn
als Materialismus) besteht darin, daß Alles in Natur und Menschen=
geschichte aus blos materiellen und mechanischen Ursachen und Wir=
kungen erklärt werden will. Geistige Kraft und Wirksamkeit sowohl,
als auch göttliches Dasein und Walten werden dabei vollständig ge=
läugnet. Zur Begründung beruft sich diese naturalistische Weltauf=
fassung auf die (sicheren und unsicheren) Resultate der modernen
Naturwissenschaft. Da diese allenthalben strenge Gesetzmäßigkeit in
der Natur zeigt, welche jedes Ungefähr, jede Willkür rc. ausschließt,
so wird ohne weiteres geschlossen, daß also die Natur mit ihren
Stoffen und mechanischen Kräften sich vollständig selbst genüge und
die Annahme jeder weiteren Macht, also einer Gottheit, durchaus
ausschließe. Das Dasein Gottes könne nicht bewiesen werden aus
dieser sich selbst genügenden Natur. Außerordentliche Eingriffe aber,
Wunder, geschehen nicht und können nicht geschehen; demnach könne
sich eine Gottheit gar nicht offenbaren oder bezeugen, also sei die
Wissenschaft berechtigt, materialistisch und atheistisch zu sein. Man
sieht schon hier, daß dieser Naturalismus in principieller Beziehung
auf demselben Standpunkte sich befindet wie der Supranaturalismus.
Dieser in seiner strengsten Form behauptet: das Dasein Gottes könne
nicht bewiesen, sondern nur geglaubt werden, stimmt also in so fern
mit dem Naturalismus überein. Letzterer hinwiederum glaubt durch
Läugnung der Wunder auch ein Recht auf Läugnung des göttlichen
Daseins erlangt zu haben. Er verlangt also, wie der Supranatura=
lismus, Wunder für den Glauben an das Dasein Gottes. Die Ge=
setzmäßigkeit, die Vernunft in der Welt ist ihm wie dem Supranatura=

lismus keine Offenbarung und kein Beweis des Daseins Gottes, son=
dern es müßte wohl etwas Seltsames, Irrationales geschehen, um ihn
zum Glauben daran zu bringen. Dies alles zeigt, daß er, wie schon
bemerkt, wesentlich mit dem Supranaturalismus in Beziehung steht
und im Grunde genommen veraltet ist, wie dieser selbst. Er stimmt
mit diesem noch in anderer Beziehung überein. Wie der Supra=
naturalismus keine selbständige Anlage zur Religion im Menschen an=
nimmt und seiner Theorie nach anerkennen kann, sondern dieselbe von
außen dem Menschen eingepflanzt und überliefert sein läßt, so läugnet
auch der Naturalismus diese ursprüngliche Anlage, und hält also den
Menschen ebenfalls für ursprünglich und naturgemäß gottlos. Und
wie der Supranaturalismus für seinen Glauben in letzter Instanz
keine Gründe braucht und ihn unabhängig von solchen geltend macht,
so hat der Naturalismus für seinen Unglauben in letzter Instanz keine
entscheidenden Gründe; denn es läßt sich in keiner Weise behaupten,
daß die Herrschaft allgemeiner Gesetze in der Natur das Dasein Gottes
unmöglich mache und der Glaube daran irrational sei, etwa weil die
Natur ein Gebiet rationalen Geschehens sei — während dann um=
gekehrt der Glaube an Gott für rational zu halten wäre, wenn —
die Natur ein irrationales Geschehen zeigte. Solches anzunehmen ist
selbst irrational, während es vielmehr durchaus der Vernunft ent=
spricht, gerade aus der wahrgenommenen Vernunft= und Gesetzmäßig=
keit im erfahrbaren Dasein auf das Dasein einer Gottheit zu schließen,
oder den Glauben daran wenigstens für vernunftgemäß zu halten.
Ebensowenig weiß der Naturalismus es irgendwie zu erklären, wie
das menschliche Gemüth ein Gefühl des Göttlichen und ein Verlangen
darnach und überhaupt ideale Bedürfnisse haben könne, wenn einzig
und allein mechanische Gesetze herrschen und mechanische Wirkungen
stattfinden. So hat der naturalistische Unglaube also auch in dem
Mangel an Begründung große Aehnlichkeit mit dem Supranaturalismus.

Dies gilt in principieller Beziehung; in sachlicher freilich ist der
Naturalismus der vollständige Gegensatz zum Supranaturalismus, die
volle Verneinung desselben. Und nicht blos dies, sondern zugleich
eine vollständige Verneinung der Vernünftigkeit des bisherigen geistigen
Lebens der Menschheit; denn nicht blos der supranaturale Charakter
der Religion wird verneint und als Illusion angesehen, sondern die
Religion, der religiöse Glaube selbst wird als solche betrachtet, nur
als Wahn und Trug erklärt. Es hat einen Sinn, und entspricht der
Wahrheit, zu behaupten, daß die verschiedenen Religionen insgesammt
in ihren theoretischen Lehren und praktischen Gestaltungen auf Illusio=
nen beruhen und Irrthümer enthalten; die Religion selbst als solche
braucht darum noch nicht wesentlich nur Wahn und Täuschung zu
sein, und ebensowenig ist dabei die Wahrhaftigkeit der menschlichen
Natur selbst in Frage gestellt. Es wird daraus nur klar, daß die

Religion selbst, wie alle andern Güter des menschlichen Geschlechts, erst durch menschliche Thätigkeit in langem, mühevollen Proceß gewonnen und zu höherer Vollkommenheit gebracht werden muß, und daß die verschiedenen Religionen verschiedene Stadien und Modificationen in diesem großen geschichtlichen Proceß darstellen. Das Ringen nach höherer Vollkommenheit ist trotz aller Irrthümer ebenso gut ein Zeugniß für die Vernünftigkeit und Wahrhaftigkeit der menschlichen Natur, wie der Besitz selber. Wird dagegen die Religion an sich dem Wesen nach als Lug und Täuschung aufgefaßt, so kann dies nicht geschehen, ohne die menschliche Natur selbst als wesentliches Wahn= und Truggebilde aufzufassen und damit alle Wahrhaftigkeit und Zuverlässigkeit ihrer Bethätigung in allen Beziehungen in Frage zu stellen oder geradezu aufzuheben. Seit Menschengedenken und bei allen wirklichen Völkern und Horden (wohl selbst bei den verkommenen, obwohl auf diese nichts ankommt) ist der religiöse Glaube und Cultus eine Grundbethätigung der menschlichen Natur, erweist sich als Bedürfniß und Drang derselben, sowie als geistige Ergänzung und als Bedingung der Erhebung über die Natur und des Beginnes, sowie der Fortbildung des geistigen Lebens in allen Beziehungen der Theorie und Praxis. Wenn nun gerade dies, wie der Naturalismus will, eine vollständige Täuschung, nichts als thörichter Wahn und unberechtigte Bethätigung der menschlichen Natur ist, die nun vollständig aufgegeben werden müsse — wer bürgt denn dafür, daß die naturalistische oder mechanistische Auffassung des Daseins und der Menschennatur selbst nicht auch eine Täuschung sei, trotz aller vermeintlichen Klarheit und Gewißheit, die man ihr nachrühmt? Klar und gewiß erschien der Menschheit auch die religiöse Auffassung des Daseins seit allen Jahrtausenden der Weltgeschichte; erweist sich dieselbe nun doch als vollkommen falsch und verkehrt, als bloßes Wahngebilde, ist es dann als so unmöglich zu bezeichnen, daß nach bestimmter Zeit die scheinbar so klare mechanistische Weltauffassung sich ebenso irrig und verkehrt erweisen werde? Dies um so mehr, da schon die Religion, wenn sie wirklich nur ein phantastisches Wahngebilde dem Wesen nach sein soll, am allerwenigsten aus den Principien der Mechanik völlig erklärt werden könnte. Wie sollten denn die Stoffe und mechanischen Kräfte dazu kommen, solch eine Täuschungsmaschine, wie die menschliche Natur wäre, hervorzubringen wie die nothwendigen Gesetze des Daseins eine solche Närrin der Natur schaffen mit phantastischen Vermögen und Neigungen, aus denen die Religion nicht blos ihren zufälligen Gestaltungen, sondern ihrem Wesen nach hervorgehen konnte! Der Naturalismus also, der so sehr wissenschaftlich sein will, zerstört sein eigenes Fundament, die Gesetzmäßigkeit, Zuverlässigkeit, der Rationalität des menschlichen Geistes selber, und hebt sich damit in seiner Sicherheit und unbedingten Gültigkeit auf.

Man könnte gegen diese Bemerkungen etwa einwenden, daß in ihnen zu weit gegangen sei, oder zu viel bewiesen werden wolle, da man doch dasselbe auch bezüglich der Läugnung der supranaturalistischen Offenbarung behaupten könnte, wenn es von der Religion gelte. Religion und solche göttliche Offenbarung finden sich ja fast allenthalben, wie oben bemerkt, durchaus mit einander verbunden, decken sich gleichsam beide. Supranaturalistische Offenbarung anzunehmen, scheint also eine so instinctive und fundamentale Bethätigung der Menschennatur zu sein, wie die — Religion, Gottesbewußtsein zu haben. Wenn es also die Vernünftigkeit und Vertrauenswürdigkeit der menschlichen Natur und Geistesthätigkeit aufheben heißt, die Religion in ihrem Wesen für Trug und Täuschung zu erklären, so dürfe man auch den supranaturalistischen Charakter oder den Ursprung der Religion durch directe göttliche Offenbarung nicht läugnen, wenn man nicht alle Wahrhaftigkeit des menschlichen Geistes und seiner Thätigkeit zerstören wolle. Dagegen ist zu sagen, daß es sich bei der Offenbarungsfrage nicht um Inhalt und wesentliche Wahrheit der Religion, insbesondere des Gottesbewußtseins handle, sondern um die Art und Weise, wie dieselbe in der Menschheit entstanden sei, wie sie ihren Ursprung genommen habe. Hierüber kann ein allgemeiner Irrthum stattfinden, ohne daß die Religion dem Wesen nach aufgehoben wird, oder die menschliche Geistesnatur als bloße Täuschungsmaschine erscheinen muß. Durch eine Art Offenbarung ist die Religion immerhin entstanden, nur aber durch eine solche, die von innen her, aus der Tiefe der Menschennatur in ihrer Selbstbethätigung kam, durch allmälige Entwicklung in Folge ursprünglicher Anlage dazu, nicht durch eine äußerlich kommende Offenbarung, die wunderbar in die Geschichte ex abrupto eingetreten sei. Die Täuschung besteht nur darin, daß diese von innen her, aus der Gemüths- und Geistestiefe einzelner religiösen Genien kommende neue Belebung und Potenzirung des religiösen Bewußtseins alsbald für eine von außen gekommene angesehen ward, sobald sie einmal in die Geschichte eingetreten war und sich eine Tradition gebildet hatte, welche zugleich veräußerlichte und idealisirte. Solche Täuschung ist erklärlich, weil sie leicht möglich war. Selbst wenn wilde Völker auffallende Naturgegenstände für Offenbarungen der Gottheit halten, nehmen sie eine innere Offenbarung, nämlich ihr religiös angeregtes Gemüth und Urtheil, für eine äußerliche. Der Gegenstand könnte nimmermehr für göttlich gehalten werden, wenn dieses Gefühl und Bewußtsein nicht im Innern entstünde, denn in Wirklichkeit ist der Gegenstand sicherlich nicht göttlich, und offenbart sich auch nicht als solcher. Sein göttlicher Charakter kommt also aus dem religiösen Gemüthe der Menschen, und wir haben es nur mit einem Versuch zu thun, die religiöse Anlage zu realisiren, der, wenn auch mißlingend, nicht diese Anlage selbst als Lüge und

Täuschung erweisen kann. Es ist ein Irrthum im Streben nach
Realisirung der Wahrheit, die grundgelegt ist im Menschen als Anlage.
So zeigt es keine wesentliche Verkehrtheit der menschlichen Natur da=
durch, daß so viele Jahrtausende hindurch die Menschen insgesammt
annahmen, die Sonne gehe in Wirklichkeit auf und unter. Der
Irrthum, die Täuschung konnte leicht entstehen in Bezug auf die Art
und Weise, wie die Sonne zu uns kommt und von uns geht. Da=
gegen, wenn nachgewiesen werden könnte, daß es eine Sonne gar nicht
gibt, trotzdem daß alle Menschen sie wahrzunehmen glauben, die nicht
blind sind, dann wäre die Natur des Menschen als Täuschungs=
maschine erwiesen und verdiente auch in anderer Beziehung keinen
Glauben mehr. So auch in Bezug auf das Göttliche, das ohnehin
nicht mit Unrecht als Geistessonne für die Menschheit bezeichnet werden
kann. Indem man die supranaturalistische Entstehungsweise der Religion
durch äußerliche Offenbarung zurückweist als einen Irrthum, eine
Täuschung, ist damit nur zurückgewiesen, daß die Gottheit äußerlich
zu uns komme, während in der That die Menschheit durch Selbst=
thätigkeit zur Gottheit kommt, d. h. das Gottesbewußtsein aus sich,
aus ursprünglicher Anlage oder Triebkraft bildet und vervollkommnet,
wie die Erde durch ihre Bewegung zur Sonne kommt, d. h. sich ihrem
Licht aussetzt und hingibt (und mit ihr das menschliche Auge), nicht
die Sonne die Erde aufsucht.

So bergen beide Extreme, der Supranaturalismus wie der
Naturalismus, das Gegentheil von dem in sich, was sie eigentlich
wollen, und heben sich selbst auf, sich als Illusionen erweisend. Der
Supranaturalismus will der Religion eine möglichst hohe Quelle und
Würde sichern, um dadurch den Glauben an die Gottheit und die
Verehrung derselben auf's Höchste zu fördern, und führt in der That
zur Vergötterung menschlichen Urtheils wie menschlicher Autorität, und
insofern zum religiösen Naturalismus (aus dem die Religionen sich
ursprünglich erhoben), zur Menschenvergötterung und dadurch zu einer
höchst verderblichen, der Religion und Menschheit schädlichen Aus=
artung. Denn nicht etwa um eine unschuldige Illusion handelt es
sich dabei, sondern vor allem um eine Entwürdigung der Gottheit,
die durch angemaßte menschliche Statthalterei compromittirt erscheint
und der Lästerung, der Bezweiflung und Läugnung ausgesetzt wird;
dann aber auch um eine Schädigung der Menschheit in ihren höchsten
Interessen. Wenn Menschen sich anmaßen, die Rolle der Gottheit
spielen zu wollen, ist sogleich mit Gewißheit anzunehmen, daß sie als
beschränkte Menschen, mit einer Vernunft begabt, die sie selbst unab=
lässig als schwach und unvermögend lästern, nur Unheil stiften, wenn
sie trotz dieser schwachen Vernunft nicht als Menschen wirken, sondern
als Gott herrschen wollen. Wir wissen daher, wie solche geistliche
Despotien lähmend und verderblich gerade in intellectueller und ethischer

Beziehung wirken. Denn das natürliche Urtheil und die wissenschaft=
liche Forschung werden gehemmt und corrumpirt zu Gunsten dieser
Herrschaft, und müssen es werden, da sie ohne dies sich nicht zu halten
vermöchte; und selbst das Gewissen wird gefälscht und vernichtet im
Dienste derselben, da es nur so weit und in der Richtung zur Gel=
tung gebracht werden darf, als es das Interesse dieser Herrschaft zu
gestatten scheint. Daß Unwissenheit und Aberglaube aller Art reich=
lich gefördert werden, wo solche Hierarchie sich ausgebildet, ist ohnehin
bekannt genug, und ebenso ist in unserer Zeit durch die geschichtliche
Forschung zu allgemeiner Kenntniß gebracht, wie zu Gunsten der
kirchlichen Hierarchie jedes Menschengefühl, jede Gerechtigkeit, alle
Grundsätze der Humanität mit Füßen getreten wurden, so lange es
möglich war, und die Päpste als angebliche Stellvertreter Gottes auf
Erden wilder mit Kerker und Morden gegen die Menschen gewüthet
haben, als die wildesten Despoten orientalischer Monarchien, oder die
wüsten Tyrannen unter den römischen Kaisern. Der Supranatura=
lismus ist also, wie er eine Illusion ist, so auch sogar verderblich
für das, was er fördern will, für die Religion selbst. — Nicht minder
aber verkehrt sich der Naturalismus in das Gegentheil von dem, was
er sein, zerstört gerade das, was er geltend machen und gewähren
will. Er will einzig und allein die Wissenschaft und ihre Resultate geltend
machen, und will die ganze Weltauffassung einzig nach den Ergebnissen
der Naturforschung bestimmen, ohne Rücksicht auf den Inhalt des
psychischen Lebens und historischen Bewußtseins der Menschheit. Mit
diesem will er vielmehr in vollen Gegensatz treten, und will vollständigen
Bruch mit demselben, als einem unbedingt wahnbethörten und absurden
Geistesproduct. Dadurch aber wird der menschliche Geist selbst als
eine bloße Täuschungsmaschine (denn nur Maschine soll alles sein) gebrand=
markt, wenigstens in seinen bisherigen höchsten und wichtigsten
Bethätigungen, und in Folge davon wird die Sicherheit seiner
Bethätigung in der Gegenwart und Zukunft und in der Naturwissen=
schaft selbst erschüttert, und die Möglichkeit nahe gelegt, daß er sich
mit seinen jetzigen Erkenntnissen und Behauptungen ebenso fundamental
täuschen könne, wie mit seinen bisherigen. Die Wissenschaft selbst verliert
alle sichere Grundlage, und deren Resultate können auf unbedingtes
Vertrauen keinen Anspruch mehr machen. Wie also der Supranatura=
lismus, während er nur göttliche Autorität geltend machen will, die
menschliche, natürliche an deren Stelle setzt und Gott durch menschliche
Anmaßung verdrängt aus dem menschlichen Bewußtsein und Willen,
und das Ungöttliche, Natürliche an die Stelle setzt, damit also sich
selbst aufhebt, so vernichtet der Naturalismus wiederum sich selbst, hebt sich
selber in seiner Zuverlässigkeit auf durch sein Uebermaß von Opposi=
tion gegen das bisherige menschliche Bewußtsein. Wie der Supra=
naturalismus die menschliche Natur und Vernunft auf das tiefste herab-

setzt, und doch seine vermeintliche göttliche Autorität auf ihr Urtheil gründet, so setzt der Naturalismus die menschliche Geistesbethätigung der vergangenen Zeit auf das tiefste herab, während er doch auf diese so als nichtig erklärte Geistesthätigkeit fortan eine vollkommen sichere Erkenntniß gründen will.

Diese beiden Standpunkte und Richtungen können wir demnach nicht gelten lassen. Es handelt sich vielmehr darum, dem Rechte der Wissenschaft Geltung zu verschaffen, ohne den religiösen Glauben als vollständige Wahnverirrung der Menschennatur zu betrachten und damit diese selbst zum Wahngebilde zu machen, andrerseits das Göttliche zur Anerkennung zu bringen und im Bewußtsein der Menschheit zu erhalten, ohne es als äußerlich aufzufassen, zu vermenschlichen, und damit factisch aufzuheben — und also supranaturalistisch dem Wesen nach zu demselben Atheismus zu gelangen, den der Naturalismus behauptet. Wir können die Alternative nicht zulassen: entweder Wunder und Willkür im Dasein und in Folge davon Gottesglaube, oder Herrschaft von Gesetzmäßigkeit und Vernunft in demselben, dafür aber Preisgeben des Glaubens an das Dasein Gottes und des ganzen religiösen Cultus. Wir werden von vornherein einer Weltauffassung kein Vertrauen schenken können, die entweder der Erkenntnißkraft Fesseln anlegt und sie zu Diensten zwingt, oder die andererseits das Gemüth wie eine unberechtigte Thorheit brandmarkt und unbefriedigt läßt. Eben so wenig aber ist es statthaft, einen unheilbaren, klaffenden Riß zwischen beiden anzunehmen und dennoch beides gelten zu lassen. Es gilt den Versuch, eine Auffassung der Religion zur Geltung zu bringen, die beide zu befriedigen, beiden in ihrem Recht Anerkennung zu gewähren, ja beide unmittelbar zu verbinden vermag.

Dies kann und muß, wie uns scheint, dadurch geschehen, daß man nicht Wunder und Seltsamkeiten, Irrationales und Supranaturales, sondern die Gesetzmäßigkeit und Vernunft in der Natur und Geschichte selbst zur Grundlage und zum Motiv des religiösen Glaubens zu erheben, in dieser Eigenschaft dem Gemüthe des Volkes und der Jugend einzupflanzen bestrebt sei. Es ist gar nicht abzusehen, warum die durch die Wissenschaft mehr und mehr erkannte Gesetzmäßigkeit und Vernunft des Daseins in Natur und Geschichte nicht als Motiv des Glaubens — der allerdings aus der Tiefe des Gemüthes stammt und aus dem unabweisbaren idealen Sinn und Drang des Menschengeistes Leben und Kraft schöpft — geltend gemacht werden könnte und sollte, anstatt als vermeintlicher Erweis des Gegentheils, nämlich gegen den Glauben an eine Gottheit verwendet zu werden. Weit mehr ist dies möglich und vernünftig, als sogenannte Wunder, Legenden und Fabeln als Stütze desselben immer und immer wieder trotz aller Wissenschaft und Erkenntniß geltend zu machen, und so die höchsten Güter der Menschheit auf die unsichersten, unhaltbarsten Grundlagen zu stellen.

Bedarf es für die religiösen und ethischen Wahrheiten, und insbesondere für den Gottesglauben, einer Bezeugung und Offenbarung, so müssen doch vor allem die dazu bestimmten Thatsachen selbst jedenfalls ganz sicher sein bezüglich ihrer Wirklichkeit, es muß ihre Thatsächlichkeit über allen Zweifel erhaben sein, so daß sie sichere feste Stützen und vernünftige Motive des Glaubens sein können. Dies ist bei den Wundern 2c. nicht im entferntesten der Fall. Sie sind, abgesehen von allen andern Bedenken, selbst unsicher, zweifelhaft, müssen selbst erst geglaubt werden, während sie doch den Glauben begründen sollen. Wer sie nicht glaubt, wird unvernünftigerweise als ein Ungläubiger bezeichnet, auch wenn er sachlich alle religiösen Wahrheiten annimmt, um die es sich handelt, und deren Glauben die Wunder bewirken sollen. Wer dagegen die Wunder und das ganze übrige unbewiesene, unbeweisbare und unbegründete, aber dreist behauptete Zauberwesen glaubt, der gilt als Gläubiger, auch wenn er gerade alle jene religiössittlichen Wahrheiten mißachtet, deren Annahme die Wunder begründen sollen. Bis zu solchem Grade von Unvernunft sind in diesem Gebiete die Dinge gediehen! Zur Charakteristik und zum Zeugniß, wie viel man vom Papstthum dem katholischen Volk und den katholischen Theologen bieten dürfe, sei der Sinnlosigkeit und schnöden Willkür erwähnt, die darin liegt, daß nur dasjenige als Wunder betrachtet werden darf, was als solches vom Papst anerkannt, approbirt ist, d. h. zu seinen Gunsten gereicht. Er, der Papst, hat also auch die Herrschaft über die himmlischen Mächte, und Gott selbst darf ohne seine hohe obrigkeitliche Erlaubniß nichts wirken in Natur oder Geschichte! Bei solchem Grundsatz durfte das jüdische Volk die von Christus erzählten Wunder nicht glauben, nicht für wahr halten, da sie ohne Erlaubniß, ja gegen den Willen des legitimen jüdischen Hohenpriesterthums geschahen, das ja mindestens sich ebenso sehr göttlicher Institution rühmen konnte wie das Papstthum.

Dagegen die Gesetzmäßigkeit und Vernünftigkeit der Weltordnung, welche die moderne Wissenschaft erkannt hat, eingepflanzt als religiöses Moment in das Gemüth der Jugend, ist fest und unzerstörbar, und setzt den Glauben nicht jener Gefährdung aus, welcher denselben die Wunder und Fabeln beständig preisgeben, um so mehr, je mehr die Wissenschaft und Erkenntniß von Natur und Geschichte fortschreiten. Und sie werden sicherlich für die Jugend und das Volk ebenso einleuchtend in Bezug auf das, wofür sie Zeugniß geben sollen, wie die sogenannten Wunder. Denn jene Richtung der Naturforschung, welche sie zum Zeugniß gegen das Dasein der Gottheit ausbeuten will, vermag keinerlei Beweis für ihre Behauptung beizubringen, sondern dem blinden, unbegründeten Glauben nur blinden unbegründeten Unglauben entgegen zu stellen. Die Naturwissenschaft kann wohl beweisen, daß Alles in der Natur nach festen Gesetzen in bestimmter

aber sie kann, wie schon bemerkt, nicht beweisen,
as Dasein einer höheren, göttlichen Macht aus-
in, das erst im Gemüthe des Menschen zum
gewissem Sinne zum Genusse kommt, wie erst im
jen durch das Ohr die Töne ihr Dasein, ihr Wesen
z offenbaren, während dem Verstand und seinem
be verborgen bleibt, da er nur Bewegungen und
vahrzunehmen und zu bestimmen vermag. So
ein Recht hat, vom Standpunkt seiner Wissenschaft
ing und Wahrheit der Tonwelt zu läugnen, weil
itteln nicht wahrnimmt, sondern nur physikalische,
iltnisse, so wenig können die Naturwissenschaft und
upt dem menschlichen Gemüth gegenüber das Dasein
ers läugnen, das sich zunächst im Gemüth offen-
ng bringt. Der Physiker versteht die Töne doch
ihren Werth im Gemüthe wahrnimmt, und der
upt wird die Natur erst vollkommen verstehen und
sie im Lichte der göttlichen Wahrheit, die er im
ffaßt und damit ideal deutet, was er rational und
stgestellt hat. Und insofern wird dann die Wissen-
eren Verständniß der religiösen Gemüthsbewegung
bestimmteren Gestaltung derselben beitragen. Je
der die Wissenschaft sich ausgestaltet, um so klarer
adurch die Motive dieses religiösen Glaubens und
erden; und es ist demnach zu sagen: Je größer
lenschen wird, um so größer wird auch ihr Herz,
r jene Erregung ihres Gemüthes werden, die sich
afein bezieht.
ine bleibt auch so ein Supranaturalismus bestehen;
den Naturalismus, der die ganze wissenschaftliche
nschheit in sich schließt — mag diese entdecken,
ur, was immer an Gesetzen und Wirkungen in ihr
e Offenbarung ist dabei anerkannt, aber nicht
bestimmter Zeit, an bestimmter Raumstelle gesche-
beliebigen Verwaltung einzelner Menschen über-
zur Grundlage despotischer Regierung und zur
er, wüthender Streitigkeiten gemacht werden könnte,
die im idealen Wesen des Geistes selbst gegeben
irkung mit der Betrachtung des Daseins entwickelt
ist dann, wenn man es so nennen will, ein Supra-
ich nicht blindlings dem Naturalismus und aller
eenntniß entgegen stellt, und das Unliebsame davon
nd Gewaltthätigkeit vernichten will, wie es in ohn-
supranaturalistischen Autoritäten erstreben, sondern

ein solcher, der den Naturalismus, soweit nur immer seine thatsächlichen Ergebnisse reichen können, in sich aufnimmt, ihn religiös durchdringt und dadurch überwindet. Manche anthropomorphische Bestimmungen der sogenannten positiven Religionen werden freilich als unhaltbar, ja als sehr gefährlich für die Religion selbst aufgegeben werden müssen. Man wird nicht mehr glauben, daß Gott sei, denke und handle wie ein Mensch, der erst gebeten werden muß, das Vernünftige und Gute zu vollbringen, und der wie ein Diener allezeit bereit ist, oder sein soll, um alle äußerlichen Lebensbedürfnisse der Menschen zu gewähren, Hülfe zu schaffen und die Wünsche von Jedermann zu erfüllen — zu diesem Behuf jeden Augenblick Wunder wirkend und den natürlichen Gang der Dinge hemmend oder ändernd. Man wird anerkennen müssen, daß die Gesetzmäßigkeit und Ordnung der Natur in ihrem festen, unveränderlichen, mechanischen Geschehen im Ganzen und Einzelnen der Ausdruck göttlichen Willens und also auch göttlicher Vernunft sei, und demnach so sei und wirke, wie es den ewigen Gesetzen gemäß ist, und nicht anders sein kann; und daß es auch so sei, wie es für den Weltzweck entsprechend und nothwendig ist, wenn derselbe erreicht werden soll. Man wird also anerkennen müssen, daß hier nicht ein äußerliches Eingreifen Gottes durch Wunderwirken stattfinden könne, und auch nicht stattfinde, wie die Erfahrung tagtäglich zeigt; nicht stattfinde trotz aller Bitten und Cultusacte, wenn auch einzelne Menschen sich fortwährend einbilden, sie seien so vorzüglich, daß Gott um ihretwillen Wunder wirke, während er alle andern Menschen herzlos ihrem Schicksal überlasse. Man wird also endlich einsehen müssen, daß die Religion und der Cultus sich auf das innerliche, geistige Leben des Menschen beziehen müssen, und daß sie nur hier Wirkungen in Bezug auf Gesinnung und Willensthätigkeit hervorzubringen haben. Bei solcher Auffassung wird dann auch die den Menschen gegenüber so oft in grausamer Wirksamkeit ihren unerbittlichen Verlauf nehmende Naturordnung ihre Bedeutung, ihre Erklärung finden. Diese feste, unveränderliche Ordnung bietet nicht blos der menschlichen Willensthätigkeit die feste Handhabe zur Benutzung und Beherrschung der Natur in der praktischen Thätigkeit, sondern auch gleichsam die feste, harte Schale, in welcher die edle, gottergebene Gesinnung sich bildet und klärt, in welcher der edelste Keim, der im Menschengeiste vorhanden ist, sich entwickelt. Man nehme diese feste Ordnung und Gesetzmäßigkeit hinweg, lasse dieselbe in jedem Augenblick nach den millionenfach sich kreuzenden Wünschen der Menschen beständig durch Wunder geändert, nach den augenblicklichen Wünschen derselben geleitet werden, so wird nicht blos die ganze Weltordnung aus den Fugen gehen müssen, sondern es wird auch das innerliche Leben der Menschheit, die Bildung und Veredelung der Gesinnung der Einzelnen unterbleiben und alles Thun und Lassen äußerlich werden. Eine vollständige Erfüllung dessen, was der religiöse Cultus der positiven Religionen beständig von der Gottheit verlangt, würde mit Nothwendigkeit zu einer Barbarei in intellectueller und ethischer Beziehung führen.

Die Religion, den Glauben und Cultus nach diesen Gesichtspunkten zu gestalten, scheint uns eines der größten Probleme der Gegenwart zu sein, gleich wichtig für Religion wie für Wissenschaft, Staat und sociales Leben. Indeß die bestellten und verpflichteten Vertreter der Religion und des kirchlichen Christenthums haben keine Zeit, in dieser Beziehung zu denken und zu streben. Sie müssen einen wüsten Kampf führen gegen den modernen Staat und gegen die Wissenschaft und Civilisation. Daß sie die Wissenschaft durch geistige Mittel nicht mehr zu besiegen vermögen, um ihr gegenüber den blinden Glauben und jeglichen Wahn aufrecht zu erhalten, sehen sie wohl bereits ein. Da möchten sie nun den Staat wieder zu ihrer Verfügung, d. h. unter ihrer Obergewalt haben, um dann, wie früher, durch äußerliche Gewaltmaßregeln mit dieser gefährlichen Wissenschaft, welche den blinden Glauben und die abergläubische Hingebung der Menschen stört, fertig zu werden. Es würde dann wohl die erkannte allgemeine Gesetzmäßigkeit und Nothwendigkeit in der Natur von der kirchlichen Autorität wieder abdecretirt, und dem Volke, dem unterworfenen und blind glaubenden, kund und zu wissen gethan werden: daß die Naturereignisse nicht nach bestimmten, festen Gesetzen, sondern beliebig, bald so, bald anders stattfinden, und daß es in der Zaubermacht der kirchlichen Gewalthaber und ihrer Cultusformeln liege, Regen und Sonnenschein, Krankheit und Gesundheit ebenso zu bestimmen, wie von deren Macht und Willkür das ewige Heil der Menschen insgesammt abhängig sei. Wer anders lehrte, würde — statt aller Widerlegung — verflucht, grimmig verfolgt und, soweit es möglich ist, der Vernichtung durch alle verfügbaren Mittel überantwortet werden. Das ist der kirchliche Supranaturalismus, der wieder unbedingt zur Geltung gebracht werden soll im Kampfe der Gegenwart. Die wissenschaftlichen Gegner werden im mildesten Falle als „Rationalisten" bezeichnet und durch diese zum Schimpfwort gestempelte Bezeichnung verdächtigt. Vernunftgemäß zu denken, und danach zu leben, ist trotz dem Verlaufe so vieler Jahrhunderte noch immer kirchlich ein Verbrechen, und es wird noch immer als ein Zeichen christlichen resp. kirchlichen Geistes gepriesen, auf die Vernunft zu verzichten, dadurch nicht etwa den Engeln, sondern den unvernünftigen Thieren sich ähnlich zu machen, und sich gleich diesen in den Schafstall einsperren oder führen und einjochen zu lassen. So mag es noch eine Weile fortgehen, denn leider sind selbst in Deutschland die Dinge solchergestalt angethan, daß der Kampf noch länger fortdauern wird und dabei auch der Rest wirklicher, innerlicher Religiosität dem Volke noch verloren gehen muß. Denn die ganze Religion wird zu einem wüsten kirchenpolitischen Bearbeiten desselben verkehrt und schmählich mißbraucht. Sie mag zu Grunde gehen, wenn nur der Zweck, die kirchliche Oberherrschaft für das Papstthum gesichert oder erhöht wird. In Deutschland ist der Conflict zwischen Staat und Hierarchie zum vollen Ausbruch gekommen, und die Bischöfe mit dem Clerus vergessen unbedingt, was sie der wirklichen Religion, was sie ihrem Volk und Vaterland, gar nicht davon zu reden, was sie der Vernunft und Wissenschaft schuldig sind. Der Papst, in voller Sicherheit weit vom Schuß, flucht und hetzt natürlich und spendet sein gnädiges Lob. Die römische Curie mag nicht wenig vergnügt sein darüber, daß die deutschen Bischöfe noch so tief im gut- oder schwachmüthigen deutschen Michelthum stecken, daß sie wie Bettler das Almosen solchen Lobes hinnehmen, anstatt der wälschen Arglist und Arroganz diese Bettelbrocken als deutsche Männer und wirkliche Stellvertreter Christi vor die Füße zu werfen und ihr zuzurufen, wie einst Jesus dem Petrus: „Weiche von mir, Satan, du bist mir (mit deinen Rathschlägen) ein Aergerniß!" Indeß, die deutschen Bischöfe selbst vertrauen darauf, daß ihr sogenanntes Martyrthum nicht zu hart sich gestalten werde, denn sie wissen, daß der moderne Staat der Träger der Humanität sei — was zu sein das Papstthum allerdings weit entfernt ist. Dafür ist um so ärger das Geschrei über Neronische oder Diocletianische Christenverfolgung, was sicherlich die Betroffenen selbst unter sich nicht ohne Gelächter vernehmen. Die Klopffechter des Papstthums und des Jesuitismus nehmen dabei wohl den Maßstab von dem, was geschehen würde, wenn der Papst mit seiner Hierarchie seinen Gegnern gegenüber die physische Macht besäße, wie sie die Regierung des Deutschen Reiches gegenüber den Vertretern der widerspänstigen Hierarchie besitzt. Wie würden sich alsbald alle Kerker füllen, würden die Vermögen confiscirt, die Leiber zu Tode gemartert, lebendig verbrannt, die Seelen moralisch gefoltert und dem Teufel übergeben werden! Die „Kirche" hat ja dies Alles in furchtbarer Weise geübt, alle ihre Gegner um geringer Dinge willen weit wütheuder und raffinirter verfolgt, als die Kaiser Decius, Diocletian u. a. die Christen verfolgt haben. Und der Syllabus nimmt für die „Kirche" ausdrücklich das Recht der Bestrafung, auch der körperlichen Bestrafung, noch jetzt in Anspruch. Daß man von Seiten des römischen Papstthums alle Herrschaft in Anspruch nimmt und alle Mittel, dieselbe aufrecht zu erhalten, in Anwendung bringt, ist nicht weiter zu erörtern. Daß aber der deutsche Klerus, voran die deutschen Bischöfe, an dem inneren Frieden des deutschen Volkes, an der Kraft und Größe des Deutschen Reiches zu Verräthern werden, ist eine Schmach und ein Unglück für Deutschland. Die curiale päpstliche Arroganz findet dies freilich ganz natürlich, und der Papst und seine Diener glauben ihre deutschen Sklaven noch überreichlich zu ehren, wenn sie ein gnädiges Wort des Lobes für ihr gehorsames Wohlverhalten spenden. Kam doch einst solch ein Werkzeug römischer Geisteskmechtung aus der Nunciatur in München zu dem Verfasser dieses Buches, und wollte ihn haupt= sächlich dadurch zur Unterwerfung unter die römische Verurtheilung seiner Schriften bewegen, daß er ihm mit allem Pathos und vieler Gesticulation vordeclamirte, welch' eine große Ehre es sei, öffentlich vor aller Welt vom Papste belobt zu werden durch den Satz bei der Publication des Index=Decrets: Auctor laudabiliter se subjecit. Für einen deutschen Professor schien ihm das wohl eine überschwängliche Ehre zu sein; aber es gehört ein römisch=hierarchischer Begriff von Ehre dazu! Da war die Auffassung eines deutschen „Kirchenfürsten" von der Sache, wenn auch allerdings naiv, michelhaft, oder eigentlich zu sagen, bornirt genug, doch wenigstens gemüthlicher. Er wollte mich zu der fraglichen Unterwerfung dadurch bewegen, daß er mir in aller Weise versicherte, daß dem heiligen Vater damit eine große Freude bereitet würde! Die auf dem Altar des kirchlichen Gehorsams geschlachtete und als Opfer verbrannte Freiheit der Wissenschaft hätte also dem heiligen Vater einen besonders angenehmen Wohlgeruch bereitet und sein Herz erfreut. Kirchenfürsten, die es ganz in der Ordnung finden, daß das höchste Recht der Wissenschaft geopfert und preisgegeben werde, blos um bei dem Papste den wohlthuenden Affect der Freude hervorzurufen, zeigen schon dadurch die rechte Disposition, dem Moloch der hierarchischen Herrschsucht auch das deutsche Volk und Reich zum Opfer zu bringen; jenem Moloch, für den durch die Inquisition weit mehr Menschen verbrannt wurden, als für den Moloch der alten Phönicier. Es wird hoffentlich doch noch Mittel geben, solch' geistiger und nationaler Erniedrigung vorzubeugen!

Unterdeß bleibt uns die Aufgabe, das künftige Bessere vorzubereiten, und vor allem dahin zu wirken, daß das Volk vom kirchlichen, supra= naturalistischen Mechanismus befreit werde und vor dem naturalistischen Mechanismus bewahrt bleibe. Die Anfänge der christlichen Reform, wenigstens die auf katholischem Boden, genügen zwar bei weitem noch nicht, aber es sind wenigstens Anfänge, welche thatsächlich das abso= lutistische und bisher schroff geltende kirchlich-hierarchische Princip negiren. Darüber ist weit hinauszugehen, und der größte Theil der denkenden, gebildeten Katholiken thut dies auch, so daß wir glauben dürfen, hier nur seine Ueberzeugung zum Ausdruck zu bringen und zu vertreten. Für eine eigentliche neue Organisation ist die Zeit noch kaum gekommen, denn wenn wirklich etwas Neues, Lebensfrisches auf diesem Gebiete entstehen soll, darf nicht der neue Geist in irgend einen alten Schlauch gebracht werden, sondern er muß sich sein Gefäß neu bereiten. Mit äußerlicher Organisation ist dabei nicht zu beginnen, wie der neue, junge Organismus nicht so entsteht, daß zuerst das ganze Knochengerüste fertig gemacht und dann mit dem Uebrigen ausgefüllt wird. Das Ganze muß zumal aus seinem Geiste, seinem Princip sich hervorbilden. Unterdeß bildet der moderne Staat den festen, sichernden Rahmen und Boden für freiere religöse Bewegung und Ausbildung, und innerhalb des modernen Rechts= und Culturstaates ist überhaupt eine Kirche im bisherigen Sinn, als kirchliches Herr= schaftsgebiet, ebenso überflüssig, wie sie der fortschreitenden Bildung und Selbstständigkeit der Individuen gegenüber unzulässig ist und ohne neue physische Zwangsherrschaft unausführbar wäre.

2.

Indem wir unserm vorstehenden Versuch zur „Beleuchtung der geistigen Krisis in der Gegenwart" eine Fortsetzung folgen lassen, geschieht dies in der Ueberzeugung, daß es eine der wichtigsten Auf= gaben der Gegenwart sei, eine neue haltbare Form des religiösen, näher christlichen Glaubens und Cultus zu finden und zur Geltung zu bringen — eine Form, die dem Bedürfniß des Gemüthes Genüge leistet, und dessen Veredlung fördert, ohne andrerseits, gleich der bis= herigen Gestaltung desselben, mit dem Recht und den Ergebnissen der Wissenschaft in unlösbaren Widerspruch zu treten. Diese richtige Form mit dem entsprechenden Inhalt zu finden und, wenn sie erkannt ist, dieselbe dann auch zur Anerkennung zu bringen, wird trotz aller Erschütterung des sogenannten positiven Glaubens der verschiedenen Confessionen, und trotz aller Gährung in den Geistern und des dunklen Dranges nach Neuem, Besserem, den größten Schwierigkeiten begegnen. Daher ist es geboten, vorbereitend zu wirken, um Vor= urtheile zu beseitigen, Besorgnissen zu begegnen und das noch Un= bestimmte zu höherer Klarheit zu bringen. Daß dieser Gegenstand auch in Tagesblättern zu erörtern sei, dürfte kaum in Abrede gestellt werden können, angesichts der Tiefe und Allgemeinheit der religiösen Erregung in unsern Tagen, und in Erwägung, daß trotzdem nur eine verhältnißmäßig geringe Zahl selbst der Gebildeten Zeit und Gele= genheit findet, durch Studium umfassender Werke sich genauere Kennt= nisse zu erringen und ein selbständiges Urtheil zu bilden. Von confessionellen Dogmen und Streitfragen allerdings ist vollständig hier abzusehen, um so mehr, als der Erfahrung und der Natur der Sache gemäß, von confessionellen sogenannten positiven Standpunkten aus nie eine Verständigung über religiöse Fragen erzielt wurde und werden kann, sondern in der Regel nur eine Verschärfung des Gegen= satzes und eine Steigerung des Streites. Der Standpunkt unserer Erörterungen ist ein allgemeiner, philosophischer, d. h. der Stand= punkt der natürlichen Vernunft und Wissenschaft. Nach unserm Dafürhalten soll die Philosophie sich dem geistigen Leben des Volkes nicht entziehen, um etwa abseits abstracte und allenfalls abenteuerliche Systeme auszubilden die zur Förderung und Gesundung des geistigen Lebens nichts beitragen können; sondern sie hat vor allem die Aufgabe, an der Lösung gegebener Probleme des geistigen Lebens mitzuarbeiten, die verworrene Gährung in diesem klären zu helfen und die Bildung einer neuen haltbaren Weltanschauung nach Möglichkeit zu fördern.

Wir versuchten zu zeigen, daß die supranaturalistische religiöse Weltauffassung unhaltbar sei, daß aber damit gleichwohl der Gegensatz derselben, der Naturalismus, keine Berechtigung erlange, sondern daß der religiöse Glaube seine Berechtigung bewahre, nur nicht in supranaturalistischer Form, sondern so, daß er den Naturalismus in sich einschließe und überwinde. Mit moderner Wissenschaft und Bildung ist nur noch ein Glaube ohne supranaturalistischen Charakter vereinbar, d. h. ein religiöser Glaube ohne Wunder, ohne beständiges Eingreifen der göttlicher Macht in Natur und Menschenwirksamkeit und ohne einen Cultus, dessen Hauptzweck ist, dieses äußerliche Eingreifen zu veranlassen. Bei der religiösen Jugendbildung, wie sie fast allgemein noch üblich ist, und bei der beständigen Fortdauer einer seelsorglichen Einwirkung in supranaturalistischem Sinn, ist dies allerdings den meisten Menschen, selbst den gebildeten, noch unfaßbar, und von denjenigen, welche die herkömmliche Ansicht überwinden, gerathen die meisten in das andere Extrem, und nehmen an: da die supranaturalistische Religion nicht haltbar sei, so sei die Religion überhaupt unmöglich und abgethan. Es liegt uns ob, anknüpfend an unsere letzten Erörterungen, diesen beiden Parteien noch weiter zu zeigen, daß sie beide Unrecht haben, also daß und warum der supranaturalistische Glaube unhaltbar sei, daß aber gleichwohl eine religiöse Ueberzeugung wohlbegründet und also die naturalistische Weltauffassung nicht unvermeidlich sei, vielmehr unberechtigt erscheine.

Wir behaupten: Alle Thatsachen in Natur und Geschichte widersprechen der supranaturalistischen Weltanschauung, d. h. dem Glauben an ein beständiges wunderbares Eingreifen der Gottheit in die Natur und äußere Menschengeschichte.

Wir brauchen auf die metaphysische Frage: ob bei theistischer Weltauffassung übernatürliche Einwirkungen der Gottheit auf den Weltlauf, nicht um ihn in seiner Gesetzlichkeit aufzuheben, sondern seine Gesetze als höhere Ursache zu höhern Wirkungen zu verwenden, als möglich anzunehmen seien, hier nicht näher einzugehen. Thatsache ist, daß wunderbare, übernatürliche oder göttliche Einwirkungen in der Natur nicht geschehen, sondern daß durchaus strenge Gesetzmäßigkeit und Nothwendigkeit herrscht, wie allenthalben täglich und stündlich wahrgenommen werden kann, im Großen, wie im Kleinen, Einzelnen. Wie die Gestirne ihren festen, gesetzmäßigen Gang haben, unbekümmert um Menschenwünsche und Schicksale, obwohl einst auch die Astrologie dies nicht zugeben mochte, so auch folgen die Verhältnisse auf der Erde festen Gesetzen, die nicht nach menschlichen Wünschen geändert werden, außer so weit die natürlichen Menschenkräfte selbst sie nach menschlichen Wünschen und Plänen zu bestimmen oder zu verwenden vermögen. Regen und Sonnenschein, Wasser und Feuer u. s. w. sind nicht durch religiöse Acte und ihnen folgende übernatürliche Einwirkungen zu erzielen oder zu lenken, sondern nur durch natürliche Mittel. Das gleiche gilt von Gesundheit und Krankheit und allem Uebrigen. Man mag sich noch so sehr sträuben, dies anzuerkennen, es ist doch nicht anders, und wer die Probe machen will, wird zu seinem Schaden erfahren, daß die Naturgesetze walten, und eine übernatürliche Zaubermacht dieselben nicht beherrsche. Alle Klage über solch' gänzliche Entgötterung der Natur oder Naturgesetze bringt gegen diese Thatsache keine Hülfe. Als der Polytheismus des Alterthums unrettbar seinem Verfall entgegen ging, mögen gar viele nach alter Weise religiöse Menschen von tiefer Trauer erfüllt worden sein über diese Entgötterung der Natur und ihrer großen Erscheinungen. Die Auffassung aller Naturdinge als blos natürlicher mag ihnen flach, unpoetisch, oberflächlich erschienen sein, da sie nicht mehr Sonne und Sterne als hohe Götter betrachten, die meteorologischen und die anderen Erscheinungen und Gegenstände der Natur als unbeseelt, ungeistig, weil ungöttlich, auffassen sollten. Allein man mußte sich schließlich doch gewöhnen, alle Naturgegenstände als natürliche aufzufassen. So wird man es auch mit den Naturgesetzen und ihren Wirkungen thun müssen. Ein überwundener Standpunkt läßt sich wohl eine Zeit lang noch hartnäckig festhalten, aber doch nicht wieder unüberwunden machen oder wiederherstellen. Der Polytheismus ist überwunden und nicht wieder herzustellen; die Religion der Uebernatürlichkeit, der übernatürlichen Offenbarung und der Wunder kann dem gleichen Schicksal nicht entgehen, da sie eben auch ein Stadium im geistigen Entwicklungsproceß der Menschheit ist.

Der supranaturalistische Offenbarungsglaube mit seinen Wundern läßt allerdings die allgemeine Gesetzmäßigkeit und Nothwendigkeit in der Natur als Regel gelten, er verlangt größtentheils, wenigstens von Seite der gebildeten Vertreter desselben, nur einzelne Ausnahmen, die aber durch die Wunder als unmittelbare Wirkungen übernatürlicher oder göttlicher Macht eintreten sollen. Und sogar dieses vereinzelte übernatürliche Eingreifen in die Natur und Geschichte wird als noch immer fortdauernd hauptsächlich nur in der katholischen Kirche angenommen, bei den nichtkatholischen christlichen Bekenntnissen aber gar nicht mehr oder wenigstens nicht in demselben Grade, da die Wunderzeit seit dem Abscheiden der Apostel vorüber sein soll. Man scheint auf Seiten der Wunder-Enthusiasten gar nicht wahrzunehmen, welch' eine klägliche Rolle man Gott selbst spielen läßt, wenn man ihm, außer dem stillen Wunderwirken für Begünstigte, auch noch das Wirken solch' sporadischer öffentlicher Wunder, die da und dort geschehen sollen, zuschreibt. Gott selbst in Person oder durch eine stellvertretende übernatürliche Persönlichkeit wird da gedacht, als ob er herumzöge, wie ein Komödiant oder Zauberkünstler, um da und dort (jetzt hauptsächlich in Frankreich) seine Bude aufzuschlagen und — sich zuerst an die unwissendsten und unmündigsten Menschen wendend, — dann durch seine Kunststücke an einigen kranken oder schwachen Personen Aufsehen zu erregen und Spectakel zu verursachen — weiter nichts. Während doch ringsum und in der ganzen übrigen Welt Tausende und Millionen von Menschen im tiefsten Elend schmachten und vergebens nach übernatürlicher Hülfe rufen; so daß es wäre, als ob diese wenigen wunderbaren Heilungen durch unmittelbares Eingreifen Gottes nur wie zum Hohn der Menschheit geschehen sollten, um zu zeigen, daß er wohl helfen könnte, wenn er nur wollte. Wenn Gott einigen Menschen wunderbar helfen kann, so könnte er auch allen helfen, wenn er nur wollte; seine Macht muß dazu ausreichen und die Naturgesetzmäßigkeit kann dann nicht mehr als Hinderniß betrachtet werden. Wäre aber dies der Fall, dann müßte Gott den denkenden Menschen nicht als ein gütiges, segnendes Wesen, sondern wie ein launischer, grausamer Tyrann erscheinen, der die Menschen zwar von ihren zahllosen Leiden befreien könnte, so gut wie Einzelne, aber nicht mag. Diese Auffassung Gottes schließt aber thatsächlich die Läugnung desselben in sich, und führt nothwendig zum Atheismus, sowie einmal das Nachdenken darüber erwacht. Es wäre dann ganz berechtigt, was mir vor Kurzem ein hochgebildeter geistreicher Mann und Schriftsteller, der mit schweren Leiden zu ringen hat, geschrieben: „Er finde, schreibt er, in seinem Elend eine Art Ruhe in dem Bewußtsein, daß blinde Naturkräfte in strenger Gesetzmäßigkeit walten." Dann fährt er fort: „Müßte ich aber glauben, daß meine Existenz das Werk eines persönlichen bewußten Wesens, mit seinem Wissen und Willen geschaffen, eines allmächtigen Wesens, welches dieser Existenz andere Schicksale geben könnte und es nicht thut — ich käme vor Wuth und Empörung niemals zum Frieden, Wenn (also) von Nutzen die Rede sein soll, so nützt mir der Atheismus, und der Theismus würde mich gänzlich zur Verzweiflung bringen. Gott glauben, heißt Gott lästern. Logischer ist es mit den Judern unter dem Weltschöpfer dasjenige zu begreifen, was sie den Teufel nennen." In der That, ein Wesen, das helfen könnte und nicht hilft, wo Elend und Leid sich findet, blos weil es ihm nicht beliebt, könnte nicht als der menschlichen Gottesidee entsprechend betrachtet, nicht als Gott anerkannt werden. Und Zorn und Haß gegen diesen Gott, von dem man annimmt, daß er überall mit Leichtigkeit durch ein wunderbares Eingreifen helfen könnte, entsteht gar oft selbst bei sonst sehr gläubigen Menschen. Es wurde mir erzählt, daß eine sehr katholisch-gläubige Frau, die an peinigender Schlaflosigkeit litt, diese Schlaflosigkeit durch göttliche Einwirkung beseitigt wünschte. Sie pflegte ein Crucifix in die Hand zu nehmen auf ihrem Lager, und flehte in den dringendsten Worten zu Gott: er möge ihr doch ein wenig Schlaf gewähren, es sei ihm ja so leicht, es koste ihn ja gar keine Mühe u. s. f. Vergeblich. Da sei sie dann manchmal über solche Unbarmherzigkeit in großen Zorn gerathen und habe wüthend auf das Crucifix losgeschlagen, um eine Art Züchtigung vorzunehmen — ein Exceß, der wegen der damit verbundenen Aufregung ihr vielleicht eher zu einigem Schlaf verhalf, als das flehentlichste Gebet. Die Sache hat fast eine komische Seite, aber sie ist tieftragisch. Es zeigt sich, in welche Noth die menschliche Seele geräth, wenn sie von Jugend an die religiöse Bildung erhält, wie sie üblich ist. Wir sehen zugleich, in welch' große Gefahr der Glaube an Gott selbst gebracht wird durch die supranaturalistische Religionsform, sobald einmal die Menschen zu denken anfangen, oder sobald mit der Appellation an die göttliche Wundermacht in den Leiden des Lebens Ernst gemacht wird. Allerdings, so lange die Menschen und Völker noch vollständig im bloßen Glauben und Cultus befangen sind, darüber nicht denken dürfen oder nicht können, wird dieser Glaube an supranaturalistische Einwirkung Gottes, an wunderbares Eingreifen in die Natur trotz aller gegentheiligen Erfahrung von demselben festgehalten werden, und tausendmal enttäuscht, werden sie immer wieder dieselben Bitten an die Gottheit richten, dieselben Hoffnungen wunderbarer Hülfeleistung hegen, nur ihrem Bedürfniß und Verlangen folgend, etwa so wie eine Biene, die nicht denkt, sondern nur dunklem Triebe und dem augenblicklichen Verlangen nach Befreiung folgt, am Fenster auf und ab tastend immer wieder an dieselben Stellen kommt, meinend eine Oeffnung zu finden, wenn auch die Erfahrung sie immer wieder belehrt, daß es nicht der Fall sei. Man wird also das Volk in dieser dumpfen, dunklen Glaubensbefangenheit erhalten müssen, um ihm die supranaturalistische Weltanschauung zu bewahren, oder man muß in Folge der erhöhteren Erkenntnißthätigkeit dem religiösen Glauben einen andern Inhalt, dem religiösen Cultus ein anderes Ziel geben, als es bisher der Fall war, wenn man den Glauben an Gott und den Segen der Religion selbst wahren will.

Also, höre ich entrüstet fragen, also mitten in all den Leiden und dem Elend des Lebens soll dem Menschen auch noch der Trost geraubt werden, daß er zu Gott rufen und Hülfe von ihm erwarten könne? Soll auch diese Hoffnung und Zuversicht zerstört und derselbe vollständig schutz- und rettungslos den Uebeln des Daseins preisgegeben werden, da ihm auch noch der Glaube an einen Gott genommen werden soll, der wunderbar helfen kann und will? Dagegen ist nur zu fragen: wofür denn die Thatsachen sprechen, ob für die alte supranaturalistische Ansicht oder für unsere Behauptung. Die Antwort gibt ein Blick ins Menschenleben und die tagtägliche Erfahrung. Daß es nicht im göttlichen Weltplane liege, die Uebel des menschlichen Lebens durch beständiges Wunderwirken entweder ganz unerwartet und außerordentlich oder in Folge der Bitten der Menschen zu beseitigen, ist durch die Thatsache, daß alle die unzähligen Leiden fortbestehen und sich beständig erneuern, hinreichend bestätigt. Wäre die supranaturalistische Ansicht richtig, so könnte es wohl längst keine Uebel mehr geben, denn sie müßten durch göttliche Wunderthaten längst beseitigt sein oder beständig aufgehoben werden. Die Thatsachen, welche die Nothwendigkeit göttlicher Einwirkung auf die Natur zu Gunsten der Menschen begründen sollen, sind vielmehr durch ihr Vorhandensein ein Beweis, daß ein solches Einwirken nicht stattfindet, weil sie sonst nicht in dieser überwältigenden Masse da sein könnten. Schließlich muß allerdings auch das wundersüchtigste Gemüth sich bescheiden und mit Resignation auf göttliches Wunderwirken verzichten, und diejenigen, welche das Volk beständig in supranaturalistischen Einbildungen zu erhalten suchen, müssen es immer wieder auf Gottes unerforschliche Rathschlüsse verweisen, in Folge deren eben keine wunderbare Hülfe geleistet wird. Man ist also immer wieder genöthigt, die für allein religiös gehaltene supranaturalistische Meinung aufzugeben, und bei der entgegengesetzten, die wir vertreten, Zuflucht zu suchen. Offenbar wäre es besser, lieber gleich das Volk zu dem Glauben und zu der Resignation religiös zu bilden, die man doch immer zu Hülfe rufen muß, um sich aus der Verlegenheit zu helfen, in welche die Wundertheorie beständig führt. Man würde dann nicht die einen, die über Gott und die Welt nachdenken, in Gefahr bringen, das Dasein Gottes vollständig zu läugnen, weil man die Wirkungen nicht wahrnehmen könne, die ein solcher Gott hervorbringen müßte, wenn er existirte, für andere aber Veranlassung geben, daß sie, in Folge der Nichterfüllung ihrer Bitten von Seite Gottes, ergrimmen und zu Züchtigung zu schreiten suchen, wie die erwähnte christ-katholische Frau, und wie es auch bei den Wilden, ihrer Ansicht von der Gottheit gemäß, üblich ist.

Blickt man auf die Geschichte der Menschheit, den Zustand, die Schicksale der Völker auf der Erde, und den ganzen Verlauf der Zeiten hindurch, so zeigt sich in gleicher Weise wie in der Natur, eine vollständige Widerlegung der üblichen supranaturalistischen Ansicht von einer beständigen wunderbaren Einwirkung Gottes auf die Menschheit im Großen und im Einzelnen. Nur ein verhältnißmäßig geringer Theil der gesammten Völker der Erde befindet sich in intellectueller und moralischer Beziehung, ja in Bezug auf religiösen Glauben selbst, in einem einigermaßen gebildeten, erträglichen Zustande. Die meisten Völker sind in tief verkommenem Zustande, sind gequält von Uebeln aller Art, in materiellem wie geistigem Gebiete, sind eine Beute wüster Tyrannei, der Spielball beständiger Kriege, und der wilden Grausamkeit der Sieger preisgegeben; außerdem beständig in demselben Zustande roher Unwissenheit und im gröbsten Aberglauben, so daß dasjenige, was ihnen Trost und Frieden und Veredlung bringen sollte, die Religion, nur die Ursache neuer Uebel, peinigender Furcht und fortdauernder Rohheit und Unbildung wird. Wenn es nun einen Gott gibt, der den Menschen durch übernatürliche Offenbarung in intellectueller und moralischer und durch wunderbare Einwirkung auf die Natur in physischer Beziehung helfen kann, wenn er nur will, warum hilft er nicht, und warum schmachtet die ganze Menschheit seit Jahrtausenden in diesem Zustande des Elends? Wenn es blos von seinem Willen abhängt, ob er die Menschen mit der Wahrheit beglücke und zum Lebensglück führe, warum geschieht es nicht? Wenn er einigen helfen kann, so kann er auch allen helfen, und die ganze Menschheit von geistigem und materiellem Elend befreien; und wenn dies, warum besteht es noch nach so vielen Jahrtausenden, wenn doch dieser Gott gütig, barmherzig und gerecht, ja ein Vater der Menschen ist? Auf diese Frage sind nur zwei Antworten möglich: Es geschieht übernatürlich oder wunderbar nichts zum Besten der Menschheit, weil es eben keinen Gott gibt, sondern nur Naturgesetz und Naturmächte, die ihr grausames Spiel mit der Menschheit treiben; oder: es geschieht nichts Uebernatürliches, Wunderbares, obwohl es einen Gott gibt, weil es ein ewiges, nothwendiges Gesetz, oder ein ewiger Rathschluß Gottes ist, daß nichts Uebernatürliches in der Schöpfung geschieht, sondern alles seinen natürlichen Verlauf nehme, so daß in Bezug auf die äußerliche Naturordnung und den geschichtlichen Gang der Menschheit keine göttliche Einwirkung stattfinden kann oder darf.

Will man also nicht dem Naturalismus oder Atheismus anheimfallen, so bleibt nichts übrig, als das letztere anzunehmen, und der Meinung zu entsagen, daß es einzig nur im Belieben, in der Willkür Gottes liege, da und dort ausnahmsweise wunderbar einzugreifen und zu helfen, und alle andern Menschen und Völker ebenso beliebig, also herzlos und grausam, in ihrer Verkommenheit und in ihrem Elend zu lassen. Man muß annehmen, daß die ganze Schöpfung durch ein Gesetz gebunden und beherrscht sei, welches übernatürliche, wunderbare Einwirkung ausschließt. Es ist anzunehmen, daß dieses Gesetz seine Wurzel in der göttlichen Natur habe, wenn wir es auch daselbst nicht zu erkennen vermögen. Von Seite der göttlichen Macht ist wunderbares Eingreifen als möglich zuzugeben — aber von Seite göttlicher Vernunft (und Willens) nicht, da diese nach Gesetz und Zweck sich richtet. — Wenn wir uns indeß in dieser Beziehung bescheiden müssen, so vermögen wir doch unschwer die Nothwendigkeit eines solchen Gesetzes zu begreifen, wenn wir unsern Blick auf die Schöpfung selbst richten. Sie wäre ohne dieses Gesetz unmöglich sogar in ihrer Existenz, und vermöchte noch weniger etwas zu wirken und zu werden, irgend ein Ziel selbständig zu erstreben und zu erreichen, und wäre also eigentlich für nichts da, könnte keine vernünftige Aufgabe erfüllen. Dies gilt alles in erhöhtem Maße für die menschliche Natur und Geschichte und deren Aufgabe. Die Natur wäre ohne feste ungestörte Gesetzmäßigkeit gar kein möglicher Schauplatz menschlicher Thätigkeit und eines geschichtlichen Processes durch die menschliche Erkenntniß und Willenskraft; denn weder könnte sie bei beständiger Störung durch wunderbares Eingreifen Gottes richtig und zuverlässig erkannt, noch auch planvoll mit ihren Kräften und Gesetzen verwendet und dienstbar gemacht werden — was doch die Grundbedingung ist, daß in dem einzelnen Menschenleben und in der Menschengeschichte selbständig etwas erreicht werde, die Menschheit selbst wirklich etwas bedeute und die Natur und das Menschenwesen nicht nutzlos da sei. Ein nach menschlicher Ansicht gutgemeintes und gnadenvolles Einwirken der Gottheit ist also vom Standpunkt der Schöpfung aus unzulässig, wenn ihr ein Ziel gesteckt ist, und ihr eine Bedeutung zukommen soll. Demnach ist zu sagen, daß Gott selbst der Weltordnung und dem Weltzweck gemäß auf den Menschen (abgesehen von dem Gemüthe) nur durch den Menschen wirken, dem Menschen nur durch die sittliche Pflichterfüllung helfen kann, so daß die Vernunft und das Sitten= gesetz mit dem Gewissen die wahren Stellvertreter Gottes auf Erden sind, und die wahren Wunderthäter. Und die Menschen können sich in dieser Weise gegenseitig Zeugniß für das göttliche Dasein und Wirken geben, sich gegenseitig die Stelle Gottes vertreten. Wer die Worte Jesu beachtet, kann unschwer finden, daß dies sein Gedanke und sein Gebot ist. Wäre es anders, könnte Gott nach ewigem Gesetz und zeitlichem Weltplan selbst eingreifen, wie sollte er dann, wenn er doch voll Güte und Liebe ist gegen alle Menschen, nicht wirklich wunderbar helfen und alles Leid des Daseins von allen Menschen entfernen? Wie sollte er diese Hülfe dem zweifelhaften guten Willen und dem größtentheils so schwachen Erkennen der Menschen überlassen? Und wie sollte den Menschen eine Güte zu gegenseitigem Hülfeleisten als sittliche Pflicht auferlegt sein, die Gott selbst nicht beurkundet? Offenbar findet also eine wunderbare Einwirkung auf die Menschenschicksale auch deshalb nicht statt, weil dadurch das sittliche Verhalten der Menschen keinen Gegenstand mehr hätte, der Pflicht keine Gelegenheit zur Erfüllung sich böte, die sittliche Weltaufgabe nicht erfüllt werden könnte.

Außerdem: wäre es nicht durch ein allgemeines Weltgesetz bestimmt, daß nicht durch Wunder in die Geschichte eingegriffen werden dürfe, so müßten wir nach dem christlichen Gottesbegriff durchaus annehmen, oder vielmehr fordern, daß diese wunderbare Einwirkung, diese theore=

tische Offenbarung und praktische Hülfeleistung allen Völkern und Menschen in gleicher Weise zu Theil werde, und zwar in vollkommenster Weise, wie es der göttlichen Vollkommenheit geziemt. Dadurch würde dann die Selbstthätigkeit der Menschen überhaupt aufgehoben, und würde die Menschengeschichte ein Spiel, das Gott selber spielt. Will man aber diese Allgemeinheit nicht, und gleichwohl an der übernatür= lichen Offenbarung und göttlichen Wundererweisung festhalten, so bleibt eben nur die alte Privilegien=Theorie übrig, der zufolge Gott nur einige wenige Menschen aus allen Millionen ausgewählt habe, eigent= lich ohne ihr Verdienst und ohne klaren Grund, diesen sich kund gegeben, und durch Offenbarung sie erleuchtet habe, während alle andern in der Nacht der Unwissenheit gelassen wurden, obwohl die Gottheit auch ihnen ebenso gut hätte helfen können, wenn sie gewollt hätte. In Folge dieser Auserwählung ergeben sich dann wieder die alten Grübeleien und schrecklichen Theorien über Gnadenwahl bezüglich einzelner Menschen, über willkürliche Prädestination zur Seligkeit und zum ewigen Verderben u. s. f. — Theorien, die den christlichen Gottes= begriff, wie er der Lehre Jesu zu Grunde liegt, vollständig zerstören, und aus der Religion der göttlichen Liebe eine fatalistische Schauder= Märe machen. So erweist sich demnach der Glaube an ein directes wunderbares Eingreifen Gottes in die Natur= und Menschengeschichte allenthalben als unhaltbar an sich, den Thatsachen gegenüber, und wegen unzulässiger Consequenzen, die sich daraus ergeben. Und sollen der Glaube an Gott und der religiöse Cultus noch haltbar sein, so bleibt nichts übrig, als jenen Glauben als Wahn aufzugeben und eine andere Grundlage für das religiöse Leben zu suchen.

Wenn dies aber sich so verhält, wie kommt es doch, daß dieser Glaube an Wunder, an wunderthätiges, übernatürliches Eingreifen Gottes in die Natur zu Gunsten der Menschen auf Veranlassung von Gebeten und Opfern so allgemein, so beständig sich findet? So allgemein und beständig, daß er geradezu das eigentliche Wesen der Religion zu bilden scheint, und diese ohne ihn kaum irgendwo vor= kommt, ja kaum denkbar erscheint? Muß dies nicht selbst allen Gründen gegenüber als ein Beweis dafür gelten, daß man das Wunder nicht ganz in Abrede stellen, nicht aus der Religion ent= fernen könne, ohne diese selbst zu vernichten, und daß daher, wer die Religion wolle, auch die Wunder nicht ganz läugnen dürfe? Es scheint indeß nur so. Wollte man darauf eingehen, so müßte man sich ja ohnehin sogleich verpflichten, nur einige wenige Wunder unter den unzähligen bei den verschiedenen Religionen für echte, wahre an= zuerkennen, jene nämlich, die gerade für den Glauben gelten, dem man angehört, während man alle andern verwerfen müßte als nur vermeintliche, als falsche, trügerische, als bloße Täuschung und Wahn. Für die Erkenntniß und Erklärung dieser Erscheinung im Großen wäre also nicht viel gewonnen, da doch nur ein verschwindend kleiner Theil davon als wahr angenommen werden dürfte und die übergroße Mehr=zahl als falsch verworfen werden müßte. Und zu der ungelösten Frage: warum Gott nur für verhältnißmäßig wenige Menschen wunder=bar wirkt, da er doch für andere oder für alle ebenso muß wirken können — käme noch die weitere: warum er so viele falsche Wunder zuläßt oder den Wahn der vermeintlichen Wunder nicht zerstört. Wir weichen im Grunde nicht viel von den verschiedenen Rechtgläubigen ab, die stets nur ihre Wunder als wahre gelten lassen, und alle andern, alle bei Andersgläubigen, für falsch und trügerisch erklären. Wir fügen zu dieser übergroßen Zahl falscher Wunder nur auch noch die kleine Zahl der respectiven Rechtgläubigen hinzu, welche eine Aus=nahme bilden wollen. Durch die Frage also: wie denn die Allgemein=heit des Wunderglaubens zu erklären sei, wenn doch nichts Wahres zu Grunde liege, werden wir kaum mehr bedrängt, als die Wunder= und Rechtgläubigen, die ja auch noch durch die Frage gedrückt werden: was denn die „wahren" Wunder in ihrer geringen Zahl noch Großes bedeuten können, wenn es doch auch falsche oder vermeintliche gebe, die noch dazu die Mehrzahl bilden?

Wir wollen uns indeß dem Versuche nicht entziehen, zu erklären, woher diese Allgemeinheit des Wunderglaubens eigentlich komme, welche tiefere Wurzel derselbe in der Menschenseele habe (abgesehen von Un=kenntniß der Naturverhältnisse als einer Quelle derselben), und welches Moment der Wahrheit ihm zu Grunde liege. Er hat offenbar seinen Ursprung im Gemüth und dessen Bethätigung in der Religion und deren Zurückwirkung auf die Phantasie. Im Gemüth und durch das=selbe setzt sich der Mensch unmittelbar in ein Verhältniß zur Gottheit, oder fühlt sich vielmehr in einem solchen mit Umgehung aller Zwischen=glieder, seien es historische oder natürliche. Und indem aus diesem Verhältniß heraus die Phantasie in Thätigkeit versetzt wird, werden die Wunder gebildet, d. h. die ebenso unmittelbare Bethätigung der Gottheit zu Gunsten des Menschen. Wir wollen versuchen dies näher zu erklären. Das Gemüth ist die Fähigkeit des Zumutheseins, die Fähigkeit der Seele, das eigene Wesen unmittelbar zu erfahren, ge=wissermaßen zu genießen, und zwar nicht blos in seinem Sein, son=dern in seiner eigenthümlichen Beschaffenheit, Erregung oder Stim=mung, ob sie harmonisch oder disharmonisch sei, ob Zustand und Wesen des Geistes übereinstimmen und dadurch angenehmes Zumuthe=sein oder Stimmung vorhanden sei, oder das Gegentheil; so daß da=durch das ursprüngliche Selbstgefühl alle die Modificationen der ver=schiedenen Gefühle erhält, in welchen das innerste Leben des Menschen sich abspielt. Von der Erregung oder Stimmung des Gemüths ist Glück und Unglück des Lebens hauptsächlich bedingt, und im Grunde genommen hat Alles für den Menschen nur so viel wirklichen subjectiven

Werth und Bedeutung, als es, in die Gemüthserregung eintretend, eine harmonische, beglückende Wohlstimmung erzeugt, oder das Gegentheil. Und ebenso ergreift und bestimmt den ganzen Menschen größtentheils nur dasjenige, was in seine Gemüthserregung eingegangen ist, was ihn in Begeisterung versetzt hat. Dabei ist es dem Gemüthe mit seinen Bethätigungen eigenthümlich, sich vom Verstande, von der klaren Erkenntniß, nichts einreden zu lassen, wenigstens nicht direct; denn die Gefühle richten sich nicht nach kühlem, klarem Urtheil, wie Freude, Liebe, Hoffnung 2c. beweisen. Die Liebe trotzt aller Verstandesüberlegung, die Hoffnung besteht gegen alle verständige Wahrscheinlichkeit, der Wunsch erhält sich bei aller Unmöglichkeit der Erfüllung. Desto lebhafter bethätigt sich die Phantasie im Dienste der Gefühle und gestaltet Scheinbilder, trügerische Verhältnisse, Luftschlösser, Wahngebilde, als wären es Wirklichkeiten, oder könnten wenigstens leicht solche werden, wie sie den Gefühlen und den denselben innewohnenden Begehrungen entsprechen. Sind solche Gebilde wichtig, dauernd genug und mit dem wirklichen Leben verflochten, so wird zuletzt auch der Verstand bestochen und in den Dienst genommen, so daß er eine sophistische Stütze gewährt durch Scheingründe und logische Kunststücke.

Durch dieses Gemüth also, das die unmittelbare Substanz, das innerste Wesen der Seele ist, tritt die Menschenseele mit der Gottheit in unmittelbare Beziehung — ein Verhältniß, das jeden historischen Glauben als lebendiges Moment innewohnen muß, wenn er nicht ganz todt sein soll. Aus der Gemüthstiefe, wie ungebildet, ungeklärt ursprünglich das menschliche Geisteswesen auch sein mochte, ging anfänglich der religiöse Glaube hervor, aus einer Wechselwirkung von Gemüth und Gottheit in der Menschenseele, welcher das dunkle religiöse Gefühl, die Ahnung des Göttlichen, entsprach. Da die Natur noch ganz ungekannt war und der Verstand noch ungebildet, so war um so mehr die Phantasie thätig im Dienste des Gemüthes und seiner Ahnung oder Fühlung des Göttlichen. Da auch die Phantasie wie das Geistesleben überhaupt noch ungebildet war, so konnte dieses Göttliche durch sie nicht in freigeschaffenen idealen Gestaltungen vorstellig gemacht und für das Bewußtsein zur Deutlichkeit erhoben, sondern zunächst nur dadurch zur objectiven Offenbarung gebracht und gegenständlich gedacht werden, daß die Natur in ihrer großen Erscheinung und ihren gewaltigen Wirkungen als Ausdruck, als Offenbarung und Symbol desselben für das Bewußtsein und das Vorstellungsleben gefühlt und gedichtet ward. Es gestaltete sich nach dem Gefühl des Göttlichen die Naturvergötterung zuerst nur überhaupt (monotheistisch), dann in einzelnen Gebilden und Vorgängen derselben (Polytheismus). So ward die Natur allenthalben vergöttlicht durch die Phantasie; in ihren Gegenständen und wirkenden Kräften wurde nicht natürliche Kraft und Gesetz erblickt und erkannt, sondern übernatürliches, göttliches Wirken,

im Grunde genommen ein lauteres Wunder und willkürliches zauber=
haftes Walten, das später durch die höher entwickelte Phantasie in
mannichfacher Weise künstlerische Verklärung erfuhr. Mit der er=
wachenden Verstandesthätigkeit und Erkenntniß der Natur ward eben
dieses directe göttliche oder übernatürliche Walten, ward das ganze
Wunder= und Zaubergebiet immer mehr eingeschränkt, bis zuletzt nur
noch einzelne göttliche Wunderthaten, die da oder dort stattfinden
sollten, mitten in dem als gesetzmäßig anerkannten Laufe der Natur
übrig blieben. Der Verstand hatte somit der Phantasie fast die ganze
Natur und Geschichte als natürliches Gebiet abgerungen und das
Wunder daraus vertrieben. Aber an einzelnen Thaten, Ereignissen
und Personen als wunderbaren, übernatürlichen, ward gleichwohl fest=
gehalten, und an diese wurde dann das ganze religiöse Gefühl, Glauben
und Leben zu knüpfen gesucht. Die Grundlagen der positiven Religionen,
die Autorität und Wahrheit derselben werden stets als directes gött=
liches Wunderwerk, als göttlich gegeben und durch Wunder bezeugt,
zur Geltung gebracht und aufrecht zu erhalten gesucht, wenn man
auch sonst allenthalben der Natur ihre Natürlichkeit, Selbständigkeit
und Gesetzmäßigkeit zugesteht. Und hier ward dann auch der Verstand
mit seinen Gesetzen und Operationen zu Hülfe genommen, in den Dienst
des Gemüthes und der Phantasie gezwungen und Jahrhunderte hin=
durch in der Dienstbarkeit erhalten. Die übernatürlichen Prämissen
wurden ihm gegeben, vorgeschrieben, und er hatte die Aufgabe, nun
das Gegebene logisch zu behandeln, zu systematisiren und ihm eine
wissenschaftliche Form zu geben. Dies dauerte so lange, als es ge=
lang, den Verstand und die wissenschaftliche Thätigkeit in Dienstbar=
keit unter der kirchlichen Autorität zu erhalten, auch im Abendlande;
von der Zeit an aber, wo die Wissenschaft sich frei machte und die=
selbe es sich sogar nicht mehr verwehren ließ, die Wundergrund=
lagen der positiven Religionen selbst zu prüfen, ist es unmöglich ge=
worden, den religiösen Glauben auf dem üblichen Fundament zu er=
bauen und durch die üblichen Zeugnisse zu stützen. Dieser auf
Wunder und Uebernatürlichkeit gestützte historische Glaube und die
Wissenschaft stehen in unversöhnlichem Gegensatz. Daher ist denn
auch jetzt, nachdem der alte positive übernatürliche Glaube mit seiner
übernatürlichen Autorität und Zaubermacht aus dem tiefen Verfall
des vorigen Jahrhunderts sich wieder erholt hat, der Kampf
zwischen Wissenschaft und Glaubensautorität so heftig entbrannt;
die Wissenschaft soll wieder ihrer Freiheit beraubt, wieder in
Dienstbarkeit der Kirchenautorität gebracht werden. Daher hat
man sich besonders auf katholischer Seite in aller Weise zu stärken,
zu waffnen gesucht, und den Papst in Rom geradezu mit einer
Riesenrüstung und Bewaffnung durch decretirte Unfehlbarkeit und
absolute Gewalt ausgestattet. Aber gegen die Wissenschaft wird dieser

Riefe mit all seiner Ungeschlachtheit und Waffenrüstung nichts ausrichten; die Ritter vom Geiste werden ihn schließlich doch bezwingen
und unschädlich machen. So wenig in der Natur da und dort Wunder
geschehen zu Gunsten dieser oder jener Personen, so wenig in der
Geschichte zu Gunsten dieses oder jenes Systems, dieser oder jener
Herrschermacht, wenn sie dies auch noch so bestimmt von sich selbst
behauptet und den Glauben daran durch Flüche und Verwünschungen
zu erzwingen sucht. An äußeren Wundern oder übernatürlichen Kräften
und Vollmachten können nur noch die Ungebildeten festhalten, die nicht
selbst zu forschen und selbstständig zu denken vermögen. Diese freilich,
sowie auch die Frauen und Kinder, werden stets geneigt sein zum
Glauben an äußere Wunder, theils weil sie die Uebel des Daseins
nicht nach verständiger Beurtheilung betrachten und in rationeller
Weise ihnen entgegenwirken, oder sie mit grundsätzlicher Resignation
als unvermeidlich zu ertragen vermögen, sondern nach augenblicklicher
Hülfe begierig, nach Wundern verlangen und sie gern glauben. Dann
auch, weil bei geringerer Ausbildung des Verstandes stets die Phantasie
um so lebhafter ist, die sich das göttliche Walten Gemüthsmotiven
gemäß nicht nach Gesetzen, sondern nach Willkür und in äußerlichen
Formen vorstellig macht. Da die Phantasie in der frühesten Jugend
fast allein thätig ist und zuerst fast nur auf sie und auf das Gemüth
gewirkt werden kann, nicht durch Vernunftgründe, und also die Religion zuerst ganz nur in das Gemüth des Kindes eingepflanzt werden
muß, und anfangs auch nur durch Phantasiebilder belebt werden kann,
so ist klar, wie schwierig, wenn nicht geradezu unmöglich, eine Religion
ohne äußerliche Wunder allgemein werden, in's Volksbewußtsein eingeführt werden kann; ja wie es unschwer geschieht, daß man eine Religion ohne Wunder geradezu für ein Parodoxon, für etwas sich selbst
Widersprechendes hält.

Soll nun aber der schroffe Gegensatz zwischen Verstand und Gemüth
das geistige Leben der Gebildeten von dem der Ungebildeten vollständig scheiden, sollen die Einen Erkenntniß erringen, dafür aber die
Religion verlieren, die Anderen umgekehrt zwar im Besitze des religiösen Glaubens bleiben, dafür aber des Wissens entbehren, von dem
Gebiete der Erkenntniß fern gehalten werden müssen? Soll das eine
dieser beiden Güter immer nur um den Verlust des andern wahrhaft
zu erlangen oder zu bewahren sein, und die Menschheit schroff immer
mehr in Wissende und Glaubende sich scheiden, von denen die
einen übernatürliche, göttliche Einwirkung in die Natur unbedingt
läugnen, die andern einzig nur aus der Annahme solch' vermeintlichen wunderbaren Wirkens Gottes ihren Glauben nähren
und erhalten? — Wir meinen nicht, daß dies nothwendig
sei, sondern halten dafür, daß wohl die Möglichkeit bestehe, Glauben
und Wissen zu verbinden, den Wissenden den wirklich religiösen

Glauben zu erhalten, den Glaubenden die Theilnahme an den Resul=
taten der Wissenschaft zu ermöglichen. Und wir glauben, daß die=
jenigen Unrecht haben, welche meinen, daß man, um diesen Zwiespalt
zu beseitigen, entweder den Verstand für einen gottlosen Verbrecher
halten und zu Gunsten des Gemüthes unterdrücken müsse, oder um=
gekehrt, das Herz für ein abergläubisch thörichtes Ding nehmen und dem
Verstande opfern müsse. Auch dem Gebildeten genügt die bloße Ver=
standeserkenntniß nicht, kann der erkannte Mechanismus der äußern
Gesetzmäßigkeit und die Ordnung der Welt nicht die volle, tiefste
Befriedigung gewähren dem Großen und Ganzen gegenüber, so wenig
als er seinem ästhetischen Gefühl und Genuß entsagen mag zu Gunsten
des erkannten mechanischen Geschehens, das bei der Befriedigung desselben
als Mittel dient. Selbst D. F. Strauß will sich mit der Verstandes=
erkenntniß des Alls nicht begnügen: er fordert Pietät für sein Uni=
versum, und er versichert, daß sein Gefühl für das All, wenn es
verletzt wird, geradezu religiös reagire. Für einen bloßen Mechanis=
mus hat aber Pietät gar keinen Sinn, und von einem solchen kann
auch das Gemüth unmöglich je religiös erregt werden, sondern dies kann
nur geschehen durch ein Ideales, Innerliches und Geistiges, das sich
im Universum als seinem Symbol oder Werk kund gibt und dem
Gemüthe sich offenbart, wie der ideale Gehalt eines Kunstwerkes auf
das Gemüth wirkt, während der Verstand, das dabei verwendete
Material, die Technik der Ausführung und anderes erkennt. Alle
Erkenntniß der Gesetzmäßigkeit mechanischer Ordnung der Welt hindert
daher eine religiöse Gemüthsbethätigung keineswegs, die stets in einem
Gefühl unmittelbaren Verhältnisses zur Gottheit besteht, wie das
Gefühl der Andacht bezeugt, das eben ein direktes Erheben der Seele
zur Gottheit ist, wie man zu sagen pflegt, eigentlich ein Fühlen Gottes
und seines Waltens und ein damit verbundenes Sichhingeben in sich
schließt. In solchem Zustande fühlt und will auch der Gebildete,
Wissende ein unmittelbares Wirken, ein übernatürliches Walten der
Gottheit: aber nicht für die Außenwelt und zum Eingreifen in die
Naturordnung, sondern für seine Innenwelt, für seine Seele, in welcher
die göttlichen Wunder für Gemüthserhebung, Erleuchtung und Wechsel=
wirkung mit dem freien Wollen stattfinden können. Dies ist kein
übernatürliches, wunderbares Wirken, sondern eine natürliche Bethä=
tigung des Gemüths, welche sogar die Gottesidee für sich
hervorbringen kann und die daher auch der Atheist zugeben muß.
Wunder des Gemüths und der Imagination, welche die Ungebildeten
auch wahrnehmen, fühlen, aber nach ihrer äußerlichen Art und ihren
äußerlichen Wünschen sie dann nach außen verlegen, im äußerlichen
Verlauf der Natur fordern — ein Verlangen, das so stark ist, daß
trotz der ausdrücklichen Ablehnung der Wunder von Seite der größten
Religionsstifter der Menschheit, die das wahre Wesen der Religion

beſſer kannten als die Menge, dieſelben doch immer wieder bald nach
ihrem Hingang von ihren Gläubigen reichlich damit ausgeſtattet
wurden. In Folge der religiöſen Gemüthsbethätigung wird dann
auch die erkannte, mechaniſche Ordnung und Geſetzmäßigkeit in ihrem
äußerlichen Daſein und Wirken nicht mehr blos naturaliſtiſch betrachtet,
ſondern gleichſam eingetaucht in die religiöſe Gemüthsſtimmung, nun
auch religiös gedeutet, d. h. als Ausdruck göttlicher Vernunft und
göttlichen Wollens aufgefaßt werden, welchem ſich fügen, in Reſigna=
tion ſich unterwerfen, ein wahrhaft religiöſer Act iſt. Indem endlich
dieſe Naturgeſetze bei der Erfüllung der ſittlichen Pflichten der
Menſchen gegen einander verwendet werden im praktiſchem Leben, erhalten
ſie dadurch eine erhöhte Bedeutung und gleichſam ethiſche und zugleich
religiöſe Weihe, werden über ihr blos naturaliſtiſches Weſen erhoben in
ähnlicher Weiſe, wie ſie in der Kunſt zu idealer Verklärung gelangen.

Dabei iſt keineswegs gemeint, als ob die eigentliche Wurzel alles
religiöſen Lebens, die religiöſe Gemüthsſtimmung oder Gefühlserregung,
ohne alle weitere Geſtaltung, ohne äußeres Zeichen bleiben ſolle, wie
die poſitiven Religionen ſie zeigen. Da das Gemüth mit ſeiner Erre=
gung einerſeits auf die Phantaſie wirkt und dieſe zur Thätigkeit, zu
Geſtaltungen veranlaßt, andrerſeits aber dieſe mit ihren Bildern und
Zeichen hauptſächlich auf das Gemüth einwirkt, ſo iſt begreiflich, daß
es in der Religion ſtets zu äußern Zeichen, Bildern, Symbolen komme,
um den Inhalt der Gemüthsbewegung kund zu geben, anzudeuten und
in andern wiederum Gleiches zu erregen. Auch die Erkenntnißkraft
kann und darf dabei in Anſpruch genommen werden. Das göttliche
Weſen, das ſich dem Gemüth im religiöſen Gefühl ankündigt und inſofern
offenbart, darf, wie es in Tönen Ausdruck findet und durch ſolche erregt
werden kann, auch durch Thätigkeit des Erkenntnißvermögens zur Klar=
heit gebracht, in Begriffen und Urtheilen ſeinem Inhalt nach erfaßt
und befeſtigt und dieſe mit der Wiſſenſchaft und ſonſtigen Cultur der
Zeiten und Völker in Beziehung und Einklang geſetzt werden. Aber
dieſe Begriffe und theoretiſchen Sätze, die Dogmen, ſollen eben nichts
anderes ſein wollen, als was ſchon der Ausdruck „Dogma“ ſagt, das
was unter gegebenen Umſtänden ſich als das Wahre in dieſer Beziehung
zu ergeben ſcheint; was nicht ausſchließt, daß bei weiterer Forſchung
ein noch beſſeres „Dogma“ erreicht werden kann. Und all' die Dogmen
ſollen nur als wirkliche „Symbole“ gelten für die abſolute Wahrheit,
nicht für dieſe ſelbſt ausgegeben werden; denn die ewige unbedingte
Wahrheit ſehen wir in dieſem Daſein nur im Bild und Gleichniß,
nicht wie ſie an ſich iſt, nicht gleichſam von Angeſicht zu Angeſicht.
Die ganze Geſchichte bezeugt, daß es ein Wahn iſt, und oft ein ſehr
hemmender, ſchädlicher und liebloſer Wahn, zu glauben, daß man in
ſeinen religiöſen Dogmen die abſolute Wahrheit beſitze. Endlich iſt
unſers Erachtens darauf zu halten, daß auch das Sittengeſetz und die

sittliche Pflicht in inniger Beziehung bleiben mit dem wahren Wesen der Religion, wie es im Gemüthe sich kund gibt. Das Gemüth ist das innerste Wesen des Geistes, dessen unmittelbares Dasein und Leben, und was wirklich lebendig sein soll, muß in ihm empfangen und aus ihm geboren werden. So also auch die Sittlichkeit aus dem religiösen Gemüth. Das Sittengesetz und das Gewissen sind in der Menschen- natur selbst begründet, müssen aber zugleich gefühlt und geschaut werden als begründet im ewigen Wesen Gottes selbst — eine Auffassung, die ebenso die stärksten Motive der Sittlichkeit gewährt, wie sie die Würde des Menschen bei dem Gehorsam gegen das Sittengesetz wahrt, da er nun in seinem Wollen und Thun nicht einem zufällig und willkürlich festgestellten oder einem erkünstelten Gesetze sich fügt.

Eine Religion also, welche die wissenschaftlichen Resultate anerkennt und insbesondere in Folge der erkannten durchgängigen Gesetzmäßig- keit der Natur, sowie einer geläuterten Vorstellung von Gott und seiner Wirksamkeit, den üblichen Wunderglauben und den gesammten Aberglauben, der sich damit verbindet, zurückweist — eine solche Religion ist darum noch nicht ohne äußere Zeichen, ohne theoretischen Inhalt und ohne Cultus, schränkt die Religion noch nicht rein auf den einzelnen subjectiven Menschen und seine unmittelbare Beziehung zu Gott ein. Aeußerliches wunderbares Wirken Gottes in der Natur zu Gunsten des Menschen kann der Cultus freilich nicht mehr verlangen, wohl aber ein göttliches Wirken in der Seele, welches in der That jedem unmittelbar schon durch die Erhebung der Seele, des Gemüthes zu Theil wird, so daß in so fern kein wirkliches Gebet ohne Wirkung bleibt, da es diese schon in sich selber trägt, ohne sie eigentlich gar nicht besteht. Davon kann aber auch eine Rückwirkung auf den ganzen physischen oder physisch-psychischen Zustand stattfinden und auf die ganze Lebensthätigkeit selbst. Sogar das gesetzliche Walten und die Ordnung der Natur können Gegenstand des Gebetes und der religiösen Gesinnung werden dadurch, daß darin, wie schon bemerkt, der Ausdruck göttlichen Willens erblickt wird, und der religiöse Act sich darauf bezieht, daß der Einzelne seine Wünsche, sein Geschick in Ergebenheit dem gesetzlichen Wirken unterordnet und sich selbst als Einzelner den allgemein wirkenden Gesetzen und Fügungen, wo er in berechtigter Selbstthätigkeit nichts zu ändern vermag, wie einer Gottes- fügung als Opfer hingibt. Geschieht dies je, wie schon oben bemerkt, auch trotz allen Wunderglaubens allenhalben. Wenn die Vertreter des Wunderglaubens zuerst bei den Leidenden alle Hoffnung erregt haben, daß ein wunderbares Eingreifen der göttlichen Macht statt- finden werde, und wenn sich zuletzt diese Erwartung als Illusion erweist, dann werden die so Getäuschten mit der Versicherung getröstet, daß es im unerforschlichen Rathschlusse Gottes gelegen sei, nicht zu helfen, und daß man sich eben vertrauensvoll fügen müsse. Der

Rathschluß Gottes ist da nicht so verborgen, er ist ein allgemeiner, in der gesetzlichen Weltordnung geoffenbarter und das Sichfügen sollte man den Menschen nicht dadurch erschweren, daß man zuerst unge= gründete Hoffnungen erweckt.

Bei dem großen Hange der Menschen, die äußerlichen Zeichen über= mäßig zu häufen, dieselben für das Wesen zu halten und damit immer wieder in tiefen Aberglauben zu versinken, hat die Wissenschaft die besondere Aufgabe, diesem Hang fortwährend entgegen zu wirken, muß sich also in so fern hauptsächlich kritisch und negativ verhalten, wenn auch freilich nicht ausschließlich, da sie auch dahin zu streben hat, die religiösen Symbole und Dogmen nach den Errungenschaften der Wissenschaft und einer erhöhten ethischen und ästhetischen Bildung immer weiter fortzubilden, aufzuheben und neu zu gestalten, wie es der Natur der Sache gemäß bei dem historischen Wesen der Mensch= heit nicht anders zu sein vermag. Von Seite der Rechtgläubigen und der Abergläubischen ist darum auch die Wissenschaft der Gegen= stand beständiger Klage, Anfeindung und Schmähung. Denn die Rechtgläubigen wollen, daß ihre fix und fertigen Formeln absolut gültig und für alle Zeiten unveränderlich seien, während sie doch auch nur aus der Zeit hervorgegangen sind, und die Schwächen und Eigen= thümlichkeiten der Zeit ihrer Entstehung überall an sich tragen. Die Abergläubischen aber sind der Wissenschaft feind, weil sie überall Wunder und Zauberei wollen, diese allein für Beweis göttlichen Daseins und Wirkens und außerdem noch für sehr poetisch und amüsant halten, der langweiligen Wissenschaft und Vernunft gegenüber. Die Menschen, meint man, brauchen nun einmal dergleichen in diesem öden Dasein und müssen durch äußerliche Zeichen und Zauberwesen religiös erregt werden und zugleich Hülfe und Beruhigung finden. Daß das Volk vielfach Verlangen nach dergleichen hat, ist richtig, und ganz ohne Befriedigung bleibt die sinnliche Seite der menschlichen Natur bei unserer Auffassung der Religion keineswegs. Aber es wird mit dem behaupteten Volksbedürfniß allenthalben Mißbrauch getrieben. Man bildet den Menschen, von frühester Jugend auf eine große Menge abergläubischer Bedürfnisse, das Verlangen nach Wundern und Zaubermitteln künstlich an, und beruft sich dann zum Behuf der Aufrechthaltung derselben auf das Bedürfniß des Volkes, das man zuvor verbildet hat. Das Volk ist so, wie es gebildet wird, und selbst bei romanischen Völkern ist der grobe Aberglaube, der allent= halben herrscht, kein absolutes Volksbedürfniß, sondern beruht vorherrschend auf Gewöhnung und Ueberlieferung und vielfach auch aufgeflissentlicher Aufrechthaltung auch des gröbsten Plunders in dieser Beziehung, mit roher Schmähung und Verdächtigung all' derer, welche eine Besserung anstreben.

Hat doch sogar die reformirte Confession, die von äußerlichen Cultusformen so sehr sich befreit hat, selbst in romanischen Ländern vielfach Eingang gefunden und sich dauernd zu erhalten gewußt. An sich also ist ein großer Apparat von Ceremonien und Zaubermitteln weder von der menschlichen Natur, noch vom Wesen der Religion selbst gefordert; aber wo sich einmal ein besonderer Stand gebildet hat, dem die Aufgabe gestellt ist, und der einzig und allein die Vollmacht haben will, geheimnißvoll und zauberisch die Verbindung mit der Gottheit zu erhalten und deren Hülfe und Wohlgefallen zu vermitteln, da wird das höchste Interesse dieses Standes darin bestehen, das Bedürfniß des Volkes nach solchen Mitteln zu erhalten und zu erhöhen. Denn in demselben Maße wächst ja auch die Unmündigkeit des Volkes, dessen Unselbständigkeit in religiösen Dingen und die unbedingte Abhängigkeit von Zauberern und Priestern, von welchen allein die göttliche Hilfe, die übernatürliche Heiligung und die ewige Seligkeit abhängig gedacht wird. Je mehr also der Aberglaube und das Bedürfniß nach priesterlicher Vermittlung in dem Verhältniß zu Gott überhand genommen haben in Folge des natürlichen Hanges zum Aberglauben, und der Sucht, bequem das ewige Heil sich anzaubern zu lassen, statt selbst ernstlich danach zu streben, um so größer sind die Macht und der Einfluß dieser Mittelspersonen. Daß diese sich nicht auf das religiöse Gebiet beschränken, sondern auch auf das politische übergreifen, um auch hier die erste, endgültig bestimmende Macht zu spielen, ist unserer Zeit endlich hinreichend klar geworden. Die religiöse Reform erweist sich nicht blos als eine Lebensfrage für die Religion und die Wissenschaft, sondern selbst auch für den Staat, seine Selbständigkeit und seine Culturaufgabe.

3.

Wir haben zu zeigen versucht, wie das Berechtigte des Naturalismus, die erkannte Thatsache allgemeiner Gesetzmäßigkeit der Natur, zur Anerkennung gebracht, zugleich aber im Gemüth und in der Gesinnung die religiöse Weltauffassung gewahrt und die blos naturalistische selbst überwunden werden könne. Nun aber ist noch eingehender darzuthun, wie der Supranaturalismus insbesondere in seiner ausgebildetsten, mächtigsten Form, der römisch-katholischen Hierarchie, wissenschaftlich überwunden und religiös-sittliche Freiheit errungen werden könne. — Unsere Erörterungen wären vergeblich, wenn sie nicht auch den Weg zur Befreiung von diesem hierarchischen Joche, zu dem das Christenthum geformt worden ist, zeigen und die Hauptmittel dazu angeben könnten. Und zwar so, daß der Beginn dieser Befreiung nicht schon einen Standpunkt außer der hierarchischen Kirche selbst voraussetzt, und also zur Befreiung schon Freiheit erforderlich wäre, sondern so, daß innerhalb dieses Kirchensystems selbst der Punkt gezeigt wird, von dem aus dieselbe möglich ist. Allerdings begegnet man allenthalben der Meinung, daß ein legitimer, geordneter Uebergang vom hierarchischen Autoritäts- und Unterwerfungssystem zu einer vernünftigen, selbständigen Ueberzeugung und zu christlicher Religiösität nicht möglich sei, daß man als Katholik das System gar nicht prüfen und bestreiten, daher auch nicht überwinden könne, sondern sogleich mit dem Ganzen vollständig brechen, sogleich aufhören müsse, Katholik zu sein. Da wäre freilich das System nicht innerlich, von innen her, zu überwinden, sondern nur äußerlich zu zerstören; so lange Jemand Katholik wäre, könnte er nicht prüfen und Opposition erheben gegen die Hierarchie und ihr absolutes Autoritätsprincip, und wenn er einmal dies thäte, wäre er vom ersten Moment an kein Katholik mehr. Diese Hierarchie stellt allerdings die Sache so dar, und handelt danach auch mit aller Entschiedenheit, so daß jede Opposition sogleich Verdächtigung der katholischen Gesinnung und Ausschließung aus der hierarchischen Kirche nach sich zieht — ein Terrorismus freilich, der für die Erhaltung und Befestigung des Systems stets die besten Dienste leistete.

Wir wollen zeigen, daß diese gewöhnliche Meinung und Praxis unberechtigt sei, daß es vielmehr innerhalb des katholischen Systems selbst in der That einen Standpunkt, ein Princip gebe, von dem aus das theils unhaltbar gewordene, theils mißbrauchte System rechtmäßig überwunden, durchbrochen werden kann und muß, — überwunden werden kann, nicht indem man unkatholischen Grundsätzen folgt, sondern indem man ein katholisches Grundprincip zur Geltung bringt, also von einem Rechte der Katholiken Gebrauch macht und die Pflicht eines Katholiken erfüllt: ein Recht und eine Pflicht, die jedem Katholiken in gleicher Weise zukommt, so weit er eben der Ausübung und Erfüllung fähig ist. Dies mag auf den ersten Blick und angesichts der Erfahrung und thatsächlichen Verhältnisse als paradox erscheinen, aber man braucht die Sache selbst nur zu nennen, um sofort zur Erkenntniß zu bringen, daß es sich um etwas ganz Selbstverständliches handelt. Wir meinen nämlich das Recht und die Pflicht des Katholiken, die Autorität selbst, der er sich gläubig unterwirft, und der er das Heil seiner Seele für Zeit und Ewigkeit unbedingt anvertrauen soll, zu prüfen: ob sie nämlich die wahre, zuverlässige Autorität auch wirklich sei, für welche sie sich selbst ausgibt.

Allerdings ist das Grundprincip des Katholicismus das der unbedingten Autorität, das sich in unserer Zeit auch bis zum äußersten Extrem, zur gefährlichsten Einseitigkeit ausgebildet hat. Ein Katholik, der einmal die kirchliche Autorität als wahre, direct göttlich eingesetzte und geleitete erkannt und anerkannt hat, der also einmal innerhalb dieses hierarchischen Kirchensystems sich befindet, hat auch die Pflicht

der unbedingten Unterwerfung unter diese Autorität und unter alles,
was sie an Dogmen, Satzungen rc. feststellt und vorschreibt. Der
Verstand hat da kein Recht der selbständigen Prüfung dessen,
was diese Autorität zu glauben und zu üben vorschreibt; er muß sich
gefangen geben, muß blindlings gelten lassen, was ihm als Wahrheit
auferlegt wird. Alle Verstandesthätigkeit und alle sogenannte theo=
logische Wissenschaft gründet sich daher auf den Glauben, erhält von
diesem die Directive, darf nicht mehr prüfen, ob das Geglaubte auch
wahr sei, sondern darf sich nur noch um Klarheit und Verständniß
des Geglaubten bemühen. Hier gilt der Grundsatz: „Ich glaube,
damit ich zur Erkenntniß komme" (credo ut intelligam). Es ist ein
Widerspruch, die Hierarchie mit dem Papstthum als göttlich eingesetzte
und göttlich geleitete Autorität anerkennen, und dann noch das,
was sie beschließt, feststellt, zu glauben vorschreibt, erst prüfen wollen,
ob es auch richtig und wahr sei, mit der wissenschaftlichen Forschung,
mit Geschichte, Natur und Vernunft übereinstimme, oder nicht. Gott
hat durch seine Kirche (päpstliche Hierarchie) gesprochen, da ist es
Pflicht eines jeden, der dies glaubt, sich bedingungslos zu fügen, nicht
erst zu fragen, ob denn die göttliche Autorität auch Wahres, Berech=
tigtes festgestellt und vorgeschrieben habe; das hieße, Gott selbst unter die
Controle von Vernunft und Wissenschaft stellen. Alle selbständige
Prüfung, aller Vernunftgebrauch ist da ausgeschlossen, es bleibt nur
blinde Unterwerfung als Pflicht übrig.

Allein dies alles gilt nur für den Fall, daß die kirchliche Autorität
(Hierarchie) als wirklich direct göttliche geglaubt, anerkannt ist; gilt
also nur für die, welche innerhalb der Kirche sich befinden, und so
lange sie in dieser Hierarchie eine wirklich göttliche Autorität erkennen,
oder zu besitzen glauben. Aber es gilt nicht für die Annahme und
Anerkennung dieser Autorität selbst als einer göttlichen. Diese An=
nahme kann nicht als blinde gefordert werden, sondern in dieser Be=
ziehung besteht das Recht und die Pflicht, zu prüfen, ob diese sich
für göttlich ausgebende Autorität auch wirklich göttlich sei und man
sich ihr also vernünftigerweise anvertrauen, unterordnen könne und
müsse. Um also in die Kirche, d. h. in das Gebiet dieser angeblich
göttlichen Autorität auf vernünftige Weise, nicht blos unvernünftig
und blindlings, hinein zu kommen oder auch darin zu verharren,
wenn man unbewußt und willenlos hinein gekommen, ist Prüfung
berechtigt und nothwendig; um so mehr, als so viele Autoritäten be=
stehen, die sich für göttlich ausgeben und einander bekämpfen, also
nicht alle wirklich göttlich sein können. Hier kehrt sich also der obige
Grundsatz: „Credo ut intelligam" um und lautet: „Intelligo ut
credam," d. h.: „Ich muß erkennen, daß die Autorität, der ich
glauben soll, auch wirklich göttlich sei und daher zuverlässig Wahrheit
verkünde." Und hier begehe ich keinen Widerspruch, wenn ich meinen

13*

Glauben von meiner Prüfung abhängig mache; denn ohne das Recht dieser Prüfung könnte jeder nächste beste Phantast, Betrüger oder Gewalthaber kommen und das Verlangen stellen, daß man sich ihm blindlings als göttlicher Autorität unterwerfe, und alles blindlings für Wahrheit halte, was er verkünde.

Dieses Recht der Prüfung ist ebenso von der Bibel und Tradition anerkannt, wie es in der Natur des Menschen selbst (im Unterschied vom Thiere) begründet ist. Die Bibel fordert nicht blos auf: „alles zu prüfen und das Beste zu behalten," sondern verlangt insbesondere eine Prüfung der Geister, ob sie aus Gott seien und also als Autorität, der man Glauben schenkt, gelten können. Und von den frühesten Zeiten der christlichen Kirche an hat man sich stets bemüht, derselben durch rationelle Begründung und Rechtfertigung Anerkennung zu gewinnen. Die sogenannten Apologeten thaten dies in den ersten Jahrhunderten, und in der theologischen Wissenschaft hat sich ein gewissermaßen einleitender Theil herausgebildet, der sich zur Aufgabe gestellt hat, zu untersuchen, ob denn die christliche Religion eine göttliche sei (mitten unter den andern nicht göttlichen), ob Christus als Gottesgesandter und als Gott in Wort und That sich erwiesen habe und also sein Werk vollständig göttliche Offenbarung sei. Selbstverständlich muß dann diese Prüfung auch auf die Kirche und die hierarchische Kirchen-Autorität sich erstrecken darauf nämlich, ob diese wirklich eine göttliche Stiftung sei, wofür sie sich ausgibt, und wirklich göttliche Autorität in Anspruch nehmen könne, und also allenthalben Anerkennung und Unterwerfung von Seite aller Menschen finden dürfe und müsse. Diese umfassende Aufgabe sucht die Theologie in der sogenannten Apologetik oder „Generaldogmatik" zu lösen. Daß das Recht dieser Prüfung in der vernünftigen Natur des Menschen selbst begründet sei, ist leicht zu erkennen, wenn man sich das Gegentheil denkt und die Folgen daraus in Erwägung zieht. Wäre eine solche Prüfung der Autorität, welche die Forderung stellt, daß man sich ihr gläubig unterwerfe, ausgeschlossen, so würden einzig nur der Zufall, die Gewohnheit, Erziehung, Vorurtheil entscheiden, welcher von allen dergleichen Glaubensautoritäten die Einzelnen oder ganze Völker sich unterwerfen, oder es würde dies nur durch Gewalt und Zwang einerseits und blindes Sichfügen andererseits erreicht, wie die Abrichtung vernunftloser Thiere für einen bestimmten Zweck geschieht. Würde nur das Credo ut intelligam gelten, so müßte zwar irgend Jemandem und irgend etwas geglaubt werden, aber es müßte als gleichgültig gelten, wem und was geglaubt werde, da Prüfung verboten wäre, und demnach ein Unterschied nicht gemacht werden könnte. Soll also dieses credo ut intelligam selbst ein vernünftiger Act werden, und soll von einer Pflicht die Rede sein können, gerade dieser Autorität zu glauben und keiner andern, und gerade dies für wahr zu halten und nichts anderes, so muß zu dem genannten Grundsatz nothwendig der zweite hinzukommen: Intelligo ut credam (ich muß erst prüfen, ehe ich glaube), wodurch allein vernünftiger, menschenwürdiger Glaube und Gehorsam möglich wird. Wird aber dieser Grundsatz und dieses Recht anerkannt und zur Geltung gebracht, dann kann es nicht bei der obenerwähnten blinden Unterwerfung unter alle Beschlüsse und Satzungen der kirchlichen Autorität sein Bewenden haben, sondern es wird derselben gegenüber stets auch vom Rechte der Prüfung Gebrauch gemacht werden dürfen und müssen. Zu dem Grundsatz: „Die kirchliche Autorität hat gesprochen, also ist nicht mehr zu prüfen, ob der Ausspruch wahr sei oder nicht, sondern man hat sich demselben als einem göttlichen zu unterwerfen," zu diesem Grundsatz wird sich die Frage gesellen müssen: ob die kirchliche Autorität sich wirklich als eine göttliche bewährt oder als ungöttlich erwiesen habe. Sind deren Feststellungen offenbar unrichtig, unwahr gegen Vernunft und geschichtliche Thatsachen, dann wird das Urtheil lauten: „Diese Autorität hat geirrt, hat Unwahres für göttliche Wahrheit ausgegeben, also ist sie nicht eine göttliche, sondern nur eine menschliche, die sich fälschlich und frevelhaft für eine göttliche ausgiebt." Nicht blos so wird demnach zu urtheilen sein: „Diese Feststellungen sind unrichtig, unwahr, also sind sie nicht anzunehmen, und es ist der Autorität in diesem speciellen Falle Widerstand zu leisten," sondern das Urtheil kann in solchem Falle vielmehr nur so lauten: „Diese angeblich göttliche unfehlbare Autorität hat einen offenbaren Irrthum begangen, also ist sie überhaupt nicht unfehlbar, nicht direct göttlich geleitet, und ist demnach mit ihren Ansprüchen auf göttliche Autorität zurückzuweisen. Ein falscher Beschluß dieser Autorität entbindet also nicht blos von der Pflicht, diesem einzelnen Beschluß sich zu fügen, er vernichtet vielmehr diese Autorität überhaupt als eine unfehlbare, göttliche. Und dieser falsche Beschluß kann auch nicht wieder gut gemacht werden; denn würde er auch widerrufen, so könnte doch die Thatsache damit nicht ungeschehen gemacht werden, daß derselbe gefaßt wurde und die Autorität ihre Irrthumsfähigkeit und damit ihre Nichtgöttlichkeit gezeigt habe. Ein falscher Schritt vernichtet zwar keine menschliche Autorität als solche, aber eine sich für göttlich ausgebende Autorität ist unrettbar vernichtet auch schon durch einen einzigen Irrthum. Und daß ein Beschluß dieser Autorität als solcher erkannt und bezeichnet werden darf, liegt in dem genannten zu allen Zeiten und auch für alle Katholiken geltenden Grundsatz: daß die Autorität selbst geprüft werden dürfe und müsse, der man sich gläubig unterwerfen soll — ein Grundsatz, der eigentlich nichts anderes sagt, als dies: daß die Katholiken als solche nicht aufgehört haben, Menschen zu sein, Menschenrechte zu besitzen und in Ausübung zu bringen, und nicht verpflichtet sein können, sich der

kirchlichen Autorität gegenüber nur wie vernunftlose Thiere zu ver=
halten.

Theoretisch ist der genannte Grundsatz, oder das Recht und die
Pflicht der Prüfung der Autorität der Kirche, ob sie wirklich göttlich
sei oder nicht, stets anerkannt worden und wird es noch; praktisch
aber keineswegs. Seit Jahrhunderten ist vielmehr wirklich ernsthafte,
freie Prüfung in dieser Beziehung unmöglich gewesen, theils
wegen mangelhafter historischer, naturwissenschaftlicher, philologischer
und philosophischer Kenntniß, theils wegen der gewaltsamen Unter=
drückung aller freien, selbständigen Prüfung durch die Träger der
kirchlichen Autorität. Man gestattete allerdings Prüfung dieser Auto=
rität, forderte wohl auch dazu auf; aber wehe dem, der ein anderes
Resultat erzielte in irgend einer Beziehung, als die Autorität wollte,
oder für zulässig erklärte! In der That sind seit lange und noch
zur Stunde all' die sogenannten wissenschaftlichen Gründe für
die Göttlichkeit der hierarchischen Kirchen=Autorität der sogenannten
kirchlichen Wissenschaft vorgeschrieben, und müssen selbst geglaubt
werden, statt den Glauben wirklich zu begründen. Man fordert
zwar zu vernünftiger Prüfung auf, aber nur die ungebildete, un=
beholfene Vernunft soll prüfen dürfen, die sich natürlich durch die
insinuirten, vorgeschriebenen Gründe imponiren und überzeugen läßt;
nicht aber die wissenschaftlich gebildete Vernunft, die Wissenschaft selbst,
läßt man selbständig forschen und entscheiden; denn diese fürchtet man,
da sie die vorgeschriebenen vermeintlichen Beweisgründe selber prüfen
und nach ihrem Werthe beurtheilen kann. Man setzte jedem ernsthaft
forschenden selbständigen Denker sogleich die hierarchisch = kirchliche
Pistole auf die Brust, um denselben zur Unterwerfung zu nöthigen,
oder zu vernichten. So seit Jahrhunderten, und im gesteigerten Maße
in unserer Zeit. Der Grundsatz: Intelligo ut credam wurde that=
sächlich vollständig, praktisch wenigstens, außer Kraft und Geltung
gesetzt, und das Volk und die Wissenschaft selbst vollständig des
Rechtes der Prüfung der Autorität beraubt; alle Gläubigen,
außer den Trägern der Autorität, sind zum Range vernunftloser
Geschöpfe herabgesetzt und darin gehalten. Es ist eben sehr verlockend
und sehr bequem, sich als unbedingt geltende Autorität, als göttliche
Stellvertretung hinzustellen, allen Menschen es zur heiligsten Pflicht
zu machen, sich bedingungslos zu unterwerfen, und zugleich alle wirk=
liche Prüfung der Berechtigung dieser Ansprüche thatsächlich zur Un=
möglichkeit zu machen. Statt diese zu gestatten, sicherte sich diese
Autorität ihre Anerkennung durch äußerliche Gewalt, Gewohnheit,
Vorurtheil, mittelst der Erziehung, durch Furcht und Hoffnung. Es
konnte sich auf diese Weise wohl das großartige feste Gefüge der katho=
lischen Kirche und Hierarchie bilden und große historische Haltbarkeit
und äußerliche Widerstandskraft erlangen: aber die erwachende Wissen=

schaft, das zurückgeforderte Recht der Prüfung, richtet sich dafür auch sogleich gegen den Mittelpunkt des Systems, die Autorität selbst; denn jede nachgewiesene Unrichtigkeit, Unvernunft und Absurdität im System vernichtet nicht blos diese, sondern die Autorität selbst in ihrer vorgeblichen Göttlichkeit und Unfehlbarkeit. Die Wahrheit und das Recht können sich einem solchem System gegenüber nur zur Geltung bringen, indem sie gleichsam über die Leiche der Autorität selbst hinwegschreiten, — nicht blos, indem sie einen begangenen Irrthum bekämpfen und die Quelle desselben bestehen lassen.

Es dürfte nunmehr die Zeit gekommen sein zur Zurückforderung des so lange unterdrückten, wenn auch theoretisch anerkannten Rechtes der wirklichen, ernsthaften Prüfung der kirchlichen, insbesondere der hierarchischen Autorität selber. Theils deswegen erscheint jetzt diese Zeit als gekommen, weil jetzt durch die vom kirchlichen Zwange frei gewordene Wissenschaft alle Mittel zu solcher Prüfung errungen sind, die früher nicht zu Gebote standen, theils weil gerade jetzt diese Autorität mehr als je ihre unbedingte Gewalt geltend zu machen und alle entgegenstehenden Rechte zu vernichten, alle Freiheit der wissenschaftlichen Prüfung zu unterdrücken strebt. Erschreckt durch die freie naturwissenschaftliche wie historische Forschung, in Verbindung mit Sprachwissenschaft und Philosophie, suchte insbesondere das römische Papstthum sich auf's äußerste zu concentriren, und ließ sich mit der höchsten absoluten Dictatur und mit dem göttlichen Prädicat der Unfehlbarkeit ausrüsten, um diesen schweren Kampf zu bestehen. Es wird vergeblich sein der europäischen Cultur und Wissenschaft gegenüber. Denn wenn es auch gelingen würde, die Katholiken insgesammt wieder vollständig unter das römisch-päpstliche Joch zu bringen, so wäre ja damit doch die europäische Wissenschaft noch nicht besiegt oder abgethan. Die Andersgläubigen, insbesondere die Protestanten, von denen die freie moderne Wissenschaft hauptsächlich ausgegangen ist, würden die bei den Katholiken unterdrückte Forschung doch fortsetzen und Kritik der katholischen Hierarchie üben wie bisher, und es würde unmöglich sein, die Resultate hiervon den Katholiken ganz zu verbergen, selbst wenn der äußerste Terrorismus geübt würde. Freilich, der Jesuitismus und das Papstthum hegen die kühne Hoffnung, selbst den Protestantismus zu besiegen und die päpstliche Hierarchie wieder zur Oberherrschaft zu bringen. Allerdings ein eitler Gedanke; aber hätte Napoleon III. im Kriege 1870 gesiegt, also das deutsche Volk und insbesondere das protestantische Preußen niedergeworfen, so würde immerhin ein schwerer Druck nicht blos auf die Wissenschaft in Deutschland, sondern auch auf den Protestantismus selbst geübt worden sein. Da es anders gekommen, so ist es selbstverständlich, daß der deutsche Sieg im entgegengesetzten Sinne ausgebeutet und diese päpstlich-hierarchische Autorität gründlich geprüft werde, um die europäischen Völker von diesem drückenden Alp, der auf dem geistigen Leben lastet, zu befreien. Um so mehr ist Wirksamkeit in dieser Richtung dringend geboten, als trotz des großen deutschen Sieges nun der Jesuitismus und das Papstthum durch Zwiespalt und Streit im inneren Leben des Deutschen Reiches, durch Verhetzung und Fanatisirung des katholischen Volkes, ihre Zwecke zu erreichen streben.

Es mag nicht an solchen fehlen, die eine strenge Prüfung und allfällige Erschütterung und allmälige Zerstörung der päpstlich-hierarchischen Kirchen-Autorität für ganz unzeitgemäß, ja gefährlich halten, angesichts des ohnehin sich allenthalben zeigenden Geistes der Unbotmäßigkeit, der Auflösung der gesellschaftlichen Verhältnisse, der Anzweifelung und Verneinung in Wissenschaft und Leben. Dem gegenüber ist zu bemerken, daß diese absolutistische Kirchenautorität jedenfalls nicht im Stande sei, diesen Zustand zu verhindern oder diese Zersetzung aufzuhalten; könnte sie dies, so würde ja diese Richtung seit hundert und mehr Jahren nicht entstanden sein, denn als sie begann, herrschte das Papstthum, herrschte insbesondere der Jesuitismus noch allenthalben, insbesondere an Höfen und bei den einflußreichsten Classen der Gesellschaft, also gerade da, wo das beklagte Uebel seinen Anfang nahm. Warum haben sie dieser Richtung, diesem modernen Geist nicht damals gleich im Anfang entgegengewirkt und ihn unterdrückt, wenn doch Jesuitismus und Papstthum ein so unfehlbares Mittel dagegen haben, wie sie immer versichern? Ihr Mittel besteht zuletzt doch nur darin, die weltliche Gewalt zur Verfügung zu erhalten und mittelst derselben durch Bedrückung und Verfolgung zu wüthen! Dann ist zu bemerken, daß die Autorität nicht schon an sich ein Gut sei, sondern nur ein Mittel zum Zweck, und eigentlich ein Mittel, das sich so bald als möglich überflüssig machen soll, also nicht sich selbst, sein Dasein und seine Wirksamkeit zum Selbstzweck hat. Blickt man auf die Geschichte und auf das Thatsächliche in der Menschheit, so kann man behaupten: die Autorität sei zwar in derselben, wie sie einmal ist, unentbehrlich, aber sie sei mehr ein nothwendiges Uebel als ein Gut; so zwar, daß sie, Alles in allem genommen, mehr Schaden verursache, als Nutzen stifte, wenigstens in theoretischer Beziehung, in Bezug auf Wahrheit, in Bezug auf Wissenschaft und Bildung und all das, was damit in Verbindung steht. Man blicke doch einmal auf die weiten Länderstrecken von Asien oder Afrika und die zahlreichen Völkerstämme, die daselbst wohnen und wandern, und stelle die Frage: woher all der Wahn und Aberglauben, all die Unbildung und Rohheit kommen, die bei ihnen noch herrschen, und wodurch dieselben aufrecht erhalten werden? Gewiß nicht durch die Wissenschaft, die Philosophie und Civilisation, gegen die das Papstthum so unversöhnlich ist, sondern durch die Autoritäten, die bei ihnen herrschen, die sie geistig gebunden, gefangen halten, und für bessere Bildung, für Verkündung der Wahrheit und für sittliche Ver-

h oder unempfänglich machen. Durch Autorität
de Irrthum aufrecht erhalten, verewigt. Die
auch irren und Irrthum lehren, aber sie strebt
veränderlich aufrecht zu erhalten, sondern ihre Auf=
gesetztes Forschen immer wieder zu prüfen, ob das
wirklich Wahrheit sei, und so den Irrthum immer
en. Auch im Abendlande hat man es, scheint
haft der kirchlichen Autorität lange genug versucht.
. Wirksamkeit sind nicht sehr glänzend, wenn man
daß das Beste, was die moderne Zeit bietet, nicht
n Autorität kommt, sondern vielmehr größtentheils
gegen sie errungen werden mußte. Und speciell
e hat sie durch ihr Widerstreben, sowie durch ihre
ringlichkeit, weit mehr zur herrschenden Gleich=
Religion und zur Irreligiosität beigetragen, als
sie immer anschuldigt. Es ist Zeit, einmal auch
zu versuchen, die Menschen religiös=sittlich zu
r bloßen Autorität und des blinden Gehorsams;
als solche auf die Menschen wirken zu lassen zur
s und Veredlung des Gemüthes, anstatt sie nur
äußerlichen Annahme, als Veranlassung des bloßen
erthen und als ein Joch aufzuerlegen, wie es nach
iv geschieht. Dabei wird dann die Religion auch
lauben, d. h. im Annehmen oder Sichgefallenlassen
unverstehbarer Formeln bestehen, die als Mysterien
eligiös=Sittliche gar keine weitere Bedeutung haben
bung des Gehorsams gegen die Kirchenautorität zu
e wird einen solchen Inhalt haben müssen, der wirklich
vie für Gemüth und Willen etwas bedeutet, und
Seele lebendig und wirksam werden kann.
Recht der Prüfung der Autorität selbst, die als
ich gelten will und Glauben an sich und ihre Ver=
zwar ein allgemeines, jedem Menschen zukommendes,
vernunftloses Thier behandelt werden soll — sowie
ährbares, nie erlöschendes ist. Indeß vermögen
rtigen Verhältnissen nicht alle, insbesondere nicht
asselbe auszuüben, da dies ja viel Geisteskraft,
erfordert. Daher müssen für das Volk nur die
welche ihr Leben, ihr Studium diesem Gegenstande
t in Anspruch nehmen und ausüben. Es wird
issenschaft und zur Pflicht der wissenschaftlichen
len Mitteln der Wissenschaft ausgestattet sind und
Pflichterfüllung widmen und dadurch verhüten
ahrheit zu Gunsten irgend eines Standes unter=

drückt, der Irrthum aus Unkenntniß, Vorurtheil oder Interesse ver=
ewigt werde. Gegen dieses Recht und diese Aufgabe der Gelehrten
mögen freilich Papst und Bischöfe sich entrüstet erheben, als ob damit
ein Eingriff in ihre Rechte und eine Verletzung ihrer Autorität be=
gangen wäre; — und ihre treuen Diener werden den wissenschaftlichen
Forschern durchaus keine Autorität für das Volk neben den geistlichen
Behörden oder Herrschern zugestehen wollen. Allein man bedenke nur,
wie die Dinge eigentlich stehen. Von den Bischöfen z. B. haben die
wenigsten irgend eine genauere Kenntniß des Inhalts und der Geschichte
der christlichen Religion, geschweige denn von der Philosophie und den
übrigen damit in Beziehung stehenden Wissenschaften. Ihr Urtheil
kann daher unmöglich mehr Werth haben, als das Urtheil derer, die
ihr ganzes Leben dem Studium in diesem Gebiete widmen. Ebenso ist
kein Grund vorhanden, daß das Volk z. B. den Bischöfen in dieser
Beziehung mehr Vertrauen schenke, als den Vertretern der Wissenschaft.
Diese letzteren müssen weit mehr arbeiten im Dienste der Wahrheit,
müssen weit mehr Opfer an Anstrengung, Gesundheit und Lebensgenuß
bringen, als die „Kirchenfürsten," deren Amt und Würde reichlich
ausgestattet und belohnt, außerdem aber auch häufig durch ganz andere
Mittel erreicht wird, als durch eigene Arbeit und Verdienste — Mittel,
welche die Vertreter der Wissenschaft nicht anwenden können, da man
diese nicht durch Gunst oder Protection, sondern nur durch eigene
Thätigkeit erringen kann. Es ist also durchaus kein Grund vorhanden,
daß das Volk den Trägern der Autorität mehr oder leichter sein Ver=
trauen schenke, als den Vertretern der Wissenschaft. Im Gegentheil,
schon die größeren Opfer, die letztere für die Wahrheit und deren
Erforschung bringen, müssen ihnen Vertrauen gewinnen, und außerdem
noch die Wahrnehmung, daß ihnen die Erkenntniß und Verkündung
der Wahrheit keinen größeren Gewinn bringt, im Gegentheil, selbst in
unseren Tagen, vielfach Schädigung und Verunglimpfung durch die
geistlichen, oft auch noch durch die weltlichen Machthaber. Nicht ihr
Interesse also kann sie zur Kundgebung der Resultate ihrer Forschung
veranlassen, sondern nur die Pflicht und die Rücksicht auf Wissenschaft
und Wahrheit selbst. Dagegen die Träger der kirchlichen Autorität
haben sogar vielfach ein Interesse daran, die Unwissenheit und den
Aberglauben des Volkes zu erhalten, da dasselbe um so mehr der
hierarchischen Beherrschung zugänglich und derselben bedürftig ist, je
mehr es in beiden befangen bleibt. Wenn übrigens die Träger der
kirchlichen Autorität, insbesondere die katholischen Bischöfe, sich so sehr
empören wollen gegen die Zumuthung, daß die wissenschaftlichen Forscher
ihnen an die Seite gestellt werden, während sie dieselben nur als
unterworfene Diener und gleichsam als Hofsophisten gebrauchen wollen,
die zu rechtfertigen haben, was sie zu beschließen und zu verordnen be=
lieben, so ist dagegen noch darauf hinzuweisen, daß sie ja gleichwohl

mit all' ihren Ansichten und ihrem Thun und Lassen unter der Gewalt
der Wissenschaft stehen und von dieser sich leiten lassen. Nur freilich
unter der Gewalt einer vergangenen, todten Wissenschaft, nicht der
lebendigen, gegenwärtigen. Papst und Bischöfe stehen nämlich unter
dem bestimmenden Einfluß der Scholastik, der mittelalterlichen Philosophie
und Theologie — so sinnlos es allerdings ist, der Wissenschaft einer
Zeitperiode bestimmende Herrschaft für alle Zeiten einräumen zu wollen;
zumal einer solchen, der es an allen Mitteln und aller Freiheit
wissenschaftlicher Forschung gebrach, und die nur im Dienste der Kirche
und unter Benutzung Aristotelischer Logik aus gegebenen vorgeschrie=
benen Grundsätzen, Prämissen, die wirklichen oder vermeintlichen Fol=
gerungen ableitete. Man kannte keine Geschichte, geschweige denn
historische Kritik, war allen Fabeln, Täuschungen und Betrügereien
preisgegeben: man besaß keine Naturwissenschaft, und was man von
der Natur wußte oder glaubte, schöpfte man aus den Werken des in
dieser Beziehung selbst schwachen Alterthums. Auch von allgemeiner
Religionsgeschichte und Völkerkunde wußte man so gut wie nichts, ob=
wohl beide für die richtige Würdigung der Religion überhaupt und
des Christenthums insbesondere von der höchsten Wichtigkeit sind. Die
unter solchen Verhältnissen entstandene Wissenschaft also ist für Papst
und Hierarchie maßgebend, und insbesondere Pius IX, obwohl Wissen=
schaft nicht eben seine Stärke ist, hat unter Leitung der Jesuiten alles
aufgeboten, diese Scholastik wieder zur Geltung zu bringen, in allen
katholischen Schulen einzuführen und die moderne Wissenschaft daraus zu
verdrängen. Er verstieg sich so weit, in seinen Erlassen selbst die scholastische
Methode zu schützen vor Bekämpfung, und schrieb der Philosophie vor, was
sie als beweisbar und was sie als nichtbeweisbar anzuerkennen habe.

Um dem Volke sein Recht der Prüfung, das es durch die Wissenschaft
und ihre Vertreter der Autorität gegenüber auszuüben soll, zu entziehen,
wird ihm unablässig die Wissenschaft verdächtigt und verächtlich zu
machen gesucht. Es wird insbesondere gegen die Geschichte und Philo=
sophie hierarchischerseits unablässig der Vorwurf erhoben, daß sie nur
subjectiv seien, daß es ihnen an Objectivität fehle, daß ihre Resultate
nur aus dem Belieben der Vertreter der Wissenschaft entspringen,
beständig sich ändern und zu keinem übereinstimmenden Unumstößlichen
gelangen — eine Beschuldigung, die natürlich auf Unkenntniß und
Unverstand beruht. Jede lebendige Wissenschaft (die nicht blos formell
ist), wenn sie Fortschritte macht, wird Aenderungen erfahren, eben
weil sie fortschreitet, sich verbessert in Bezug auf Methode und Resultate.
Nur eine todte Wissenschaft bleibt unveränderlich, wie es bei der
Scholastik der Fall ist, die auch deßhalb keine Aenderung erfährt,
weil es verboten ist, daran zu ändern, zu kritisiren, zu verneinen;
dies darf und thut nur gelegentlich der Papst selber, wie es z. B.
bei der so nothwendigen Dogmatisirung der unbefleckten Empfängniß

Mariä geschah, bei welcher sogar der Abgott der modernen Scholastiker, Thomas von Aquin, ein gewaltiges Dementi empfing, da dieser sich gegen diese Immaculata Conceptio mit aller Entschiedenheit den Erfindern und Vertheidigern derselben gegenüber seiner Zeit erklärt hatte, so daß in sachlicher Beziehung nun auch Thomas ein Ketzer ist.

Die moderne Wissenschaft wird von den Jesuiten und der Hierarchie als subjectiv bezeichnet, die Einfälle und Liebhabereien des Papstes aber und die Mehrheitsbeschlüsse des Concils über Dinge, wovon die Mehrzahl der Bischöfe gar keine genügende Kenntniß hat, werden für allgemein und objectiv ausgegeben. Eine Behauptung, die eben so wahr und vernünftig ist, wie wenn jemand sagte: die physikalischen Gesetze können nicht durch experimentelle und rationelle Beweise des einzelnen Forschers als allgemein und unumstößlich dargethan werden, sondern nur durch einen Mehrheitsbeschluß von solchen, die wenig oder nichts von Physik verstehen. Wer das Wesen der modernen Wissenschaft kennt, der weiß, daß sie nicht nach subjectivem Belieben sowie nicht nach traditionellen Vorurtheilen verfährt, sondern einzig die objective reale Thätigkeit und rationale, nothwendige Allgemeinheit zu erringen strebt, also allen Subjectivismus überwinden will und in vielfacher großartiger Weise auch bereits überwunden hat. Wenn es irgend etwas gibt, was wirklich katholisch ist, so muß die moderne Wissenschaft so bezeichnet werden, da sie durchaus nach Objectivität und Allgemeingültigkeit ihrer Resultate strebt, wie ja auch schon das Wesen der Erkenntnißkraft des Menschen nicht ein blos subjectives, sondern in seiner Gesetzmäßigkeit und Rationalität selbst objectiv und allgemeingültig ist, und sich in der Wissenschaft gerade in dieser Eigenschaft zur Geltung zu bringen sucht. Wäre wirklich alle Thätigkeit und jedes Urtheil der menschlichen Erkenntnißkraft nur subjectiv, wie wäre es dann möglich, überhaupt zu einer sicheren, allgemein gültigen Erkenntniß zu kommen und in Folge davon die hierarchische Kirchenautorität als das einzige Organ der objectiven und allgemein gültigen Wahrheit zu erkennen, wie man dies doch annimmt und zur Pflicht macht? Es ist dies ganz unmöglich und eine unbillige Forderung, wenn die Behauptung der Hierarchie von der bloßen Subjectivität der menschlichen Vernunft und Wissenschaft wahr ist. Es muß dann dem Zufall und der Willkür überlassen bleiben, welcher Autorität sich der Einzelne unterwirft. Zu dieser Abgeschmacktheit der hierarchischen Anschauung von der Wissenschaft kommt noch die andere schon erwähnte, daß man zwar die Autorität zu prüfen auffordert — denn es soll ja ein vernünftiger Gehorsam gegen dieselbe stattfinden (rationabile obsequium) — aber nur der ungebildeten Vernunft diese Prüfung gestatten will, die natürlich leicht getäuscht und überredet werden kann, während man der gebildeten Vernunft und der Wissenschaft diese Prüfung nicht gestatten will, weil sie nur subjective Urtheile fälle — natürlich gegenüber der objectiven, unbedingt gültigen Wahrheit des Selbstzeugnisses der Hierarchie: daß sie eine direct göttliche Institution sei und Gottes Stelle vertrete, daher ihr alles im Himmel und auf Erden unterworfen sein müsse.

Von dem in Frage stehenden Rechte der Prüfung (das sich in dem Intelligo ut credam ausspricht) Gebrauch machend, hätten wir nun die hierarchische Kirchen-Autorität, insbesondere das Papstthum selbst, zu prüfen. Von einer eingehenden Prüfung dieser Art kann natürlich hier nicht die Rede sein. Wir wollen nur einiges kurz berühren. Es bietet sich bei ernsthafter Prüfung des römischen Papstthums und der Hierarchie ein Schauspiel, das tiefe Trauer über die Geschicke der Menschheit zu erregen geeignet ist. Von Anfang an, vom Fundament des römischen Papstthums an, dem angeblichen Episkopat des Apostels Petrus in Rom, bis auf das vaticanische Concil mit seinem Dogma von der päpstlichen Unfehlbarkeit, welch' eine Reihenfolge und Anhäufung von Irrthümern, Fälschungen, Fabeln und Widervernünftigkeit! Schon die Gründung des römischen Papstthums mit all' seiner Oberherrschaft und seinen Vorrechten auf den Aufenthalt und die Kirchenregierung des Apostels Petrus ist ohne allen sichern historischen Anhalt, und nicht blos ohne allen Beweis, sondern hat alles Sichere in der Bibel und selbst in der frühesten Tradition gegen sich. Der Fels Petri in Rom ist eine Fiction, eine Illusion, und damit fällt auch Alles dahin, was man darauf gegründet hat.*) Nachdem das Papstthum auf diese erste Unwahrheit gegründet war, suchte es sich mehr und mehr durch Fictionen und Fälschungen, später durch Gewaltthaten zu befestigen und immer mehr auszubilden. Das pseudoisidorische Verfahren begann schon früh, d. h. man schrieb den römischen Bischöfen früherer Zeit schon Rechte oder deren Ausübung fälschlich zu, die spätere Päpste sich anmaßen und ausüben wollten. Durch weitere falsche Urkunden erlangten dieselben römischen Bischöfe bald auch weltlichen Besitz, den sie fortwährend durch Klugheit und Gewalt zu vermehren suchten, und endlich zum Kirchenstaat erweiterten. Mit all' dem Hand in Hand gingen die Gewaltthätigkeiten und Gräuel, durch welche die Päpste ihre angemaßten Rechte und Vollmachten und zugleich den wahren Glauben, d. h. die unbedingte Geltung aller festgestellten Formeln und Satzungen, durch Jahrhunderte hindurch aufrecht erhielten. Was die Persönlichkeiten be-

*) Ueber diesen Gegenstand sind in neuerer Zeit mehrere Schriften erschienen zum Behufe des Nachweises, daß Petrus nicht die römische Kirche gegründet, ja niemals in Rom gewesen. Die ultramontanen Blätter beobachteten Schweigen. Das ist begreiflich, denn sie erkennen die Gefahr für das Papstthum, die hier droht. Unbegreiflich ist aber, daß die genannten Schriften größtentheils auch von der liberalen Presse ignorirt wurden und werden, während doch kaum irgend etwas mehr geeignet ist, dem Volke die Augen zu öffnen über das Papstthum und es von dessen Joch zu befreien, als die fragliche Enthüllung. Siehe auch des Verfassers Schrift: Der Primat Petri und des Papstes. Elberfeld 1875.

trifft, welche den päpstlichen Stuhl inne hatten, so sind viele darunter von so verruchter und lasterhafter Art, daß kaum irgend eine europäische Dynastie ähnliche aufzuweisen hat. Ueberhaupt zeigt die Geschichte des römischen Papstthums so viel Gräuelhaftes, wie keine andere Geschichte. Und doch wird dem katholischen Volk und der ganzen Welt zugemuthet, darin nichts als eitel Göttlichkeit und Gottesführung, sowie hinwiederum Stellvertretung Gottes zu erblicken! Das päpstliche Meisterstück indeß, die Krönung des Gebäudes, wurde erst in unseren Tagen zu Stande gebracht in der Dogmatisirung der päpstlichen Unfehlbarkeit. Niemals wohl in der Geschichte ist ein frivoleres Spiel mit dem Glauben der Völker getrieben und frevelhafter die errungene Glaubensautorität mißbraucht worden, als vor, bei und nach diesem vaticanischen Concil. Durch Vorsichtsmaßregeln, Anordnungen, Machinationen und Bedrängungen aller Art suchte man sich jesuitisch-päpstlicherseits der Mehrheit der Stimmen zu versichern und die Opposition zu schwächen, wo möglich zu vernichten. Wenn die Minderheit aber mit Gegenmaßregeln sich zu schützen und Einfluß zu erlangen suchte, so ward sie sogleich der Unkirchlichkeit, des Mißtrauens gegen den heiligen Geist beschuldigt, von dem ganz allein die Entscheidung komme, der man nicht vorgreifen dürfe, — während man selbst durch alle Intriguen und Maßregeln zeigte, daß man dem heiligen Geiste gar nicht traute. So ward also das Dogma von der Unfehlbarkeit des Papstes festgestellt durch die Mehrheit von Bischöfen — eine Leistung, die sicherlich der Stolz und Ruhm des 19. Jahrhunderts bleiben wird für alle Zeiten! Es muß jetzt jeder Katholik glauben, wenn er nicht verdammt sein will, daß noch nie ein Papst geirrt habe, obwohl mehrere Fälle historisch constatirt sind, in welchen Päpste nach dem Urtheile der Kirche selbst, d. h. der Concilien, und sogar der Päpste (nicht blos nach dem Urtheile sog. Feinde der Kirche) geirrt haben. Papst Honorius I. ist sogar durch ein allgemeines Concil als Ketzer oder Begünstiger der Ketzerei nach seinem Tode noch gerichtet worden, und auch die Päpste haben diese Verurtheilung ihres Vorgängers bestätigt. Aehnliches gilt von andern Päpsten. (Näheres hierüber, sowie über diese ganze Angelegenheit in des Verfassers Broschüre: Die Unfehlbarkeit des Papstes. Offenes Sendschreiben an den Erzbischof von München = Freising. München. Th. Ackermann. 1871. 2. Auflage.) Keine Sophisterei wird diese offenbaren Thatsachen hinweg escamotiren können. Man kann sie höchstens vertuschen, und vor dem katholischen Volke, das nicht selbst historische Studien vornehmen kann, dreist hinweglängnen. Ferner müssen die Katholiken nun glauben, daß auch immer und überall und von allen in der Kirche an dieses jetzt aufgestellte Dogma von der Unfehlbarkeit des Papstes geglaubt worden sei. Wo möglich eine noch dreistere historische Unwahrheit. Nicht blos wußte man im Alterthum nichts von solcher

Unfehlbarkeit des römischen Bischofs, es gab sogar eine Zeit, wo der gesammte Episkopat der ganzen katholischen Kirche sich ausdrücklich gegen die päpstliche Oberherrschaft über das allgemeine Concil und gegen die päpstliche Unfehlbarkeit erklärte. Dies geschah in den allgemeinen Concilien zu Anfang des 15. Jahrhunderts zu wiederholten Malen. Auch das Concilium von Trient lehnte die Erklärung der päpstlichen Unfehlbarkeit ab, und die gallicanische Kirche, die Gesammtheit der französischen Bischöfe, stellte sie in Abrede, so lange sie bestand. Und endlich: die Opposition einer bedeutenden Anzahl von Bischöfen mit den größten Diöcesen bei dem vaticanischen Concil nicht blos gegen die Opportunität, sondern gegen die Dogmatisirung selbst zeigte klar, daß es eine grobe Unwahrheit sei, zu behaupten, die Unfehlbarkeit des Papstes sei immer und allgemein in der Kirche als Glaubenssatz, als göttlich geoffenbarte Wahrheit, anerkannt worden. Alles vergeblich. Trotz aller geschichtlichen Evidenz gegen die Wahrheit des Dogma's muß es von dem katholischen Volke geglaubt werden. Kaum ist je den Menschen, ist gebildeten Völkern eine tiefere Erniedrigung auferlegt, sind menschliche Vernunft und Wissenschaft und die Wahrheit schnöder verachtet und verhöhnt worden, als mit diesem Dogma! Wenn nun gar der unfehlbare Papst etwa vor Altersschwäche blödsinnig wird, oder geradezu dem Wahnsinn verfällt, müssen die Katholiken auch noch seine kirchlichen Stuhlsprüche als unfehlbar, als göttliche Offenbarung annehmen! Denn wo läßt sich da eine genaue Grenze ziehen zwischen gesundem und krankhaftem Zustand, und wer soll sie ziehen? Der Unfehlbare wird dann der Spielball von nicht unfehlbaren Rathgebern oder geradezu von Intriganten sein. Oh, solches läßt der heilige Geist nicht zu, redet man dem Volk ein; denn wie sollte Gott seine heilige Kirche gestiftet haben und sie dann so verlassen? Nun, dies war auch die gewöhnliche Antwort vor dem vaticanischen Concil. Die katholischen Geistlichen, die ich in der Zeit des heranrahenden Concils 1869 frug: ob sie denn an die Unfehlbarkeit des Papstes als Dogma glaubten, verneinten dies entschieden. Und wenn ich weiter frug: was sie denn thun würden, wenn dieselbe doch zum Glaubenssatz erhoben würde, antworteten sie darauf nicht, sondern versicherten nur hoch und theuer, daß dies nicht geschehen werde, denn „der heilige Geist lasse dies nicht zu". Nun, in Rom haben Jesuiten und Papst dafür gesorgt, daß der heilige Geist es doch zugelassen hat! Sehen wir indeß davon ab; es gibt eine Möglichkeit, gegen welche man sich auch nicht einmal mehr hinter diesen Spruch verschanzen kann. Es wird zugegeben, ja fort und fort aufs eifrigste verkündet und betheuert von der ultramontanen, jesuitischen Presse, daß die Unfehlbarkeit des Papstes nicht Sündelosigkeit desselben bedeute, nicht besage, daß er nicht moralische Fehler begehen, nicht sündigen könne, sondern daß sie sich nur auf seine Lehrthätigkeit beziehe. Nun denn, ist dies der Fall, dann kann der Papst auch aus sittlicher Schlechtigkeit, aus Leidenschaft, aus Ehrgeiz, Habsucht, Herrschsucht u. dgl. sein Amt, seine Vollmachten und also auch seine unfehlbare Lehrgewalt mißbrauchen, mißbräuchlich anwenden, um seine Zwecke zu erreichen. Hat man doch aus solchen Motiven in der katholischen Kirche selbst die Eucharistie, d. h. Brod und Wein, welche consecrirt, also nach katholischem Glauben in Gott selbst verwandelt waren, zu Vergiftungen mißbraucht! So kann ein Papst auch seine Unfehlbarkeit mißbrauchen, weil er schlechter Thaten fähig ist. Er kann fingiren, kann sich anstellen, als ob er eine unfehlbare Entscheidung gebe (die er selbst nicht dafür hält), um die Unterwerfung der Kirche, der Völker und ihrer Regierungen zu erzwingen und selbstsüchtige Zwecke zu erreichen. Dagegen kann man auch nicht sagen, daß der heilige Geist es nicht zulassen werde; denn da müßte man annehmen, daß der Papst auch sündelos gemacht, daß sein freier, sittlicher Wille gebunden, daß er zur vollständigen, unmenschlichen Maschine geworden sei, — was man ja doch so entschieden in Abrede stellt.

Dies sind nur einige Andeutungen darüber, was die wissenschaftliche Prüfung der hierarchischen Kirchenautorität, also der ernsthafte Gebrauch des Rechtes der Prüfung derselben, das auch den Katholiken nicht principiell versagt werden kann, zu Tage fördert. Würde eine noch fremde Autorität sich dem katholischen Volk ankündigen und als göttliche sich ihm aufdrängen wollen, der man auch nur die Hälfte von all den Fälschungen, Irrthümern und Mißbräuchen der päpstlichen Hierarchie nachweisen könnte, so würde sicherlich selbst der ungebildetste Katholik die Zumuthung, dieselbe als göttlich anzuerkennen, und sich ihr zu unterwerfen, mit Entrüstung zurückweisen. Der römischen Kirchenautorität gegenüber hat aber die übergroße Mehrzahl der Katholiken gar kein unbefangenes Urtheil. Sie ist geistig gefangen, geblendet, und sieht nicht, was sie an fremder Religion sogleich wahrnehmen würde. Von frühester Jugend an wird das katholische Volk in diese Befangenheit und Verblendung hineingebildet, und Tausende von Seelsorgern sind unablässig thätig, dasselbe darin zu erhalten, und in aller Weise zu verhindern daß es durch unbefangene Darstellung die Wahrheit erfahre. Dabei wird ihm unaufhörlich eingeredet daß alle Lehren, Satzungen, Cultus-Acte und das ganze Kirchenregiment, wie es jetzt besteht, genau von Christus selbst so gelehrt und angeordnet sei und durch alle Jahrhunderte sich vollständig unverändert erhalten habe. In der ultramontanen Presse, wie in Kirchen, Volksversammlungen und Land- und Reichstagssitzungen wird unaufhörlich von dieser vollständigen Unveränderlichkeit geschrieben und declamirt, und größtentheils von Leuten, die von der Sache selbst soviel wie nichts verstehen, die es sich nie haben sauer werden lassen, dieses System selbst und seine Geschichte kennen zu lernen, ihm angestrengtes Studium zu widmen. In Wirklichkeit hat sich auch die katholische Kirche, wie Alles in dieser Welt, im Laufe der Zeit gründlich geändert, und zwar nicht bloß in zufälligen, unbedeutenden, sondern in wesentlichen Dingen, so zwar, daß die kirchliche Hierarchie des 14. Jahrhunderts die kirchliche Hierarchie des 19. Jahrhunderts vollständig als unkirchlich und ketzerisch verurtheilen würde, und diese umgekehrt wieder jene, wenn sie gegenseitig vor Gericht gestellt würden. Schon der reichliche Gebrauch, welchen Pius IX. von dem Leihen auf Zinsen macht, würde genügen, ihn der Kirche des 14. oder 15. Jahrhunderts als Erzketzer erscheinen zu lassen, ganz abgesehen von seinen neuen Dogmen und von vielem andern — wie schon früher in diesen Blättern dargethan wurde (Artikel „Excommunicationen," (Siehe Abschnitt XIII.). Dies alles wird dem Volke sorgfältig verheimlicht und durch jesuitische Sophistik zu vertauschen gesucht, weil, wenn es bekannt würde, dies ganz besonders geeignet wäre, dem Volke die Augen zu öffnen und es vom Joche der päpstlichen Herrschaft zu befreien.

Dabei scheut die Hierarchie auch vor keiner Willkür und keinem Gewaltmittel, soweit diese noch zur Verfügung stehen, zurück, um alle jene, welche von dem principiell zugestandenen Rechte der Prüfung der hierarchischen Autorität ernsten Gebrauch machen und die Dinge erkennen und darstellen, wie sie wirklich waren und sind, unschädlich zu machen durch Verfolgung und durch kirchliche Verdächtigung vor dem Volke. Man verlangt, daß sie, wenn die Resultate ihrer Forschung der Hierarchie nicht günstig sind, die katholische Kirche freiwillig verlassen, oder man verhängt amtlich die Ausschließung, die Excommunication über sie. Aber die Aufforderung ist unberechtigt, die Ausschließung nichtig. Die wissenschaftlichen Forscher, welche die Autorität prüfen, vertreten das Volk, sie üben ein Recht des katholischen Volkes und können nicht verpflichtet sein, dieses Volk zu verlassen und es vollständig recht- und schutzlos der Willkür und Usurpation der hierarchischen Gewalt preiszugeben. Das Recht der Prüfung der Autorität ist ebenso gut principiell und unveräußerlich in der katholischen Kirche, wie die Pflicht der Unterwerfung unter die als göttlich erkannte Autorität. Die Vertreter des Intelligo ut credam haben soviel Recht, wie die Hierarchen, die Vertreter des Credo ut intelligam.

Und wenn die letzteren die ersteren deshalb ausschließen aus der Kirche, weil sie von einem theoretisch anerkannten Rechte der Katholiken Gebrauch gemacht haben, so ist dies eben eine Usurpation und Gewaltthat gegenüber dem Rechte des katholischen Volkes, zu prüfen und prüfen zu lassen, sowie gegenüber der Wahrheit und Gott selbst, dessen Recht sie sich anmaßt, ihn selbst aus dem Bewußtsein des Volkes verdrängend, um thatsächlich sich an die Stelle zu setzen. Die Gebildeten und insbesondere die Vertreter der Wissenschaft dürfen das katholische Volk nicht verlassen, etwa um Ruhe zu haben, keinen Nachtheil zu erleiden

Frohschammer, kirchenpolitische Fragen. 14

oder nicht Mühe und Arbeit vergeblich aufzuwenden, dürfen dasselbe nicht der Herrschaft der Hierarchie preisgeben; denn sie haben Pflichten gegen die Wahrheit, wie gegen dieses Volk selbst, und deren Vernach= lässigung würde sich in kürzester Zeit rächen, denn die von der Hierarchie vollständig beherrschten, unwissenden und fanatischen Massen würden unter Leitung dieser Hierarchie bald die Gebildeten selbst aus ihrer Sicherheit und Bequemlichkeit aufschrecken und ihnen unter Drohung und Gewaltthätigkeit dictiren, welchen Glauben sie zu bekennen, welcher geistlichen Herrschaft sie sich zu unterwerfen haben. Wenn bei dem Gebrauche des Rechtes der Prüfung der kirchlichen Autorität auch diese selbst in ihrer jetzigen Form, mit ihrem Herrscherrechte nicht bestehen kann, so geschieht ihre Aufhebung in Ausübung eines katholischen Rechtes und in legitimer Weise, und der Glaube des Volkes selbst wird dabei an wirklicher Christlichkeit nur gewinnen. An die Stelle der Glaubenssätze, die unverstanden und unverständlich nur durch Herrschaft auferlegt, aufgedrungen und aufrecht erhalten werden können, treten die klaren, verständlichen, sittlich=religiösen Wahrheiten, die keine weitere Gewähr und Beweisführung brauchen, als sich selbst und ihr Verständniß; an die Stelle der künstlichen kirchlichen Gebote und Satzungen der Hierarchie treten die ewigen, dem Menschen ins Herz geschriebenen natürlichen und göttlichen Gesetze; an die Stelle der großen hierarchischen Maschinerie, die, zwischen Gott und die Menschen= seele gestellt, so gewaltthätig sich gebärdet und so sehr ohne Geist und Würde sich in Geltung erhalten will, tritt das innige Verhältniß der Menschenseele zu Gott selbst, das zu ermöglichen und herzustellen das Wesen des Christenthums Christi bildet. Die einfachen, religiös=sitt= lichen Wahrheiten bedürfen bei ihrer Klarheit keiner zaubermächtigen und herrschsüchtigen Autorität, wie die Hierarchie ist, sie sprechen für sich selbst, und wer sie nicht gelten läßt, dem gilt auch diese äußerliche Autorität nichts, außer insofern sie Gewalt üben kann, also die Staats= macht aufbieten muß, — wodurch sie sich aber als überflüssig erweist. Autorität ist unentbehrlich im menschlichen Dasein, aber nur relativ, nicht absolut, unbedingt, nur eine solche, wie sie die Mündigen den Unmün= digen, die Eltern den Kindern, der Staat den Bürgern gegenüber in Anspruch nehmen. Nicht aber darf je ein Mensch dem andern gegenüber sich eine Autorität anmaßen, wie Gott dem Menschen gegen= über sie mit seinen ewigen Gesetzen und Wahrheiten in Anspruch zu nehmen hat. Solch einen ihm zugemutheten Götzendienst der hierar= chischen Autorität gegenüber hat Jedermann abzuweisen ein unverjähr= bares Recht.

XII.

F. Laurent: Der Katholicismus und die Religion der Zukunft. *)

(Erschienen in der Augsb. Allg. Ztg. Mai 1870.)

1.

Der Verfasser des genannten Werks, bekannt als großer und un=
ermüdet thätiger Gegner der Jesuiten und des Ultramontanismus und
als entschiedener, unerschrockener Bekenner und Vertheidiger der
liberalen Principien, ist im Fortgang seines großen Werkes über die
Geschichte der Menschheit endlich bis auf die neueste Zeit gekommen,
und hat die betreffenden Studien hierüber unter dem oben genannten
Titel auch in besonderer Ausgabe erscheinen lassen. Laurent ist eben=
so mit umfassender historischer Gelehrsamkeit ausgestattet, als ihm
logische Schärfe und unter Umständen beißende Ironie zu Gebote
steht. Seine Werke haben gegründeten Anspruch, allenthalben von der
höher gebildeten Welt Beachtung zu finden, und daher wird es gerecht=
fertigt sein, wenn wir dieses neueste desselben durch ein Referat auch
weiteren Kreisen zur Kunde bringen, und der näheren Kenntnißnahme
angelegentlich empfehlen.

Der vorliegende erste Band des Werks umfaßt zwei Bücher, wo=
von das erste „Die religiöse Reaction und den freien Gedanken,"
das zweite ungleich umfassendere „Das traditionelle Christenthum"
zum Gegenstand der Erörterung hat. Jenes behandelt zuerst die
religiöse Bewegung der neueren und neuesten Zeit und den
„Unglauben," und zwar beides in der Weise, daß zuerst die bezüglichen
Thatsachen angeführt und hierauf die Ursachen derselben erörtert
werden. Gegen die in mancher Beziehung zu leichte und oberflächliche
Aufklärung und die vielfach sich überstürzende Negation des 18. Jahr=
hunderts erfolgte als Rückschlag die religiöse Reaction, die einfach in
der Rückkehr zu den alten kirchlichen Dogmen und Einrichtungen
bestand, da eine neue Form der Religion nicht begründet worden
war, durch welche das wieder erwachte religiöse Bedürfniß eine
Befriedigung hätte finden können. Allein diese Wiedereinführung der

---

*) Le Catholicisme et la religion de l'avenir. Par F. Laurent, Professeur
à l'université de Gand. I. Série. 628 p. Paris. Lacroix, Verboeckhoven
et Comp. 1869. (Zugleich vol. XVII des großen Werkes von F. Laurent: Études
sur l'histoire de l'humanité.)

alten positiven Kirchlichkeit ist hinwiederum auch ungenügend und unhaltbar, da sie die Prüfung der Wissenschaft nicht besteht und der höheren Geistesbildung nicht angemessen ist. Daher stellt sich natur= gemäß dieser religiösen Reaction, „dem traditionellen Christenthum", neuerdings der Unglaube entgegen, der aber keineswegs im allgemeinen als ein radicaler bezeichnet werden darf, als vollständige Negation von Gott, Seele u. s. w., sondern der vielmehr in dem Unbefriedigt= sein durch das positive Kirchenthum, in dem Widerwillen gegen dasselbe und der Abwendung von ihm als einer ungenügenden und ungeeigneten Form der Religion und des Christenthums besteht. Dies ist unseres Erachtens ganz richtig, und es ist ein Unrecht oder eine Verblendung von Seite der kirchlichen Autorität, wenn sie immer über den Un= glauben der Zeit klagt und schmäht, und den Mangel an positivem Glauben und die Abwendung von der Kirche einzig nur der Welt, der Bosheit der Menschen u. s. w. Schuld giebt, ohne je zu fragen: ob sie denn mit ihren veralteten Formeln und Anordnungen nicht vielmehr selbst die Hauptschuld an dem trage, was sie beklagt. Wenn z. B. die kirchliche Autorität und ihre Theologen sich unfähig erweisen, irgend einen von der modernen Wissenschaft haltbaren Gottesbegriff zu lehren, ist es dann zu verwundern, wenn die Gebildeten diesen theologischen Begriff ausdrücklich zurückweisen, oder wenigstens still= schweigend ablehnen? Und ist es billig, sie deshalb schon Gottesläugner zu nennen, weil sie das unvollkommene, theologische Gedankengebilde von Gott abweisen, und demnach auch die geglaubte Wirklichkeit da= von nicht anerkennen? Ist dies ja überhaupt die Art der geschichtlichen Entwicklung des Gottesbewußtseins, oder Glaubens, daß in Folge höherer geistiger Bildung auch die Gottesidee sich läutert und erhöht, in Folge davon die angenommene Wirklichkeit Gottes dieser höheren Gottesidee nicht mehr entspricht, und darum im Interesse des höheren Gottesbewußtseins, z. B. ein bestimmter Nationalgott als wirklicher Gott nicht mehr geglaubt wird. Dies wird dann von der Menge, von den betreffenden positiven Theologen und den Autoritäten dieser Religion schlechthin als Gottesläugnung gebrandmarkt und ver= urtheilt, während die Läugnung dieses Gottes vielmehr geschah, weil er der reineren Gottesidee nicht entsprechend befunden ward, also aus besserer Einsicht und um Entwürdigung der wahren Gottesidee zu vermeiden. Und insofern könnte ein dieser Gottesläugnung Angeklagter immerhin behaupten: er läugne Gott — aus Ehrfurcht vor Gott. Dies wiederholt sich mehr oder minder bei den Völkern — wenigstens bei jenen, bei welchen eine wirkliche Entwicklung und Vervollkommnung des geistigen Lebens stattfindet. Die rohen, ungebildeten Völker sind in dieser Beziehung leicht zu befriedigen und kommen nicht zu einer theoretischen Gottesläugnung, denn ihre Gottesidee ist noch so unent= wickelt, so dürftig, daß sie leicht irgend etwas als adäquate Realisirung derselben, d. h. als wirklichen Gott anerkennen und zweifellos daran festhalten; der Hochgebildete aber kann wohl dahin kommen, daß er das ganze wirkliche Dasein durchmusternd und mit der hochausgebildeten Gottesidee es vergleichend, nirgends eine Realisirung dieser Gottes= idee, also nirgends den wirklichen Gott entdecken zu können glaubt. Und so mag es wohl geschehen, daß er, — so sonderbar es lautet — zur Läugnung des Daseins Gottes gelangt wegen Vervoll= kommnung der Gottesidee, für welche er nichts Adäquates im wirklichen Dasein entdecken zu können vermeint. Aber eben deshalb ist er in Wirklichkeit kein Gottesläugner, da er den Gottesgedanken anerkennt und ehrt — was doch wahrlich mehr sagen will, als wenn die unge= bildeten Menschen diese oder jene Dinge der Wirklichkeit in der Natur oder Geschichte für den wirklichen Gott halten. Die angedeutete Ent= wicklung, fortschreitende Negation und Position, findet auch jetzt noch statt, und ist so berechtigt wie früher. Wie in Folge der Reinigung der Gottesidee durch das Christenthum der Gott des hebräischen Volkes nicht mehr mit all seinen Eigenschaften und Thaten als adäquater Ausdruck der wirklichen Gottesidee gehalten ward, daher die bezüg= lichen Erzählungen und Ausdrücke umgedeutet, als uneigentlich genommen wurden, so kann Aehnliches auch jetzt noch geschehen, und wird mehr oder minder geschehen müssen. Gott z. B., wie er von der extremen Partei der katholischen Hierarchie aufgefaßt wird, kann dem geläuter= ten Bewußtsein, dem idealeren und ethisch reineren Sinne der wirklich gebildeten Männer der neueren Zeit kaum als eine entsprechende Wirklichkeit der reineren Gottesidee erscheinen. Zunächst schon darum nicht, weil derselbe als ein exclusiv katholischer und hierarchischer Gott gedacht wird, der nur für die Katholiken ein Herz hat, für alle anderen Menschen aber nicht, und der nur mit der Hierarchie im Verkehr steht, mit den übrigen Menschen aber, selbst wenn sie Katholiken sind, nur durch Vermittlung dieser. Außerdem aber wird durch die Hierarchie dieser Gott wesentlich als absoluter Monarch bestimmt und zur Geltung gebracht, mit all den Eigenthümlichkeiten, den Eigenschaften und dem Verhalten eines solchen, so daß derselbe einen großen Hof um sich hat mit Personen, die besonders viel gelten, die großen Einfluß bei ihm haben, ihn lenken können, und daß daher die Gunst solcher mehr Gewicht hat und mehr Vortheil bringt, als eigene Verdienste. Ist es da zu verwundern, wenn diese Vorstellung von Gott und seinem Ver= halten — die das getreue Abbild insbesondere der absolutistischen Hierarchie ist, und woraus man die äußersten Consequenzen für diese abzuleiten nicht versäumte — der reineren geläuterten Gottesidee der Gebildeten nicht mehr entspricht, wenn dieselben sich vielfach davon angewidert fühlen und sich davon abwenden? Und selbst wenn sie für einen bestimmten Bildungsgrad der Völker entsprechend sein mag, etwa um sie wirksam unter die Herrschaft eines höheren, ethischen

Geſetzes zu ſtellen, als chriſtlich kann jedenfalls dieſe Vorſtellung von
Gott und ſeinem Wirken nicht gelten. Chriſtus hat Gott nicht als
gewaltigen, unnahbaren Herrſcher, der nur durch Günſtlinge zu
gewinnen ſei, bezeichnet, ſondern als Vater der Menſchen, der allen
gleich nahe, gegen alle väterlich geſinnt ſei. Bekanntlich iſt dies ja in
dem hierin claſſiſchen Gleichniß vom verlorenen Sohn ſehr beſtimmt
und klar zum Ausdruck gebracht. Der zurückkehrende reuige Sohn
braucht nicht erſt einen Gönner oder eine Gönnerin zur Fürſprache,
um wieder Gunſt und Aufnahme im väterlichen Hauſe zu gewinnen,
ſondern der Vater ſelbſt geht ihm entgegen und nimmt ihn wieder
auf. Dem entſpricht freilich das abſolutiſtiſch-hierarchiſche Syſtem,
das man für Himmel und Erde ausgebildet hat, nicht im entfernteſten.
Iſt es aber billig und zuläſſig, daß im Namen des Chriſtenthums
diejenigen, welche lieber die Vorſtellung von Gott feſthalten, die
Chriſtus ſelbſt gelehrt hat, ſtatt jener der Hierarchie — daß dieſe
als unchriſtlich und ungläubig verdammt oder verflucht werden? Das
hätten die Väter des vaticaniſchen Concils erwägen ſollen, ehe ſie mit
ihren Anathemen in dieſer Beziehung hervortraten, damit ſie nicht etwa
gegen das Heidenthum mehr Rückſicht übten, als gegen das Streben,
das Chriſtenthum zur reineren Auffaſſung zu bringen.

Das zweite Buch, dem „traditionellen Chriſtenthum“ gewidmet,
behandelt im erſten Capitel in eingehender Weiſe die „ultramontane
Reaction“ der neueſten Zeit, insbeſondere die maßlos geförderte und
verbreitete Marien-Verehrung und den Reliquien-Cultus. Dabei wird
beſonders das neugeſchaffene Dogma von der Immaculata Conceptio
in Anſpruch genommen, und die päpſtliche Verkündungsbulle deſſelben
einer ſchneidenden Kritik unterzogen, um zu zeigen, auf welchen Ent-
ſtellungen der Schrift und der Kirchenväter die vermeintliche Begründung deſſelben beruhe, „und wie hier ein geoffenbartes Dogma auf
Fälſchungen gegründet“ ſei. Darauf folgt eine ausführliche Dar-
ſtellung und Kritik des ſogenannten „Wunders von Salette,“ das in
nichts Geringerem, als in einer Erſcheinung und Offenbarung der h.
Jungfrau ſelbſt beſteht. Im September 1846 erſchien nämlich dieſe
einem 15jährigen Hirtenmädchen und einem jungen Hirten, während
ſie ihre Heerde auf dem Gebirge bei Salette weideten. Sie verkündete
ihnen, daß ſie die Hand ihres Sohnes kaum mehr zurückzuhalten vermöge von der Beſtrafung des Volks, wenn es ſich nicht füge und beſſere.
Ihre Klagen über das Volk gingen aber hauptſächlich dahin, daß nur
noch einige alte Weiber zur Meſſe gehen, daß die Fuhrleute viel
fluchen, und daß auch das Faſtengebot übertreten werde. Dem wurde
noch Drohung oder Prophezeiung von Mißwachs, Kartoffelfäule,
Traubenkrankheit, Sterben der Kinder u. dgl. hinzugefügt — was
glücklicherweiſe nicht in Erfüllung ging. Dieſer gewiß ſehr naiven Offenbarung an die beiden Kinder fehlte es bald nicht an Gläubigen, und

die hohe Geistlichkeit ließ sie zunächst in kluger Zurückhaltung g währen.
Nur unter der niederen Geistlichkeit hatten einige Verstand und
Muth genug, sich dagegen zu erklären. Einer derselben bezeichnete
in einer besonderen Schrift eine excentrische, devote Person geradezu
als die Urheberin dieser Offenbarung, indem sie in phantastischem
Anzug sich dem unwissenden, leichtgläubigen Hirtenmädchen gezeigt
habe — um den Glauben, die „Erbauung" des Volkes zu fördern.
Sie machte wegen dieser Beschuldigung zwar einen Proceß gegen
den Verfasser der Schrift anhängig, allein sie konnte keine
Verurtheilung desselben erwirken, da die Richter annahmen, daß
der ausgesprochenen Vermuthung gegründete Veranlassung zur Seite
stehe. Das Mirakel verlor indeß nichts an Geltung und Verbreitung durch den Widerspruch und die Angriffe der „Ungläubigen."
Das Hirtenmädchen wußte mit wunderbarer Genauigkeit die Toilette
der erschienenen Dame zu beschreiben; darnach wurden Bilder
gemacht, und der Cultus von Notre Dame de la Salette nahm seinen
entschiedenen Fortschritt. Es fehlte ihm bald nicht mehr an reichlichen
päpstlichen Indulgenzen, und jetzt spielt dieser Cultus eine hervorragende Rolle, nicht blos in Frankreich, und erfreut sich insbesondere
einer eifrigen Pflege in Frauenklöstern und Erziehungs-Instituten für
die weibliche Jugend. Dies in kurzen Andeutungen die Geschichte.
Der Verfasser behandelt sie sehr eingehend und kritisirt sie mit großer
Schärfe. Es mag manche Leser geben, welche die Sache leichter
nehmen und milder beurtheilen, indem sie etwa meinen, man müsse
dem Volke dergleichen gestatten, da doch der religiöse Sinn dadurch
Anregung finde, manche Motive zu sittlicher Besserung daraus entspringen, und vor Allem durch solche Wunder, wenn es auch nur
Einbildungen sind, die Phantasie angenehme Beschäftigung finde und
viele Menschen sich dadurch gehoben und beglückt fühlen. Man
könnte dies gelten lassen, wenn nicht die Nachtheile dabei in religiöser,
sittlicher und intellectueller Beziehung zu groß wären. Oder kann es
erlaubt sein, daß sogenannte religiöse Erbauung auf Kosten der Wahrheit und des gesunden Denkens gefördert werde? Hat der Aberglaube
ebensoviel Werth und Recht, als der Glaube? Nun denn, so möge
man aufhören, den Polytheismus, das Heidenthum, zu verdammen
und zu verachten, da doch diesem weit mehr Mittel solcher „Erbauung"
zu Gebot stehen, als dem theistischen Christenthum! Zieht man die
Sittlichkeit in Betracht, so ist unschwer zu erkennen, daß sie von
solchen „Wundern" ebenfalls mehr Schädigung als Förderung zu
gewärtigen hat. Zu leicht wird der Eifer für jene, dieser „gläubige"
Eifer, für das Wichtigste gehalten und das sittliche Leben für
Nebensache, oder jener sogar als eine reichliche Compensation
selbst für schwere Unsittlichkeit angesehen. Nur zu wahr ist ja Lessings
classisches Wort: „daß es leichter sei, andächtig schwärmen, als gut

handeln." Besonders nachtheilig aber wirkt die Einführung und Ver=
breitung solcher Mirakel stets für das intellectuelle Leben des Volkes.
Damit nämlich diese Einführung und Befestigung derselben im Glauben
und im Cultus des Volkes gelinge, ist vor allem nothwendig, die
Opposition der denkenden Prüfung, der klaren, unbefangenen Kritik,
zurückzuschlagen. Dies geschieht nun nicht etwa durch Widerlegung,
sondern begreiflicher Weise dadurch, daß die menschliche Vernunft und
Wissenschaft in aller Weise herabgesetzt, geschmäht, dem Haß und
Abscheu des Volkes preisgegeben wird, so daß zuletzt Niemand mehr
wagen darf, zu prüfen, sich auf Vernunft und Wissenschaft zu berufen.
Der Erfolg muß sein, daß die intellectuelle Bildung überhaupt in
Mißachtung geräth und vernachläßigt wird, daß dadurch die denkende
Kraft selbst allmälig verschrumpft und erlahmt und das Volk geistiger
Unmündigkeit und Apathie verfällt. Beispiele hierfür könnten leicht
angeführt werden. Wir glauben daher, daß der Verfasser recht
gethan, dieses „Wunder von Salette" näher darzustellen und scharf
zu beleuchten.

Auch der Reliquien=Cultus, insbesondere die Ausstellung und Ver=
ehrung des h. Rockes in Trier im Jahre 1844, wird mit einiger
Ausführlichkeit erörtert und gewürdigt. Der Verfasser prüft diesen
und einige andere h. Röcke in Bezug auf ihre Echtheit, und thut dar,
wie unberechtigt und ungereimt die Annahme derselben sei. Bekannt=
lich gaben zuletzt sogar die bedeutendsten Schutzredner der Trierer
Wallfahrt die Unechtheit des sogenannten heiligen ungenähten Rockes
in Trier zu, oder verzichteten wenigstens auf den sicheren Nachweis
der Echtheit desselben, machten aber dafür geltend, daß es darauf gar
nicht ankomme, ob der Rock, welcher Gegenstand der Verehrung echt
sei, da auch ohnedies der Zweck der Wallfahrt, die religiöse Erweckung
und Erbauung des Volkes, erreicht werde und der fromme Glaube
die Echtheit ersetze. Man begegnet also hier wieder der Annahme,
daß Unwahrheit und Täuschung gestattet sei, wenn dadurch religiöse
Erbauung und Gläubigkeit gefördert wird. Wenn es aber nicht auf
die wirkliche Wahrheit ankommt im Gebiete der Religion, warum
mußten im Laufe der Jahrhunderte so viele Menschen um der religiösen
Wahrheit willen in Kerkern verschmachten und im Feuer sterben? Und
wenn man im religiösen Gebiete nicht die reale, objective Wahrheit
unbedingt geltend zu machen hat, sondern die heilsame Wirkung im
religiös erbauten Gemüth und die gute Meinung — mit welchem
Rechte werden dann alle anderen Religionen und Cultusarten auf
katholischem Standpunkt unbedingt verworfen, obwohl sie auch die
Erbauung fördern und in gutem Glauben, in frommer Meinung be=
kannt und geübt werden?

Es folgt nun die wichtigste Partie unseres Werkes, die Unter=
suchung über das Verhältniß, in welchem der „Ultramontanismus und

die moderne Civilisation" zu einander stehen. Selbstverständlich wird dabei besonders auf die Encyklika von 1864 und den Syllabus der sog. modernen Irrthümer Rücksicht genommen, und darnach und nach andern ultramontanen Kundgebungen das Verhältniß, in welches der Ultramontanismus zum Staat und zur Freiheit sich stellt, eingehend besprochen und kritisch beleuchtet. Wir wünschten sehr, daß besonders dieser Theil des Werkes von allen Staatsmännern und allen jenen gebildeten Katholiken beachtet würde, die noch immer auf eine Versöhnung der katholischen Hierarchie (Kirche) mit dem modernen Staat und der modernen Civilisation hoffen, und einen liberalen Katholicismus erstreben, bei dem zugleich der römische Primat und die gesammte Hierarchie mit ihren absolutistischen Ansprüchen beibehalten werden sollen, die Wissenschaft nur eine dienende Rolle zu spielen habe und die Laien (und selbst die niedern Kleriker) sich nur als stimm= und machtlose Schafe verhalten dürfen. Solch eine Verbindung von Liberalismus und katholischer Kirche ist eine Illusion, ist unmöglich, und kann von keinem der beiden Theile als zulässig erachtet und ernstlich anerkannt werden. Entweder der moderne Staat und die Civilisation kommen zur Geltung bei den Culturvölkern, dann können sie die absolutistische Herrschaft der katholischen Hierarchie nicht mehr anerkennen, oder diese macht sich geltend, dann muß sich Staat, Wissenschaft und Bildung der neueren Zeit von Grund aus ändern. In der That, die römische Hierarchie, mit der Jesuiten an der Spitze, muß und wird einen Vertilgungskrieg nicht blos gegen einzelne Tagesmeinungen und unliebsame wissenschaftliche Ergebnisse beginnen, sondern die Grundrichtung und Strebung in Wissenschaft und Leben der neueren Zeit muß geändert, ins Gegentheil verkehrt werden. Diese eigenthümliche, die moderne Zeit charakterisirende Geistesrichtung ist nichts anderes, als die inductive Forschung und Prüfung. Sie hat sich, wie bekannt, zuerst wieder der mittelalterlichen Scholastik gegenüber in der Naturforschung geltend gemacht und den mächtigen Fortschritt derselben herbeigeführt, hat sich von da aus auch in die übrigen Wissenschaften mehr oder minder eingeführt, und durchdringt allmälig das ganze geistige Leben der Culturvölker. Auch das Gebiet der Religion kann sich derselben nicht entziehen. Wie man der inductiven Forschungsweise gemäß nicht mehr von überkommenen Ansichten und Lehren in Bezug auf die Naturerscheinungen ausging, sondern die Naturerscheinungen selbst prüfte, also durch eigene Erfahrung und Beobachtung dieselben wahrhaft zu erkennen suchte, so geschieht das Gleiche auch mehr und mehr in der Religion. Auch hier begnügt man sich, in Folge des das ganze moderne Geistesleben durchdringenden inductiven Forschungsgeistes nicht mehr mit der gläubigen Hinnahme des von den Vätern Ueberkommenen, und läßt frühere dogmatische Feststellungen nicht mehr als unumstößliche Wahrheiten gelten, die der wissenschaftlichen Thätigkeit selbst als feste, unantastbare Prämissen dienen müßten, sondern diese Ueberlieferungen und Voraussetzungen selbst werden auch geprüft, da sie nur in solcher Bewährung dem modernen Geist Genüge thun können. Werden aber so die einzelnen Lehren, die früheren dogmatischen Formulirungen nicht mehr als unumstöß= liche Wahrheiten und fertige Prämissen hingenommen, so wird Aehn= liches auch in Bezug auf die Grundprämisse für das religiöse Glauben und Wissen bei den Katholiken, nämlich die absolute Autorität der Kirche, immer weniger der Fall sein. Auch diese Autorität, mag sie im Papat oder Episcopat sich absolutistisch geltend machen, wird nicht mehr ohne weiteres hingenommen, um daraus dann blos alle Con= sequenzen abzuleiten, sondern sie wird inductiv erforscht, auf Grund der Thatsachen geprüft, um ihre Wahrheit und die Berechtigung ihrer Ansprüche zu erkennen. Geschieht aber dies einmal, dann ist es um die Geltung einer sog. unfehlbaren, absoluten Autorität geschehen, da in der menschlichen Geschichte eine solche nicht bestehen kann und, selbst wenn sie da wäre, sich nicht als solche bewähren könnte. Man wird nicht mehr von oben her schließen: Da diese Autorität eine göttliche ist, so müssen auch ihre Thaten und Beschlüsse für göttlich gehalten werden; sondern umgekehrt: Da diese letztere als ungöttlich, falsch, unsittlich sich erweisen, so ist die fragliche Autorität selbst nicht gött= lich. Man wird auf diese Weise inductiv Ernst machen mit dem Worte: „An ihren Früchten sollt ihr sie erkennen". Hierin liegt die Gefahr für die absolute hierarchische oder päpstliche Autorität. Will diese sich behaupten, so muß sie vor allem die ganze moderne Geistes= richtung, den inductiven Forschungsgeist vernichten, und zwar auf allen Gebieten der Forschung, insbesondere auch in der Naturwissen= schaft, da er sich von da aus immer wieder in das ganze Geistesleben verbreitet und demselben die Richtung gibt. Das kann, das wird aber der Hierarchie nimmermehr gelingen, und darum können wir dem Ausgang des erbitterten Kampfes, den dieselbe gegen den Staat, die Wissenschaft und die Civilisation der neueren Zeit führt, mit Zu= versicht entgegensehen. Die Beschlüsse des vaticanischen Concils sind bezüglich dieses Ausgangs völlig gleichgültig, wenn sie auch be= züglich der Dauer und der Art des Kampfes nicht ohne bedeutenden Einfluß bleiben werden. Eine Wissenschaft, die überall über= lieferte Annahmen und festgestellte Prämissen einer selbstständigen Prüfung unterzieht, wird sich auch von einer empirischen, historischen Autorität in dem religiösen Gebiete keine hemmenden, unverstandenen Prämissen dictiren lassen, und wird auch diese Autorität selbst nicht blindlings als allgebietend und absolut hinnehmen; und ein Volk, das daran gewöhnt wird, überall selbst zu urtheilen und zu handeln, wird sich auch im Gebiete der Religion bald nicht mehr als urtheilslose Heerde behandeln lassen.

Es fehlt nicht an solchen, die, dies ahnend oder voraussehend, von Besorgniß ergriffen werden, es möchte auf diesem Wege nicht etwa blos die katholische Hierarchie mit ihrer absolutistischen Herrschaft, sondern das Christenthum selbst allmälig vernichtet werden, und die insofern einigermaßen den Orthodoxen beipflichten, die stets über die Entchristlichung der Welt Wehgerufe ausstoßen. Diese Besorgniß erscheint uns als unbegründet, wenn man nicht etwa absolutistische Hierarchie und irgend welche Orthodoxie mit dem Christenthum verwechselt. Christus hat kein Herrscherreich gründen wollen, sondern dies ausdrücklich verpönt, und er hat auch den Gebrauch gegebener Kräfte und die freie Thätigkeit in Bezug auf das überkommene geistige Gut nicht verboten, sondern vielmehr ausdrücklich belobt und das Gegentheil getadelt. Bekannt ist das Gleichniß von den Knechten, denen ihr Herr Talente übergab zur Verwaltung. Der eine derselben, der deren eines erhielt, wickelte es sorgfältig in ein Tuch und vergrub es in die Erde, um es ja zu conserviren und ganz so dem Herrn zurückzugeben, wie er dasselbe erhalten. Die übrigen aber schalteten in freier Thätigkeit mit ihren anvertrauten Talenten und mehrten sie. Und der Herr schalt jenen als faulen, unbrauchbaren Diener, diese aber lobte er und belohnte sie. Und doch — wer hätte das gedacht? — wurde gerade das Verhalten des ersten Knechtes, dieses echten Urbildes des starren beschränkten Conservatismus, zu dem großen hierarchisch-kirchlichen System ausgebildet, in welchem das Grundprincip kein anderes ist, als das der unbedingtesten, unveränderten Bewahrung des Ueberkommenen und Vermeidung alles Neuen, erst Hinzukommenden; so sehr, daß, wenn wirklich im Drang der Verhältnisse oder aus selbstsüchtigen Interessen Neues eingeführt ward, man sich auf alle Weise einredete, es sei nicht neu, oder daß man sogar zu Fälschungen griff, um es als alt hinzustellen. Alle jene dagegen, welche das Verhalten jener Knechte nachahmen, die mit ihren Talenten wucherten, und den Beifall des Herrn erhielten, wurden und werden als unkirchlich, unkatholisch, ja unchristlich bezeichnet, verdammt und verfolgt. Dem Geiste der neuen Zeit gemäß wird es aber endlich geboten erscheinen, nicht mehr das hierarchische Bewahrungssystem, die kirchlich-conservative Herrschaft, die nur auf Hemmung aller freien Thätigkeit und terroristische Erhaltung des Festgesetzten ausgeht, als echt christlich und allein zulässig zu betrachten, sondern die Erstrebung des Wahren und Guten in seiner Thätigkeit — also nicht mehr den ersten, sondern die andern Knechte als die Vorbilder des echten Christenthums zu betrachten. Die Zeit des conservativen Zwanges hat aufzuhören, die der Freiheit zu beginnen auch im Gebiete der Religion. Zwar ist nicht zu läugnen, daß der Blick auf die Folgen der religiösen Freiheit, auf das freie Religionswesen Nordamerika's mit den vielen Secten und zum Theil wunderlichen Glaubensformen, nicht gerade sehr erfreulich sei, aber doch lange nicht so Schmerz und Abscheu erweckend, als der Blick auf die Folgen des Strebens nach Einheit und Gleichförmigkeit in der christlichen Religion — der furcht= baren, Wissenschaft und Bildung hemmenden Geistesknechtschaft, der Inquisition mit ihren Opfern, in Kerkern verschmachtend und auf Scheiterhaufen verbrennend, später den wüthenden Religionskriegen. Ein Streben, das zudem sein Ziel doch nicht erreichte, da zwar die kleinen Abweichungen und Sectenbildungen verhindert, dafür aber schließlich Trennungen im Großen veranlaßt wurden. Das Idol, zu dem man die Einheit und Gleichförmigkeit gemacht, um dessentwillen man die Freiheit unterdrückt und den kirchlichen Absolutismus geltend gemacht hat, kam also theuer genug zu stehen, und es ist wahrlich kein Grund vorhanden, mit solcher Zähigkeit daran festzuhalten, wie es leider geschieht. Man kann mit Recht behaupten: die Hauptfessel, wodurch die römische Curie die Geister der Katholiken und insbeson= dere die Bischöfe gefangen hält, ihnen alle Zugeständnisse abnöthigt und ihre Opposition bezwingt, ist die tief eingeprägte Scheu vor Spaltung in der Kirche, ist die falsche Meinung, daß Einheit und Gleichförmigkeit das Wichtigste und unumgänglich Nothwendige sei zum Gedeihen des Christenthums, und eben deshalb — was man in Rom wohl weiß und als sicheren Factor in Rechnung zieht — sich scheut, den römischen Ansprüchen festen, unbeugsamen Widerstand zu leisten, und es dabei lieber auf das Aeußerste ankommen zu lassen, als nach= zugeben und sich zu fügen. Eben deshalb ist es auch vergeblich, zu hoffen, daß vom Episkopat irgend eine wirkliche, den Zeitverhält= nissen entsprechende Reform der katholischen Kirche ausgehen werde.

2.

Hat der erste Band dieses bedeutenden Werkes sich hauptsächlich mit dem katholischen Kirchenwesen, dessen Charakterisirung und Kritik beschäftigt, so bildet die Untersuchung über die Art der nothwendigen religiösen Reform oder über die Religion der Zukunft den Hauptinhalt dieses zweiten Bandes. Derselbe theilt sich in drei Bücher. Das erste behandelt „das traditionelle Christenthum" in den verschiedenen Ländern und bei den verschiedenen Hauptconfessionen, nebst den Versuchen zur Reform bei denselben; das zweite ist „dem liberalen Protestantismus" gewidmet, dessen Anfängen, Fortbildung und Ausbreitung; das dritte Buch endlich beschäftigt sich eingehend mit dem Problem der „Religion der Zukunft" selbst.

Die erste Frage, die sich der Verfasser zur Beantwortung stellt, ist die: „Ist der Katholicismus reformirbar?" Der Natur der Sache gemäß muß diese Frage verneinend beantwortet werden; denn, bemerkt Laurent gleich in den ersten Zeilen, „wie soll man eine Religion reformiren können, die den Anspruch erhebt, der Ausdruck der absoluten Wahrheit zu sein?" Damit ist in der That sogleich der Kern der Sache hervorgehoben und der Hauptgrund bezeichnet, warum eine wirkliche Reform der katholischen Kirche kaum je mit vollem Ernst angestrebt ward und noch weniger je gelungen ist. Zugleich lassen sich gerade hieraus die neuesten Vorgänge in der katholischen Kirche verstehen und erklären. Es gibt gegenwärtig Viele, die verwundert fragen: Wie ist es doch möglich, wie begreiflich, daß man in Rom gerade jetzt solch enorme Ansprüche erhebt, daß man statt einige Concessionen zu machen, auf neue Glaubenszumuthungen ausgeht, statt Reformen anzustreben, nur die Macht, zu binden, nicht die zu lösen anwenden will, der modernen Gesellschaft ebenso, wie früher den Barbaren gegenüber, und alle Welt provocirt, statt sie zu beschwichtigen? Die Lösung dieser Unbegreiflichkeit des römischen Verhaltens liegt in dem Anspruch der directen Göttlichkeit und Absolutheit, welchen die katholische Kirche, oder das anerkannte Haupt derselben, der Papst, erhebt. Offenbar sind es zwei Grundgedanken oder Voraussetzungen, welche das ganze römische Vorgehen der neuesten Zeit veranlassen und leiten: die katholische Kirche ist das geistlich-irdische Reich der göttlichen Wahrheit und des göttlichen Rechts, direct göttlich gestiftet und geleitet, um allenthalben die vollkommene Darstellung und der entsprechende Ausdruck des absolut Wahren und Rechten zu sein. Demgemäß ist die Kirche das Höchste auf Erden, erhaben über alles Andere, und berechtigt, die oberste Herrschaft anzusprechen, um der göttlichen Wahrheit Geltung und Ausbreitung zu verschaffen. Nun aber sind jetzt die Zeiten so verderbt, daß nicht blos der christlichen Wahrheit, den übernatürlichen Mysterien die unbedingte Anerkennung versagt, sondern das göttliche Reich der Kirche, deren Recht und Herrschaft selbst, angegriffen wird. Dieser äußersten Gefahr, in welcher die Kirche und die Völker sich befinden, muß durch außerordentliche Mittel begegnet werden; es muß die ganze Macht der Kirche aufgerafft und concentrirt werden in Rom. Wie im alten Römerreich in Zeiten der höchsten Gefahr ein Dictator mit unumschränkter Gewalt aufgestellt ward, so soll jetzt dem Papste eine geistliche Dictatur übertragen, unumschränkte Gewalt eingeräumt werden in der ganzen Kirche. Ein geistlicher Dictator für das ganze geistige und selbst auch politische Leben der Völker hat aber heutzutage eine schwierige Aufgabe und dürfte insbesondere mit seinen schwachen natürlichen Kenntnissen der großartig entwickelten Wissenschaft und der großen Anzahl hochgebildeter, wissenschaftlicher Forscher gegenüber eine ziemlich klägliche Rolle spielen. Daher soll, was ihm an natürlicher Kenntniß fehlt, durch übernatürliche, direct göttliche Einwirkung mehr als ersetzt sein — in der Meinung der Gläubigen. Es soll ihm also Unfehlbarkeit zugeschrieben werden, damit er dadurch erhaben erscheine über alle menschliche Wissenschaft, und auch den Gelehrtesten, Einsichtsvollsten gegenüber für unendlich überlegen gelte bei der gläubigen Welt, und als Beherrscher des geistigen Lebens erscheinen könne. Man wird gestehen müssen, daß hierin Zusammenhang und Consequenz liegt, und wer die Prämissen von dem Wesen und der Bedeutung der katholischen Kirche einmal zugibt, der wird Mühe haben, sich den Folgerungen daraus zu entziehen und die beabsichtigten Mittel für den angegebenen Zweck zurückzuweisen. Allein die religiöse Grundfrage der Gegenwart ist nicht die um die Unfehlbarkeit des Papstes, sondern ist vielmehr die: ob überhaupt in der Menschheit, insbesondere in der katholischen Kirche, die absolute Wahrheit fix und fertig hinterlegt sei, und ob diese Kirche mit Recht sich als ein äußerliches Reich geist= licher Herrschaft (sei es durch den gesammten Episkopat oder durch den römischen Papst) geltend mache. Beides ist im Lichte moderner Wissenschaft und richtiger Erkenntniß des Wesens der Religion in Abrede zu stellen. Doch kehren wir zu unserem Werke zurück.

Nachdem der Verfasser die Unmöglichkeit einer wirklichen Reform der bestehenden katholischen Kirche erörtert und auf die verschiedenen Versuche in Frankreich, Deutschland und Italien z. B. durch Bordas= Dumoulin, Hirscher, Gioberti hingewiesen, die, obwohl sehr gemäßigt und nur auf untergeordnete Punkte sich beziehend, dennoch sämmtlich gescheitert sind, wendet er sich zum „orthodoxen Protestantismus." Er findet hier Verhältnisse, die kaum besser sind, als die in der katholischen Kirche, ebensowenig günstig einer wirklichen Reform, einer Versöhnung der Religion mit der Wissenschaft und der Cultur der denkenden, gebildeten Classen und mit der Freiheit der Völker. Das zweite Buch ist dem „liberalen Protestantismus" gewidmet. Es werden die Anfänge der liberalen Bewegung betrachtet und deren Fortgang. Reimarus, der Fragmentist, Semler, Herder und das Christenthum der Humanität, Lessing, Kant u. s. w. bis zu Baur und der Tübinger Schule herab finden ihre Würdigung. Ebenso die durch diese Männer hauptsächlich angebahnte und hervorgerufene freiere Bewegung in den protestantischen Kirchen in Deutschland, Holland, Frankreich, der Schweiz, den Vereinigten Staaten und England.

Endlich im dritten Buche wird speciell „die Religion der Zukunft" zu bestimmen gesucht. Das erste Kapitel desselben entwickelt „die Nothwendigkeit einer religiösen Erneuerung," das zweite handelt vom „Christenthum Jesu Christi," das dritte unterzieht einzelne Dogmen einer näheren Prüfung. Laurent verhält sich, trotz seiner scharfen Sprache gegen das, was ihm als unwahr und mißbräuchlich erscheint, keineswegs negativ gegen die Religion und gegen das Christenthum. Er wendet sich nur gegen das „traditionelle Christenthum," gegen die Religion der Dogmen, der Mysterien, der Mirakel, des „Uebernatür=

lichen," beklagt aber auch sehr die religiöse Gleichgültigkeit der freien Denker und der Gebildeten. Die Hauptfrage ist nun aber: Was soll an die Stelle des Veralteten, Unhaltbaren, an die Stelle des sog. positiven, traditionellen Christenthums treten, worin soll die religiöse Erneuerung bestehen? Muß eine ganz neue Religion gestiftet werden, oder ist die wahre, ewige Religion schon vorhanden in der menschlichen Geschichte, und braucht nur wieder aufgesucht und zur Geltung gebracht zu werden? Der Verfasser hält im Allgemeinen das Letztere für das Richtige. Die einfache Lehre und das Leben Jesu erscheint ihm in theoretischer wie in praktischer Beziehung als das Wahre und Wesentliche aller Religion. Die Realisirung desselben besteht in der Auffassung Gottes als himmlischen Vaters und in der Liebe Gottes über alles und des Nächsten wie unser selbst; und wiederum in dem innigen, vertrauensvollen Verkehr mit Gott, wie er im Leben Jesu sich kundgibt. Laurent ist daher für die Erneuerung dessen, was man das „Christenthum Christi" genannt hat. Doch nicht ohne einigen Vorbehalt. Die evangelische Geschichte enthält nämlich auch Manches, was ihm unzulässig erscheint: so das Miraculöse, das uns allenthalben in derselben begegnet; dann die Gleichgültigkeit gegen die Welt und gegen die energische Thätigkeit im Reiche des Geistes und der Natur, ebenso den zu vorherrschend spiritualistischen Charakter desselben. Laurent will nicht eine Religion des Jenseits, sondern eine Religion des Diesseits; nicht eine Religion des Mirakels und der Uebernatürlichkeit, sondern der Vernunft und der göttlichen Gesetzmäßigkeit und Wohlordnung der Welt.

Dies, dem eingehende Erörterungen gewidmet sind, wird genügen, um die Anhänger der verschiedenen „rechten Glauben" zugleich gegen unsern Verfasser aufzubringen. Denn es ist eigenthümlich, daß zwar alle, die wahre christliche Lehre besitzen und bekennen wollen, aber nur ja nicht so wie Christus selbst sie verkündet, sondern nur so, wie zu der oder jener Zeit diese oder jene Theologen oder kirchlichen Versammlungen sie gedeutet, formulirt und festgestellt haben. Wer erklärte, zu irgend einer kirchlichen Feststellung der Vergangenheit, z. B. zum Nicänischen Glaubensbekenntniß, zurückkehren zu wollen, der würde von der Rechtgläubigkeit allenfalls zur Noth noch als ein Christ angesehen werden. Wer dagegen das Bekenntniß ablegte, sich nur an das klare Wort und Beispiel Christi selber halten zu wollen, den würde man kaum noch als Christen gelten lassen; ja von den Eifrigsten dürfte er wohl dem Heiden gleichgestellt, wenigstens als solcher behandelt werden dadurch, daß man die Excommunication über ihn verhängte, die bekanntlich nicht blos die Bedeutung einer irdischen Ausschließung aus der Glaubensgemeinschaft, sondern die Geltung einer Ueberlieferung der Seelen an den Teufel und die ewige Verdammniß haben soll! Und doch sollte man froh sein, die christliche Religion vor den Gefahren, die den dogmatischen Formulirungen von der Wissenschaft und Bildung drohen, dadurch retten zu können, daß man mit ihr zu Christus selbst seine Zuflucht nimmt, indem man sie wieder als das einfache und unmittelbare Verhältniß des Menschen zu Gott auffaßt, als welches sie Christus selbst lehrte und übte. Wenn der Geist, das Princip der christlichen Religion dadurch gerettet wird, was liegt daran, wenn die angefügten Formeln und Hüllen aufgegeben werden müssen; wenn der Zweck erreicht wird und erreicht werden kann ohne die früher üblichen Mittel, soll um jeden Preis auf diesen Mitteln bestanden werden, selbst wenn sie die Erreichung des Zweckes mehr hindern als fördern? Es gibt Dogmen und Cultusacte des traditionellen sogenannten positiven Christenthums, welche nun einmal das gebildete, geläuterte religiöse und ethische Bewußtsein nicht mehr zu ertragen vermag. Oder ist es noch zu glauben, daß Gott um der Sünde zweier Menschen willen alle andern verworfen und dem Teufel zum Eigenthum überlassen habe derart, daß die Kinder schon im Mutterleibe vom Teufel besessen seien, und gleich nach der Geburt die Austreibung desselben vorgenommen werden müsse? Kaum der Gläubigste wird diese Lehre in ihrer ganzen Strenge und Rücksichtslosigkeit noch aufrecht erhalten mögen, obwohl sie den noch geltenden und in Anwendung befindlichen Ritualbüchern zu Grunde liegt!

Daß in Bezug auf Dogmen ebenso sehr eine Reinigung des Christenthums vorgenommen werden müsse, wie in Bezug auf Cultus und kirchenrechtliche Ansprüche und Bestimmungen der hierarchischen Herrschaft, kann dem nicht mehr zweifelhaft sein, der die gesicherten Resultate der modernen Wissenschaft des Geistes und der Natur beachten und würdigen will. Und zumal wer einmal die Nothwendigkeit einsieht und den Muth hat, dem in das Christenthum eingedrungenen Römerthum zu widerstehen und dasselbe von der Herrschaft Roms zu befreien, soll der nicht auch der Ueberzeugung sich erschließen, daß die Religion Christi auch vom Hellenenthum befreit werden dürfe und müsse? Rom hatte sich durch Waffengewalt die Weltherrschaft errungen, und glaubte nun für immer und ewig ein Recht auf diese Herrschaft zu haben. In diesem Sinne ward daselbst die christliche Religion zurecht gerichtet und aus der Kirche ein Reich kirchenpolitischer Herrschaft gebildet, in welchem als Hauptsache, als christliche Grundtugend, der unbedingte Gehorsam, die Unterwerfung unter den kirchlichen Herrscher verkündet, gepriesen und geltend gemacht ward und wird. Die Hellenen waren anderer Art. Sie hatten, wie die Kunst, so die Wissenschaft, die Philosophie ausgebildet und sich zu Lehrern der Welt gemacht. Sie meinten nun für immer zu diesem Lehramte berechtigt zu sein, und verhielten sich demgemäß, als das Christenthum an sie kam. Es wurden von ihnen unter endlosen und heftigen Streitigkeiten bestimmte Lehrsätze, Dogmen formulirt, die den wesentlichen und nothwendigen Glaubens-

inhalt ausmachen sollten. Wie Rom das ewige Heil von der Aner=
kennung seiner Herrschaft abhängig machte, so knüpfte der hellenische
Geist dasselbe an den Glauben an seine Lehrsätze, wie dies in besonders
energischer Weise das sogen. Athanasianische Glaubensbekenntniß aus=
spricht. In den echtesten Urkunden des wirklichen Christenthums findet
das eine so wenig wie das andere eine Begründung, und wie Roms
Herrschaft nicht zum Christenthum Christi gehört, so auch nicht wesentlich
die hellenischen Lehrsätze. Der deutsche Geist wird hoffentlich beide
endlich überwinden, und jenem Befreiung und Geltung erringen.

Dies wohl zu erwägen und danach zu handeln, ist jetzt die dringendste
Aufforderung gegeben, da die römische Hierarchie so herausfordernd
und angreifend gegen den modernen Staat wie gegen die Wissenschaft
vorgeht, um ihre Herrschaft neu zu bekräftigen und zu erhöhen. Dazu
dienen hauptsächlich die formulirten Dogmen: jene Sätze, die zu glauben
befohlen wird, und die Niemand erforschen, erkennen darf, da sie über=
natürlich und mysteriös sein und bleiben sollen, welchen gegenüber daher
Gefangennahme des Verstandes und Unterwerfung unter die Autorität
geboten ist. Diese Glaubenssätze daher, ebenso wie die Herrschaft Roms,
müssen in Anspruch genommen werden, (da sie die sicherste Stütze und
das Mittel der Unterjochung der Geister für diese letzteren sind), wenn der
moderne Staat seine Souveränetät, die Wissenschaft, ihr Recht und
ihre Geltung, und das Gewissen seine Freiheit von Zwang erlangen soll.
Klar dürfte schon geworden sein, daß die kirchliche Herrschaft nicht neben
dem souveränen Staat, sondern nur über ihm bestehen kann, sowie nicht
neben der Wissenschaft, sondern nur als Beherrscherin derselben wie auch
der Gewissen. Wissenschaft und Bildung können allerdings den religiösen
Glauben nicht ersetzen, und sollen es nicht; aber die in früherer Zeit,
bei ganz anderm Stande der Wissenschaft, unter ganz andern Bildungs=
verhältnissen formulirten und vorgeschriebenen Glaubenssätze müssen
geprüft werden, und dürfen, wenn sie ein Recht der Geltung haben
sollen, nicht der bessern Erkenntniß und der Wahrheit widersprechen;
dürfen auch nicht mit Gewalt aufgezwungen werden. Die moderne
Wissenschaft stellt den traditionellen Glaubenssätzen nicht andere Glau=
benssätze entgegen, sondern klare Erkenntniß, und der moderne Staat
hat dem Glaubenszwang nicht andern Zwang entgegenzusetzen, sondern
das Recht, die Freiheit der Ueberzeugung zu gewähren. Dadurch wird
von selbst die Nothwendigkeit entstehen zum wahren Christenthum,
zum Christenthum Christi, in Theorie und Praxis zurückzukehren, das
wegen der Klarheit und Einfachheit der Lehren keiner weitern Autorität
weder von Kirchenfürsten noch von Gelehrten bedarf, und wegen des
unmittelbaren, selbständigen Verhältnisses der Seele zu Gott keine
Vermittlung und keinen Zwang verträgt. Die Wahrheit wird da
allerdings nicht mehr in fix und fertigen Formeln in Besitz genommen
werden können, und die Bequemlichkeit wird aufhören, sich das Heil

durch bestimmte kirchliche Functionen anthun zu lassen. Damit muß auch der stolze Wahn schwinden, daß ein verhältnißmäßig kleiner Theil des Menschengeschlechts allein im Besitze der absoluten Wahrheit sei und allein berechtigt zur Seligkeit, während alle andern Menschen im Irrthum, in geistiger Finsterniß und Nacht sich befinden, und als Gegenstand des göttlichen Zorns und Erbe des Satans nur für die Verdammniß gut genug sind. Für den Verzicht auf den Besitz der absoluten Wahrheit ist uns aber die Möglichkeit, ja die Thatsache beständiger Zunahme der Erkenntniß der Wahrheit und fortschreitender Ueberwindung des Irrthums gewährt, und selbst die Religion wird dadurch nicht blos immer mehr geläutert und vor Aberglauben geschützt, sondern auch gesichert vor dem Unglauben und vor den Gefahren von Seite der fortschreitenden Wissenschaft. Denn, indem Vernunft und Wissenschaft in der Gesetzmäßigkeit und Ordnung der Welt das Walten und die Offenbarung Gottes erkennen lehren, nicht mehr im Unverstandenen und Miraculösen, hat der Glaube nicht mehr wie bisher zu fürchten, von der Wissenschaft dadurch beeinträchtigt zu werden, daß dieselbe das Außerordentliche und Wunderbare als Gesetzmäßiges und Nothwendiges erkennt, und dadurch, wie man in den Wunder-Religionen stets meinte, entgöttlicht.

XIII.

Kleinere Aufsätze.

1.

Excommunicationen. *)

Es scheint, daß auch der Excommunicationz-Born wieder aufgethan ist, da wenigstens aus dem erzbischöflichen Ordinariat in München die Excommunicationen wieder zu erfließen beginnen. So ist über Professor Dr. Meßmer in diesen Tagen die Excommunication verhängt worden, und dem Verfasser dieses selbst wurde ein Schreiben des besagten Ordinariats zugestellt, in welchem, nach vielen in dergleichen Schriftstücken üblichen Redensarten von „Unglauben, Subjectivismus, Kirchenfeindlichkeit, ober=hirtlichem Recht und Pflicht u. dgl., endlich „förmlich" erklärt wird, daß derselbe, „wegen vielfacher Ketzereien," deren er sich längst schuldig gemacht, der großen Excommunication mit allen canonischen Folgen längst verfallen sei." Eine Kundgebung, die völlig überflüssig ist, da ich selbst genugsam weiß, wann Jemand excommunicirt ist, und wann nicht, ja, wie sich schon im Jahre 1862 gezeigt hat, dies besser weiß, als der Herr Erzbischof von München und sein Ordinariat. Denn schon damals kündigten sie mir an, daß ich durch mein Verhalten der Index-Congregation gegenüber der Excommunication verfallen sei, mußten aber bald anerkennen, daß sie sich im Irrthum befunden haben, kundgebend dabei eine kanonistische Unkenntniß, die das Maaß des Erlaubten bedeutend überstieg. Trotzdem soll der gebührende Dank abgestattet werden für die „oberhirtliche" Sorgfalt, die sich in dieser Ankündigung und „Mahnung" ausspricht, und zwar will ich versuchen, dies dadurch zu thun, daß ich den Herrn Erzbischof mitsammt seinem Ordinariate dringend aufmerksam mache auf den schlimmen Zustand, in welchem er sich selbst befindet bezüglich seiner kirchlichen Rechtgläubigkeit und des dadurch bedingten ewigen Heils. Er selbst nämlich glaubt nicht alle kirchlichen Dogmen, und ist also auch der Excommunication mit ihren kanonischen Folgen längst verfallen. Bei der Ausübung des Oberhirtenamtes geschieht es eben gar zu leicht, daß über dem Spähen nach den Splittern in anderer Menschen Augen die Balken im eigenen vollständig übersehen werden, und es ist daher wohlgethan, wenn die Träger dieses Amtes

*) Augsb. Allg. Ztg. Dezbr. 1871.

15*

von andern auf jenen Uebelstand aufmerksam gemacht werden, obwohl dies, wie ich sattsam weiß, ein höchst undankbares Geschäft ist.

Nach kirchlichem Grundsatz ist jeder Katholik der Excommunication verfallen, wenn er auch nur einem Glaubenssatz Annahme oder „Unterwerfung" versagt, d. h. er ist aus der Kirchengemeinschaft und vom Gebrauche der kirchlichen Gnadenmittel ausgeschlossen und zur Verdammniß bestimmt, wenn er nicht die Wiederaufnahme erwirkt. Ursprünglich ward die Excommunication wegen grober sittlicher Vergehen verhängt. So schloß der Apostel Paulus einen Korinther wegen Blutschande aus der Gemeinschaft der Gläubigen aus. Jetzt ist es anders; Blutschänder und Leute ähnlichen Schlages können meistentheils ruhig in der Kirchengemeinschaft bleiben, besonders, wenn sie Reichthum und Einfluß besitzen und der „Kirche" dadurch Dienste leisten können! Die Excommunication wurde bald ein Hauptmittel, die hierarchische Herrschaft einzuführen, zu befestigen und in allen Gütern, Genüssen und Privilegien zu erhalten. Da wird irgend eine bischöfliche Exemption von einer Abgabe, irgend ein privilegirter Weinverschleiß eines Domcapitels durch Excommunication geschützt und aufrecht erhalten! In so gröblicher Weise kann nun heutzutage allerdings die Excommunication nicht mehr mißbraucht werden; indeß leistet sie doch noch zur Aufrechthaltung des Lehrsystems und der geistlichen Herrschaft, zur Erzwingung des sogen. geistlichen Gehorsams und zur Unterjochung der Völker wesentliche Dienste. Die Scheu vor derselben ist noch keineswegs im Volke verschwunden, und selbst die höhern und gebildeten Classen fürchten wenigstens nicht selten die äußerlichen Unannehmlichkeiten so sehr, daß sie wohl auch ihre Ueberzeugung der Furcht vor derselben zum Opfer bringen. Um so mehr ist es an der Zeit, diesen Popanz in seiner wahren Gestalt zu zeigen, und aufzudecken, wie er sich selbst zu Grunde gerichtet hat durch das eigene Allzuviel. Kehren wir zum obigen Satze zurück.

Wenn jeder Katholik aus der Kirchengemeinschaft ausgeschlossen ist, der irgend ein Dogma nicht im Glauben annimmt, so ist ohne allen Zweifel auch der Herr Erzbischof von München-Freising und sein Domcapitel, nicht minder aber der gesammte Episkopat und Klerus der Excommunication verfallen, und wird demnach in der ganzen katholischen Kirche längst kein anderer Gottesdienst mehr gehalten, als ein sogenannter sacrilegischer. Wir wollen, um dies zu beweisen, nur zwei Ketzereien anführen, denen die ganze katholische Hierarchie ebenso wie die gesammte Laienwelt verfallen ist. Dieselben wurden zwar schon anderwärts näher erörtert, da indeß die hierarchische Taktik in Bezug auf solche fatale Dinge darin besteht, hartnäckig darüber zu schweigen, so bleibt nichts übrig, als immer wieder darauf zurückzukommen, um die Kenntniß davon so weit als möglich zu verbreiten und dadurch eine richtige Würdigung des ganzen hierarchischen Kirchensystems anzubahnen. Die zwei in Rede stehenden Ketzereien sind: das Kopernikanische

Weltsystem und die Aufhebung und Nichtbeachtung des kirchlichen Zinsenverbotes. Das Kopernikanische System wurde mit der größten Entschiedenheit, sowohl von der Congregation des Index der verbotenen Bücher dem Werke des Kopernikus selbst gegenüber, als auch von der Congregation der Inquisition im Galilei'schen Prozeß, als gänzlich schrift=, also offenbarungswidrig, als Ketzerei und als Verderben der katholischen Wahrheit bezeichnet und verdammt, und zwar unter Mitwissen und mit Bestätigung des (unfehlbaren) Papstes, für alle Gläubigen, für die ganze Kirche. Ausdrücklich als Ketzerei wurde insbesondere die Lehre von dem Stillstande der Sonne bezeichnet, wie die Actenstücke des Prozesses bezeugen, nämlich die Verurtheilungssentenz selbst und der dem Galilei vorgeschriebene Widerruf (in Uebersetzung beide mitgetheilt in meinem Werke: „Das Christenthum und die moderne Naturwissenschaft"). Jetzt huldigt auch die Hierarchie dem Kopernikanischen System. Demnach sind die Bischöfe und Priester insgesammt sowohl Ungläubige, als Ketzer. Ungläubige, weil sie die schriftgemäße, zur katholischen Wahrheit gehörige Lehre verlassen, Ketzer, weil sie das vom unfehlbaren kirchlichen Lehramt als Ketzerei verdammte Kopernikanische System als Wahrheit behaupten. Dagegen hilft nun einmal keine Vertuschung und keine Sophisterei. — Ebenso entschieden und unbestreitbar ist die Ketzerei, in welche die gesammte Hierarchie verfallen ist, dadurch, daß sie das Zinsenverbot preisgegeben hat, und nun selbst in der umfassendsten Weise gegen dasselbe sündigt. Dieses Verbot — dem Gebiete der Sitten angehörend und also Gegenstand des „unfehlbaren" kirchlichen Lehramtes — wurde Jahrhunderte hindurch mit der größten Strenge als göttliche Offenbarung gelehrt und aufrecht erhalten. Jede Uebertretung desselben wurde mit der strengsten kirchlichen Strafe, selbst mit Verweigerung kirchlichen Begräbnisses, geahndet, und die entgegengesetzte Lehre als Ketzerei betrachtet und bestraft. Der glaubenseifrige Dominikaner Daniel Concina führt in seiner Schrift über diesen Gegenstand nicht weniger als achtundzwanzig Concilien, darunter sogar sechs allgemeine und außerdem noch siebenzehn Päpste an, welche den Wucher, d. h. jede Art von Zinsennehmen (usura) verworfen haben. Noch Papst Benedict XIV. macht in seiner Encyklika vom Jahre 1745 gar keinen Unterschied zwischen Zinsen und Wucher, sondern alles Leihen auf Zinsen, ob deren große oder kleine genommen werden, ob an Reiche oder Arme geliehen wird, ist als Wucher und als etwas bezeichnet, das durch göttliche Anordnung, durch göttliche Offenbarung verboten sei. Das in Rom und bei der Hierarchie als allgemein geltende Concil von Vienne (1311), dessen Vorsitzender Papst Clemens V. war, bestimmt ausdrücklich: daß derjenige wie ein Ketzer zu bestrafen sei, welcher lehre, das Zinsennehmen sei erlaubt. Dennoch ist das Leihen auf Zinsen jetzt allgemein gestattet, und in Praxis nicht blos bei den Laien, sondern auch beim Klerus und bei religiösen Orden, und der Papst selbst fordert sogar die Gläubigen auf, ihm auf Zinsen zu leihen, verleitet sie also zu dem, was kirchlich, als gegen die göttliche Offenbarung und gegen den göttlichen Willen verstoßend, aufs strengste verboten ist. Somit ist auch hierdurch die ganze Kirche, Laien wie Bischöfe und Priester, der Ketzerei und damit der Excommunication verfallen.

Wollte man dagegen einwenden, daß das Zinsenverbot nur für eine bestimmte Zeit mit bestimmten Verhältnissen habe gelten können, und aufhören mußte mit Aenderung der Verhältnisse, so wäre diese Ansicht an sich ganz vernünftig, aber hier nicht zutreffend, weil Glaubenssätze und göttliche Sittengebote als unbedingt, für immer gültig und unabänderlich geltend gemacht werden. Selbst der Papst kann hierin trotz seiner Unfehlbarkeit und absoluten Herrschaft keine Abhülfe bringen. Denn gerade die Vollmacht ist ihm noch nicht zuerkannt, das als göttliche Wahrheit und Offenbarung dogmatisch Festgestellte wieder aufzuheben und als nicht wahr und nicht geoffenbart mit gleicher Unfehlbarkeit zu erklären, wie zuvor das Gegentheil bestimmt ward. Und selbst ein zweites, ebenso gefügsames vaticanisches Concil würde ihm diese Vollmacht kaum zuerkennen, denn sie wäre für den Papst und die Hierarchie selbst zu gefährlich, da dann die Wissenschaft und die weltlichen Regierungen um so dringender von der absoluten Kirchenautorität fordern könnten, daß gewisse Lehren und gewisse Ansprüche früherer Zeit abgethan und fallen gelassen werden. So bleibt also dem kirchlich einmal als Dogma Festgestellten gegenüber nichts übrig als Ketzerei, wenn man es nicht mehr gelten lassen will. Damit aber ist dann nothwendig auch die kirchliche Excommunication ipso facto verbunden. Dies gilt selbst für den Papst. Es ist daher wohl räthselhaft, wie dieser sich den eben erwähnten zwei Dogmen und Ketzereien gegenüber zurecht finden kann. Als unfehlbarer Papst, d. h. als Besitzer des kirchlichen Lehramtes, kann er unmöglich die genannten modernen Ketzereien, das Kopernikanische System und das Leihen auf Zinsen, annehmen oder gelten lassen, aber als Privatperson stimmt er doch offenbar dieser ungläubigen modernen Welt bei in der Theorie und macht auch in der Praxis mit. Er muß also als unfehlbarer Papst sich selbst als Privatperson für einen Ketzer erklären, excommuniciren und zum Flammentode der Ketzer verurtheilen.

In der That, dieses Schicksal müßte der ganzen gegenwärtigen Hierarchie der katholischen Kirche und allen Rechtgläubigen in derselben bereitet werden, wenn die kirchenrechtlichen Gesetze zur Ausführung kämen, und wenn der moderne Staat dies zuließe. Versetzen wir uns aber um einige Jahrhunderte zurück ins gelobte Mittelalter, etwa in das 14. Jahrhundert, und denken wir uns den gegenwärtigen Papst mit seinen Cardinälen, Bischöfen, Aebten, dem gesammten Klerus und zugleich mit den Auserlesensten der päpstlich

Rechtgläubigen der Gegenwart vor den päpstlichen Gerichtshof, das Inquisitionstribunal jener Zeit, gestellt. Würden sie ihre Ansichten bekennen, insbesondere, daß sie nicht mehr annehmen, die Sonne drehe sich täglich um die Erde, und das Leihen auf Zinsen sei unerlaubt — so ist keinen Augenblick zweifelhaft, daß sie alle vom ersten bis zum letzten als Ketzer erkannt, verurtheilt, verdammt, verworfen, ihre Seelen dem Teufel übergeben, ihre Personen zum Feuertode der Ketzer gebracht würden. Um viel geringerer Dinge willen sind in jenen Zeiten viele Tausende als Ketzer verbrannt worden. Selbst die Jesuiten würden diesem Schicksal vor jenem Gerichtshofe nicht entgehen, wenn sie ihn nicht etwa durch irgend eine kluge Wendung zu überreden vermöchten: daß sie zwar das Kopernikanische System annehmen, aber doch eigentlich nicht annehmen, und daß sie zwar reichlich Geld auf Zinsen leihen, aber doch eigentlich nicht leihen, jedenfalls dies theoretisch nicht für erlaubt halten. — Denken wir uns umgekehrt den Papst, die Cardinäle, die Bischöfe und die ganze Klerisei jener Zeit vor das heutige päpstliche Glaubensgericht gestellt, so ist ebenso gewiß, daß sie alle als Ketzer erkannt und verurtheilt, wenn auch nicht verbrannt würden — weil der bösartige, ungläubige moderne Staat dies nicht mehr gestattet und zur Ausführung bringt. Die ganze katholische Hierarchie jener Zeit würde ja von manchen Glaubenssätzen, die jetzt die Hauptrolle spielen, nichts wissen oder nichts wissen wollen, und so würde der Gerichtshof sie als Ketzer verurtheilen — wenn ihm nicht etwa bekannt würde, daß es Fremdlinge aus längst vergangener Zeit seien, an denen zuvor Bekehrungsversuche vorgenommen werden müßten. Das ist die viel gerühmte Unveränderlichkeit und Glaubenssicherheit innerhalb der römisch-katholischen Kirche.

Noch müssen wir eines fast tragi-komischen Verhältnisses gedenken, in welches die päpstliche Rechtgläubigkeit bezüglich der Entscheidungen von zwei allgemeinen, päpstlich bestätigten Concilien jetzt gestellt ist. Das allgemeine Concil von Constantinopel vom Jahr 680 hat nämlich den Papst Honorius I. als einen Ketzer erklärt und verdammt. Demnach ist jeder Katholik verpflichtet zu glauben, daß Papst Honorius wirklich ein Ketzer war. Das vaticanische Concil von 1870 dagegen erklärte den Papst, d. h. jeden Papst auch der Vergangenheit, für unfehlbar, also auch den Honorius, der demnach nicht als Ketzer betrachtet werden darf. Wenn also der Katholik nicht glaubt, daß Papst Honorius ein Ketzer war, so ist er selbst ein Ketzer, weil er der Entscheidung eines allgemeinen päpstlich anerkannten Concils (von 680), also der „Kirche", widerspricht. Wenn er aber diese Ketzerei vermeiden will, und den Honorius für einen Ketzer hält, verfällt er wieder in eine andere Ungläubigkeit und Ketzerei gegenüber der Entscheidung des vatikanischen Concils, die verbietet, irgend einen Papst für fehlbar, also der Ketzerei fähig zu halten. Eine schwierige

Lage, in welcher es Jedem, auch dem gläubigsten Katholiken, geradezu unmöglich ist, die Ketzerei und auch die Excommunication zu ver= meiden. Wenn also z. B. Se. Eminenz der Herr Erzbischof von München mit seinem Ordinariat nicht glaubt, daß Papst Honorius I. ein Ketzer war, so ist er selbst ein Ketzer und der Excommunication verfallen, weil er der Entscheidung eines allgemeinen Concils, also der „Kirche", widerspricht. Wenn er aber glaubt, daß Papst Honorius ein Ketzer war, so verfällt er selbst wieder in eine Ketzerei, weil er damit der Entscheidung des vaticanischen Concils widerspricht, und die Excommunication ist wieder da. Also heutzutage ist Excommunication unvermeidliches Schicksal! Die Jesuiten freilich und ihre Ergebenen wissen sich zu helfen. Sie läugnen einfach die Geschichte des Papstes Honorius, läugnen entweder, daß er als Ketzer verdammt, oder daß er als Papst (ex cathedra) gesprochen. Allein abgesehen davon, daß es ebenso unsittlich als vergeblich ist, eine durch alle historischen Beweise con= statirte Thatsache zu läugnen*), mit welchem Rechte wird man jenen noch entgegen treten können, die weit weniger beglaubigte oder historisch gar nicht zu erweisende Thatsachen läugnen, auf denen der ganze Bau der römisch=hierarchischen Kirche selbst ruht, z. B. daß der Apostel Petrus je in Rom gewesen und als Bischof der Christengemeinde daselbst vorgestanden habe? Das Beste wird wohl sein, über diese schwierigen, fatalen Sachen gar nicht zu denken, sondern, die Augen schließend, anzunehmen, daß sie gar nicht existiren! Man stellt sich auch wohl, das objective Wesen der Kirche und ihre Verfassung voll= ständig mißachtend, ganz auf den Standpunkt des hierarchischen Sub= jectivismus der Jetztzeit, und findet seine Beruhigung darin, wenn nur der Papst sagt: „Es ist nicht so," oder: „Es thut nichts."

Unter solchen Umständen kann ein Excommunicirter wahrlich keine Lust verspüren, sich durch eine sogenannte Unterwerfung von der ver= hängten oder erklärten Excommunication zu befreien; denn würde er sich dem sogenannten Oberhirtenamte fügen, so bliebe er gleichwohl noch in der gleichen Excommunication, da dieses selbst sich in der= selben thatsächlich befindet und nur willkürlich und subjectivistisch behauptet, daß dies nicht der Fall sei. Für die Preisgebung der Wahrheit und für das Opfer der Vernunft und Wissenschaft hätte man also nicht einmal die Genugthuung, wirklich und vollständig in

---

*) Man vergleiche hierüber: „Die Irrlehre des Honorius und das vaticanische Decret von der päpstlichen Unfehlbarkeit." Von Aemil Ruckgaber. Stuttgart, v. Cotta'scher Verlag, 1871. In dieser Schrift ist zur vollen Klarheit und Gewißheit gebracht: erstens, daß Papst Honorius wirklich 680 vom allgemeinen Concil als Ketzer verdammt wurde, und zweitens, daß er sein ketzerisches Schreiben in seiner Eigenschaft als oberster Lehrer (ex cathedra) erlassen habe.

die katholische Kirche wieder einzutreten — eine Kirche, |die, wie es scheint, gar nicht mehr existirt, und sich selbst durch maßloses Excommuniciren gleichsam aus den Angeln gehoben hat, da der Papst, wenn man die Sache rein thatsächlich und objectiv betrachtet, selbst der Excommunication verfallen ist und insofern außerhalb der wahren katholischen Kirchengemeinschaft sich befindet. Nein, ihr Hierarchen, Papst und Bischöfe, wir kümmern uns um eure Excommunicationen nicht, und fürchten sie nicht; und eure Gemeinschaft wäre uns zu theuer, wenn wir sie um den Preis der Wahrheit, der Vernunft und des wirklichen Christenthums erkaufen müßten. Wir sagen daher eurer hierarchischen Zumuthung gegenüber „Man muß Gott mehr gehorchen als den Menschen", und gebrauchen dabei dieses viel mißbrauchte Wort im echten, ursprünglichen Sinne. Denn nicht der weltlichen Regierung, wie man dem Volk unwahrer Weise einredet, sondern dem Hohenpriester und seinem Rathe hat der Apostel Petrus dieses Wort entgegengehalten, um der Priesterherrschaft gegenüber das Recht der eigenen Ueberzeugung zu wahren. (Apost. Gesch. 5, 29.) Statt dieser grassirenden Excommunicationssucht zu fröhnen, thätet ihr wahrlich besser, euch endlich zu dem Pflichtgefühl und dem christlichen Muth zu erheben, ernsthaft und entschieden an's Werk zu gehen, um dieses gänzlich verfahrene und verrottete hierarchische Kirchenwesen einer gründlichen Reinigung zu unterziehen und der ganzen Kirche eine fundamentale Erneuerung zu schaffen.

2.

Gebet und Ablaß als kirchenpolitisches Agitationsmittel.*)

Wenn es der römischen Hierarchie an weltlichen Gewaltmitteln gebricht, ihre Ansprüche geltend zu machen und ihre Gegner zu vernichten, dann pflegt sie zum Gebet zu greifen, um Gott zu directem Eingreifen und zur Vernichtung des Feindes zu bewegen. Die Widersacher „todtzubeten," war stets eine beliebte Uebung, insbesondere bei den jesuitischen Frommen Die Verheißung und Verleihung des sogenannten Ablasses hinwiederum ist das Mittel, die Gläubigen leichter zum Gebet anzureizen, da sie dadurch den Gewinn erlangen, der Büßung für ihre Sünden enthoben zu sein. Freilich ein etwas seltsamer und ver-

---

*) Allgem. Ztg. August 1873.

wickelter Vorgang: der Papst verleiht aus eigenem Antrieb, seiner Machtvollkommenheit gemäß, Ablaß, d. h. erläßt die Strafen für begangene Sünden, die im Diesseits oder auch im Jenseits (Fegfeuer) zu büßen wären. Er greift also in die göttlich festgestellte Sühne-ordnung der ewigen Gerechtigkeit beliebig ein, um dadurch die Gläubigen zum Gebet zu bewegen, das wiederum „Gott fromme Gewalt anthun" soll, damit er in die natürliche Ordnung der Dinge eingreife, zu Gunsten und nach dem Willen des Papstes. Man sieht, welche Macht der Papst besitzt! Er kann die Ordnung der göttlichen Gerechtigkeit aufheben, erlassen, um damit diejenigen zu bezahlen, die Gott bewegen sollen, seine göttliche Weltregierung nach dem Willen des Papstes zu richten! Ueber jenseits und diesseits verfügt er, und es gibt für ihn keine göttliche Weltordnung! Neuestens nun verspricht der Papst Nachlaß der Sündenstrafen dafür, daß die Gläubigen Gott zur Vernichtung des modernen Staates, der modernen Civilisation und Wissenschaft durch ihr Gebet bewegen sollen, als welche eben unversöhnliche Feinde des päpstlichen Absolutismus sind, der nur bestehen kann, wo Vernunft, Recht, Freiheit, Bildung niedergehalten, unterdrückt bleiben.

An sich betrachtet, erscheint das allerdings als ein ziemlich naives Gebahren, das demjenigen, der in diesen Dingen seine Vernunft zu gebrauchen wagt, nur ein Lächeln abgewinnen kann; allein wo ihm der Glaube, das unbedingte Vertrauen und Gehorchen des Volkes zur Verfügung steht, kann dasselbe zu einem gefährlichen Agitationsmittel werden. In gegenwärtigen Verhältnissen wird dadurch wenigstens so-gleich eine gewisse Aufregung, allenfalls auch Fanatisirung des gläubigen Volkes erzielt, und eine gewisse Herabsetzung, Discreditirung des Gegners, d. h. der Regierungen. Man weiß, welche oftmals furchtbare Waffe das öffentliche Gebet der Gläubigen ist, wenn es gegen einzelne Menschen angewendet wird, die als Ungläubige, Ketzer oder große Sünder über-haupt bezeichnet werden, deren Bekehrung dasselbe erwirken soll. Es will zwar der Ausdruck christlicher Nächstenliebe sein, doch steckt auch im besten Fall viel pharisäische Selbstgerechtigkeit dahinter, und den „Ketzern" gegenüber viel Selbstüberhebung bezüglich des eigenen Urtheils und Glaubens. Vollends aber für fanatische geistliche Herrschsucht und für blinden Zelotismus ist dieses öffentliche Gebet, wenn der Name des Betroffenen bekannt wird, ein scharfes, vernichtendes Mittel; denn er wird öffentlich als armer Sünder, als elender Verworfener behandelt, den man allenthalben nur mit Mitleid oder Abscheu betrachten kann. Man denke, welchen Mißbrauch vollends fromme Bosheit und Nachsucht in dieser Weise mit dem Gebet zu treiben vermögen zur Vernichtung des Gegners und zur Tyrannisirung der Gläubigen!

Was bedeutet nun aber das öffentliche Gebet mit verheißenem Ablaß den Staatsregierungen, deren Gesetzen und Maßregeln gegen-über? Der Papst erblickt in Allem, was gegen seine Aussprüche und

maßlosen Ansprüche irgend von einer Staatsregierung geschieht, schlechter=
ings nichts anderes, als ein Werk der „Gottlosigkeit und Bosheit,"
wie er schon unzähligemal gesagt (neuestens in der Allocution vom
5. Juli); erblickt also darin nur frevelhafte Attentate gegen die Kirche
Gottes und gegen Gott selbst, da er sich mit beiden gleichstellt, und
erlangt direct göttlichen, wunderbaren Schutz dagegen, den das Volk
durch sein Gebet gleichsam von Gott erzwingen soll. Der Staat mit
einer Regierung wird demnach dem Volke als ein Uebelthäter, als
gottloser Verbrecher hingestellt, gegen den es, das Volk, durch sein Gebet,
Hülfe, resp. Strafe Gottes herabrufen soll. Die Vertreter der Staats=
regierung erscheinen demnach gleichfalls wie gottlose Menschen, oder
wie öffentliche Sünder vor den Augen des Volkes, gegen welche dieses
ein göttliches Einschreiten von Gott zu fordern, ja gegen welche es
von ihm, wo möglich directe Henkersdienste zu verlangen angeleitet
wird. Dies Alles wird natürlich hinter frommen Phrasen versteckt,
nöthigenfalls auch geradezu geläugnet, liegt aber doch in den Anord=
nungen des Papstes und seiner gehorsamen Diener, der Bischöfe. Denn
wo Jemand gegen die „Kirche", d. h. den Papst mit seinen Dienern,
streitet oder handelt, wird niemals zugestanden, daß er in ehrlichem
Glauben und mit gutem Gewissen (bona fide) so handle, sondern stets
wird ihm böser Wille und schlechte Gesinnung zugeschrieben. Nicht
einmal Unkenntniß, Mangel richtiger Einsicht läßt man gelten, ob=
wohl auch dies schon eine maßlose Anmaßung von Seite der Hierarchie
wäre in unserm gegebenen Falle, da hier in der That der moderne
Staat die Rechte und Errungenschaften der gesammten Wissenschaft
und Cultur vertritt.

Wie sinnlos aber außerdem dieses Hülfe= und Rachegeschrei zu
Gott ist, zu dem das Volk zu Gunsten der Kirche, d. h. des Papstes,
aufgefordert wird, ist leicht zu zeigen. Unaufhörlich wird wiederholt
und auf allen Kanzeln verkündet: die katholische Kirche sei eine
unmittelbare, directe Stiftung Gottes selbst und werde fortwährend
von Gott unmittelbar geleitet und beschirmt, als sein Werk, sein Reich
auf Erden. Man sollte nun meinen, dieser Lehre zufolge müsse die
Hierarchie das unbedingteste Vertrauen haben bei Allem, was geschieht
in der Kirche und außer derselben. Denn Gott kann doch sein Werk
nicht verlassen, dasselbe nicht falsch leiten, nicht Schaden leiden oder
zu Grunde gehen lassen! Statt dessen aber nimmt man bei Papst
und Bischöfen eine beständige Unzufriedenheit mit den Verhältnissen
wahr, eine beständige Angst und also ein Mißtrauen in die göttliche
Führung. Daher ein beständiges Bemühen, diese Führung Gottes
zu ändern, zu verbessern, zu leiten, nicht anders, als ob Papst und
Bischöfe mehr Einsicht besäßen oder mehr guten Willen, das Werk
Gottes zu fördern, als Gott selber. Sie wollen die Richtung und
Ziele angeben, Gott soll nur ihr Diener sein; daher soll beständig zu

ihm gerufen, ihm „fromme Gewalt" angethan werden. Noch mehr: man mißtraut Gottes Einsicht und gutem Willen so sehr, daß man befürchtet, er werde auch dann noch nicht vernünftig und angemessen für seine heilige Kirche handeln, wenn man es ihm mit lautem und langem Rufen kund gegeben und es von ihm dringlichst verlangt hat. Daher sucht man ihn, um ihn in seiner Thätigkeit richtig zu leiten, gleichsam bei seiner schwachen Seite zu fassen: man richtet an Maria, die „Mutter Gottes," die Gebete, die demnach die eigentliche Mittlerin zwischen Gott und den Menschen ist, die Ueberfluß an Einsicht hat in das, was geschehen muß, und mehr Güte und Barmherzigkeit und Gnade besitzt, als Gott, den sie erst dazu bewegen muß. Wie es in dieser Beziehung in der katholischen Kirche steht, hat jüngst Pius IX. recht offen kund gegeben in der Allocution vom 25. Juli 1873, in welcher er sich bis zu dem Ausspruche versteigt: daß „die Bitten der unbefleckten Jungfrau bei ihrem Sohne (d h. im kirchlichen dogmatischen Glauben: bei Gott selbst) wie Befehle seien." Eine Anschauung von Gott und göttlichen Dingen, wie man sie wohl bei neapolitanischen Fischern ohne allzugroße Verwunderung wahrnehmen mag, die aber bei dem Manne, welcher der Führer des geistigen Lebens des ganzen Erdkreises sein will, billig in schmerzliches Erstaunen versetzen muß! Erwägt man nun, wie auf diese Weise der Papst und seine Hierarchie Gott selbst erst die rechte Einsicht beibringen und ihn in seinen Entschlüssen und Thaten lenken wollen, so daß diese Kirchen=Autorität das eigent= lich leitende Princip des Daseins, die factische Gottheit sein will, so kann es freilich nicht sehr unerwartet kommen, wenn sie auch über den Staat sich stellen und der Vernunft und Wissenschaft ihre Meinungen und ihr Belieben als Befehle und Richtschnur aufzudrängen strebt. Unwillkürlich muß man da an den Uebermuth Nebukadnezars denken.

Hätte die römische Hierarchie noch einige menschliche Bescheidenheit und eine Spur von Selbsterkenntniß und religiös=sittlicher Demuth, so würde sie zwar Gebete veranstalten, aber nicht in pharisäischer Weise für andere und für alle Welt, sondern für sich selbst. Sie würde das Volk beten lassen zu Gott, daß er ihr selbst die rechte Einsicht und Demuth, die nöthige Selbsterkenntniß und Selbstüber= windung gewähren möge, damit sie in dieser schwierigen Zeitlage das für die Religion und die Gläubigen Richtige und Heilsame erkenne, und mit Besiegung alles Eigendünkels und aller Herrschsucht ins Werk setze. Leider ist zu fürchten, daß es zu dieser allein vernünftigen und religiösen Gebetsveranstaltung nicht kommen, sondern daß man hierar= chischerseits dabei beharren werde, das Gebet lieber als kirchenpolitisches Agitationsmittel in Verbindung mit dem Ablaß zu verwenden. Diesem frevelhaften Mißbrauch gegenüber, den die päpstliche Hierarchie mit dem heiligen Verhältniß des Menschen zu Gott zu treiben fortfährt, ist der Staat in die Nothwendigkeit versetzt, und vollkommen berechtigt und verpflichtet, seine Rechte und die der Bildung und Wissenschaft zu wahren. Er leistet aber dabei auch der wirklichen Religion selbst große Dienste dadurch, daß er durch seine Gesetze und Maßregeln dieser empörenden mißbräuchlichen Verwendung derselben immer mehr den Boden entzieht, und durch vernünftige Bildung seine Bürger fähiger macht, sich über dieselbe zu erheben, und sich nicht als blinde Werkzeuge mißbrauchen und das Heiligthum ihrer Seelen im Dienste geistlicher Herrschsucht entwürdigen zu lassen.

3.

Placet und Dogma.*)

Die bayrischen Ultramontanen stützen sich gegenwärtig in ihrem Kampfe gegen das Ministerium hauptsächlich auf die Behauptung: daß das gesetzlich bestehende Recht des Placet nur für äußerliche kirchliche Dinge, nicht aber für Dogmen, für ausdrücklich erklärte Glaubenssätze der katholischen Kirche (Hierarchie) Geltung habe, während gleichwohl für die Staatsregierung die Pflicht bestehe, den Kirchenbehörden bei Einführung solcher Dogmen die staatliche Zwangsmacht zur Verfügung zu stellen. Der Staatsregierung wird also hiermit bloße blinde Dienstbarkeit der katholischen Kirchenbehörde gegenüber zugemuthet. Sie darf nicht prüfen, ob nicht etwa ihre eigene Souveränetät dabei aufgehoben und Recht und Gesetz des Staates schwer geschädigt werden, darf nicht untersuchen, ob sie nicht die Befugniß oder Macht einbüßt, die andern Confessionen in ihren Rechten zu schützen, die Wissenschaft und Schule vor kirchlicher Vergewaltigung sicherzustellen, die humane Gesittung zu wahren und zu fördern. Es unterliegt gar keinem Zweifel: ist dem Staate den Dogmen gegenüber, einerseits jede Prüfung und Beurtheilung bezüglich des Verhältnisses derselben zu seinen Rechten und Zwecken versagt, andrerseits derselbe doch verpflichtet, der Hierarchie seine Macht zur gewaltsamen Durchführung sogenannter dogmatischer Beschlüsse zur Verfügung zu stellen, so ist die Oberherrschaft der Kirche über den Staat entschieden, der letztere nur noch blind dienendes Werkzeug des Papstes und der Bischöfe.

Es bedarf dann weiter nichts, als daß in Rom von Seiten des autokratischen unfehlbaren Papstes irgend etwas als Dogma erkärt oder mit dogmatischem Charakter umkleidet werde, um die Regierungen zu blindem und stummem Gehorsam zu verpflichten, und sie dem Willen des Papstes gegenüber vollständig rechtlos zu machen, zu willenlosem

*) „Allgem. Ztg." Januar 1872.

Knechtsdienste zu nöthigen. Das war ja wohl auch das jesuitische Ziel bei der Betreibung und Bildung des neuen Dogma's von der Unfehlbarkeit des Papstes. Der Papst — Quelle, aus welcher jeden Augenblick Dogmen fließen können, und selbst lebendiges incarnirtes Dogma, und die Staatsregierungen allen Dogmen gegenüber ohne Recht zu prüfen und zur Dienstbarkeit verpflichtet — mehr bedarf es doch zur absoluten Herrschaft über Staaten und Völker nicht! Und wessen die Päpste in dieser Beziehung fähig sind, bezeugt die Vergangenheit und der Syllabus hinlänglich. Aber es kann selbst über all dies durch außerordentliche Zufälle noch hinaus gegangen werden. Niemand kann läugnen, daß ein Papst, trotz seiner dogmatischen Unfehlbarkeit der Geistesstörung verfallen könne, so gut wie andern Krankheiten; das vaticanische Concil hat nun einmal Gott mit seiner Offenbarung solchen Schicksalen zu unterstellen beliebt! Und nun denke man sich, was Alles möglich ist bei einem solchen Zustand eines Papstes, sei es durch ihn selbst oder durch andere, die ihn zu mißbrauchen wissen für ihre Zwecke! Die Sache wäre um so bedenklicher, als die Grenzen und Grade solcher Geistesstörung ohnehin schwierig zu bestimmen sind; dem unfehlbaren Papst gegenüber aber doppelt schwierig, für's erste seiner absoluten Autorität wegen und dann wegen des „übernatürlichen," aller natürlichen Vernunftforschung und Beurtheilung entrückten Charakters, seiner dogmatischen Erlasse — wodurch aller natürliche Maßstab zur Unterscheidung von gesunden und krankhaften Entscheidungen großentheils ausgeschlossen ist. Und solchen dogmatischen Entscheidungen gegenüber sollten die Staatsregierungen prüfungslos sich verhalten, blindlings ihre Macht zur Ausführung derselben zu Diensten stellen müssen, und verpflichtet sein, Staat und Volk dem so bereiteten Schicksal zu überlassen?

Sehen wir aber selbst ab vom Eintritt einer solchen Eventualität. Auch die Hierarchie und die ihr dienenden Theologen geben zu, ja betonen es recht scharf und ausdrücklich, daß die Unfehlbarkeit des Papstes nicht Sündelosigkeit desselben bedeute, daß der Papst moralisch fehlbar bleibe nach wie vor, also trotz seiner decretirten Unfehlbarkeit moralische Freiheit habe, und aller Art von Unmoralität verfallen könne — und nichts ist ja von der Geschichte sicherer bezeugt, als dies. Demgemäß muß auch zugegeben werden, daß der Papst, wie seine Macht überhaupt, so auch seine Unfehlbarkeit, d. h. den Glauben des Volkes an seine dogmatische Unfehlbarkeit, mißbrauchen könne. Es muß als möglich zugestanden werden, daß der Papst bei moralisch schlechtem Willen aus selbstsüchtigen Absichten, aus Herrschsucht, Rachbegier u. dgl. sogenannte dogmatische Entscheidungen ex cathedra erlasse, von denen er selbst nicht glaubt oder nicht ernstlich will, daß es solche seien, sondern die er nur erläßt, um den Gehorsam des gläubigen Volkes irgendwie, z. B. gegen Staatsregierungen, aufzubieten, und für seine Zwecke auszubeuten. Wollte man diese Möglichkeit nicht zugeben, so müßte man annehmen, daß der Papst in seinem Willen gebunden sei, seine moralische und damit seine menschliche Natur verloren habe, und zum Automaten, zur unfehlbaren Maschine geworden sei, — was doch auch die päpstlich Rechtgläubigen keineswegs zugeben. Daraus geht aber hervor, daß die Staatsregierungen die Befugniß haben müssen, den Staat und das Volk vor böswilligem Mißbrauch der päpstlichen Gewalt bei sogenannten Glaubensentscheidungen zu schützen. Dies kann jedoch nur dadurch geschehen, daß dieselben auch dogmatische Erlasse des Papstes prüfen und, wenn sie staatsgefährlich, gegen das bestehende positive oder gegen das natürliche Recht sind, denselben die Durchführung versagen.

Gewiß soll der moderne Staat sich in Glaubenssachen nicht einmischen, nicht vorschreiben wollen, was als religiöse Wahrheit zu glauben sei, und was nicht. Aber eben deßhalb soll er sich auch nie und nimmermehr dazu hergeben, im Dienst einer geistlichen Behörde seinen Bürgern einen Glaubenssatz aufzuzwingen, und dieselben um des Glaubens oder Nichtglaubens willen irgend materiell oder rechtlich zu schädigen. Gleichwohl kann man aber vernünftigerweise nicht verlangen, daß derselbe von neuen Glaubenssätzen oder neu entstehenden Glaubensbekenntnissen gar keine Kenntniß nehme, jedes Glaubenssystem ganz ungeprüft zulasse und ihm Schutz gewähre. Würde dies als allgemeiner Grundsatz aufgestellt und geltend gemacht, so müßte jeder Staat in kürzester Zeit eine Beute der geistlichen Herrschsucht und religiöser Sectirerei werden. Dogmatische Grundsätze, die direct gegen seine Rechte oder geradezu gegen seine Souveränetät und ganze Existenz gingen, müßte er dulden und noch dazu schützen. Aus der Natur der Sache schon, auch ohne ausdrücklich vorbehaltenes Placet, ergibt sich, daß der Staat nothwendig die Prüfung neuer Glaubenslehren sich vorbehalten und insofern wenigstens ein negatives Recht in diesem Gebiete sich wahren muß. Wir wissen indessen wohl, wie die katholische Hierarchie es meint. Nicht als allgemeiner Grundsatz soll gelten, daß der Staat neuen Glaubenslehren gegenüber sich kein Recht der Prüfung und Zulassung oder Ausschließung zuschreiben dürfe, vielmehr soll er dieses Recht allen anderen Confessionen und Secten gegenüber durchaus in Ausübung bringen — nur nicht gegenüber der katholischen Hierarchie. Es handelt sich also nicht um ein allgemeines Recht, sondern um ein Privilegium dieser Hierarchie, um privilegirte kirchliche Obergewalt des Papstes und der Bischöfe im Staate. Und hierin zeigt sich die Gefahr, welche diese Ansprüche nicht blos für den Staat, sondern auch für die übrigen Confessionen in sich schließen. Denn wenn die Bischöfe ein Recht darauf haben, daß der Staat ihnen seine Zwangsgewalt zur Verfügung stelle denen gegenüber, welche die Beschlüsse des vaticanischen Concils nicht annehmen, so haben sie auch ein Recht, zu verlangen, daß dasselbe geschehe denen gegen= über, welche die Beschlüsse des tridentinischen Concils nicht annehmen, d. h. den Protestanten gegenüber. Da sich die Bischöfe auf das absolute Recht der Kirche berufen, dem gegenüber westfälischer Friede und Religionsedict keine Geltung haben können, und außerdem die Gleichberechtigung der Protestanten päpstlich niemals anerkannt worden ist, so kann nur augenblickliche factische Unmöglichkeit, aber kein be= stehendes Recht ein Hinderniß sein, das gleiche Vorgehen gegen die Protestanten vom Ministerium zu fordern und dasselbe der Beein= trächtigung der Rechte der katholischen Kirche anzuklagen, wenn es nicht Folge leistet. Die Herren Erzbischöfe und Bischöfe können z. B. in ihrem Collegen im Reichsrath, dem Hrn. Oberconsistorial=Präsidenten, nach katholischen Grundsätzen stets nur einen Rebellen gegen die Kirche und damit gegen Gott erblicken, da dieser getauft und damit der Jurisdiction der katholischen Hierarchie unterworfen ist, gleichwohl aber im Widerstand verharrt, daher auch der Strafe verfällt, sobald sie möglich ist. Man möchte wohl hierin etwa einen „schlechten Witz", erblicken, aber die Sache hat „dogmatischen" Charakter.

4.
Die neueste Collectiv=Erklärung des deutschen Episkopats. *)

Die Bischöfe des Deutschen Reiches haben nicht umhin gekonnt, die Circulardepesche des deutschen Reichskanzlers hinsichtlich der künftigen Papstwahl zur Veranlassung zu nehmen, um den Reichskanzler wieder einmal dem katholischen Volke als Feind und Verfolger der Kirche zu denunciren, der zudem lauter falsche Ansichten über die Verhältnisse der katholischen Kirche und nichts als unrichtige Behauptungen auf= stelle. Alles und jedes, was der Kanzler behauptet, wird daher ge= läugnet und dabei vor allem die göttliche Vollmacht und Autorität des Papstes und der Bischöfe hervorgehoben, und dem Reichskanzler= amt entgegengestellt. Dieses letztere ist natürlich die Hauptsache. Die Bischöfe wissen recht wohl, daß kein vorurtheilsloser, gebildeter Mann in unserer Zeit ihrem abenteuerlichen, durch nichts begründeten An= spruch auf directe göttliche Einsetzung und Stellvertretung Gottes An= erkennung gewähren kann, aber der urtheilslosen, von Jugend an ver=

---

*) Allgem. Zeitung. Februar 1875.

bildeten Masse gegenüber gilt es, dies unaufhörlich zu wiederholen, um sie im Glauben daran und dadurch in Dienstbarkeit zu halten. Sie betrachten die Behauptung ihrer göttlichen Autorität und damit ihrer Herrschaft der Wissenschaft und dem Staat gegenüber als eine Machtfrage, da ihre Gründe dafür werthlos sind vor der ernsthaften Prüfung der Wissenschaft, und demgemäß brauchen sie, anstatt Wahrheit und Wissenschaft, lieber die blindgläubige Masse für ihre Zwecke. Darauf ist diese Erklärung in allen Theilen eingerichtet.

Sie beginnt daher wieder mit Auftischung der alten Fabel: daß Christus dem Papst in der Person des heil. Petrus die kirchliche Jurisdictionsgewalt verliehen habe, und zwar ganz so, wie das vaticanische Concil, nämlich als „potestas suprema, ordinaria et immediata". An Dreistigkeit fehlt es dieser Behauptung nicht. Es gilt eben, aller Widerlegung zum Trotz, immer wieder die herkömmliche Unwahrheit zu behaupten. Unwahr ist, daß Petrus irgend eine Vollmacht von Christus erhielt, die er nicht auch den andern Aposteln gab; unwahr, daß der römische Bischof von Petrus diese Vollmacht erhielt. Von einem Primat des Apostels Petrus unter den Aposteln ist so wenig die Rede, daß vielmehr Petrus von den übrigen Aposteln geleitet ward. Schon auf dem sogenannten Apostel=Concil hat nicht er den Beschluß in Vorschlag gebracht und formulirt, sondern der Apostel Jakobus, und der Apostel Paulus hat ihm eine derbe Zurechtweisung zu Theil werden lassen wegen seines charakterschwachen Benehmens gegenüber den Judenchristen. Dieser „Unfehlbare" zeigt sich als sehr unsicher, schwach und schwankend in den für die damaligen Christengemeinden wichtigsten Dingen. Selbst aber, wenn Petrus irgend einen Vorrang oder Primat erhalten hätte, so konnte dieser keinesfalls auf den römischen Bischof übergehen, da Petrus niemals Bischof von Rom war. Die Fabel vom Aufenthalt Petri in Rom wird nur benutzt, um dem auf die weltliche Macht von Rom sich gründenden Vorrang des römischen Bischofs einen, wenn auch falschen, apostolischen Schein zu geben. Daran hält man nun hartnäckig fest und hat den römischen Bischof sogar zum Stellvertreter und Statthalter Gottes auf Grund dieser Fabel und geschichtlichen Fiction gemacht. Der Gott dieser Hierarchie bedurfte also der geschichtlichen Unwahrheit und Fabel, um sich einen Statthalter auf Erden einzusetzen, ihm Anerkennung zu verschaffen und durch ihn seine Wahrheit und Gnade zu spenden!

Natürlich verschonen uns die Bischöfe auch mit einer anderen üblichen und abgeschmackten Redensart nicht, daß nämlich all' diese höchsten Gewalten dem römischen Papst von Gott selbst verliehen seien zur Erhaltung der Einheit des Glaubens, der Disciplin und der Regierung der Kirche. Jeder, der auch nur oberflächlich die Kirchengeschichte kennt, weiß zur Genüge, daß das Papstthum die Einheit der christlichen Kirche nicht erhielt, sondern im Gegentheil durch seine Herrschsucht und den schmählichen Mißbrauch seiner angeblichen Vollmachten die größten unheilbaren Spaltungen der Kirche verursachte, indem es zuerst die griechisch-morgenländische Kirche zur Absonderung veranlaßte, dann die Hälfte der abendländischen Völker zur vollen Ausscheidung nöthigte, da es lieber all diese von sich stieß, als seine falschen Ansprüche und die Mißbräuche aufgab.

Die Bischöfe versichern ferner, daß durch die vaticanischen Decrete nicht das Mindeste in der Kirche geändert, daß Alles beim Alten geblieben sei. Man weiß in der That nicht mehr, warum denn die Bischöfe überhaupt aus allen Gegenden der Erde zusammen gekommen sind, wenn all der vaticanische Lärm um nichts gemacht wurde! Aber es wurde in der That viel geändert — nur daß dies nachträglich nach althergebrachter Weise geläugnet und das pseudoisidorische Verfahren dabei angewendet wird, das darin besteht, das später von den Päpsten Beanspruchte und als Recht Behauptete immer in die früheste Zeit zurückzudatiren oder geradezu als ursprünglich zu bezeichnen. Die Bischöfe behaupten demgemäß: der Papst habe die Macht und Stellung in der Kirche, die er jetzt seit dem vaticanischen Concil inne habe — und zwar nicht blos de facto, sondern de jure — immer besessen, zu allen Zeiten und von Anfang an; ja, habe sie von Christus selbst empfangen. Sehen wir von allem andern ab; haben diese Bischöfe nie etwas gehört von den großen allgemeinen Kirchenversammlungen zu Pisa, Constanz und Basel zu Anfang des 15. Jahrhunderts? Dort (wie vom gesammten französischen Episkopat in späterer Zeit), wurde dem Papst ausdrücklich die Unfehlbarkeit abgesprochen und wurde die Suprematie des allgemeinen Concils über den Papst erklärt und decretirt. Freilich läugnet man die Allgemeinheit dieser Concilien, welche gleichwohl Päpste ab- und einsetzten. Wir können auch davon ganz absehen: jedenfalls ist durch sie erwiesen, daß diese deutschen Bischöfe die Unwahrheit sagen, wenn sie in ihrer Erklärung behaupten, daß der Papst immer die Stellung in der Kirche eingenommen habe, die er jetzt besitzt, und daß dies stets kirchlicher Glaube gewesen sei. Der ganze europäische Episkopat jener Zeit hat dem Papst diese Stellung nicht zugestanden, vielmehr ausdrücklich abgesprochen; und wenn die jetzigen Bischöfe etwas Anderes behaupten, so müssen sie den ganzen Episkopat der Kirche jener Zeit verdammen und des Verraths an der Kirche beschuldigen. Aber die gesammten Bischöfe jener Zeit haben gerade so viel Recht, das Entgegengesetzte zu behaupten: alle Bischöfe unserer Zeit und insbesondere die deutschen wegen der in Frage stehenden Erklärung zu verdammen und als Verräther an der Kirche zu brandmarken. Welche von beiden haben dann Recht? Wenn die jetzigen Bischöfe sich auf ihre apostolische Sendung und Einsetzung durch Christus berufen, um sich als Autorität vor dem Volk und der Regierung geltend zu machen, so haben die Bischöfe jener Zeit denselben Ursprung, dieselben Vollmachten, um für ihre Behauptungen Glauben zu fordern. Wenn sie gleichwohl geirrt haben und keinen Glauben verdienen sollen, den Erklärungen des jetzigen Episkopats zufolge — wer bürgt dafür, daß dieser nicht gerade so gut oder noch mehr irrt und mit seinen Behauptungen keinen Glauben, mit seinen Ansprüchen keine Beachtung verdient? Geht mir doch mit eurer göttlichen Vollmacht und mit eurer Einsetzung durch Christus selbst. Ihr seid Diener der Zeit, der Verhältnisse und vor Allem der Gewalt des Papstes, und könnt so gut irren und selbstsüchtig handeln, wie die Bischöfe anderer Zeiten und anderer Länder, und wie die Menschen überhaupt irren können und selbstsüchtig sind. Die französischen Bischöfe des 17. Jahrhunderts (1682), welche unter der Führung des Bischofs Bossuet eine Erklärung abgaben über päpstliche und bischöfliche Gewalt, die der eurigen ganz entgegengesetzt ist, haben so viel Autorität wie ihr, und wenn ihr sie für Irrende und Verräther erklärt, so hätten sie euch mit gleichem Recht den Vorwurf zurückgeben können.

In der genannten Circulardepesche ist auch bemerkt, daß nunmehr der Papst, da ihm die höchste ordentliche und directe Gewalt über die ganze Kirche zuerkannt ist, in jede Diöcese direct hineinregieren, bischöfliche Gewalt ausüben könne, ohne andererseits der Regierung gegenüber die Stellung eines Landesbischofs zu haben. Unsere Bischöfe behaupten nun: dies sei durchaus nicht wahr; der Papst sei nur Bischof von Rom und sonst nirgends, nicht Bischof von Breslau oder Köln u. s. w. Aber freilich als „Papst" habe er das Recht, direct in jede Diöcese einzugreifen nach seinem Befinden und das Nöthige anzuordnen. Nun, ich denke, dies brauchte man dem Reichskanzler nicht erst zu sagen, daß der Papst nicht Bischof von Köln sei, sondern daß er als Papst, nicht als Bischof in die Kölnische Diöcese hineinregieren könne, wenn es ihm beliebt. Für eine solche Gegenrede, wenn sie von Jemand anderm ausging, als von den Bischöfen, hätte sicherlich selbst jeder halbwegs logisch denkende Ultramontane nur ein Wort der Erwiderung: „Elende Sophisterei!"

In ähnlicher Weise begegnen die Bischöfe der Behauptung, daß sie eigentlich nur noch Beamte des Papstes seien, ohne eigene Verantwortlichkeit. Was sagen sie, Beamte? Wo kommt dieses Wort im Kirchenrecht vor oder auch in den vaticanischen Decreten? Nirgends. Welch eine Ungerechtigkeit also, uns als bloße Beamte des Papstes zu bezeichnen, wir weisen diese Bezeichnung mit aller Entschiedenheit zurück. Wir können kaum glauben, daß unsere Bischöfe so viel Naivetät besitzen, wie sie hier zur Schau tragen. Bei Kindern, und allerdings auch bei der ungebildeten, zu blindem Meinen herangezogenen Masse, kann eine solche Verwahrung gegen etwas, das aus der ganzen Stellung der Päpste und Bischöfe zu einander nothwendig folgt, wohl seine Wirkung thun, bei sonst aber Niemandem. Freilich beabsichtigen die Bischöfe mit solch kläglicher Einrede auch kaum einen anderen Erfolg: genug, wenn sie nur den lieben Unverstand in ihren Banden und zu ihren Diensten erhalten.

Endlich auch die päpstliche Unfehlbarkeit, deren endliche Feststellung doch so viele Kunstgriffe und Strapazen verursachte, ist gänzlich bedeutungslos und unschuldig, wie ein neugebornes Kind. Wollte man der bischöflichen Versicherung glauben über die gänzliche Bedeutungslosigkeit der päpstlichen Unfehlbarkeit in der gegenwärtigen kirchlich politischen Zeitlage, so müßte man die große Mühe der Jesuiten und ihres Anhanges, das Dogma durchzusetzen, für völlig verschwendet und andrerseits die hartnäckige Opposition dagegen von Seite so vieler Bischöfe, darunter manche der Unterzeichner dieser Erklärung, für sehr dumm erklären, das ganze vaticanische Concil endlich mit seinen stürmischen Verhandlungen für leere Verschwendung von Zeit und Kraft beiderseits. Aber die Welt läßt sich nicht täuschen. Wenn die Bischöfe noch so oft versichern: die Unfehlbarkeit des Papstes beziehe sich nur auf das kirchliche Lehramt, nicht auf politische Dinge, und gefährde daher die Souveränetät der Fürsten durchaus nicht — so weiß man doch längst, daß hier eine Zweideutigkeit oder eigentlich ein logischer Gedankenbetrug zu Grunde liegt. Freilich bezieht sich die Unfehlbarkeit des Papstes nur auf das kirchliche Lehramt — wie man unaufhörlich wiederholt — aber man muß auch unaufhörlich den Trug aufdecken, daß gemeint ist: Alles wird Sache des kirchlichen Lehramtes, sobald es dem Papste gefällt, etwas darüber zu lehren. Und so kann sich die Unfehlbarkeit geradezu auf Alles beziehen, trotzdem daß sie sich nur auf das kirchliche Lehramt bezieht. Hat doch jüngst die „Civiltà Cattolica," welche direct unter päpstlicher Autorität erscheint und das publicistische Organ des Papstes selber ist — also eine ganz andere kirchliche Autorität besitzt, als die Erklärung der deutschen Bischöfe — erklärt: Es sei ein infallibler Mund gewesen, der die Wegnahme der weltlichen Herrschaft für anormal erklärte. Wer wollte nicht auf die Erfüllung seiner untrüglichen Aussprüche hoffen?" Also selbst die weltliche Herrschaft des Papstes wird hier als Gegenstand des unfehlbaren Lehramtes bezeichnet! Wie sollte nicht das Verhältniß zwischen Staat und Kirche ebenfalls Gegenstand des unfehlbaren Lehramtes der Kirche, d. h. des Papstes sein! Da wird also ehrlich gesprochen und offen, sophistische Vertuschung aber gehört sicherlich nicht unter die Obliegenheiten des bischöflichen Lehramtes.

Genug. Wir sehen, zu welchen Mitteln diese „Nachfolger der Apostel," diese „von Gott selbst eingesetzten Oberhirten," die mit ihrem Papste Gott selbst darstellen oder vertreten wollen — ungescheut

greifen, um das gläubige, ungebildete Volk im Wahnglauben zu er=
halten, auf dem ihre Macht ruht, und um dasselbe als Werkzeug zu
gebrauchen im Kampfe des Papstes um die Weltherrschaft. Sie
gebärden sich, als ob sie Götter auf Erden wären, denen sich Alles
fügen, unterwerfen muß, denen Niemand widersprechen darf. Dem
gegenüber besteht das Recht und die Pflicht, sie immer wieder in ihrer
wahren Gestalt zu zeigen, die Unwahrheiten, die sie hartnäckig auf=
rechterhalten wollen, immer wieder als solche aufzudecken und den
falschen Nimbus von Göttlichkeit, mit dem sie sich zu umhüllen suchen,
um zu blenden, soweit es immer möglich ist, zu zerstören. Endlich
werden doch der Welt, werden auch dem katholischen Volke die Augen
aufgehen, es wird erwachen und von dem bösen Zauber befreit
werden, von dem es seit so langer Zeit gefangen gehalten ist.

5.

Die päpstliche Encyklika an den Episkopat in Preußen.*)

Wieder liegt eine hierarchische Kundgebung vor im kirchenpolitischen
Kampf gegen Preußen und das deutsche Reich, wichtiger noch bei
weitem, als die vor wenigen Tagen gewürdigte Collectiverklärung des
deutschen Episkopats. Der Papst glaubt die Zeit gekommen, selbst
gegen die preußische Regierung in's Feld zu rücken mit einer Encyklika
an die Erzbischöfe und Bischöfe Preußens, um sie in ihrem Wider=
stand gegen Regierung und Staatsgesetz zu bestärken und aufzuhetzen.
Mit der Belobung und Bestärkung des Ungehorsams verbindet sich
die Bedrohung mit der Strafe der Excommunication aller jener, welche
den Gesetzen Gehorsam leisten, und endlich werden die fraglichen
Kirchengesetze selbst für null und nichtig erklärt, also die Gläubigen
von der Pflicht des Gehorsams gegen dieselben entbunden. Mehr
konnte man päpstlicherseits auch im Mittelalter nicht thun; höchstens
noch einen Nachbar aufhetzen, Land und Leute gewaltsam zu über=
fallen und wegzunehmen — was sicherlich auch jetzt geschehen würde,
wenn es möglich wäre, und sofort geschehen wird, wenn sich eine
Gelegenheit dazu zeigt, die mehr Erfolg verspricht, als 1870 bis 1871
zu erzielen war. Gut, der Papst treibt es auf's Aeußerste und scheut
vor dem gewagtesten Spiele nicht zurück. Wir hoffen, daß nicht blos
der deutsche Episkopat, sondern das Papstthum selbst im Kampfe, in

---

Allgem. Ztg. Februar 1875.

welchem es Alles einsetzt, wenigstens in Deutschland verlieren werde, und daß wir den Sturz des römischen Papstthums, die Befreiung von dieser Zwingherrschaft, endlich vollständig erringen werden. Betrachten und prüfen wir diese Encyklika.

Zuerst ertönt Klage darüber, daß „auf die Ruhe und den Frieden, dessen sich die Kirche Gottes in Preußen erfreute, ein schwerer und unerwarteter Sturm gefolgt sei." Ja wohl! Wir kennen diese Ruhe und diesen Frieden der Kirche Gottes in Preußen und anderwärts, und hatten reichlich Gelegenheit, zu erfahren, wie sich die Kirche Gottes, d. h. Papst und Jesuiten, dessen erfreuten! Die Regierungen erfahren jetzt, welchen Feind sie sich großgezogen, theils durch ausdrück= liche Unterstützung, theils wenigstens durch Gewährenlassen, und haben Mühe, den giftigen Biß der jesuitischen Schlange, nachdem sie sich erwärmt hatte, abzuwehren, mit welchem die lange Nachsicht und Pflege gelohnt werden sollte. Vom Jahre 1848 an setzten sich die Jesuiten in Preußen fest. Sie durften zwar gesetzlich — wenn wir nicht irren — kein unbewegliches Eigenthum erwerben, waren aber doch bald im Besitze großer Baulichkeiten und Güter, denn das Gesetz ließ sich ja umgehen. Sie erwarben und bauten Klöster, Schulen und Kirchen, mit Allem, was dazu gehört, und von diesen Burgen aus bearbeiteten sie nun das Volk, beaufsichtigten die Bischöfe mit ihrem Klerus, suchten die scholastische Wissenschaft allenthalben wiederherzu= stellen in den Schulen. Dabei denuncirten sie und ihre römischen Zöglinge, die Doctores romani in Deutschland, Professoren und Schriftsteller, die sich nicht fügten, ließen deren Bücher auf den römischen Index setzen, und suchten jene, die sich nicht unterwarfen, möglichst zu verdächtigen und zu discreditiren. Wie sehr ihre Bemühung um Volk, Bischöfe und Klerus von Erfolg begleitet war, zeigen die Gegenwart und der jetzige Kampf. Ebenso ließen sich die katholischen Gelehrten mit wenigen Ausnahmen theils gewinnen, theils einschüchtern, wie die katholische Gelehrten=Versammlung von 1863 kläglich bezeugte. Das war die Ruhe, der Friede, dessen sich die Kirche Gottes in Deutschland erfreute! Aber nun wurde die heilige Kirche übermüthig. Da das Volk sich so schön bearbeiten ließ für den Papst, da die Bischöfe insgesammt mit ihrem Klerus sich fügten und selbst die katholischen Gelehrten das Recht der Wissenschaft dem Papst zu Füßen legten, so sollte nun gegen die Regierungen selbst, insbesondere gegen Preußen, die Hauptmacht des Protestantismus, vorgegangen werden. Frankreich sollte es erst mit den Waffen niederwerfen und demüthigen, dann der „unfehlbare", mit absoluter Machtvollkommenheit ausgerüstete Papst seine geistliche Oberherrschaft geltend machen. Es gelang nicht Alles nach Wunsch, aber die Allgewalt des Papstes sollte doch zur Geltung gebracht werden. Und so begann der gegenwärtige Kampf, über dessen Ausbruch der Papst als über ein unerwartetes Ereigniß klagt. Dies ist seltsam, und hat vielleicht nur in so fern einen Sinn, als der Papst meinte: weil er so lange mit seiner jesuitischen Kriegsschaar von Seite der Staatsregierungen keinen ernstlichen Widerstand gefunden, so werde er überhaupt gar keinen mehr finden.

Nun geht es aber gleich an die Hauptsache. „Es sind," sagt der Papst, „zu den früheren Gesetzen neue hinzugefügt, welche die göttliche Verfassung der Kirche vollständig umstürzen und die heiligen Gerecht=same der Bischöfe gänzlich zu Grunde richten; denn in diesen Gesetzen wurde Richtern aus dem Laienstand die Macht beigelegt, die Bischöfe und andere geistliche Vorgesetzte ihrer Würde und Amtsgewalt zu entkleiden." Man sollte meinen, „die neuen Gesetze" seien direct gegen die Kirche gerichtet, während sie nur dazu dienen sollen, den ersten Gesetzen Gehorsam zu verschaffen und die Zuwiderhandelnden zu be=strafen, auch wenn sie kirchliche Würdenträger sind. Dieselben existiren also gleichsam für jene gar nicht, welche die „früheren Gesetze" be=folgen, welche nichts fordern, was nicht auch in anderen Reichen gefordert und auch willig geleistet wird. Es handelt sich demnach um Gesetze, die eigentlich nur zum Schutz und zur Vollziehung der Gesetze gegeben sind, welche der Staat also nur im Stande der Nothwehr gegen Angriffe und Widersetzlichkeit anwendet. Darf der Staat gegen widersetzliche Bischöfe keine Strafgesetze in Anwendung bringen, muß er sie als privilegirte Widersacher frei gewähren lassen, dann sind die Bischöfe souveräne Herren im Reich und nicht mehr Unterthanen. Und noch dazu solche Herren, welche die Unterthanen des Staates auf=wiegeln, zum Ungehorsam verleiten und gegen die weltliche Regierung das Volk aufbieten im Kampfe um die Oberherrschaft. Dieses Alles beachtet der Papst natürlich nicht; er stellt die Sache dar, als ob im preußischen Staate die Bischöfe von den weltlichen Gerichten beliebig abgesetzt, ihres Amtes verlustig erklärt werden könnten in Folge der fraglichen Gesetze — während sie nur zur Befolgung der zuerst gege=benen, das Wesen der Kirche in keiner Weise berührenden Gesetze all=gemein verpflichtet sind und durch Gehorsam gegen diese die für so grundstürzend erklärten Gesetze vollständig unwirksam machen können. Ein Papst sollte die Sache doch ohne Entstellung, redlich darstellen, wie sie ist!

Bemerkenswerth ist in der angeführten Stelle auch die zärtliche Sorgfalt des Papstes um die „Gerechtsame" der Bischöfe. Er, der den Bischöfen all ihre Gerechtsame genommen und in seiner Person absolutistisch vereinigt hat, zeigt sich jetzt auf einmal so besorgt um die Gerechtsame der Bischöfe! Es ist eigentlich ein grausamer Hohn gegen die armen Bischöfe, denen er ihre Rechte genommen hat, und die nun dafür, daß dieselben ihnen genommen und im Papste con=centrirt wurden, auch noch mit dem Staat in herben Conflict gerathen sind, und seltsamerweise für das kämpfen müssen, was ihnen vom Papste genommen wurde und sie selbst also gar nicht mehr besitzen.

Natürlich müssen sie doch kämpfen für dieselben, denn der Staat muß sie ihnen gewähren, damit der Papst sie ihnen nehmen kann; gerade so wie der Staat den Bürgern politische Rechte zu gewähren hat, damit die Hierarchie, zu oberst der Papst, ihren Gebrauch dem Volke vorschreiben und dieselben also für sich ausbeuten kann!

Betrachten wir die Sache aber noch von einer andern Seite. Der Papst behauptet: dadurch, daß durch die fraglichen Gesetze Richtern aus dem Laienstande die Macht beigelegt werde, die Bischöfe ihrer Würde und Amtsgewalt für verlustig zu erklären, werde die göttliche Verfassung der Kirche vollständig umgestürzt. Wohlan, ist es so, wie der Papst hier behauptet, wird durch den Eingriff von Laien, durch Ein- oder Absetzung von Bischöfen die göttliche Verfassung der Kirche ganz umgestürzt, dann existirt längst keine göttliche, von der Urzeit des Christenthums in ununterbrochener Reihenfolge überlieferte Kirchenverfassung und Kirchengewalt mehr. Die päpstliche Gewalt selbst hat dann längst aufgehört, eine göttlich gegründete und hierarchisch überlieferte zu sein. Der Inbegriff und die Quelle der göttlichen Verfassung der Kirche in Rom selbst ist dann längst vernichtet und damit auch in der ganzen Kirche. Denn abgesehen davon, daß Jahrhunderte hindurch die Päpste von Laien, vom Volke selbst gewählt und allenfalls auch beseitigt worden sind, haben auch deutsche Kaiser öfter Päpste ein- und abgesetzt, ohne daß kirchlicherseits Widerspruch dagegen erhoben wurde. So insbesondere Kaiser Heinrich III. im elften Jahrhundert, dem die Bischöfe es geradezu überließen, die Päpste zu ernennen. Aber noch mehr: im zehnten Jahrhundert waren es sogar ein paar liederliche Weiber, welche Päpste einsetzten und wieder beseitigten, Theodora und Marozia berüchtigten Andenkens. Wenn also durch Eingriffe von Laien in die Ein- und Absetzung von Bischöfen schon die göttliche Verfassung, also der göttliche Charakter der Kirche gänzlich zu Grunde gerichtet wird, dann ist der göttliche Charakter des Papstthums ebenfalls (wenn es überhaupt je einen solchen besessen hätte) gänzlich vernichtet, existirt also nicht mehr, und Pius IX. besitzt selbst kein göttliches Recht mehr, wenn er in dieser Encyklica die Wahrheit sagt. Denn wenn schon die Absetzung der Bischöfe durch ordentliche Richter den bestehenden, rechtmäßig zu Stande gekommenen Gesetzen gemäß, die göttliche Ordnung der Kirche gänzlich aufhebt, so wird wohl auch das Eingreifen der genannten buhlerischen Weiber diese göttliche Ordnung selbst in der römischen Kirche gänzlich zerstört haben, und es ist gar nicht abzusehen, wie sie wieder hergestellt werden konnte, da die geschichtliche Continuität, die richtige Reihenfolge, wovon die Göttlichkeit ja abhängen soll, im Centrum, im Quellpunkt des Ganzen, also radical erloschen sein mußte. War diese Wiederherstellung aber nicht möglich, dann haben alle folgenden Päpste keine wirklich göttliche Vollmacht mehr, und Pius IX. selbst redet leeren Wind, wenn er sich eine solche zuschreibt. Wird aber dieses Erlöschen nach all' diesen Eingriffen nicht zugegeben, so kann es auch nicht richtig sein, daß die göttliche Verfassung der Kirche durch richterliche Absetzung der Bischöfe vollständig vernichtet werde, und des Papstes Worte sind leere Phrasen. Die Bischöfe müssen für Verbrechen und Ungesetzlichkeiten aller Art so gut vor Gericht gestellt und verurtheilt werden können, wie alle anderen Staatsbürger, und auch der Ungehorsam gegen die Staatsgesetze kann keine Ausnahme bilden, wenn man sie nicht zu Souveränen machen will, die doch wieder nur Diener des Papstes sind.

Um die Pflicht seines Amtes zu erfüllen, wie er behauptet, erklärt nun der Papst durch dieses sein Schreiben „ganz offen allen, welche es angeht, und dem ganzen katholischen Erdkreis, daß jene Gesetze ungültig seien, da sie der göttlichen Einrichtung der Kirche ganz und gar widerstreiten." Nun, wir überlassen getrost der preußischen und deutschen Regierung, auf diese Erklärung, diesen Protest die entsprechende Antwort zu geben. Wir sind dessen gewiß, daß sie nicht ausbleiben werde; die Wissenschaft aber antwortet dem Papste: dein Papstthum selbst mit all seiner Vollmacht ist ungültig, ist null und nichtig, da es auf eine geschichtliche Unwahrheit, auf eine Fabel gegründet ist, und mit List, Fälschung und Gewalt sich befestigt und ausgebreitet hat. Und wir hoffen, daß endlich das ganze Volk Deutschlands sich der Wissenschaft und Wahrheit anschließen werde, endlich einsehend, daß die wahre, wirkliche Religion, daß die christliche Kirche keiner Unwahrheit bedürfe, keiner bedürfen könne, um sich zu erhalten und heilsam in der Menschheit zu wirken.

Diese Ungültigkeitserklärung genügt aber dem Papste noch nicht; er geht noch weiter, um geradezu die Sprache der Volksaufwiegelung, der Empörung gegen die rechtmäßige Regierung zu sprechen, indem er erklärt, die Katholiken Deutschlands würden geradezu wie Sklaven behandelt von ihrer Regierung, und andeutet, sie hätten sich dies nicht gefallen zu lassen. Ja, über jene, die sich dies gefallen lassen, d. h. welche den rechtmäßig erlassenen, durch Regierung und die Kammern bestimmten Gesetzen Gehorsam leisten, insbesondere über Geistliche, welche dies thun, wird geradezu die Excommunication verhängt, und wird den Gläubigen Aechtung, Vermeidung derselben geboten. Der Papst spricht also hier die Sprache eines Wühlhubers von Profession, und es ist sicherlich nicht sein Verdienst, wenn über das deutsche Volk nicht unheilbarer Zwist, grausamer Bürgerkrieg und namenloses Elend hereinbricht.

Schlecht genug paßt zu dieser Sprache das fromme Augenverdrehen, das noch folgt. Zunächst darf selbstverständlich, um die Bischöfe und ihre Partei in dem ungesetzlichen Verhalten gegen die Staatsgesetze zu bestärken, der viel mißbrauchte, in sein Gegentheil mißdeutete Satz nicht fehlen: „Man muß Gott mehr gehorchen als den Menschen." Das Wort aber ist vielmehr gegen den Papst und seine ganze Hierarchie anzuwenden. Der Apostel Petrus hat nicht der weltlichen, sondern der geistlichen (legitimen) Obrigkeit gegenüber so gesprochen; dem hohen Priester (princeps sacerdotum) und seinen Gesellen hat er diese Er= widerung gegeben, welche damals ebenso wie jetzt der Papst und seine Bischöfe, pochend auf ihr ledernes Recht, dem Gewissen selbst gebieten und den lebendigen Glauben, den religiösen Geist beherrschen, überall über ihren Leisten schlagen wollten. Dem Papst und seinen Bischöfen gegenüber ist also dieses Wort anzuwenden, denn sie gleichen dem Hohenpriester und seinem Rathe (Apostelg. 5, 27 f.) Aber die Auslegung der Schrift ist für Rom selbst eine Machtfrage gewesen alle Jahrhunderte hindurch: die Schrift muß das sagen und bedeuten, was der Papst will, was seiner Herrschaft förderlich ist. Der Bibel selbst wurde Gewalt angethan, und wer sie nicht hierarchisch deutete, ward vernichtet. — „Nicht gering," sagt der Papst endlich, „ist euer Verdienst, weil ihr Geduld habet und ertraget um des Namens Jesu willen, und nicht müde geworden seid." Der Lobspruch ist wohlver= dient, denn um den Papst wenigstens haben sich die Bischöfe Verdienst erworben, wenn auch nicht um Jesus und um das wahre Christenthum. Denn Jesus hat vielmehr alle Herrschaft nach Art weltlicher Fürsten seinen Aposteln ausdrücklich verboten, und hat selbst den ihn durch Anbieten weltlicher Herrschaft versuchenden Satan von sich gewiesen. Ein Beispiel, das Papst und Bischöfe nachzuahmen alle Ursache hätten. Sie würden dann nicht erbiternde Conflicte heraufbeschwören um ihrer Herrschaft willen, und würden die Religion nicht mißbrauchen, um Haß unter den Menschen zu pflanzen und den Frieden der Reiche und Völker zu stören.

6.

Das „göttliche Recht" der Bischöfe.*)

Die Bischöfe pochen in ihrem Kampf gegen die Staatsgewalt, bei ihrem hartnäckigen Widerstand und ihrer Weigerung sich den Staats= gesetzen zu unterwerfen, auf ihr „göttliches Recht," das von Gott selbst stammen (ex institutione divina) und ihnen als den directen Nachfolgern der Apostel durch diese zugekommen sein soll. Diesem

------

*) Allgem. Ztg. März 1875.

göttlichen, durch apostolische Nachfolge den Bischöfen zu Theil gewordenen
Rechte gegenüber soll alles menschliche Recht weichen und alle blos
menschliche Gesetzgebung null und nichtig sein. Es wird als die feste
Burg, das unüberwindliche Bollwerk betrachtet, wodurch die Hierarchie
gegen alle weltlichen Mächte gesichert und über sie erhaben sein soll.
Dieses „göttliche Recht" soll drei Gewalten in sich fassen: neben der
eigentlich priesterlichen oder Weihe-Gewalt auch noch eine Lehr- und
eine Regierungsgewalt. Man hat nämlich Christus zu einem Lehrer
im Sinn eines Docenten von Dogmen gemacht, die er wie ein todtes
Gut den Aposteln übergeben haben soll, und welche diese den Bischöfen
als ihren Nachfolgern überliefert haben, damit diese gleichfalls sie
weiter geben. Vor Allem sollen sie aber darüber wachen, daß daran
keinerlei Aenderung geschieht — wie der Knecht sein Talent vergrub,
damit es unversehrt blieb, statt damit zu wirken. Außerdem aber er=
hob man Christus nachträglich auch noch zum König, um von ihm
auch eine Regierungsgewalt und Herrscherrechte ableiten zu können
— was begreiflicherweise für die Bischöfe, insbesondere für die von
Rom, von besonderem Werthe war. Vermöge dieser beiden Gewalten
nun will sich die kirchliche Hierarchie für göttlich berechtigt halten,
die Weltherrschaft für sich in Anspruch zu nehmen. Vermöge der
übernatürlichen göttlichen Lehrgewalt stellt sie sich der Wissenschaft
entgegen, will sie hemmen, unterdrücken, in Knechtschaft zwingen;
vermöge der Regierungs= oder Herrschergewalt will sie über dem Staate
stehen und ihm seine Gränzen und Befugnisse anweisen. Dieses so=
genannte „göttliche Recht" der Bischöfe nun, das diese so sehr betonen
und vor dem Volke verkünden, um ihren hartnäckigen Widerstand zu
rechtfertigen — ist es wirklich, thatsächlich da, und ist es anerkannt,
ich sage nicht von Wissenschaft und Staat, sondern innerhalb der
Kirche, vor der Hierarchie selber? Mit nichten. Vom gläubigen,
unwissenden Volk allerdings, dem man es immer verkündet; aber
keineswegs ist es anerkannt von den sog. Trägern der kirchlichen
Gewalt, vom Papst und von den Bischöfen selbst. Von diesen wird
es vielmehr durchaus verläugnet und nicht als gültig betrachtet. Dies
mag paradox lauten; wir wollen es aber im Folgenden beweisen.
　　Haben die Bischöfe ein „göttliches Recht" als Nachfolger der
Apostel von diesen überkommen, das nicht blos in der Weihegewalt
besteht, sondern auch die Gewalt des Lehramts und der Regierung der
Kirche in sich faßt, so muß vor allen der Papst mit aller Strenge
und Sorgfalt, als Oberhaupt der Kirche, darüber wachen und dahin
streben, daß dem Episkopat dieses apostolische Recht rein und un=
geschmälert erhalten bleibe und von demselben ungehindert ausgeübt
werden könne. Betrachtet man die letzte päpstliche Encyklika, so sollte
man meinen, daß dies auch wirklich geschehe, da dieselbe so entschieden
für die verletzten „Gerechtsame" der Bischöfe das Wort führt. In

der That aber ist es ganz anders, und dieses päpstliche Eifern ist im Grunde gegenstandslos. Die Geschichte lehrt, daß das apostolische „göttliche Recht" der Bischöfe keinen größeren, gefährlicheren Feind hatte, alle Jahrhunderte hindurch, als die Päpste. Schon seit frühen Zeiten strebten diese unabläſſig dahin, den apostolischen Charakter und die daraus folgende Selbständigkeit der Bischöfe zu schmälern und deren „göttliches Recht" möglichst aufzuheben und für sich allein in Anspruch zu nehmen. Pius IX. hat endlich dieses durch Jahrhunderte dauernde Streben zum Abschluß gebracht im Vaticaniſchen Concil, indem er das „göttliche Recht" des apostolischen Lehramts der Bischöfe durch sein Unfehlbarkeitsdogma aufhob, deren „göttliches Recht" der Regierung aber dadurch vernichtete, daß er sich zum allgemeinen Bischof und zum absoluten Herrscher in der Kirche erklären ließ. Alles so=genannte „göttliche Recht" ist jetzt einzig im Papste, dem unfehlbaren Lehrer und absoluten Herrscher in der Kirche, vereinigt, neben dem kein direct göttliches oder apostolisches Lehramt und keine andere Re=gierungsgewalt in der Kirche bestehen kann. Die ganze Gewalt und alles Recht in der Kirche sind in das Centrum geeinigt, und die Kirche ist aus einem reichgegliederten und vollkommenen Organismus zu einem unvollkommenen geworden, der aus lauter Centrum besteht, und dessen Glieder zu bloßen Fangarmen geworden sind, die nach allen Seiten ausgestreckt werden, um Beute zu ergreifen.

Angesichts dieser Thatsache nun haben wir ein Recht zu behaupten, daß jedenfalls der Papst, daß insbesondere Pius IX. das „göttliche Recht" der Bischöfe nicht anerkennt, und daß er daher an dasselbe auch gar nicht im Ernste glaubt. Denn würde er wirklich daran glauben, dann hätte er dasselbe nicht so vollständig ignoriren und auf=heben können, wie er gethan hat. Denn an dieses göttliche Recht als solches glauben und es doch vernichten, wie geschehen ist, muß auf kirchlichem Standpunkt als der größte Frevel gegen Gott und die Kirche erscheinen, da darin ein Eingriff in die göttliche Einrichtung der Kirche (institutio divina) liegt, und eine Usurpation göttlicher Rechte Anderer. Daraus also, daß der Papst selbst dieses „göttliche Recht", worauf die Bischöfe sich dem Staat gegenüber berufen, thatsächlich nicht achtet, geht hervor, daß er im Ernste nicht daran glaubt, und wenn seine Worte anders lauten, so können es nur leere Phrasen sein. Nach den Thaten ist zu urtheilen. Wollte man sagen: der Papst hatte eben das „göttliche Recht", den Bischöfen ihr „göttliches Recht" zu nehmen, so wäre dies leere Sophisterei. Die göttliche Einrichtung der Kirche wäre dann von Anfang an auf Kampf und Usurpation angelegt und mit sich selbst im Widerspruch. Der Papst kann sich keine Befugniß zuschreiben, ein Recht zu entziehen, von dem er glaubt, daß es einem Andern durch directe göttliche Anordnung verliehen sei.

Wenden wir uns nun zu den Bischöfen, um zu prüfen, ob sie denn an ihr „göttliches Recht" fest und zuversichtlich glauben, von dem sie dem Staat gegenüber so viel Aufhebens machen. Auch dies müssen wir verneinen. Sind die Bischöfe überzeugt, daß ihnen direct von Gott durch die Apostel, als deren Nachfolger, göttliche Vollmacht des Lehramts und der Regierung der Kirche übertragen sei, so ist selbstverständlich, daß sie dieses göttliche Recht nicht blos auszuüben, sondern auch als ihr höchstes Kleinod zu bewahren für heiligste Pflicht erachten. Dem Staate gegenüber lassen sie es an Betheuerungen dieser Art auch nicht fehlen. Aber eben so gut müssen sie ein „göttliches Recht", das ihnen direct durch die Apostel von Christus zukam, nicht von Petrus und den Päpsten — auch diesen Päpsten gegenüber zu bewahren für ihr Recht und ihre Pflicht erachten. Denn sie müssen darin eine directe göttliche Anordnung erblicken, die ein Papst nicht beliebig stören oder aufheben darf. Versuchte ein Papst dies, so müßten sie ihm auf's äußerste im Namen Gottes widerstehen und für die göttliche Einrichtung kämpfen, und lieber das Aeußerste erdulden, als das göttliche Recht einer Usurpation preisgeben. Da war in Wirklichkeit einmal Gelegenheit, das so mißbrauchte Wort richtig anzuwenden und dem Papste zu erwidern, wie Petrus dem Hohenpriester: „Man muß Gott mehr gehorchen als den Menschen". Aber die Bischöfe thaten dies nicht, sondern die Mehrzahl derselben gab ihr göttliches Recht auf dem vaticanischen Concil ohne weiteres preis, gehorchte also ohne Umstände dem Papste mehr als Gott. Die Anderen, verhältnißmäßig wenige, leisteten schwächlichen Widerstand, um schließlich auch auf das zu verzichten, was sie — wie dem Staat und dem Volk gegenüber so hartnäckig behauptet wird — direct von Gott empfangen haben, und was sie also um keinen Preis aufgeben durften. Dies alles zeigt klar genug, daß auch die Bischöfe nicht ernsthaft an ihr „göttliches Recht" glauben. Denn thäten sie dies, so würden sie es als ihre höchste Pflicht gehalten haben, standhaft zu sein und auch dem Papste nicht nachzugeben, da sie in seinem Vorgehen einen Angriff auf die ursprüngliche göttliche Einrichtung der Kirche hätten erblicken müssen.

Sie suchen ihr Verhalten zu rechtfertigen durch die Rücksicht auf das Wohl der Kirche, die sie zum Aufgeben der Opposition, zum Verzichten auf ihr göttliches Recht bestimmt habe. Also: sie dürfen ihr göttliches Recht dem Wohl der Kirche zum Opfer bringen! Wohlan denn, ist dieses Recht nur als ein zeitweiliges und bedingtes, nicht als ein unbedingtes, unveräußerliches anzusehen, so können sie auch sonst vom unbedingten Geltendmachen desselben abstehen zum Heile des Volkes, dem Staat und der Wissenschaft gegenüber. Und sie sollen den religiösen Glauben und die Sittlichkeit des Volkes nicht gefährden durch hartnäckigen, wilden, zügellosen Kampf für dasselbe, wie er gegenwärtig geführt wird. Können die Bischöfe zu Gunsten der Einheit der Kirche und der Machtstellung der Hierarchie — denn das verstehen sie unter dem Wohl der Kirche — auf ihr „göttliches Recht" dem Papst gegenüber verzichten, warum nicht auch zum Heile des Volkes, der Gläubigen, für deren religiöse Gesinnung und Sittlich= keit, die durch den giftigen Streit für die päpstliche Herrschaft schwer geschädigt werden? Thun sie es nicht, so zeigt sich, daß sie nur selbstsüchtig an die Hierarchie und deren Machtstellung denken und diesem Idol Alles, selbst ihr sonst so laut verkündigtes göttliches Recht opfern, aber für das Volk und für die höchsten geistigen und sitt= lichen Interessen um keinen Preis ein solches Opfer bringen mögen!

Wenn aber weder der Papst noch auch die Bischöfe selbst an dieses göttliche Recht ernstlich glauben, wie aus ihrem Verhalten hervorgeht — da der Papst sonst dieses göttliche und apostolische Recht nicht hätte den Bischöfen entreißen, die Bischöfe aber dasselbe nicht hätten aufgeben können — wie können sie verlangen, daß das Volk und insbesondere die Staatsregierungen dasselbe anerkennen und unbedingt gelten lassen, weil es Papst und Bischöfen beliebt, ihnen gegenüber dasselbe unbedingt geltend zu machen? In der That existirt ja dieses „göttliche Recht" der Bischöfe gar nirgends mehr — wenn es je existirte; denn der Papst besitzt es nicht wirklich als „göttliches," da man durch Usurpation kein göttliches Recht von einer Hand in die andere bringen kann; die Bischöfe aber besitzen es nicht mehr, da sie sich dasselbe entreißen ließen und darauf verzichtet haben. Dieses Spiel, das die Bischöfe mit ihrem „göttlichen Recht," das nirgends mehr existirt, und mit dem Glauben des Volkes treiben, muß ein Ende nehmen, und es ist Zeit, daß das Volk selbst, daß die Laienwelt im Verein mit den Staatsregierungen dem Unwesen der Hierarchie ein Ende mache, Dieser Hierarchie, welche kein Recht achtet, wenn es gilt, das eigene Interesse und ihre Machtstellung zu fördern, während sie dieses nämliche „göttliche Recht," das sie innerhalb der Kirche so sehr mißachtet, dem Volk und dem Staat gegenüber in der schroffsten und hartnäckigsten Weise geltend macht, und lieber Reich und Volk dem Verderben preis= zugeben bereit ist, als ihre falschen Ansprüche aufgibt. Die Bischöfe haben dem Papst gegenüber das Recht ihrer Diöcesen und des Volkes nicht zu wahren gewußt, haben ihr eigenes Recht und das der Diöcesen, mit denen sie nach alter christlicher Anschauung wie in einer Ehe verbunden sind, preisgegeben. So sollen diese Diöcesen, soll das Volk sein verrathenes Recht, die Kirche und den Glauben selbst gegen römische Vergewaltigung und gegen die Schwäche der deutschen Bischöfe schützen. Es wäre das erste Mal nicht, daß die Hierarchie von der Laienwelt ihre Correctur erführe, in ihre Schranken gewiesen und auf die richtige Bahn zurückgebracht würde. Denn diese Hierarchie mit ihrem Papst ist gar sehr, gleich der übrigen Menschheit, der „Augen=

luft, Fleischeslust und Hoffart des Lebens" ergeben. Augenlust und Habsucht mußten und müssen beständig Einschränkung finden durch die weltliche Macht, die Hierarchie würde sonst nimmersatt die ganze Erde in Besitz nehmen, gierig verschlingen. Der Fleischeslust nicht minder mußte oft gewehrt werden — wie es insbesondere durch Kaiser Heinrich III. im elften Jahrhundert in der römischen Kirche geschah, die sich selbst aus dem Sumpfe des Verderbens nicht mehr heraus= arbeiten konnte. In unseren Tagen endlich möge auch die „Hoffart des Lebens," die in Rom übermäßig geworden ist, und welche die Hierarchie selbst nicht mehr bändigen kann, durch die weltliche Macht ihre Schranke erhalten und das Volk selbst in geistiger Selbsthülfe sich vor diesem hierarchischen Verderben schützen.

7.

Die neueste Adresse aus Deutschland an den „heiligsten Vater."*)

Denkende Leser des In= und Auslandes, denen die Verhältnisse nicht genau genug bekannt sind, werden bei der Lectüre dieser neuesten Kundgebung, zu welcher das katholische Volk in Deutschland unter jesuitischer Einwirkung mißbraucht werden soll, billig in Erstaunen gerathen. So steht es also noch, werden sie denken, in dem so glorreich begründeten Deutschen Reich, daß man einem großen Theil des Volkes, ohne allgemein mit Abscheu und Entrüstung zurückgewiesen zu werden, zumuthen darf, ein jesuitisches Machwerk zu unterzeichnen, das, sich stützend auf widersinnige Wahnvorstellungen von übernatürlicher Würde und Gewalt des Papstes, strotzt von unpatriotischen, pflichtvergessenen Ergebenheits=Betheuerungen gegen den Hauptfeind des Deutschen Reiches, und voll ist von knechtischen Unterwürfigkeits=Versicherungen gegen den= selben? Wo ist da eine Spur von Wirkung der großen deutschen Geistesarbeit seit einem Jahrhundert wahrzunehmen; irgend eine Wirkung der großen deutschen Dichter, der freien, wissenschaftlichen Forschung, der kühnen philosophischen Speculation, der großen Leistungen der Theologie, insbesondere der biblischen und kirchengeschichtlichen Forschungen? Gewiß läßt sich so fragen, und die Verwunderung ist nicht unberechtigt. Die deutsche Philosophie, nach Form und Inhalt dem Volke ganz, und selbst den gebildeten Classen größtentheils unzu=

---

*) Allgem. Ztg. März 1875.

gänglich), hat direct auf das Volk fast gar keinen Einfluß geübt, und selbst indirect wenigstens auf das katholische Volk nur einen sehr geringen. Und wo sie doch auch in den höheren Schulen und bei katholischen Gelehrten Einfluß zu üben begann, da trat bald die jesuitisch-päpstliche Reaction dagegen hervor. Ist doch die Verfolgung katholischer Schriftsteller und ihrer Werke in der neueren Zeit hauptsächlich in diesem Sinne geschehen, und mit der Absicht, die moderne Wissenschaft auf katholischem Gebiete vollständig zu vernichten und die mittelalterliche, scholastische Lehre an deren Stelle zu setzen. Dasselbe gilt von der gelehrten biblischen und historischen Forschung. Endlich selbst auch die großen deutschen Dichtungen blieben größtentheils über dem Volke; und was zu ihm drang, war und ist nicht gerade das Bildende, geistig Befreiende, sondern größtentheils nur das, was zur Unterhaltung dient. Auch hat man von der Zeit der kirchlichen Reaction an dahin gestrebt, den Einfluß der „protestantischen" Dichter auf die katholische Jugend möglichst zu beschränken. Dagegen aber wird das katholische Volk von Jugend an ganz in kirchlichem Sinne gebildet, in Schule und Kirche und selbst in der Familie, da der Klerus all dies beherrscht. Den Zweck aller Bildung und Erziehung bildet die Kirchlichkeit, die kirchliche Gesinnung, das kirchliche Leben, der Hauptgegenstand der Hingebung und Verehrung ist die kirchliche Autorität mit ihrer Unfehlbarkeit, ihrer Herrscher- und Zaubermacht; und der Inbegriff von all dem ist der Papst. Dieser wird der frühesten Jugend im Lichte der Verklärung gezeigt, wird wie ein höheres, übermenschliches Wesen hingestellt und zum Gegenstand unbedingter, scheuer Verehrung für die kindliche Seele erhoben. Aberglaube aller Art verbindet sich damit. Aus eigener Jugendzeit ist uns erinnerlich, daß unter uns Kindern die Sage ging, der Papst höre täglich dreimal eine Stimme von Gott selbst — und es blieb unbestritten. Denn wenn dergleichen auch nicht gerade in der Schule gelehrt wurde, so wurde demselben doch nirgends deutlich und ernsthaft widersprochen. Auch gab es Bildchen für die Kinder, auf denen der Papst in vollem Ornat auf dem Throne saß mit der Tiara auf dem Haupte, und auf einer Seite schwebte eine Taube, den Schnabel dem Ohre des Papstes genähert. Dies war der heilige Geist, der beständig dem Papst Eingebungen ertheilt, ihn inspirirt. (Es war derselbe heilige Geist, dessen „Flügelschlag" der Herr Erzbischof von München in Rom während des vaticanischen Concils einmal gehört haben will.) Außerdem aber ist zu bedenken, daß den Jesuiten besonders in Preußen ein Viertel-Jahrhundert Zeit und bequemste Gelegenheit geboten ward, diesen Papstcultus — worin der Haupttheil ihrer Religion besteht — im katholischen deutschen Volk in aller Weise zu fördern und dasselbe zusammt dem Klerus selbst in diesem Sinne zu bearbeiten.

Erwägt man dies Alles, so wird begreiflich, wie man es wagen darf, eine Adresse, wie die in Frage stehende, im katholischen Deutschland zur Unterzeichnung vorzulegen, und hoffen kann, daß es eine bedeutende Anzahl von Leuten gebe, die sich durch Namensunterschrift zum Inhalte derselben bekennen. Es wird begreiflich, daß es Leute gibt, die festiglich glauben, „daß es zum Heil nothwendig sei, dem römischen Papst unterworfen zu sein". Diese kirchlich oder eigentlich päpstlich gebildeten Leute meinen wirklich — um bildlich zu reden — der Himmel habe nur über Rom gleichsam ein Loch, das mit einer Thür verschlossen ist, die nur der Papst mit seinem Himmelsschlüssel öffnen könne; daß aber Grundbedingung dieser Oeffnung die unbedingte Unterwerfung unter seine Herrschaft sei. Daraus folgt dann nothwendig, daß, wer sich dem Papste nicht unterwirft, davon ausgeschlossen bleibe und der Hölle anheimfalle. Den frommen Leuten macht es nicht den mindesten Skrupel, daß nach diesem Grundsatze Millionen, ja Milliarden Menschen blos um des Papstes willen in ewige Höllenpein verstoßen werden. Sie glauben, daß ihnen ganz Recht geschehe. In ihrem Glauben geht das natürliche Menschengefühl und die Liebe vollständig zu Grunde. Selbst sonst edle, zartfühlende Frauen, die mit Menschen und Thieren Mitleid fühlen, finden sich mit dieser schmählichen Verdammungssucht ganz wohl zurecht. Die Milch der frommen Denkungsart verwandelt sich durch ihre Gläubigkeit in gährend Drachengift gegen alle Menschen, die dem Papste sich nicht unterwerfen. Es kommt ihnen kaum ein Zweifel, ob denn dafür irgend eine Wahrscheinlichkeit, eine Möglichkeit bestehe, daß um eines Menschen willen fast die ganze Menschheit, mit verhältnißmäßig unbedeutender Ausnahme, dem Anhange des Papstes nämlich, von Gott der ewigen Verdammniß überliefert werde! So groß ist aber die Macht der Erziehung oder vielmehr Verziehung.

So gebildeten Menschen gegenüber kann man auch den Papst und das Papstthum als „das einzig feste Fundament der politischen und socialen Ordnung" bezeichnen und ihre Unterschrift dafür verlangen. Ihr geistiges Auge ist so geblendet, ihr Verstand so betäubt, daß sie auch dies für wahr halten und die Falschheit davon nicht einsehen, obwohl sie durch weltbekannte Thatsachen bezeugt ist. Jedermann weiß ja, daß dieses „einzig feste Fundament der politischen und socialen Ordnung" den eigenen Staat weder als Papst noch als König in Ordnung zu halten vermochte und sich vor den eigenen Unterthanen durch fremde Soldaten mußte schützen lassen, um nicht von denselben des elenden Regiments wegen davongejagt zu werden. Dieses „einzig feste Fundament" bedurfte also selbst nicht blos der Polizei, sondern sogar fremder Soldtruppen zur Stütze — so fest war es! Aber der gläubigen Masse wird dennoch das Gegentheil eingeredet, und es ist bekannt, daß in der Welt nicht blos Schwindelbanken Zeugniß dafür

geben, wozu sich Einfalt und Verblendung mißbrauchen läßt! Unsere
Adresseverfertiger aber wollen unerschüttert in Deutschland auf dem genannten „einzig festen Fundament" stehen bleiben. Es würde ihnen
sicherlich ergehen, wie dem Papste selbst mit der politischen Ordnung
und Festigkeit seines Staats, wenn sie nicht die feste Stütze des Deutschen Reiches hätten, obwohl sie derselben sich wenig würdig erweisen
und sie füglich das Schicksal dessen verdienten, „dessen Befehl ihr
Gehorsam dienen" will. Leute, die man dies Alles glauben gemacht hat, kann man schließlich auch noch die knechtische Phrase unterzeichnen lassen: „Indem wir demüthig um deinen heil. Segen bitten,
sind und bleiben wir zu deinen Füßen hingeworfen". Hier entdecken
wir indeß doch einen Mangel an Respect und eine Abschwächung der
Ehrfurchtsbetheuerung   so jesuitisch und correct auch sonst die ganze
Haltung des Schriftstückes ist.   Einem orientalischen Despoten gegenüber würde nämlich die gebrauchte Unterwerfungsformel wohl genügen,
nicht aber dem römischen Papste gegenüber. Die päpstlichen deutschen
Reichsbürger, welche unterzeichnen, haben vielmehr zu sagen: Zu
deinen „heil'gsten Füßen demüthigst hingeworfen . . ." Es ist merk-
würdig, daß die böse Aufklärung und der Unglaube schon so mächtig
sind in der Welt, daß selbst die ergebensten kirchlichsten Rechtgläubigen wenigstens den Füßen Sr. Heiligkeit ein wohlerworbenes und
gebührendes Prädicat zu entziehen sich erdreisten!*)

Es lohnt nicht der Mühe, auch die übrigen Redensarten der Adresse
näher zu beleuchten. Nur von einer Stelle wollen wir noch Veranlassung nehmen zu einigen Bemerkungen. Die Adresse sagt: „. . . Um
so freudiger nähern wir uns der Gnadenquelle, welche du durch Verkündigung des Jubiläums uns und der ganzen Christenheit erschlossen
hast". Unter der „Gnadenquelle", die der Papst den Gläubigen „erschlossen" hat, sind natürlich nicht die gewöhnlichen, allgemeinen, kirchlichen Gnadenmittel zu verstehen, die ja allzeit zugänglich sind, sondern es ist darunter der „Schatz der überschüssigen Verdienste" Christi
oder vielmehr der Heiligen gemeint, den der Papst in Verwahrung
hat, unter Verschluß hält und nach seinem Belieben öffnet und zur
Mittheilung bringt durch Gewährung des sogenannten Ablasses. Es
handelt sich dabei zwar nicht um Nachlassung der Sünden und ewigen
Höllenstrafen, wohl aber um Nachlassung der zeitlichen Sündenstrafen,
die auch nach der Absolution noch übrig bleiben im Diesseits und Jenseits (Fegfeuer). Ursprünglich handelte es sich dabei um Nachlaß der
auferlegten Kirchenstrafen und -Bußen, und die Sache hatte in so fern

---

*) Im Jahre 1857 kam dem Verfasser aus der Münchener Nuntiatur ein Unter-
werfungsschreiben an den Papst zu, mit der Zumuthung, es zu unterzeichnen — dessen
Schluß so lautet: „Zu deinen heiligsten Füßen demüthiglichst hingeworfen, erflehe
ich" u. s. w. (Ad Tuos Sanctissimos Pedes humillime provolutus, ferventissime
imploro etc.) Die Unterzeichnung ward natürlich verweigert.

einen Sinn. Da aber die öffentlichen Kirchenbußen allmälig unhaltbar wurden, gab man dem Ablaß eine andere Bedeutung, denselben beziehend auf die zeitlichen Strafen überhaupt. Und da zu offenbar ist, daß das diesseitige Schicksal des Menschen durch einen kirchlichen Ablaß nicht im mindesten geändert werden kann, so blieb nichts übrig, als die Nachlassung der zeitlichen Sündenstrafen hauptsächlich oder geradezu ausschließlich auf das Jenseits zu beziehen, also auf Nachlaß der Strafzeit im sogenannten Fegfeuer oder Reinigungsorte. Diesen Nachlaß kann der Gläubige nicht blos für sich gewinnen, sondern auch andern zuwenden, und also denselben gewinnen für „arme Seelen im Fegfeuer", denen dadurch die Strafe abgekürzt oder ganz erlassen wird.

In der Macht und dem Belieben des Papstes also steht es, die zeitlichen Strafen im Jenseits den Gläubigen zu erlassen, indem er gleichsam zur Ausgleichung die überschüssigen Verdienste der Gläubigen, die er in Verwahrung hat, anbietet. Gott selbst geht also auf diesen Tausch ein, wenn der Papst es will und befiehlt, und nur in diesem Falle findet eine Begnadigung der „armen Seelen" statt, sonst nicht, sondern sie müssen ihre ganze Strafzeit aushalten. Die Gnade und Barmherzigkeit Gottes ist dabei nicht entscheidend, sondern der Wille, das Belieben des Papstes; und die überschüssigen Verdienste der Heiligen können erst dann den in Strafe Befindlichen im Jenseits zu Gute kommen, wenn der Papst diesen Schatz öffnet und den Umtausch gestattet. Wenn demnach dem Papst es nicht beliebt, Ablaß zu ertheilen, wenn er keine politische Agitation braucht, oder nicht den Peterspfennig reicher fließen machen will, oder irgend einen anderen persönlichen Anlaß hat zur Ablaßertheilung oder zur Oeffnung der „Gnadenquelle," so können die armen Seelen im Fegfeuer ruhig weiter brennen, sie bleiben unbegnadigt! Gefällt es aber dem Papste, so hat Gott sie aus dem Reinigungsorte zu entlassen und in den Himmel aufzunehmen — mögen sie gereinigt sein oder nicht — da der Umtausch fremden Verdienstes doch keine wirkliche, innere Reinigung, Läuterung bewirken kann! Der Papst also gebietet Gott, daß zu dieser oder jener Zeit, unter diesen oder jenen Bedingungen geringfügiger Art, welche die Gläubigen erfüllen müssen, Begnadigungen stattzufinden haben, und Gott hat eine dienende, zu Diensten stehende Rolle dabei. Selbst über die ewige Weltordnung gebietet der Papst, und nichts, auch das Wichtigste nicht, kann vor ihm bestehen; denn wenn es auch ewiges Gesetz ist, daß in das Reich Gottes nur wirklich Reine eingehen sollen, so kann doch der Papst bewirken, daß dieses Gesetz umgestoßen und auch Unreines in dasselbe zugelassen wird, indem er durch Ertheilung von Ablaß die Befreiung aus dem Zustande der Strafe erwirkt, auch wenn das Maß der Reinigung noch nicht vollendet ist. Unter diesen Umständen müssen die Gläubigen und die Seelen im Reinigungs- und Leidensort nichts mehr wünschen, als daß der Papst durch irgend ein Ereigniß, durch eine Noth oder eine Freude in die Laune komme, Ablaß zu ertheilen, d. h. den Schatz der „überschüssigen Verdienste" aufzuschließen, die Befreiung der Seelen aus dem Strafzustand und die Aufnahme derselben in den Himmel durch denselben zu ermöglichen. Ja die göttliche Barmherzigkeit selber muß sich Glück wünschen dabei, da sie dadurch von ihrem Vormünder, dem Papste, die Erlaubniß und Aufforderung erhält, sich gegen die armen Seelen zu bethätigen und sie von ihrer Pein zu erlösen oder wenigstens dieselbe zu erleichtern.

All' diesen Widersinn wagt man noch in unserer Zeit dem katholischen Volke zu bieten, und dieses läßt sich Alles gefallen, ja hält sich noch für besonders beglückt dadurch. Es scheint gar nicht zu fühlen, welch eine unwürdige Vorstellung von Gott und seiner Gnade diesem ganzen Ablaßgeschäft zu Grunde liegt, scheint nicht zu erkennen, wie gotteslästerlich es ist, Gott selbst unter die Vormundschaft des Papstes zu stellen, und selbst das jenseitige Geschick der Gläubigen noch von dem Belieben eines armen Menschen auf dem päpstlichen Stuhle abhängig zu machen — eines Mannes, der als der liebloseste Frevler, ja als ruchloser Gottesräuber an den Gläubigen und den abgeschiedenen Seelen angesehen werden müßte, wenn er die befreiende Macht besäße, die ihm zugeschrieben wird, und von ihr nicht allgemeinen, unbedingten Gebrauch machte, sondern erst dann, wenn er irgend einen Vortheil daraus erlangen, irgend eine specielle Gunst nach seiner Laune damit erweisen wollte! Aber wie soll man vom ungebildeten und verbildeten Volk irgend ein Nachdenken und ein freies Urtheil darüber erwarten, wenn von Tausenden von Kanzeln jahraus, jahrein ihm all dies als unumstößliche göttliche Wahrheit und Offenbarung verkündet wird! Ja, wenn selbst gelehrte Männer von ihren Lehrstühlen aus das Gleiche verkünden und mit allerlei Begründungen oder wenigstens Beschönigungen zu umgeben suchen, und nicht zu fühlen scheinen, daß es ein wünschenswertheres Loos ist, ein Schafhirt im letzten Dorfe zu sein, als sich von der römischen Curie nöthigen zu lassen, Dinge zu lehren, in denen weder Glaubenswahrheit, noch Gottesfurcht, noch Vernunft anzutreffen ist!

8.
Neue Kundgebungen aus der päpstlichen Kirche.*)

Der Papst und seine gehorsamen Bischöfe sind unablässig bestrebt, durch gegenseitige Zuschriften sich zu ermuntern und zu stärken im Kampfe um die hierarchische Herrschaft, und zugleich durch Veröffentlichung dieser Zuschriften das gläubige Volk in beständiger Aufregung

---

*) Allgem. Zeitung. März 1875.

zu erhalten und zu fanatischer Theilnahme und Hülfeleistung gegen die weltlichen Regierungen zu erhitzen. Wie herrschsüchtige und ruhm- und habgierige Herrscher ihre weltliche Gewalt und die Pflicht des Gehorsams der Staatsbürger gegen die Regierung dazu mißbrauchen, ihrer Ruhm- und Habsucht in Gewaltthätigkeit und Kriegen Befriedigung zu verschaffen, und dabei Frieden, Wohlstand, Glück und Leben ihrer Unterthanen opfern, statt dieselben in aller Weise zu fördern — so treiben es die Hierarchen mit der Religion. Die Form und Ordnung der Kirche, in welcher sich das Christenthum geschichtliche Gestalt nach den Verhältnissen der Zeit gegeben hat, mißbrauchen sie, um ihre Ansprüche auf oberste Herrschaft über die Völker und Reiche zur Geltung zu bringen. Daß über diesem Kampf um die kirchliche oder hierarchische Herrschaft die Religion selbst zu Grunde geht, ja in ihr Gegentheil verkehrt wird, scheint sie wenig zu kümmern. Der religiöse Glaube, welcher Frieden in die Seelen bringen, welcher die Leidenschaften beruhigen, die Gebote der Nächstenliebe lebendig machen soll — dieser Glaube des Volkes wird dazu ausgebeutet, um die Herzen der Gläubigen zu beunruhigen, ihre Leidenschaften auf's Aeußerste zu erregen und Haß gegen die Mitmenschen zu entflammen. Nebst der Zerstörung des wahren Wesens und des wirklichen Segens der Religion kann dann nur auch der Staat, seine Ordnung und Autorität selbst zu Grunde gehen, wenn die weltlichen Regierungen die Obergewalt der päpstlichen Hierarchie nicht anerkennen wollen, sondern ihren Ansprüchen entgegentreten und sie bekämpfen! Papst und Bischöfe lassen es an Bemühungen in dieser Richtung nicht fehlen. Der Papst zum Beispiel schreibt das, was die preußische Regierung und die deutsche Reichsgewalt thun, um ihr Recht, ihre Souveränetät vor der Hierarchie zu schützen, der Eingebung des Teufels zu, dem „uralten Feinde Gottes und der Menschen", und die Bischöfe wissen zu erzählen, daß Gott, der im Himmel wohnt, mit Hohngelächter die Bestrebungen der deutschen Reichsgewalt zu Schanden machen werde. Wie soll das gläubige Volk sich nicht mit Abscheu von einer Regierung wenden, die vom Teufel geleitet wird, und wie soll es Achtung und Vertrauen zu ihr haben, wenn Gott hohnlachend im Begriff ist, sie zu vernichten, wie Papst und Bischöfe beständig verkünden?

Die neueste hierarchische Kundgebung ist das Schreiben des Papstes vom 2. März an die deutschen Bischöfe, betreffend die von uns bereits gewürdigte Collectiv-Erklärung des deutschen Episkopats über die Rechte des Papstes und die Beschlüsse des vaticanischen Concils. Charakteristisch ist bei diesen Zuschriften von Papst und Bischöfen, daß sie sich gegenseitig über alles loben und preisen, sich gegenseitig Ruhm und unendliche Ehre von ihrem Heldenmuth versprechen. Sie sind also auch, wie es bei armen Weltkindern wohl vorkommt, zu gegenseitiger Lob-Assecuranz verbunden! Davon gibt besonders dieses neueste

Schreiben des Papstes einen sprechenden Beweis. Es wird der „Starkmuth" bewundert, den die Bischöfe beweisen im Kampfe für die Vertheidigung der Gerechtigkeit und der kirchlichen Rechte, nicht fürchtend den Zorn der Mächtigen, noch ihre Drohungen, noch den Verlust des Vermögens, ja selbst nicht Verbannung, „Kerker und Tod". Der Papst war gerade im besten Zug und setzte daher auch gleich „Kerker und Tod" hinzu. Vielleicht dachte er an die Inquisitionslocale für die Ketzer, meinend, die deutschen Bischöfe müßten in solchen ihre Haft verbüßen dafür, daß sie die gesetzlich verhängten Geldstrafen nicht bezahlen, und er dachte weiter zugleich an die kirchlichen, päpstlichen Verfolgungen in den guten alten Zeiten, die allerdings gar häufig mit „Tod" endigten! Keiner von diesen deutschen Märtyrern hat aber noch je einen wirklichen „Kerker" gesehen, noch weniger den „Tod" erduldet. Und man weiß recht gut, daß es der moderne Staat, als Träger der Humanitätsidee und der wirklich christlichen Gesittung, dazu nicht kommen läßt — wie es allerdings bei der Hierarchie ihren Grundsätzen gemäß der Fall sein würde, wenn sie die Gewalt dazu hätte. In Rom indeß sind Fictionen von je herkömmlich, und Pius IX. selbst gefällt sich ja in der Fiction, ein Gefangener zu sein. So ist es nicht zu verwundern, daß seine Einbildungskraft auch die deutschen Bischöfe bereits im Kerker und auf dem Scheiterhaufen erblickt und sie für diese Heldenthaten vor dem gläubigen Volke feiert. Ihr Heldenmuth soll zugleich zum klaren Beweise dienen, daß in ihr (der päpstlichen Kirche) „allein die wahre und edle Freiheit wohnt, deren leerer Name überall ertönt, die in Wirklichkeit aber nirgendwo sich zeigt". Hier möchte man wohl sagen: „Laßt den Worten ihre Bedeutung und verdreht sie nicht in's Gegentheil". Die widersetzlichen deutschen Bischöfe geben Zeugniß von wahrer Freiheit in der Kirche oder kämpfen sie für Freiheit? Und dies eben dadurch, daß sie für die vaticanischen Concilbeschlüsse kämpfen, die ihnen alle Rechte, alle Selbständigkeit nehmen und den Papst allein zum absoluten Herrscher machen? Der Mißbrauch der Worte ist so grob, daß sich wohl selbst der einfältigste Gläubige kaum täuschen läßt. Allerdings kann der Papst in zweideutiger Weise sagen, daß die Bischöfe für die Freiheit kämpfen, nämlich für die seinige, wenn auch für ihre eigene Knechtschaft. Es ist eben ein Ausspruch, würdig des „höchsten Orakels," wie die Jesuiten den Papst nennen. Der Papst ist allerdings frei, d. h. unumschränkter Herrscher, durch kein Gesetz und kein Recht in seiner kirchlichen Herrschaft gehemmt oder irgendwie gebunden, und da er sich selbst für die eigentliche Kirche hält und dabei Klerus und Volk nur Nebensächliches sind, so mag er wohl auch in der Fiction leben, daß, wer für seine absolute Herrschaft kämpft, eigentlich für die Freiheit streite — für die seinige nämlich! Wenn übrigens das schwächliche Schein-Marthyrthum der preußischen Bischöfe schon ein so

gewichtiges Zeugniß ist vor den Augen des Papstes, daß in der päpst=
lichen Kirche Wahrheit und Freiheit sei, wie viel Gewicht muß dann
dem Zeugniß wirklicher Märthrer und Helden zukommen, die Kerker
und Tod standhaft erduldeten im Kampfe gegen das Papstthum!

Die gerügte Zweideutigkeit findet sich auch sonst noch in diesem
Schreiben, und es ist in der Hauptsache, in Folge eines logischen
Kunstgriffes, durch dasselbe gar nichts entschieden, sondern nur der
Schein einer Entscheidung erweckt. Es soll nämlich in diesem Schreiben
des Papstes die arglistige und verläumderische Unterstellung und Ver=
dächtigung auf das entschiedenste zurückgewiesen werden, als sei in
der Collectiverklärung der deutschen Bischöfe eine abgeschwächte und
der Willensmeinung dieses apostolischen Stuhles durchaus nicht ent=
sprechende Erklärung der conciliarischen Beschlüsse gegeben worden.
Dies also soll der Zweck des Schreibens sein. Nun betrachte man
dieses genauer, und frage sich, was denn eigentlich in demselben ent=
schieden sei. Man wird eine solche Zweideutigkeit, einen so dunklen
Orakelton entdecken, daß nicht zu entscheiden ist, wie es eigentlich ge=
meint sei, ob der Sinn ist: die vaticanischen Beschlüsse sind nicht ab=
geschwächt, sondern strenge aufrecht erhalten, oder: sie seien keiner Ab=
schwächung bedürftig. Die ganze Darstellung kann nämlich in dop=
peltem Sinn gedeutet werden. Die für Abschwächung der Concils=
beschlüsse ausgegebene Collectiverklärung der Bischöfe ist eine solche
nicht, denn es ist in ihr die volle Entschiedenheit und Schärfe der
vaticanischen Beschlüsse enthalten und nichts davon abgelassen oder
preisgegeben trotz gegentheiligen Scheins; oder: die scheinbare Ab=
schwächung ist darum keine wirkliche, weil die fragliche Erklärung viel=
mehr den wahren Sinn der in schroffer Form gegebenen vaticanischen
Entscheidung wiedergibt. Welches ist nun die richtige Auffassung?
Die allgemeinen Phrasen sind unbestimmt und biegsam: man kann sie
je nach Umständen deuten, in ganz schroffem, oder in abgeschwächtem
Sinn. In den angefochtenen Beschlüssen sei, versichert der Papst
wiederum, durchaus nichts zu finden, was neu wäre oder in den bis=
herigen Beziehungen (von Papst und Bischöfen, Staat und Kirche)
etwas änderte: dies sei in der Collectiverklärung durch lichtvolle und
unwiderlegliche Beweismomente durchaus treffend begründet. Natür=
lich findet der Papst diese Beweisführung lichtvoll und unwiderleglich:
sie ist ja zu Gunsten seiner Ansprüche! Wir sahen aber schon früher,
daß dabei nichts weiter geschehen ist, als daß man das bekannte pseu=
doisidorische Verfahren anwendete. Außerdem ist ja klar, was das
vaticanische Concil dogmatisch festgestellt hat, muß immer schon Glau=
benswahrheit gewesen sein, sonst hätte es nicht als solche festgestellt
werden dürfen. Dies wird nun umgewendet, um sich die Beweisführung
zu erleichtern: weil es als Glaubenssatz festgestellt wurde, ist auch an=
zunehmen, daß es immer Glaubenssatz war. Dies ist zwar unmittelbar

ein Widerspruch), aber das thut nichts, wozu brächte man denn das Opfer der Vernunft! Die göttliche Lehrautorität stellt fest, daß der Papst unfehlbar und Universal-Bischof sei, also muß er beides immer gewesen sein. Wenn durch geschichtliche Thatsachen beides widerlegt werden will, so ist dies eine lächerliche Anmaßung von Seite der Wissenschaft; diese ist nur menschliches Werk, und die Geschichtsforscher können irren, das Dogma aber ist göttliches Werk, und Papst und sein Concil sind unfehlbar, können nicht irren; damit ist die Sache abgethan; wer geschichtliche Thatsachen oder Vernunftgründe gegen diese Glaubenssätze vorbringt, der ist ein unkirchlicher, gottloser Mensch). Wenn der Papst und seine Bischöfe das Weiße für schwarz erklären und das Schwarze für weiß, so haben sich alle Gläubigen und alle Menschen überhaupt zu unterwerfen und nicht ihrer schwachen, irrthums-fähigen Vernunft oder Erfahrung mehr zu glauben als dem Papst, d. h. Gott selbst, der sich durch ihn ausspricht und ihm alle Gewalt abgetreten hat im Himmel und auf Erden.

Die bayerischen Bischöfe glaubten ihre welthistorische Bedeutung beurkunden zu müssen durch eine Separat-Adresse an den Papst (obwohl sie auch die Collectiv-Erklärung unterzeichneten), die neuestens ebenfalls publicirt wurde. Sie ist kurz, zeigt aber, daß diese gehorsamen Söhne aus dem Schimpf-Lexikon ihres „heiligsten Vaters" schon namhaften Gewinn gezogen haben: Bosheit, Schlechtigkeit, Ruchlosigkeit und dgl. sind nach ihnen Eigenschaften der Gegner des Papstes, resp. seiner maßlosen Ansprüche. Es bedarf keiner besonderen Kritik dieser bischöf-lichen Leistung. Sie drücken zuerst ihre Freude über das Jubeljahr und den gnädigst von Sr. Heiligkeit gewährten Ablaß aus. Wir haben die Bedeutung davon schon jüngst gewürdigt. Dann wenden sie sich mit aller Entrüstung gegen das Unterfangen, daß von Seite der weltlichen Regierung irgend ein Einfluß geübt werden soll bei der neuen Papstwahl, wie dies in der Circulardepesche des Reichskanzlers beansprucht worden. Fürchten etwa diese Bischöfe, daß die Intriguen, die Kniffe und das ganze widerwärtige Gebahren, das bei einer Papst-wahl im Conclave regelmäßig wiederkehrt — so daß redliche Cardinäle selbst wohl ein Grauen davor zu empfinden pflegen — zu sehr beschränkt würden, wenn eine solide weltliche Macht dabei mäßigend einwirkte? Sie mögen sich beruhigen; es wird dabei in der gewohnten Weise zugehen, und der neue „Unfehlbare" wird wieder aus einem Chaos von Intriguen hervorgehen — wenn nicht der lebende Unfehl-bare den kommenden selbst schon voraus bestimmt. — Die Bischöfe Bayerns sind sicherlich fromme Männer, aber doch schwelgt ihr Herz schon in der Süßigkeit der baldigen Rache, die der Herr an den Feinden der Kirche, d. h. der hierarchischen Herrschaft, üben wird. Wir werden sogar mit einer alttestamentlichen Lesefrucht erfreut: „Doch der im Himmel wohnt, wird ihrer lachen, der Herr wird sie

zu Schanden machen." Das ist sehr menschlich von Gott gesprochen,
und wohl angeführt, um bei dem sinnlichen Volk mehr Eindruck zu
machen! Es mag wohl noch Völker geben, die noch auf so tiefer
Stufe der Bildung stehen, daß sie glauben, ihre Gottheit fletsche die
Zähne oder strecke die Zunge aus gegen ihre Feinde, oder mache eine
andere Grimasse; — wir wollen nicht hoffen, daß wir nach und nach
auf solche Stufe zurücksinken! Die Bischöfe wünschen endlich: der
heilige Vater möge den Herrn bitten, daß die gerechte Strafe nicht
über das Volk (das katholische wohl) komme, sondern natürlich nur
über die Regierungen und ihre Anhänger. Wir glauben, Gott werde
besser wissen als der Papst, wer zu strafen sei und wer nicht, und
brauche von diesem nicht erst Vernunft und Gerechtigkeit zu lernen.
Der Papst wird am besten thun, wenn er sein Gebet für sich selber
verwendet. Durch Verwüstung des religiösen Friedens, den er seinen
herrschsüchtigen Ansprüchen geopfert und durch Anmaßung göttlicher
Eigenschaften, wie sie sonst kein gesunder Mensch in Anspruch nimmt,
hat er Schuld genug auf sich geladen, für deren Sühne und Verge=
bung er alle Ursache hat, all' sein Gebet anzubieten.

Unterdessen ist die Centrumspartei in Berlin bereits in Noth
gerathen, wie sie nur diese päpstlichen Kundgebungen und insbesondere
die Encyklika auffassen und deuten soll, um sie zu vertheidigen und
zu rechtfertigen. Der Abg. Reichensperger sucht sich, den Berichten
zufolge, dadurch zu helfen, daß er, außer einer mißlungenen Um=
deutung, auch behauptete: die fatale Encyklika sei kein Erlaß des
Papstes in Ausübung seines höchsten Lehr- (und Herrscher=) Amtes,
sei nicht ex cathedra, weil nicht an die allgemeine Kirche gerichtet.
Wir gehen hier auf die Frage, wann ein päpstlicher Erlaß als ex
cathedra zu betrachten sei und wann nicht, weiter nicht ein; sie führt
fast ins Gebiet des Komischen, denn die päpstliche Kirche hat nun
zwar ein unfehlbares Oberhaupt, weiß aber nicht, wann die Eigen=
schaft der Unfehlbarkeit in Anwendung gekommen ist. Der Papst
setzt dies nie ausdrücklich bei, und läßt die Theologen streiten. Die
Entscheidung liegt zuletzt immer wieder bei ihm, ob ja oder nein; und
auch über diese Entscheidung läßt sich dann wieder streiten, ob sie vom
„Lehrstuhl" sei, und sofort ins Unendliche. Die päpstlichen Theologen
haben ein äußerst fruchtbares Gebiet ihrer gelehrten Thätigkeit vor
sich! Aber hievon jetzt abgesehen; wenn der Abg. Reichensperger in
Abrede stellt, daß die Encyklika ex cathedra, also vom Papst in
höchster Function als Oberhaupt der päpstlichen Kirche, erlassen sei
— nimmt er im Ernst an, daß der Papst schon so weit gehe, als
bloße Privatperson die Gesetze eines fremden, souveränen Reiches für
ungültig, für null und nichtig zu erklären? Dann mag er sich nur
auch nicht wundern und nicht darüber Klage führen, wenn die
preußische Staatsregierung diese Encyklika zurückweist, und gegen die

mit Strenge vorgeht, welche dieselbe zur Geltung bringen wollen. Die Regierung ist in ihrem vollen Recht, und begeht dadurch, selbst nach den strengsten kirchlichen Grundsätzen, keinen unberechtigten Eingriff in das Wesen dieser Kirche. Hat aber der Papst ex cathedra sprechen wollen, wie aus der Behauptung hervorgeht, daß es sich hier um die „göttliche Verfassung" der Kirche handle, ist es dann nicht höchst unkatholisch — um nicht zu sagen unredlich — dies zu läugnen, um Verlegenheiten abzuwehren? Der einzige Ausweg wäre, im Papste zwischen der Privatperson und der unfehlbaren Person (ex cathedra) noch eine dritte, mittlere Person anzunehmen, der man alles Zweideutige zuschieben könnte! Da man nun doch einmal auf dem Wege der Vergöttlichung des Papstes ist, so könnte man allerdings diese bequeme Dreipersönlichkeit in ihm auch gleich zurecht machen; ist auch noch einige Ungleichheit derselben vorhanden, so werden die Theologen wohl Mittel finden, neben derselben doch auch wieder eine Gleichheit aufzufinden, und beides zugleich mit aller Kraft zu beweisen!

9.

Die Antwort der preußischen Bischöfe an das preußische Staatsministerium. *)

Es lohnt nicht der Mühe, ausführlich auf die Abläugnungen und Wortfuchsereien einzugehen, mit denen sich neuerdings die preußischen Bischöfe, nur um etwas zu sagen und das letzte Wort vor dem Volke zu haben, dem öffentlichen Urtheile bloßgestellt haben bei all denen, die sich Fähigkeit und Recht eigenen Denkens noch nicht haben nehmen lassen. Nur auf Einiges sei aufmerksam gemacht, um zu zeigen, zu welcher bedenklichen Methode diese Bischöfe bei ihren Kundgebungen ihre Zuflucht nehmen, und welch' schlimmes Beispiel nicht blos von Läugnung des Offenbarsten, sondern auch von sophistischen Wendungen sie geben, so daß man das Capitel in der Logik, das von der Sophistik handelt, reichlich mit Beispielen aus den bischöflichen Kundgebungen belegen und verdeutlichen könnte. Im Allgemeinen besteht diesmal, außer dem Läugnen, die Sophisterei (sei sie bewußt und beabsichtigt, oder unbewußt aus barer Verblendung angewendet) darin: daß man sich in Allgemeinheiten bewegt, wo es sich um ein Besonderes handelt, und also, was nur abstract gilt, unbedingt für den ganz concreten besondern Fall geltend macht. Ein andermal kann auch wieder um=

---

*) Allgem. Ztg. März 1875.

gekehrt verfahren werden, indem, was nur im Besonderen Geltung hat, als allgemein gültig behandelt wird. Die Kunst dabei ist immer dieselbe.

Diese Methode kommt schon gleich am Anfang in Anwendung, wo erklärt wird: daß es mit den „unwandelbaren Principien des Christenthums unvereinbar sei, blinden, unbedingten Gehorsam gegen alle Staatsgesetze ohne Ausnahme" zu gebieten oder zu leisten. Die Bischöfe sollten bei einigem Nachdenken wohl einsehen, daß es sich gar nicht um blinden und unbedingten Gehorsam gegen beliebig und willkürlich gegebene Gesetze handelt. Blinder, unbedingter Gehorsam wird jetzt von keinem Staatsbürger mehr gefordert, sondern Gehorsam gegen die Gesetze, an deren Zustandekommen ihm selbst sein Antheil gewährt worden dadurch, daß auch sein Recht und seine Einsicht durch Stellvertreter bei der Berathung und Beschließung der Gesetze zur Geltung kommen konnte, — so daß hier der Gehorsam dadurch vernünftig wird und nicht unbedingt sondern bedingt ist von der gesetzlichen Theilnahme aller Staatsbürger beim Zustandekommen derselben. Blind und unbedingt ist der Gehorsam nur, wie er in der päpstlichen Kirche gefordert wird, wo Bischöfe und Papst beschließen und Gesetze geben, und die Laien nur wie vernunftlose Schafe sich blindlings zu fügen haben, und ihnen weder Recht noch Fähigkeit, das Festgestellte auch nur zu prüfen, zugestanden wird. Jetzt soll auf einmal der vom Staate geforderte Gehorsam gegen Gesetze, die rechtmäßig zu Stande gekommen sind, unter Mitwirkung der Vertreter des Volkes, schon ein blinder sein, während sonst die Bischöfe oder ihre Preßorgane mit dreister Stimme zu läugnen pflegen, daß selbst der Cadavergehorsam in der Jesuitengesellschaft ein blinder und unbedingter sei! Wollen die Bischöfe auch den rechtmäßig zu Stande gekommenen Staatsgesetzen den Gehorsam verweigern, weil diese gegen ihr Gewissen sind, d. h. gegen die Annahme oder Einbildung, daß sie allein die wahren Principien des Christenthums besitzen, und also direct Gott selbst repräsentiren, — dann ist eben dieses Gewissen der päpstlichen Bischöfe der höchste, allein entscheidende Souverän in Deutschland, erhaben über Kaiser und Reich, ebenso wie über alle gesetzgebende Gewalt; außerdem aber auch noch erhaben über die Gewissen aller anderen Staatsbürger, wenn etwa diese sich einfallen lassen sollten, auch ein Gewissen ihrerseits zu haben, das mit dem der Bischöfe nicht übereinstimmt. Wenn es nur des Berufens auf das Gewissen bedarf, um den Gesetzen, die rechtmäßig zu Stande gekommen sind, Trotz bieten zu dürfen, so ist klar, daß eine staatsgesetzliche Ordnung unmöglich ist, daß die kirchliche an die Stelle treten muß, die selbst wieder durch andere Gewissen in Frage gestellt wird. Wenn jedes besondere Kirchen- oder Sectengewissen den Staatsgesetzen gegenüber souveräne Geltung in Anspruch nehmen kann, und sich den Gesetzen nur so weit unterordnet, als ihm jeweilig gut dünkt, dann muß natürlich jede Staatsordnung aus den Fugen gehen und außerdem der Faust = oder Schwertkampf der religiösen, natürlich insgesammt allein von Gott selbst bestimmten Gewissen wieder beginnen. Dem gegenüber ist diesen Bischöfen zu sagen: „Schafft euch statt eures falschen, irrigen und anmaßenden Gewissens ein richtiges, vernünftiges Gewissen. Reinigt euer kirchliches, hierarchisches, von Herrschaftswahn bethörtes Gewissen durch das wahre sittliche Gewissen; nehmt Vernunft, Recht, Gesetz und Sittlichkeit in euer Gewissen auf, anstatt des unfehlbaren Idols, das die Stelle Gottes und der sittlichen Pflicht in demselben einnimmt — dann habt ihr ein Recht, euch darauf zu berufen."

Wie begreiflich, spielt auch die bekannte „von Gott gewollte Selbständigkeit" der „von Christus selbst gestifteten" päpstlichen Kirche wieder ihre Rolle, und fehlt die Versicherung, nicht, daß die fraglichen Kirchengesetze „das Wesen" dieser Kirche verletzen! Was wurde im Laufe der Jahrhunderte nicht alles von der Hierarchie als wesentlicher Bestandtheil der „von Gott gewollten Ordnung und Selbständigkeit der Kirche" erklärt! Freiheit des Klerus von Abgaben und von weltlicher Gerichtsbarkeit, kirchliches Asylrecht zum Schutze der Verbrecher, Privilegien aller Art. Und so oft eine dieser Freiheiten oder eines der „göttlichen Rechte" der Hierarchie, wegen Mißbrauchs oder um der staatlichen Ordnung willen, beseitigt wurde, entstand stets großes Geschrei über Verletzung der „gottgewollten Selbständigkeit der Kirche," über Verletzung des „Wesens" der Kirche. Den Klerus besteuern, heißt Gott besteuern; den Clerus den weltlichen Gesetzen unterstellen, heißt Gott den Menschen unterordnen; die Kleriker wegen Verbrechen von weltlichen Gerichten bestrafen lassen, heißt die Freiheit der Kirche verletzen; über Kirchengut irgendwie weltlich verfügen, heißt sich an Gottes Eigenthum vergreifen, Gott berauben u. s. w. Solche und ähnliche Schlagworte wurden ausgegeben, um die „gottgewollte Selbständigkeit" der Kirche zu wahren. Und es blieb nicht bei Worten, sondern es ward, soweit nur immer möglich, mit dem Kampf um sie der furchtbarste Ernst gemacht, wie dies z. B. Venedig erfuhr, als die weltlichen Gerichte daselbst zwei schändliche Verbrecher aus dem Klerus zur Strafe ziehen wollten. Der Papst erhob alsbald Protest und verhängte schließlich Bann und Interdict, um die Scheusale den weltlichen Gerichten zu entreißen. In Worms gehörte es zur „gottgewollten Selbständigkeit" der Kirche, daß das Domcapitel ein besonderes Privilegium für seinen Weinverschleiß hatte, und da die Bürgerschaft dies nicht gelten lassen wollte, so ward ebenfalls mit Excommunication ꝛc. eingeschritten — natürlich, um das „gottgewollte" Recht der Kirche zu schützen! Der famose Syllabus hat all' diese wesentlichen Rechte und Freiheiten der „von Gott selbst gestifteten Kirche" getreulich registrirt und als unveräußerlich hingestellt; dennoch machen die preußischen, wie die übrigen Bischöfe sie dem Staat und der Gesellschaft gegenüber nicht mehr geltend als „gottgewollt." Sie haben sich also in Bezug auf diese Punkte ein anderes Gewissen zurecht gemacht, das ihnen gestattet, auf sie zu verzichten, obwohl man in früheren Jahrhunderten sie ebenso entschieden und fanatisch mit allen kirchlichen und weltlichen Mitteln zu wahren bemüht war, und ebenso für sie kämpfte, wie jetzt gegen die Maigesetze und für die durch dieselben angeblich verletzte gottgewollte Selbständigkeit der Kirche. Dies berechtigt zu einiger Hoffnung, daß es den Bischöfen des Deutschen Reiches doch noch gelingen werde, ihr Gewissen einigermaßen zu modificiren und mit Vernunft, Recht und wirklichem Christenthum in Uebereinstimmung zu bringen, dasselbe reinigend von der hierarchischen Verbildung!

Daß auch die Berufung auf die altchristlichen „Blutzeugen" in der bischöflichen Kundgebung zur Verstärkung des Eindrucks bei dem Volke nicht fehlen darf, versteht sich; es soll ja immer der Glorienschein des Martyrthums für den Ungehorsam gebildet und erhalten werden. Es wird dies aber doch nur so lange gelingen, als das Volk in Gedankenlosigkeit erhalten werden kann. Fängt es einmal an, zu denken, dann wird es diese anmaßende Vergleichung und diese Berufung auf die Christenverfolgung als unwürdiges und frevelhaftes Spiel verurtheilen, das mit den alten, ehrlichen Märtyrern für den Glauben getrieben wird, indem man sie in Vergleich bringt mit Männern, die doch wahrhaftig nicht einen Schatten von dem für Behauptung ihrer angemaßten Herrschaft erdulden, was jene ehrlich für ihre heiligste Ueberzeugung erduldet haben. Wäre die Vergleichung wirklich berechtigt, so müßte man schließen, daß es auch mit dem Martyrthum der alten Zeit gar nicht viel auf sich hatte, und daß man mit Unrecht jenen Märtyrern bisher so große Verdienste zugeschrieben und so hohe Verehrung gezollt habe! Um dem Volke zu imponiren, setzt man also durch die abgeschmackte Vergleichung ohne Bedenken die Ehre der alten „Blutzeugen" selbst auf das Spiel, und macht ihr Verdienst selbst verdächtig oder kleinlich, indem man die kaum nennenswerthen Unannehmlichkeiten dieser modernen Märtyrer mit ihren Leiden in Vergleich bringt. Wie wenig genau es die Bischöfe mit der Wahrheit nehmen, bezeugt auch die Behauptung: „Die Apostel und die Blutzeugen wollten lieber den Tod erdulden, als denjenigen Staatsgesetzen und obrigkeitlichen Anordnungen sich fügen, welche ihnen die Verkündigung der göttlichen Wahrheit untersagten." Dies ist unwahr und geradezu eine Verdrehung des wahren Sachverhalts. Wie Jesus selbst nichts mit weltlichen Behörden zu thun hatte und nicht gegen Staatsgesetze stritt, sondern gegen die Hohenpriester und ihre Schriftgelehrten mitsammt dem ganzen pharisäischen Schwindel, so auch allen Nachrichten zufolge die Apostel. Gegen die Hierarchie beriefen sie sich auf ihr Gewissen und auf die

Pflicht, Gott mehr zu gehorchen als den Menschen. Diese „Menschen" waren nicht die Staatsbehörden, sondern die Priester, und die Apostel verweigerten nicht den Staatsgesetzen Gehorsam, sondern den Satzungen und der Herrschaft der Priester. Der Apostel Paulus appellirte sogar, um sich vor dem Fanatismus seiner jüdischen Verfolger zu schützen, an den heidnischen Kaiser: bei ihm mehr Recht und Gerechtigkeit erwartend, als bei der jüdischen Hierarchie mit ihren Pharisäern und dem fanatisirten Pöbel. Mögen viele katholischen Priester den Apostel Paulus nachahmend sich von der hierarchischen Gewaltherrschaft und dem fanatischen ultramontanen Treiben lossagen und unter den Schutz der gesetzlichen Regierung begeben.

Die Bischöfe können nicht umhin, zu beklagen, daß ein Erkenntniß des Obertribunals die Predigt in einer Kirche als eine geistliche Amtshandlung im Sinne der Mai=Gesetze erklärte, welche mit Geldbuße, Gefängniß, Internirung und Landesverweisung zu bestrafen sei, wenn der betreffende Priester keine staatliche Amtsautorisation aufweisen könne. Sie finden darin eine wenigstens indirecte Untersagung „der Verkündigung der göttlichen Wahrheit." Die Bischöfe wollen eben unbedingte Freiheit, ihre bekannte „göttliche Wahrheit" zu verkündigen; der Staat soll nicht das Mindeste dabei zu sagen haben, wohl aber für gehörigen Schutz der Prediger sorgen. So könnten wir ja wohl die Merkwürdigkeit erleben, daß eines Tages in allen Kirchen Brandpredigten gegen die widerspänstige, Gott d. h. dem Papst, ungehorsame Staatsregierung gehalten und das Volk zur Empörung aufgefordert würde, ohne daß der Staat etwas dagegen thun dürfte, um ja nicht die Verkündigung der „göttlichen Wahrheit" zu beeinträchtigen. Ja, der Staat müßte vielmehr dabei noch draußen vor der Kirchthüre durch seine Polizei Wache halten, damit nicht etwa durch die bösen Liberalen die Brandprediger und Empörer in der Verkündigung und Anhörung der „göttlichen Wahrheit" gestört würden! — Einen besonderen Beleg für die oben erwähnte bischöfliche Sophistik liefert die Vertheidigung der Bischöfe gegen den Vorwurf: daß sie vom Kaiser verlangt haben, einem Gesetze Bestätigung zu versagen, dessen Einbringung doch zuvor seine Genehmigung erhalten hat. Die vorhergehende Genehmigung, sagen sie, sei sehr verschieden von der endgültigen Bestätigung. Das ist im Allgemeinen richtig und ohne großen Verstand einzusehen. Aber es handelt sich hier nicht um einen allgemeinen Satz, sondern um einen speciellen Fall. Einem Gesetze, dessen Vorlegung kaiserliche Genehmigung erhalten hat, kann immerhin endgültige Sanction versagt werden, wenn etwa bei Berathung und Beschlußfassung der Kammern so bedeutende Aenderungen vorgenommen werden, daß es in der ursprünglichen Fassung wesentlich aufgehoben erscheint. Aber daß der König ein Gesetz, das mit seiner Genehmigung zur Berathung und Beschlußfassung der Kammern gebracht und, wie im gegebenen Fall, mit großer Mehrheit, ohne alle wesentliche Veränderung, in den Kammern angenommen, also von allen gesetz= gebenden Factoren zur Vollendung gebracht worden ist, blos deßhalb nicht bestätigen solle, weil die Bischöfe ihr Mißfallen darüber aus= sprechen, ist eine unerhörte Zumuthung — ist die Zumuthung, daß der König den Bischöfen die constitutionelle Verfassung, das Ministe= rium und sich selbst zum Opfer bringe.

Auch sogar ein Wort des Fürsten Bismarck führen die Bischöfe zur Rechtfertigung ihrer Renitenz gegen die Staatsgesetze an. Derselbe hatte 1872 im Abgeordnetenhaus in Beziehung auf die vaticanischen Beschlüsse erklärt: „Jedes Dogma, welches von Millionen Staatsbürgern geglaubt werde, müsse für jeden Mitbürger und für die Regierung heilig sein." Sicherlich ein wahres, richtiges Wort, aber keine Recht= fertigung für das Verhalten der Bischöfe. Jedermann kann leicht erkennen, wie es gemeint sei. Natürlich nicht in dem Sinne, als ob Jedermann dieses Dogma nun auch für wahr halten müßte, und ebenso wenig, daß alle daraus gezogenen Consequenzen für Jedermann und für die Staatsregierung selbst bindend und beschränkend sein müßten. Wollen also die päpstlichen Katholiken den Papst für unfehlbar halten, so ist das ihre Sache, und kein anderer Staatsbürger — und auch die Regierung nicht — hat das Recht, ihnen dies zu verbieten oder sie darum zu benachtheiligen, wenn Glaubensfreiheit ein persönliches Recht der Staatsbürger sein und Gleichberechtigung derselben bestehen soll. Aber eben um dieses Rechtes aller, um dieser Gleichberechtigung willen, muß jede Consequenz eines Dogma's für die äußere politische und sociale Ordnung und Gesetzgebung zurückgewiesen werden; denn ohne dies könnten ja die Gläubigen irgend eines Dogma's ganz bequem aus diesem ableiten, daß ihnen, oder ihrem Oberhaupt, oder ihrer Autorität die Oberherrschaft gebühre, oder daß dasselbe maßgebend sein müsse für die Regierung und für alle Staatsbürger, auch für die Andersgläubigen. Dies eben ist der Fall mit dem Unfehlbarkeitsdogma. Soll die Unfehlbarkeit und der Absolutismus des Papstes nur irgend= wie die Gesetzgebung zu beeinflussen und der Regierung irgend welche Norm zu geben berechtigt sein, so ist die Gleichberechtigung der Staats= bürger aufgehoben, wenn den übrigen Sekten oder Confessionen nicht das gleiche Recht zugestanden wird, ebenfalls ihre Autorität, bestehe sie worin immer, über das Staatsgesetz und die Staatsregierung zu stellen und maßgebenden Einfluß für sie zu verlangen. Kann dies vernünftigerweise nicht gestattet werden, wenn überhaupt eine Staats= regierung möglich sein soll, so können auch die päpstlichen Katholiken und ihre Bischöfe nicht verlangen, daß ihr religiöses Oberhaupt mit seinen Ansprüchen staatlich anerkannt werde, da durch diese päpstliche Oberhoheit die Katholiken durch ihren Glauben eine privilegirte Stellung im Staate gewinnen würden. Wo käme es aber mit dem Staate hin,

wenn nun auch die andern Religionsgemeinschaften sich Dogmen bildeten, durch welche sie eine Macht sich schaffen könnten, die über dem
Staate stünde? Man sollte doch einmal einsehen, daß die Glaubens=
freiheit nicht darin bestehen könne daß eine Religionsgemeinschaft mittelst
ihrer Dogmen und ihres Glaubens sich eine Macht schaffen dürfe, die
über Gesetz und Staatsgewalt stehen möchte.

10.
Italien und das Papstthum.*)

Unerschöpflich scheint in Italien die Vertrauensseligkeit zu sein,
daß doch endlich noch eine Versöhnung zwischen dem einheitlichen
Königreich und dem weltlich=entthronten Papstthum zu Stande kommen
werde. Obwohl der Papst grollend und verachtend alle Anerbietungen
zurückweist und dieselben immer nur mit grimmigen Flüchen erwidert,
so ruft man doch immer wieder: Friede, Versöhnung, Liebe. In
neuester Zeit sogar in verstärktem Maße, obwohl das Papstthum
bereits anfängt, dem Reiche Schwierigkeiten zu bereiten, und die Gegen=
wart schon ahnen läßt, was die Zukunft dem Verbündeten eines solchen
Bundesgenossen bringen werde. Begreiflich ist ja wohl dieser eifrige
Versöhnungswunsch. Die patriotischen Italiener wünschen definitive,
von keiner Seite mehr angefochtene Constituirung des einigen König=
reiches, und fühlen, daß diese nicht stattgefunden habe, so lange die
gefährliche Feindschaft des Papstthums fortdauert und nicht eine
endliche Verzichtleistung auf die weltliche Herrschaft von dieser Seite
erfolgt sei. Andrerseits aber möchten sie auch das Papstthum sich
nicht gerne ganz entgehen lassen, um seiner großen Geschichte und seines
noch immer mächtigen Einflusses willen, den es auf die Völker aus=
übt. Und sie meinen vielleicht sogar, daß durch eine Versöhnung
beider Mächte dem neuen Königreich selbst aus der Macht und dem
Einfluß des Papstthums irgend welche Vortheile entstehen könnten,
daß jedenfalls aber das italienische Nationalgefühl in der Papstherr=
schaft einige Befriedigung finden könne. Das eifrige Verlangen nach
dieser Versöhnung läßt, wie es scheint, die Schwierigkeiten, die dabei
obwalten, nicht genau genug ins Auge fassen, und als geringer
erscheinen, als sie sind, jedenfalls als überwindbar betrachten. Aber
diese Schwierigkeiten sind in der That nicht blos groß, sondern sie
sind unüberwindlich; die gewünschte Versöhnung ist unmöglich, wenn
nicht eine Macht sich der andern unterordnet, also sich preisgibt und

---

*) Allgem. Zeitg. April 1875.

opfert. Es ist eine Illusion, sie für möglich zu halten, so daß Königreich und Papstthum zugleich in ihrer Vollmacht fortbestehen können, und man wird, fürchten wir, diese Täuschung, je länger man sich ihr in Italien hingibt, um so schwerer büßen müssen.

Wir behaupten: eine wirkliche, ganz ernstliche Versöhnung und Friede zwischen dem Papstthum und dem Königreich Italien ist unmöglich auf Grundlage der jetzigen Verhältnisse, und wenn sie aus irgend einem Grunde zu Stande gekommen zu sein schiene, so wäre das eben nur Schein, der bald wieder schwände, der aber jedenfalls Italien eine schwere politische und geistige Schädigung eintragen würde. Eine solche Versöhnung, im Sinn eines Bundes von zwei souveränen Mächten, ist schon deßwegen nicht möglich, weil das Papstthum als „übernatürliche" Souveränetät keine weltliche Macht als gleichberechtigt oder gleichstehend anerkennt, und jeder Bund mit einer solchen für sie nur die Bedeutung einer Unterordnung der weltlichen Macht haben kann. Vollends eine Versöhnung nach zugefügter Schädigung, d. h. nach Wegnahme des Kirchenstaates u. s. w., dem Papstthum anzubieten, ohne vorher Alles wieder gut gemacht und reichlich ersetzt zu haben, ist ein chimärisches Unternehmen. Auf dem Standpunkte der römischen Curie erscheint dies eben so widersinnig, wie wenn Jemand, der schwer gesündigt hat, Gott eine Versöhnung anbieten wollte, ohne daß er sich bereit erklärt, zu bereuen und alles wieder gut zu machen. Das Papstthum ist ja eine „göttliche" Macht, „Statthalterei" Gottes, das Königreich Italien ist nur eine irdische, ungöttliche, menschliche Macht und Autorität!

Dieselbe Unmöglichkeit zeigt sich aber, wenn man die Verhältnisse selbst in Betracht zieht. Die gewünschte Versöhnung müßte doch jedenfalls dem Papste Verzichtleistung auf seine weltliche Herrschaft, auf den Kirchenstaat, auferlegen. Zu solcher aber wird sich dieser nie verstehen und kann es nach allem, was geschehen ist, auch gar nicht mehr, im Interesse seiner geistlichen Macht nicht, da er diese compromittiren würde. Der „unfehlbare Mund" hat es schon zu bestimmt ausgesprochen: daß der Kirchenstaat eine „göttliche" Anordnung und unbedingt nothwendig sei für den Statthalter Gottes auf Erden. Nicht minder hat sich der gesammte Episkopat der katholischen Kirche in diesem Sinn ausgesprochen, und der gesammte Ultramontanismus steht hinter ihm. Außerdem aber weiß die römische Curie wohl, daß das Königreich Italien durch sein Bündniß keinerlei entsprechende Entschädigung dafür bieten, der geistlichen Weltherrschaft keinen Vortheil bringen könne — im Gegentheil, dieselbe vielmehr schwächen und zuletzt gerade durch seine Unterstützung gefährden dürfte. Das Papstthum will universal sein und eine Universalherrschaft ausüben; daher kann es sich an keine Nationalität, insofern sie ein bestimmter Staat ist, anschließen. Zwar war das Papstthum in den letzten Jahrhunderten auch nur ein römisches oder italienisches Institut, und es war mit seiner Katholicität nicht weit her. Aber es war doch nicht eigentlich Institut einer Nation und nicht gestützt auf einen nationalen Staat; so konnte man über die italienische Ausschließlichkeit hinwegsehen. Dies würde aber geändert sein in der Zukunft. Ein mit dem italienischen Königreich und der italienischen Nation ver= bündetes Papstthum würde das Widerstreben anderer Nationen und anderer Regierungen weit leichter hervorrufen und weit hartnäckiger gestalten, als es früher der Fall war — und würde sicher auch leichter skeptisch machen gegenüber der „Göttlichkeit“ des Papstthums, also den Glauben der Völker erschüttern und dadurch das eigentliche Fundament der Papstherrschaft schwächen. Denn kein Land und keine weltliche Gewalt ist das feste Fundament dieser, sondern der Glaube oder Wahn der Menschen und Völker, daß das Papstthum göttliche Stiftung sei, und eine Vollmacht der Weihe und des Heils besitze und durch geheimnißvolles Wirken oder eine Art Zauberei ausübe, die sonst nirgends in der Welt möglich sei. Ist dieser Wahnglaube nicht mehr da, dann kann eine weltliche Regierung, sei sie noch so mächtig, dem Papstthum keine Stütze sein, keine Hülfe gewähren gegen unaufhaltsamen Sturz. Daher wird die römische Curie Alles vermeiden, was Fremdartiges, wie Nationaleifersucht u. dgl., mit diesem Gebiet in Verbindung zu bringen und Bedenken zu erregen, Nachdenken zu verursachen und etwa zu ver= anlassen vermöchte, daß durch Zorneswuth der Wahn verscheucht und die geistige Befreiung vom päpstlichen Joch bei den Völkern herbei= geführt werden könnte. Das Papstthum also kann in seinem Interesse mit dem Königreich Italien keinen Bund eingehen.

Aber auch das Königreich Italien nicht mit dem Papstthum. Schon deßhalb nicht, weil es der „göttlichen“ Macht des Papstthums gegen= über als blos „weltliche“ Macht stets im Nachtheil wäre und nie von demselben als gleichberechtigt, sondern nur als begünstigt oder begnadigt angesehen würde. Aber auch abgesehen davon: in unserer Zeit kann keine Regierung, die ihre Aufgabe kennt und erfüllen will, mit dem heutigen Papstthum ein Bündniß eingehen und Concessionen machen nach den Grundsätzen dieses Papstthums. Im Mittelalter war dies allenfalls noch möglich; denn damals stand das Papstthum wenigstens an der Spitze des damaligen geistigen und wissenschaftlichen Lebens und Strebens; das Papstthum von heut aber leistet für die Förderung des geistigen Lebens nichts mehr, ist für dasselbe vielmehr nur noch als Hinderniß, als Hemmschuh thätig, und vertritt nur noch die Grundsätze des Wahns, der Knechtschaft, der Inhumanität. Mit einer solchen Macht kann ein anderer Staat sich nicht ernstlich verbinden; er müßte denn entweder sich aufgeben, oder das Papstthum dazu bewegen können, sich, d. h. seine Grundsätze und Strebungen, aufzu=

geben. Dies wird nicht geschehen. Könnte denn im Ernste die italienische Regierung die Encyklika und den Syllabus anerkennen und deren Inhalt zur Richtschnur ihres Verhaltens machen? Oder sich der Oberhoheit und Universalherrschaft des Papstes unterwerfen auf dem ganzen Gebiete, das dieser in Anspruch zu nehmen beliebt? Ohne dieses Zugeständniß, ohne diese Unterwerfung ist nimmermehr Friede und Versöhnung mit der hierarchischen Kirche möglich. Sie zu leisten ist aber für ein Volk und einen Staat unmöglich, der seine Souveränetät behaupten und, noch mehr, der nicht der politischen und geistigen Verkommenheit anheimfallen will. Wenn das Recht der eigenen Ueberzeugung, wenn die Freiheit der Wissenschaft dieser Versöhnung geopfert werden müßte, welchen Rang im geistigen Leben würden die Italiener unter den Völkern bald einnehmen? Sie würden zurückgehen und nur noch eine passive Rolle spielen können. Allerdings haben die Jesuiten seit Gründung ihrer „Civiltà Cattolica" fortwährend verkündet, daß „in Verbindung mit dem Vatican" die moderne Wissenschaft und Cultur zu bekämpfen und zu besiegen sei; aber wir glauben nicht, daß solcher Köder in Italien wirklich locke, und daß irgend bedeutende italienische Geister, Schriftsteller oder Staatsmänner nach dem mehr als zweideutigen Ruhme verlangen, an diesem jesuitisch-päpstlichen Kampf und Sieg theilzunehmen. Würde die italienische Nation nach dem Bunde mit dem Papstthum verlangen, oder dessen bedürfen, um zu geistiger Macht und Geltung zu kommen, so würde dies ein vollgewichtiges Zeugniß sein, daß seine geistige Schaffenskraft versiecht und es eines neuen Aufschwungs nicht mehr fähig sei.

Je weniger aber dies der Fall ist, um so drückender und hemmender und also um so verderblicher wird ein Bund mit dem Papstthum wirken in geistiger wie in politischer Beziehung. Das Königreich Italien wird im Bunde mit dem Papstthum und als Schutzmacht desselben in ganz specieller, hervorragender Weise die widersinnige Aufgabe zu erfüllen haben — der sich leider auch andere Staaten mehr oder minder nur zu lang unterzogen — eine Macht zu schützen, die nach ihren Principien, ihrer Aufgabe und ihren Ansprüchen in unversöhnlicher Feindschaft mit ihm steht und unerschütterlich darin beharren wird — eine Macht, welche die Freiheiten und Rechte der Verfassung durch das Volk nur benützt und ausbeutet gegen den Staat, der sie gibt und schützt, und die unaufhörlich auf das Verderben, auf die Vernichtung eben dieses schützenden Staates sinnen, jede schwierige Lage, jede Krisis nach Außen oder im Innern benützen wird, um ihn zu stürzen, zu schwächen oder ganz wieder zur Auflösung zu bringen. Selbst ohne offenen Kampf wird das Papstthum das italienische Königreich umgarnen, wie eine riesige Schlingpflanze den schützenden, haltenden Baum umschlingt und zuletzt ertödtet. Dies um so sicherer, je mehr und je länger man der Hierarchie Zeit und Gelegenheit gewährt, das Volk zu bearbeiten in ihrem Sinn, ohne daß ernstliche Gegenmaßregeln getroffen werden.

Man gebe sich doch nicht der Täuschung hin, daß ein kommender Papst hierin eine Aenderung hervorbringen und eine wirkliche, aufrichtige Versöhnung mit einem andern Staat, sei es auch der italienische, eingehen werde. Selbst wenn ein nächster Papst wollte, er könnte nicht; denn das Papstthum ist mächtiger als der Papst. Kein Papst kann und will das aufgeben, woraus er seine Macht und seine beherrschende Stellung und Geltung schöpft: die Behauptung nämlich und den Glauben des katholischen Volkes, daß er eine übernatürliche, direct göttliche Vollmacht besitze — eine Gewalt, die über jede andere erhaben sei und von der das ewige Wohl und Wehe der Menschen abhänge. Von diesem Gedanken beherrscht und diesen Anspruch zur Geltung bringend, wird jeder Papst immer wieder dahin gebracht, die gleichen absoluten Ansprüche zu erheben, die gleiche Unversöhnlichkeit gegen den modernen Staat wie gegen die moderne Wissenschaft zu beweisen und den Vertilgungskampf gegen diese beiden zu führen. Das Geschick des Papstthums ist in seinen Principien gegründet; sie sind das, wodurch es sich riesig erhebt und ungeheure Gewalt übt — und an ihnen wird es auch zu Grunde gehen. Personen können daran wesentlich nichts ändern, wenn auch zeitweilig mäßigend oder verschärfend in der Anwendung einwirken. Das Papstthum sieht, daß die moderne Welt nach und nach den Glauben an seine Göttlichkeit und übernatürliche Vollmacht durch Wissenschaft und Bildung verliere, und daß es mit dem Schwinden dieses Glaubens sein festes Fundament einbüße und damit unrettbar zusammenstürze, daß also die Welt so zu werden drohe, daß es nicht mehr in sie hineinpasse. So hat es sich aufgerafft, und will, da es noch Zeit zu sein scheint, d. h. da der Glaube an seine Göttlichkeit in den Massen noch besteht, durch Vernichtung der Wissenschaft und durch Unterwerfung des modernen Staates sich die Welt so erhalten und restauriren, wie es sie braucht. Das Papstthum wird als „übernatürliche" Macht, als „göttliche", über alles Menschliche erhabene Autorität ganz bestehen oder gar nicht. Ganz, wenn der Glaube an seine Göttlichkeit fortdauert; gar nicht, sobald derselbe schwindet. Eine Halbheit ist hier nicht möglich; denn wer nur halb an die Göttlichkeit des Papstthums glauben will, oder an eine halbe Göttlichkeit desselben, der muß dasselbe, wie es seit Jahrhunderten war und ist, ja schon für Usurpation und für Unwahrheit erklären, und kann es also auch nicht mehr halb anerkennen, da es sich ganz für die Unwahrheit eingesetzt hat. Wo wäre auch die Gränze bei der Halbirung zu ziehen!

Daraus geht hervor, wie und wodurch gegen das Papstthum zu kämpfen ist. Es kann nur erfolgreich bekämpft und besiegt werden

dadurch, daß man seine Grundlage als eine falsche, unberechtigte nach=
weist, seine behauptete göttliche Stiftung als Illusion aufzeigt; also
dadurch, daß man den Glauben an seine Göttlichkeit und Ueber=
natürlichkeit widerlegt und zerstört. Damit fallen auch alle seine An=
sprüche und seine Geltung. Dies ist das Wesentliche am ganzen
gegenwärtigen Kampfe gegen das Papstthum. Denn wenn es wirklich
das wäre, was es von sich so unaufhörlich und dreist behauptet, eine
direct göttliche Stiftung mit höchster Gewalt auf Erden, übernatürliche
Statthalterei Gottes auf Erden u. dgl., dann wären in der That seine
Ansprüche berechtigt, so maßlos und abenteuerlich sie auch sind, und
die Menschen müßten sich ihnen wie einer göttlichen Fügung unter=
werfen. Dem wirkt die Wissenschaft entgegen durch Aufdeckung der
Unwahrheit, der historischen Falschheit, der Unvernünftigkeit, Wider=
sinnigkeit und Unmöglichkeit einer solchen Stellvertretung und einer
solchen Vollmacht auf dieser Erde und unter menschlichen Verhältnissen.
Der Kampf wird also geführt um Sein oder Nichtsein des Papstthums.
Doch besteht dieser Vernichtungskampf nur zwischen diesem und der
Wissenschaft; denn der Staat kann diesen Kampf nicht führen, sondern
nur die Wissenschaft, da dieser, nicht aber dem Staate, die Erforschung
der Wahrheit, die Prüfung des Glaubens und die Aufdeckung des
Irrthums obliegt. Der Staat kann nur die äußerliche Ausübung der
in Anspruch genommenen Rechte und Vollmachten der Hierarchie
beschränken und hemmen, kann die Wissenschaft in ihrer freien Forschung
vor der hierarchischen Vergewaltigung schützen und seine eigenen Rechte
der beanspruchten Obergewalt der Kirche gegenüber zur Geltung bringen.
So wichtig dies aber auch ist, so kann die hierarchische Gewalt selbst
dadurch in ihrem Grundwesen nicht erschüttert oder beseitigt werden,
da der Glaube des Volkes daran nicht geändert wird. Dies vermag
nur die Wissenschaft und die Bildung, und durch sie muß der Sieg
endgültig errungen werden dadurch, daß das Papstthum als auf Illusion,
auf Irrthum beruhend dargethan und dem Glauben an dasselbe als
göttliche Institution dadurch ein Ende gemacht wird.

Dies ist der cultur= und kirchenpolitische Kampf, den das Deutsche
Reich gegen das Papstthum und die jesuitische Hierarchie führt, und
Italien hat alle Ursache, demselben alle Theilnahme und, wenn möglich,
Unterstützung zu gewähren. Denn so gut man sagen kann, daß im
Deutschen Reich nimmermehr Friede und Eintracht hergestellt werden
können, so lange der Papst noch eine Herrschaft daselbst ausübt, eben
so gewiß ist, daß das Königreich Italien in seinem Bestand in Frage
stehe und bedroht sei, so lange das Papstthum besteht, und daß keine
Versöhnung, kein Bündniß es gegen die heimliche Untergrabung und
den offenen Angriff dieses unversöhnlichen Feindes schützen werde.
Gesetzt, das Papstthum könnte siegreich sein im Deutschen Reiche, was
würde es wohl darnach dem Königreich Italien gegenüber unternehmen?

Die Antwort kann keinen Augenblick zweifelhaft sein. Das Volk wird unterdessen klerikal bearbeitet, mit seinen politischen Rechten zum Bundesgenossen des Papstes und zum immer mächtigeren Feinde des Reiches gemacht, wie es leider auch theilweise in Deutschland geschehen konnte — und weder Frankreich noch Oesterreich, noch eine andere Macht wird gegen den Papst Feindseligkeiten beginnen, um das italienische Königreich gegen ihn zu retten, wenn er, besonders mit Hülfe des bethörten Volkes, durch eine klerikale Majorität die Zerstörung desselben zu einer innern Angelegenheit Italiens zu machen weiß.

11.

Die Aufgabe der liberalen Presse im kirchenpolitischen Streite der Gegenwart. *)

Neuerdings sind die meisten Bischöfe des Deutschen Reiches in Fulda zusammengetreten, um zu berathen, wie sie der Gesetzgebung und Souveränetät des preußischen Staates und des Deutschen Reiches am besten Widerstand leisten und die Oberhoheit des Papstes und seiner dienstwilligen Stellvertreter beiden gegenüber zur Geltung bringen könnten. Daß sie mit ihren Beschlüssen und Protesten die bereits formulirten Gesetze zum Schutze des Staates gegen päpstlich-hierarchische Ansprüche nicht mehr ändern oder verhindern können, werden sich diese Bischöfe wohl selbst nicht verhehlen. Wenn sie gleichwohl vom Kampfe dagegen durch Demonstrationen und Hirtenbriefe nicht ablassen, so haben sie dabei ihre guten Gründe. Dieselben sind auf das gläubige, eines klaren, sicheren Urtheils in der Sache nicht fähige Volk berechnet, sollen dieses in beständiger religiöser Aufregung erhalten, sollen mit Furcht, Mißtrauen und Abscheu gegen die Regierungen erfüllen und den fraglichen Gesetzen von vornherein einen möglichst schlechten Boden bereiten in der Volksmeinung, sollen das Gefühl gekränkten Rechtes der kirchlichen Gleichberechtigung erregen in allen Katholiken, und endlich die Staatsleitung selbst als glaubensfeindlich, gottlos und frevelhaft erscheinen lassen. Diese Speculation auf das katholische Volk, die neuestens das hierarchische Losungswort geworden ist, da augenblicklich mit den Regierungen sich nichts machen läßt, ist klug genug und birgt in der That Gefahren in sich gegen den Staat und die Cultur. Sie wird wenigstens der Ausführung der Gesetze große Hindernisse bereiten, und voraussichtlich zuletzt durch die ermüdende Hartnäckigkeit die Regierungen selbst zu Compromissen geneigt machen.

Jedenfalls ist die Entscheidung des gegenwärtigen Conflicts und der Erfolg der kirchenpolitischen Gesetze hauptsächlich abhängig von der

*) Allg. Ztg. Mai 1873.

Haltung des Volkes selbst. Die kirchlichen Gemeinden können im Grunde genommen allein den Regierungsmaßregeln Vollzug geben, und können der geistlichen Macht der Bischöfe sowohl gegen sie selbst als gegen den niedern Klerus eine Schranke setzen. Die Regierungen vermögen wohl einen Geistlichen, der von seinem Bischof suspendirt oder excommunicirt ist, in seinem Amt und in seinem Einkommen zu erhalten, aber sie können ihm keine geistliche Functionsfähigkeit geben den bischöflichen Maßregeln gegenüber — seine Anstellung ist nutzlos und schließlich als unnütz auch unhaltbar, wenn die Gemeinde zum Bischof steht. Dagegen vermag eine Gemeinde ihren Pfarrer zu schützen und zu halten auch bischöflichen und selbst päpstlichen Maß=regeln gegenüber, wenn derselbe ihr Vertrauen besitzt und die Re=gierung den Hierarchen nicht Henkersdienste leistet durch Gewaltan=wendung gegen Gemeinde und Pfarrer. Vom Volke, von den Kirchen=gemeinden selbst also, kann — allerdings unter Mitwirkung der Re=gierungen — die Befreiung vom hierarchischen Absolutismus ausgehen; zugleich auch die Befreiung des niederen Klerus vom Joche des höheren, dem derselbe in keiner andern Weise wirklich entzogen werden kann.

Dies weiß die römische Hierarchie, der Jesuitismus und die ganze ultramontane Partei ganz wohl, und eben deshalb werden so außer=ordentliche Anstrengungen gemacht, um die Bildung und Aufklärung des Volkes zu verhindern, und dasselbe in aller Weise in Wahn, Un=wissenheit und Unterwürfigkeit zu erhalten. Mittel, dies zu bewerk=stelligen, stehen der päpstlichen Hierarchie noch in großem Maßstabe zu Gebote, und sie befindet sich dadurch bezüglich der Bearbeitung des Volkes zu ihren Gunsten in sehr günstiger Lage gegenüber dem Staate und dem Liberalismus. Schon der Umstand, daß jahraus jahrein der Vertreter der hierarchischen Herrschaft, der Seelsorger, direct und ununterbrochen mit dem Volke selbst im Verkehr steht, sichert großen, überwiegenden Einfluß. Außerdem wirkt derselbe auf die Gemeinden noch an Stätten, die seinen Worten und Befehlen be=sonderes Ansehen geben, und Ungehorsam wie einen Frevel gegen Gott und wie eine Gewissensverletzung erscheinen lassen, — in der Kirche nämlich und in der Schule. Und wenn die letztere auch der un=bedingten Herrschaft des Klerus entzogen wird, so bleibt doch der Religionsunterricht der Hierarchie vorbehalten, in welchem das im Namen Gottes verboten wird, was in der sonstigen Schulbildung im Namen der Regierung und der weltlichen Obrigkeit vorgeschrieben wurde. Außerdem aber kann die Kirche trotz Kanzelparagraphen in der ausgiebigsten Weise zu Gunsten der päpstlichen Hierarchie und aller ihrer Ansprüche und Befehle und gegen die weltlichen Regierungen, Gesetze und Absichten ausgebeutet werden — direct, mehr aber noch indirect, dadurch, daß dem Streben nach Volksbildung in der schärfsten und gröbsten Weise entgegengewirkt wird. Dies geschieht nicht etwa nur auf dem Lande, sondern hauptsächlich in den Städten und an bischöflichen Sitzen. Unaufhörlich wird da von den Kanzeln herab gegen die gottlose Wissenschaft, gegen die ungläubige Philosophie, gegen die Aufklärung und Bildung geeifert, und Verdächtigungen, Unwahrheiten und Verleumdungen aller Art werden nur zu oft reich= lich verwendet, um den gewünschten Zweck zu erreichen. Es ist näm= lich das Eigenthümliche unserer Verhältnisse, daß die Ehre und Würde der Wissenschaft und ihrer Vertreter, daß das Recht der Vernunft und des Vernunftgebrauches gegen wilden Zelotismus auf Kanzeln, gegen Schmähung, Herabsetzung und Verleumdung aller Art keinerlei gesetz= lichen Schutz genießt, sondern zu Gunsten der Priesterherrschaft, zu Gunsten des blödesten Wahns, des tollsten Aberglaubens ungestraft in den Koth gezogen, in aller Weise entstellt und verleumdet werden darf. Daß dagegen der absurdeste Aberglaube, die schmählichste Ent= ehrung der menschlichen Vernunft durch tolle Wahngebilde als Re= ligionsübung unter dem Schutze der Gesetze stehen und gegen wirksame Angriffe und gegen Zerstörung durch bessere Bildung in der Haupt= sache sichergestellt sind. So wird denn dem Volk unaufhörlich ver= kündet, daß es mit der menschlichen Vernunft und Wissenschaft nichts sei, daß der Menschengeist von sich aus nichts vermöge, alle Wahrheit nur dem Glauben, d. h. der Unterwerfung unter die päpstliche Hierarchie, verdanke, und alles Heil ihm nur durch priesterliche Vollmacht und Gnadenspendung zukomme. An sich wird also der Mensch dem gläu= bigen Volk unaufhörlich nur wie ein vernunftloses Thier hingestellt, das aus sich nichts weiß und nichts vermag, das seine Vernunft erst gleichsam durch ein Wunder und vom Papst erhält, sowie alles wahre Glück nur vom Priester. Kein Wunder, daß Menschen, denen all dies fortwährend als heiligste Wahrheit verkündet wurde, sich auch wie ver= nunftlose Thiere benehmen, wenn auf irgend eine Veranlassung hin der Glaube, d. h. die unterwürfige Gesinnung, schwindet und dadurch ihre Vernunft, d. h. das ihnen auferlegte päpstliche Joch, zu Verluste geht. (Die protestantische strenge Orthodoxie ist übrigens in dieser Beziehung, was Herabsetzung der menschlichen Vernunft und natür= lichen Geisteskraft betrifft, in ihrer Weise keine bessere, als die katho= lische, päpstliche.) Es geht hieraus zugleich hervor, an welch heil= losem Zwiespalt das geistige Leben der Culturvölker der Gegenwart leidet, und wie sehr die geistige Gesundheit derselben dadurch gefähr= det wird.

Außer den genannten Mitteln steht aber der katholischen Hierarchie die gesammte straffe Organisation der Kirche zu Gebote, die kirchliche Disciplinargewalt, die Sacramentsspendung und =Verweigerung und die mit letzterer verbundene Verdammung für das Jenseits sowie Diffa= mation im Diesseits. Zu all' dem gesellen sich noch andere Veran= staltungen zur Förderung „kirchlicher" Zwecke: die zahllosen Bruder=

schaften und Vereine, in denen theils offen, theils geheim für dieselben gearbeitet wird. Broschüren, Zeitschriften und Tagesblätter der ultramontanen Partei finden dadurch eine leichte Verbreitung und Wirksamkeit, während die Schriften und Zeitblätter liberaler Richtung, welche die Rechte der Bildung, der Civilisation und des Staats vertreten, durch alle Mittel geistlicher Zucht= und Strafgewalt und Machinationen aller Art verpönt und an der Verbreitung gehindert werden. Dies Alles in Erwägung ziehend, wird man die Macht der jesuitischen Hierarchie und des Ultramontanismus nicht zu gering anschlagen, und sich nicht dem trügerischen, gefährlichen Wahn hingeben, als sei es ein Leichtes, damit fertig zu werden.

Dem modernen Staate und dem Liberalismus stehen allerdings in Deutschland wenigstens großentheils die Staatsautorität und die Gesetzgebung zur Verfügung, in Verbindung mit einer reichen, großartigen Presse. Allein man überschätze all' dies nicht. Die äußere Gewalt vermag für die Dauer und schließlich doch der fortwährenden religiösen, klerikalen Agitation gegenüber sich nicht in voller Geltung zu behaupten, und es ist zu fürchten, daß es zuletzt zu einem Vergleich komme, zu einer Halbheit, welche die hierarchische Macht in Bälde wieder zur vollen Entwicklung kommen, ihren vollen Einfluß wieder erlangen läßt. Außerdem können Richtung und Ziel der Regierungen sich ändern, und können Gesetze wieder aufgehoben werden, wenn sie im Volksbewußtsein keine Wurzeln zu fassen vermögen, — wie dies da wohl möglich ist, wo die Gegner derselben unablässig mit dem Volke verkehren und ihm dieselben fortwährend in gehässigem Lichte darstellen können, während die Sache der Regierung und der Gesetze keine Vertreter hat, die bei dem Volk in directem Verkehr die Sache derselben führen und die richtige Einsicht verbreiten können.

Thut denn aber dies nicht in reichem Maße die liberale Presse? Die großartige Thätigkeit und die hohen Verdienste dieser Presse sollen keinen Augenblick verkannt werden; daß sie aber gleichwohl nicht alle wünschenswerthen Erfolge erzielt, scheint uns nicht allein in der mächtigen Gegenwirkung der kirchlichen, ultramontanen Gegner zu liegen, sondern zum Theil auch in ihr selbst seinen Grund zu haben. Zunächst scheint uns, daß sie bei dem Streben, die hier in Frage stehende Aufgabe zu lösen, nicht methodisch und prinzipiell genug verfährt, um allmälig die Befreiung des Volkes von den Geistesbanden zu erwirken, mit denen die hierarchische Despotie dasselbe gefangen hält. Sie verfährt dabei zu sehr nur gelegentlich, zufällig, planlos, und vermag daher nicht überzeugend und nachhaltig zu wirken; auch gewöhnlich zu sehr nur verneinend, ohne einen positiven Grund zu zeigen, der den erregten Gemüthern Vertrauen erwecken und Beruhigung gewähren könnte, wenn sie den sogenannten positiv kirchlichen Standpunkt aufgeben wollen. Auch werden ultramontane oder klerikale

Skandale oft mehr als frommt ausgebeutet. Solche Skandale haben wohl negative Bedeutung, erschüttern das Ansehen der hierarchischen Dränger und bereiten die Befreiung vor; aber sie befreien das Volk nicht wirklich, sie bilden es nicht, machen es nicht geistig mündiger, worauf es doch allein ankommt, tragen auch nichts zur sittlichen Besserung bei, im Gegentheil, sie fördern sittliche Verwilderung. Sie können daher nur mit Vorsicht so zur Oeffentlichkeit gebracht werden, daß sie dem großen Zwecke der intellectuellen, sittlichen und social=politischen Volksbildung nicht mehr zum Schaden, als zur Förderung gereichen.

Es sollte also unsers Erachtens von den Vertretern der liberalen Presse daran gedacht werden, durch ein planmäßiges, gleichartiges Vorgehen und Wirken in dem großen Ringen mit der alten, großen Macht des hierarchischen Absolutismus ihrer Wirksamkeit den Erfolg zu sichern. Man sollte sich über bestimmte, allgemeine Grundsätze zunächst in kirchenpolitischer Beziehung einigen und denselben gemäß gleichförmig und in geschlossener Reihe wirken. Dies ist unschwer zu erreichen; die Principien und die Ziele sind in dieser Beziehung klar genug. Da aber die kirchlichen Gegner die Taktik üben — und in der That darin ihre Hauptstärke besitzen — daß sie die kirchlichen Satzungen und Dogmen in den Kampf führen und als Hebel im kirchenpolitischen Kampf gegen den Staat und die moderne Civilisation mißbrauchen, so kann nicht vermieden werden, daß die liberale Presse auch dieses Gebiet in Betracht ziehe. Hier allerdings ist ein plan=volles, gleichmäßiges Wirken schwieriger, da dasselbe eine Einigung auch über bestimmte religiöse und ethische Grundsätze zur Voraussetzung hat. Aber sollte es in der That unmöglich sein, in dieser Beziehung eine Einigung zu erzielen? Der Sieg dem Ultramontanismus und der Orthodoxie gegenüber wäre dann mehr als zweifelhaft; denn einem in der Hauptsache uneinigen, in vollständiger geistiger Zerfahrenheit wirkenden Gegner gegenüber hat die geschlossene Einheit der Kirchlichen große Stärke und ist nicht ohne Aussicht auf Erfolg. Wohin es dann mit der Einheit und Macht des Deutschen Reiches kommt, welches Schicksal die Wissenschaft und Cultur des deutschen Volkes treffen wird, ist leicht zu sagen. Wir glauben aber, daß, wo es sich um so Großes handelt, um das Geschick unserer Nation vor Allem um eine Grundlegung zur endlichen Regeneration derselben in geistiger, religiöser Einheit, da wird der ernsteste Wille nicht fehlen, und wo dieser ist, wird auch das Ziel erreicht werden. An Schriften, sich über diese allgemeinen sittlichen und religiösen Principien zu belehren, über welche man sich einigen sollte, fehlt es nicht, und sie sind im Grund ohnehin bekannt.

Demgemäß ist denn nicht blos verneinend und polemisirend gegen die Prätensionen, Irrthümer und Wahngebilde der päpstlichen Hierarchie aufzutreten, mit denen dieselbe das Volk bestrickt, gefesselt hält und für ihre Zwecke ausbeutet, sondern es ist auch in derselben einheitlichen, planvollen Weise positiv belehrend auf das Volk zu wirken. Es sind die gegnerischen Behauptungen mit Gründen zu widerlegen, und sind die eigenen Aufstellungen durch Belehrung klar zu machen, durch Beweise zu befestigen. Es genügt z. B. nicht, blos mit Entrüstung bekannt zu geben, daß der Papst die Oberherrschaft über alle Fürsten und Regierungen in Anspruch nehme und dadurch alle staatliche Souveränetät aufhebe. Die Hauptsache ist: dem Volke klar und verständlich zu zeigen, warum diese Forderung ganz unberechtigt und deren Erfüllung geradezu verderblich wäre für den Staat und für das Volk. Zugleich müssen dann auch die Scheingründe widerlegt werden, mit denen die Ultramontanen diese hierarchische Forderung unterstützen. Sie wiederholen unaufhörlich und setzen es dem Volke breit auseinander, daß der Papst als Stellvertreter und Heilsspender Gottes auf Erden über allen weltlichen Regierungen, über allen Herrschern der Welt stehen müsse, weil Gott größer ist als der Mensch, und das ewige Heil wichtiger, als das zeitliche Wohlergehen. Diese Begründung ist nicht ohne ein Moment der Wahrheit, und eben deshalb ist die mißbräuchliche, trügerische Anwendung nicht leicht erfolglos und nicht ungefährlich. Der Wahn ist nicht durch Gesetz und Gewalt zu unterdrücken, sondern muß durch richtige Belehrung mit der Wurzel ausgerottet werden. Für diese fortgesetzte, nach einheitlichem Princip und planmäßig zu gebende Belehrung, die mindestens ebenso wichtig ist für die Einheit und den Bestand des Deutschen Reiches, als die Gesetzgebung, sollte gleichmäßig in allen bedeutenden Blättern eine Rubrik bestehen, oder gelegentlich auch ein besonderes Blatt ausgegeben werden.

Durch ein solches Zusammenwirken könnte, scheint uns, ein bedeutender Erfolg dem Ultramontanismus gegenüber erzielt, könnte ihm seine Hauptstütze, die ungebildete Volksmasse, abgewonnen, und könnte der Plan vereitelt werden, den offenbar die Hierarchie verfolgt, — der Plan, durch fortdauernden, hartnäckigen Widerstand gegen die staatlichen Gesetze, wo nicht das katholische Volk zum offenen Widerstand aufzureizen, so doch die Regierungen zu ermüden und endlich zu einem Ausgleich geneigt zu machen, durch den trotz der neuen Gesetze, oder vielleicht gerade durch sie, unter Umständen die letzten Dinge ärger werden könnten, als die ersten. Die weltlichen Regierungen können jetzt, nachdem sie den richtigen Zeitpunkt der Gegenwirkung gegen die hierarchischen Anmaßungen versäumt, nicht viel Entscheidendes erreichen, und jedenfalls durch die Gesetze nur sehr langsam und mehr nur negativ, das Aergste hindernd, wirken. Ihren Maßregeln gegenüber können die Bischöfe ohne zu große Gefahr fest und standhaft bleiben. Sie verbinden sogar bei ihrer Widersetzlichkeit noch das Angenehme mit dem Nützlichen. Sie genießen in aller Bequemlichkeit ihre reichen Einkünfte, und spielen zugleich die grausam verfolgten, hart duldenden Märtyrer, um ihr Ansehen zu erhöhen und eine möglichst gereizte Stimmung im Volke hervorzubringen, dem unaufhörlich von der großen Kirchenverfolgung gepredigt wird, wenn auch Niemand ein gekrümmtes Haar aufweisen kann. Selbst aber, wenn mit Temporaliensperre oder mit größeren Geldstrafen gegen die Häupter der Hierarchie vorgegangen wird, kann nicht viel erreicht werden. Abgesehen von der irregeleiteten wirklichen Frömmigkeit, welche denselben alle Hülfe zu bieten jeden Augenblick bereit ist, fehlt es auch nicht an Leuten, welche diese Gelegenheit gern ergreifen, um ihre jenseitigen Interessen zu fördern. Sie werden sie durch Erlegung der Strafgelder und durch Tragung der Unterhaltungs= kosten der bischöflichen „Märtyrer", wie durch den Peterspfennig eine höhere Stufe, eine vornehmere Loge im Himmel zu sichern streben, oder werden glauben, einige peccatula eines wüsten Genußlebens hinweg= zutilgen oder auch durch Gaben für die „Kirche" oder für „Gott" manche gewissenlose Ausbeutung ihrer Mitmenschen auszugleichen. Sehr große Erfolge dürften also von all dem gesetzlichen Vorgehen der Re= gierungen kaum zu erwarten sein. Würde aber weiter gegangen von denselben und strenger Ernst gemacht, so würden die Grenzen der Be= rechtigung des Staates schwer zu beachten sein, und leicht Gelegenheit geboten, das katholische Volk in Aufregung zu versetzen wegen wenig= stens angeblicher Verletzung seiner Religionsrechte. Die Geistlichen werden ohnehin auch ferner trotz aller Gesetze im echt jesuitischen Geiste gebildet werden.

Man täusche sich nicht: wirkliche, dauernde Hülfe kann nur dadurch gebracht und dem deutschen Volke und Reiche der innere Friede nur dadurch gesichert werden, daß die päpstliche Hierarchie, das kirchliche Herrscherthum selbst im religiösen Glauben des Volkes entwurzelt werde, also aufhöre, ein wichtiger, ja der allein wesentliche Bestandtheil des kirchlichen Glaubens und die Grundbedingung des ewigen Heils zu sein. Dazu ist Belehrung, Bildung des Volkes nothwendig, durch welche diesem allmälig die volle Wahrheit gesagt wird über Ursprung, Wesen, Bildungsweise und wahren Werth der Hierarchie, wie die neuere Wissenschaft sie erkannt hat. Was die Wissenschaft hierüber und über das wahre Wesen der Religion und des Christenthums erkennt, soll die Presse in populärer Form zur Veröffentlichung bringen, sollen Vereine verbreiten und die Gemeinden in Geltung setzen. Dies wird der Macht des päpstlich=hierarchischen Absolutismus gründliche Schranken setzen, dessen Straf= und Verdammungsmittel ohnmächtig erscheinen lassen und zugleich zur Befreiung des niederen Klerus vom Joche des höheren führen.

Es scheint uns die höchste Zeit zu sein, daß die Gegenwirkung gegen die jesuitisch gewordene Hierarchie in dieser Weise organisirt, aus der

Zerfahrenheit zu einheitlicher planvoller Ordnung gebracht werde, und daß also die gesammte liberale Presse in dieser Beziehung ein klares Ziel mit fester Consequenz verfolge. Die große Sache ist sicherlich der ernstesten Bemühung werth, und es ist kaum zweifelhaft, daß Versäumniß oder Zuspätkommen in dieser Beziehung vom deutschen Volke schwer gebüßt werden müßte. Wer freilich glaubt, daß die Hierarchie die alleinige wahre Vertreterin des Christenthums sei, und ihr nicht zu sagen wagt, wie der Apostel Petrus der jüdischen auch „göttlich gestifteten", legitimen Hierarchie gegenüber gethan: „Man muß Gott mehr gehorchen als den Menschen," und wer im Ernst meint, aller religiöse Glaube und alle Sittlichkeit würde im Volke zu Grunde gehen ohne die hierarchischen Dränger und Beherrscher, dem bleibt nichts übrig, als alle Opposition aufzugeben und sich denselben blindlings zu unterwerfen. Denn es ist thöricht, zwar den Zweck zu wollen, aber nicht die nothwendigen Mittel zur Erreichung desselben.

Druck von C. Remtes & Co. in Elberfeld.